穿越沙漠核心区高速公路建设关键技术

徐献军 李 杰 包卫星 主编

人民交通出版社股份有限公司

北京

内容提要

本书针对穿越沙漠核心区高速公路建设与运营面临的问题，以阿勒泰—乌鲁木齐高速公路（S21 阿乌高速）建设工程为例，介绍了穿越沙漠核心区高速公路建设的关键技术。本书共分 7 章，主要内容包括穿越沙漠核心区高速公路的勘测与设计技术、风积沙路基路面建设技术、穿越沙漠核心区桥梁工业化建造技术、品质工程建设技术和环境保护技术。

本书图文并茂，资料全面，参考性强，可供西部穿越沙漠核心区高速公路建设关键技术人员及风积沙路基建设、风积沙路面建设、桥梁工业化建设、沙漠核心区环境保护等相关研究人员参考，可为其他类似工程的建设与研究提供一定的借鉴和思路，也可作为高等学校公路工程、岩土工程、桥梁工程等专业师生的参考书。

图书在版编目(CIP)数据

穿越沙漠核心区高速公路建设关键技术 / 徐献军，李杰，包卫星主编. — 北京：人民交通出版社股份有限公司，2023.12
ISBN 978-7-114-18872-5

Ⅰ.①穿… Ⅱ.①徐…②李…③包… Ⅲ.①沙漠—高速公路—道路建设 Ⅳ.①U412.36

中国国家版本馆 CIP 数据核字(2023)第 129225 号

Chuanyue Shamo Hexinqu Gaosu Gonglu Jianshe Guanjian Jishu

书　　名：	穿越沙漠核心区高速公路建设关键技术
著 作 者：	徐献军　李　杰　包卫星
责任编辑：	刘　倩
责任校对：	孙国靖　宋佳时
责任印制：	张　凯
出版发行：	人民交通出版社股份有限公司
地　　址：	(100011)北京市朝阳区安定门外外馆斜街 3 号
网　　址：	http://www.ccpcl.com.cn
销售电话：	(010)59757973
总 经 销：	人民交通出版社股份有限公司发行部
经　　销：	各地新华书店
印　　刷：	北京建宏印刷有限公司
开　　本：	787×1092　1/16
印　　张：	22.5
字　　数：	532 千
版　　次：	2023 年 12 月　第 1 版
印　　次：	2023 年 12 月　第 1 次印刷
书　　号：	ISBN 978-7-114-18872-5
定　　价：	158.00 元

(有印刷、装订质量问题的图书，由本公司负责调换)

古尔班通古特沙漠腹地

征战沙丘,沙漠风积沙挖方作业

整齐有序的沙漠风积沙路基填方梯队

沙漠风积沙路基路肩滑模摊铺

沙漠风积沙底基层施工

古尔班通古特沙漠核心区拌和站

奋战在古尔班通古特沙漠烈日下的建设者

沙漠沥青路面上面层铺装

沙漠核心区沥青路面机械化无人摊铺作业

沙漠核心区防风沙工程

沙漠核心区分离式路基及中间带

俯瞰 S21 阿乌高速交通标志、标线

古尔班通古特沙漠吉拉勾 U 形转弯

通车在即的 S21 阿乌高速

沙漠戈壁筑通途——S21 阿乌高速

本书编委会

主　　编　徐献军　李　杰　包卫星

副 主 编　甫尔海提·艾尼瓦尔　翁文忠　叶尔肯·堆山拜
　　　　　　张广辉　王立权　王　乐　李长安　高凯凯　薛春元
　　　　　　曹文辉　刘新亚　唐卫江

参　　编　韩　锋　陈　红　张国斌　李红康　秦新栋　李雷发
　　　　　　房　华　邵明星　黎晓东　吐尔逊江·吾拉木　陈　锐
　　　　　　艾克拉木江·麦麦提　于　杰　牙地卡尔·吾买尔
　　　　　　翟慧子　桑　珂　高　礼　曹建宝　叶　伟　姚　琪
　　　　　　董彦忠　刘海争　郝小堂　赵　宏　惠林冲　冉永鹏
　　　　　　谷晓华　金小平　沈彦忠　王家会　李朝阳　何　平
　　　　　　邱　毅　程　寅　李剑鸾　罗恺彦　水中和　练　强
　　　　　　孟楷伟　刘明明　李　军　孙红海　张　毅　刘彦彦
　　　　　　刘　熠　陈　武　费建建　刘庆俊　周长应　冯学智
　　　　　　修庆延　张鹏程　张全美　李小杰　阎文明　李国玲
　　　　　　赵宝生　师向阳　王　军　米尔杂提·麦麦提明
　　　　　　张佳欣　杨灿杰　孙先发　万　伟　艾斯卡尔·艾依提
　　　　　　尹　严　田　磊　黄志明　郑天赞　关晓琳　郝若愚
　　　　　　李　伟　黄荣松　侯天琪

前 言
Preface

随着国家"一带一路"倡议的逐步实施,新疆维吾尔自治区(以下简称新疆)作为丝绸之路经济带核心区交通枢纽中心,其公路交通事业迎来了前所未有的发展机遇,交通运输基础设施网络规模大幅提升,运输服务保障水平显著增强,横跨亚欧大陆的综合运输通道国内段已全线贯通,当前高速公路逐步向超高速标准发展已经在中国工程院、交通运输部重大咨询项目——"交通强国战略研究"中提上日程,超高速标准对公路的路基、路面使用性能提出了更高的要求。新疆大面积分布的戈壁荒漠区具备高速公路高技术标准建设的条件,但是新疆昼夜温差和季节变化大,夏季短而炎热,极端高温可达40℃及以上,沥青路面温度可达60℃及以上;冬季长而严寒,极端低温可达-20℃及以下,同一地方冬夏温差可达50~60℃,昼夜温差可达15~20℃。沙漠区气候条件恶劣、地质灾害多发、生态环境脆弱,项目建设条件十分复杂,地表的物质组成等其他自然条件地域差异巨大,准噶尔、塔里木两大盆地边缘主要以砾质戈壁、荒漠为主,并广泛分布含盐的细粒土平原,盆地腹部则为大面积的风积沙。新疆独特的地形地貌和自然气候条件使得筑路工作者在穿越沙漠核心区修筑超高速标准高速公路时需要做针对性和特殊性研究。

本书以阿勒泰—乌鲁木齐高速公路(S21阿乌高速)建设工程为依托,采用现场踏勘、理论分析、数值模拟、现场试验和室内试验等手段,从沙漠核心区高速公路勘测与设计技术、风积沙路基建设技术、风积沙路面建设技术、沙漠区桥梁工业化建造技术、沙漠高速公路品质工程建设技术与环境保护技术等方面系统地对穿越沙漠核心区高速公路建设所面临的相关问题进行研究。主要成果如下:针对沙漠核心区的自然环境特点,精准勘测、因地制宜、多种高精度勘探方法相互印证,提出穿越沙漠核心区绿色低影响建造的设计理念;形成了穿越沙漠核心区风积沙路基建设技术、风积沙路面建设技术、桥梁工业化建造技术、无人摊铺技术、钻孔灌注桩钢筋笼自动滚焊机作业应用技术、小型预制构件自动流水化作业应用技术、锥坡小夯板压实技术、滑模机施工土路肩技术等穿越沙漠核心区绿色低影响建设关键技术;揭示了动荷载条件下风积沙路基荷载分布规律,提出了风积沙路基稳定性评价方法与指标及永久变形的风积沙路基典型结构形式;揭示了水稳基层拱胀在温度、级配及盐分多因素作用下的变形机理和水稳碎石收缩变形机理,提出了沙漠大温差地区防拱胀措施;针对沙漠核心区复杂地质环境和气候特点,为保证项目施工期和建成通车后运营期的安全,提出了穿越沙漠核心区高速公路环境保护技术。

  本书的相关研究成果得到了新疆维吾尔自治区交通运输厅、新疆交通投资集团有限公司的资助,也得到了新疆交投建设管理有限责任公司、新疆交投阿乌高速公路有限责任公司、邢台路桥建设集团有限公司、龙建路桥股份有限公司、山西路桥建设集团有限公司、永升建设集团有限公司、新疆交通建设集团股份有限公司、中铁一局集团有限公司第三工程分公司、中铁七局集团第三工程有限公司、贵州省公路工程集团有限公司、中铁一局集团有限公司、新疆交通规划勘察设计研究院、安徽省交通规划设计研究总院股份有限公司、交通运输部科学研究院、长安大学、东南大学、武汉理工大学等相关单位的大力支持与协助,在此表示衷心感谢。另外,书中参考了部分国内外同行的有关论文、著作,引用和借鉴了他们的研究成果,在此一并表示感谢。

编　者
2023 年 8 月

目 录
Contents

第 1 章 绪论 ··· 1

第 2 章 穿越沙漠核心区高速公路勘测与设计技术 ································ 3
    2.1 概述 ··· 3
    2.2 工程区自然环境 ··· 5
    2.3 工程地质概况 ··· 5
    2.4 S21 阿勒泰至乌鲁木齐高速公路总体设计 ·································· 5

第 3 章 穿越沙漠核心区高速公路风积沙路基建设技术 ·························· 40
    3.1 引言 ·· 40
    3.2 沙漠核心区风积沙路基填料性能分析 ······································ 41
    3.3 沙漠核心区风积沙路基稳定性离心模型试验分析 ························ 54
    3.4 沙漠核心区风积沙路基施工技术 ·· 60
    3.5 沙漠核心区风积沙路基变形监测 ·· 72
    3.6 沙漠核心区废渣及特殊土路基施工技术 ···································· 76

第 4 章 穿越沙漠核心区高速公路风积沙路面建设技术 ·························· 97
    4.1 引言 ·· 97
    4.2 地聚合物固化风积沙路面基层与底基层施工技术 ························ 98

4.3 沙漠核心区风积沙抗滑路面施工技术……121
4.4 沙漠核心区无人摊铺技术的运用……133

第5章 穿越沙漠核心区桥梁工业化建造技术……137

5.1 装配化钢板组合梁结构应用关键技术……137
5.2 桥梁装配式下部结构应用关键技术……155
5.3 装配式通道应用关键技术……170

第6章 穿越沙漠核心区品质工程建设技术……186

6.1 理念设计标准化……186
6.2 工艺控制标准化……189
6.3 安全施工标准化……205
6.4 信息应用标准化……209
6.5 绿色环保标准化……211

第7章 穿越沙漠核心区高速公路环境保护技术……216

7.1 工程概述……216
7.2 环境保护目标……217
7.3 工程概况与工程分析……220
7.4 环境现状调查……240
7.5 环境影响预测及分析……273
7.6 环境保护措施……314
7.7 高速服务区环保卫生系统应用……328
7.8 水土保持……333

参考文献……339

第1章 绪论

高速公路作为城市间的重要纽带，可以高效增强通行效率、降低运输成本、带动城市经济发展，对城市群空间结构演化、国家战略发展具有决定性的影响。沙漠高速公路作为高速公路网不可或缺的主体，对国家西部地区发展起着重要的引导作用。沙漠区域地质灾害多发、气候条件恶劣、温差较大，公路建设条件十分复杂，穿越沙漠核心区风积沙路基建设、风积沙路面建设、桥梁工业化建造、风积沙路基变形控制、绿色低影响建造环境保护等成为公路建设者们必须面对的难题和挑战。乌鲁木齐是我国丝绸之路经济带核心区交通枢纽中心、西北地区重要的中心城市和新兴工业基地。根据《新疆维吾尔自治区省道网规划（2016—2030年）》"6横6纵6联2环"中的交通综合规划，沙漠高速公路项目实施将加强新疆首府中心区与兵团第十师、阿勒泰地区的联系，缩短区域间的距离，促进区域经济社会发展，改善北疆地区投资及发展环境，促进兵地融合发展，促进矿产开发和旅游发展，加强民族团结，也将为公路交通建设行业带来重要的发展机遇。新疆沙漠地区复杂地形、大风气候、干旱大温差环境等复杂建设条件是国家公路网发展的难题，也是公路建设者在该区域修筑公路时需要面临的严峻挑战。

为破解穿越沙漠核心区高速公路建设的难题，促进新疆高速公路交通网络的优化，新疆维吾尔自治区交通运输厅、新疆交通投资集团有限公司于2019年陆续立项穿越沙漠核心区特殊路基处理、路面、桥梁等建设关键技术研究，由新疆交投建设管理有限责任公司主持，联合科研、高校、设计、施工等单位就工程建设中的重大关键技术问题共同攻关，形成穿越沙漠核心区高速公路建设成套技术。项目研究成果不仅能够加快新疆维吾尔自治区建成"6横6纵6联2环"的快速路网格局，而且对西部省区复杂地质地形区沙漠高速公路的建设具有重要的指导意义和参考价值，将进一步推动我国沙漠高速公路建设领域整体技术进步和技术标准体系的丰富与完善。

本书针对穿越沙漠核心区高速公路建设过程中亟须解决的问题，以阿勒泰—乌鲁木齐高速公路（S21阿乌高速）建设工程为依托，分别从勘察与设计、风积沙路基建设技术、风积沙路面建设技术、桥梁工业化建造技术、品质工程建设技术与环境保护技术等方面系统地对穿越沙漠核心区高速公路建设时面临的相关问题进行研究。

（1）穿越沙漠核心区高速公路勘察与设计技术。

针对新疆地区沙漠地质地形区的自然环境特点、工程地质条件，采用地质调绘、原位测试、土工试验等勘察方法，进行综合地质勘察。对于穿越沙漠核心区的各类特殊地段，根据地形特点采用多种相应的勘察方法，互相验证与分析后对风积沙路基、路面进行设计，提出了相应的施工方法,结合新疆跨越式大发展要求的大通道,突出"6横6纵6联2环"的快速路网格局及打造西部综合交通枢纽的设计主题。

(2)穿越沙漠核心区高速公路风积沙路基建设技术。

依托S21阿乌高速公路建设项目,首先对沙漠核心区的风积沙进行了填料性能试验,包括基本特性、压实特性、强度特性、回弹模量特性等;其次利用土工离心模型试验机对风积沙路基模型的受力与变形进行分析;最后基于室内试验提出了编织布及天然砂砾、土工格室加固风积沙的现场施工方案,并对处治后的路段进行监测与评价。

(3)穿越沙漠核心区高速公路风积沙路面建设技术。

鉴于在沙漠地区长期使用砾石材料会导致建设成本居高不下和环境污染,根据道路建设需求,从宏观力学性能与微观充填角度对黏粒与地聚合物加固风积沙的可行性进行分析,并通过基层的现场铺设进一步探究;随后针对沙漠区大温差恶劣环境对作业人员与已铺道路的危害性,提出了无人自动化摊铺技术、超薄磨耗层施工技术以及抗凝冰改性剂应用技术。

(4)穿越沙漠核心区高速公路桥梁工业化建造技术。

依托S21阿乌高速一期工程(乌鲁木齐至黄花沟段)项目,针对高速公路装配化钢板组合梁结构应用、高速公路桥梁装配式下部结构应用以及装配式通道应用三项关键技术进行研究分析,对穿越沙漠核心区桥梁建设中遇到的难题给出了合理的解决方案。

(5)穿越沙漠核心区高速公路品质工程建设技术。

围绕着构建"建设融资新模式,交旅融合新业态,兵地联动新发展,智慧出行新体验,超级高速新领域"五新体系的核心思路,以提高项目管理标准化、精细化、信息化、科技化、智慧化管理水平为目标,从设计理念标准化、工艺控制标准化、安全施工标准化、信息应用标准化以及绿色环保标准化等5个方面进行管理,以"精进管理、精工建造、精益求精"为指导思想,打造品质工程项目。

(6)穿越沙漠核心区高速公路环境保护技术。

针对新疆沙漠复杂地质环境和气候特点,为保证项目建设期和建成通车后运营期的安全,提出穿越沙漠核心区高速公路环境保护技术。沙漠地区寒暑变化剧烈、干燥少雨、光照丰富、蒸发量大、植物稀疏,水土流失严重,生态环境十分脆弱。环保设计已恢复公路生态、防止水土流失为出发点,从声环境、大气环境、水环境、野生动物生存环境、生态环境、水土保持等多角度综合考虑,追求人、车、路与自然环境和社会环境的和谐统一。

本书从以上多个方面阐述对穿越沙漠核心区高速公路建设关键技术进行全面的、深入的研究,对于降低建设工程造价、提高沙漠高速公路建设质量、保障公路安全运营都具有十分重要的社会经济意义,也可为其他类似工程的研究治理提供一定的借鉴与思路,具有重要的理论意义和工程实践价值。

第2章

穿越沙漠核心区高速公路勘测与设计技术

2.1 概述

新疆作为丝绸之路经济带核心区交通枢纽中心,其公路交通事业迎来了前所未有的发展机遇,新疆交通运输事业快速发展,交通运输基础设施网络规模大幅提升,运输服务保障水平显著增强,横跨亚欧大陆的综合运输通道国内段已全线贯通,进出境、进出疆、南北疆之间交通更加便利,人们出行条件明显改善。国家推进新疆经济社会跨越式发展,国家"一带一路"倡议逐步实施,高速公路逐步向超高速标准发展已经在中国工程院、交通运输部重大咨询项目——"交通强国战略研究"中提上日程,超高速标准对公路的路面、路基使用性能提出了更高的要求。沙漠区高速公路建成图如图2-1所示。

a)   b)

图 2-1 沙漠区高速公路建成图

新疆大面积分布的戈壁荒漠区具备高速公路高技术标准建设的条件,但是新疆昼夜温差和季节变化大,夏季短而炎热,极端高温可达40℃以上,沥青路面温度可达60℃以上;冬季长而严寒,极端低温可达-20℃以下,同一地方冬夏温差可达50~60℃,昼夜温差可达15~20℃。

沙漠区气候条件恶劣、地质灾害多发、生态环境脆弱,项目建设条件十分复杂,地表的物质组成等其他自然条件地域差异巨大,准噶尔、塔里木两大盆地边缘主要以砾质戈壁、荒漠为主,并广泛分布含盐的细粒土平原,盆地腹部则有大面积的风积沙。目前,国际上关于沙漠区公路建设的研究已有70多年的历史,道路长期承受交通循环荷载作用和自然环境的侵蚀,加之车辆荷载作用,导致路面基层产生永久变形(开裂与拱胀),基层产生结构损伤和长期耐久性能劣化,每年因公路病害(图2-2)造成的直接经济损失达数亿元。

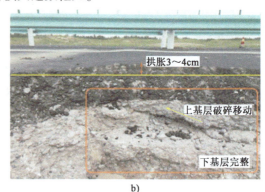

a) b)

图2-2　沙漠区高速公路病害

沙漠区公路服役性能差、病害多的问题已成为世界性难题。尤其是对流动性沙漠区高速公路风积沙路面结构稳定性能、整体强度变化规律等方面的研究尚不足,对全风积沙基层更是鲜有研究。沙漠高速公路建设刚刚起步,尤其是超高速标准沙漠高速公路,尚无系统的理论指导,缺少相应的系列处治技术,没有成熟的设计、施工经验及相应的标准规范,导致工程建设面临巨大挑战。此外,随着中央"碳达峰与碳中和"愿景的提出以及更强有力地实行产业结构和能源结构的优化,沙漠公路水泥稳定基层这种远运料、高成本、高能耗的公路施工建设被优化与代替是不可避免的。

鉴于此,进一步加快交通运输关键共性技术、前沿引领技术、现代工程技术研发,以技术创新为引领,紧紧围绕"建、管、养、运"全产业环节将是新疆交通高质量发展建设的趋势,针对超高速标准沙漠公路交通荷载特点为类似地区高速公路全风积沙基层设计、施工提供科学依据,为超高速标准高速公路工程建设提供实践和理论基础,助力项目品质提升的同时,促进高速公路品质提升,延长公路使用寿命,降低建设费用,从而获得巨大的社会效益和经济效益。

2.1.1　项目背景及建设意义

阿勒泰—乌鲁木齐高速公路(S21阿乌高速)建设工程位于新疆北部的乌鲁木齐市、五家渠市、福海县、北屯市,是一条连接丝绸之路中路与北路的便捷通道,本项目的实施对打造新疆丝绸之路经济带核心区、实现新疆社会稳定和长治久安具有重要的意义。

阿勒泰—乌鲁木齐高速公路(S21阿乌高速)建设工程是新疆维吾尔自治区"十三五"规划"6横、6纵、7枢纽、8通道"骨架路网的重要组成部分,是乌鲁木齐与北疆沟通最为重要的便捷通道。本项目还是《新疆维吾尔自治区省道网规划(2016—2030年)》"6横、6纵、6联、2环"中的"纵二",为计划建设的S21省道高速公路。项目实施对加强新疆维吾尔自治区首府中心区与兵团第十师、阿勒泰地区的联系,缩短区域间的距离,促进区域经济社会发展,改善北疆地区投资及发展环境,促进兵地融合发展,促进矿产开发和旅游发展,加强民族团结具有重要的推动作用。

2.1.2　路线起讫点及主要工程量

黄花沟至乌鲁木齐段路线总长229.19km,穿越荒漠及古尔班通古特沙漠路段长达

150.09km,全部为新建,采用高速公路标准建设。路线总体走向由北向南,起点位于福海县南的黄花沟,经昌吉回族自治州(简称昌吉州)、五家渠市,至终点乌鲁木齐市红雁湖村东南,与拟建乌鲁木齐西绕城高速五家渠东互通衔接。

该路线主要工程量有:全线新建大桥757.32m/6座,新建中桥843.06m/13座,新建小桥1478m/73座,涵洞476道,互通式立交9处,分离式立交8处,连接线7条(共计33.27km),服务区、收费站各3处。

2.2 工程区自然环境

工程穿越荒漠及古尔班通古特沙漠路段长达150.09km,全部为新建,采用高速公路标准建设。路线总体走向由北向南,起点位于福海县南的黄花沟,经昌吉州、五家渠市,至终点乌鲁木齐市红雁湖村东南,与拟建乌鲁木齐西绕城高速五家渠东互通被交线衔接。工程区自然环境特点如下:

(1)固定、半固定沙漠:沙漠较为湿润,年降水量70~150mm,冬季有积雪;
(2)极端超大温差:极端高温可达60℃以上,极端低温可达-40℃以下;
(3)沙漠核心区:施工环境复杂、筑路料源稀缺、生态环境脆弱;
(4)施工难度大:缺少水源,高填大挖(最大填方高度23.72m,最大挖方深度33.43m)。

2.3 工程地质概况

项目路线经过区域属公路自然区划的Ⅵ2区(绿洲—荒漠区),项目区及其周边区域分布的地层为第四系全新统冲积层(Q^{4al})及全新统风积层(Q^{4eol})。路线沿线不良地质及特殊路基有风沙、盐渍土和湿陷性粉土广泛分布,生态环境脆弱,环保要求高,环境脆弱而敏感,破坏后极难恢复,沿线自采筑路材料较为匮乏,路线沿线无砂、砾石和砾类土料场分布,水料场分布不均,建设难度大。风积沙路段如图2-3所示。

图2-3 风积沙路段

2.4 S21阿勒泰至乌鲁木齐高速公路总体设计

2.4.1 路基设计原则、路基横断面布置及超高、加宽方案说明

2.4.1.1 路基设计原则

路基设计应根据公路所在地区的地质、地形、地貌、水文、气候、气象、地震等设计条件,参照既有公路G216及石河子至北屯(巴音托海—184团—149团)高速公路和区域其余高等级公路路基设计与施工经验,本着因地制宜、就地取材的原则,选择合理的路基横断面形式和边

坡坡率,并结合设计完善的排水设施、防护工程,采取切实有效的地基处理和病害防治措施,避免各种不利因素对路基的危害,确保路基具有足够的强度、稳定性和耐久性。

(1)根据公路自然区划、设计洪水频率、不良地质情况等因素合理确定路基最小填土高度,确保土基顶回填模量满足路面设计要求。

(2)根据本项目所处地区的水文、土质等自然条件,在满足使用要求的前提下,考虑利用道路沿线可用风积沙作为路基填料。

(3)根据填料的物理力学性质、工程地质条件、边坡高度,合理选择边坡形式和坡率。

(4)在风沙路段,填方路基尽量采用低路堤,避免长距离挖方,采用敞开式路堑的形式。

(5)路基设计遵循技术先进、经济合理、安全适用、选材合理、方便施工、利于养护的原则,注意水土保持和环境保护,结合项目地区特点适当进行景观设计,改善变化后的地形景观。

2.4.1.2 路基横断面布置

本项目执行《公路工程技术标准》(JTG B01—2014),采用双向四车道高速公路标准,设计速度为120km/h,分离式路基宽2×13.25m。考虑远期扩建,中间带宽度为12m。

分离式路基标准横断面各部分组成为:中央分隔带12m(预留宽度),行车道2×2×3.75m,右侧硬路肩(含路缘带2×0.5m)为2×3.0m,左侧硬路肩(含路缘带2×0.5m)为2×1.25m;土路肩2×0.75m。路拱横坡取1.5%,土路肩横坡取3%。路基标准横断面如图2-4所示。

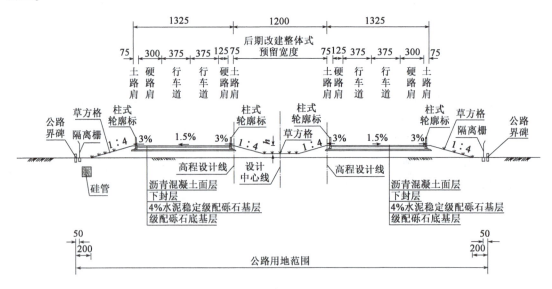

图2-4 路基标准横断面图(尺寸单位:cm)

由于本项目北屯至五家渠段远期规划为双向六车道高速公路,现行实施双向四车道规模。考虑到远期在分离路基内侧加宽成双向六车道路基需预留8m,但根据《公路交通安全设施设计细则》(JTG/T D81—2017)的规定,上下行线不设置防眩设施的最小间距为8m,不设置护栏的最小间距为12m,为后期减少对荒漠路段自然环境的破坏,同时近期不设防眩板与护栏,故现行分离式路基断面两幅路基间距为12.0m,在远期改建为双向六车道时,可在分离式路基内侧加宽2车道。

2.4.1.3 路基的超高和加宽

主线不设超高段路面横坡(包括硬路肩)采用1.5%,土路肩横坡采用3.0%。平曲线半径小于3000m时根据规范要求设置超高,超高段路拱单坡坡度根据超高半径确定。

超高路段,当超高小于3.0%时,内侧土路肩采用3.0%的横坡;当超高大于3.0%时,横坡同超高值。外侧土路肩横坡保持3.0%。

本合同段主线曲线半径均大于250m,无须设置平曲线加宽;匝道根据匝道曲线半径选择超高值。

2.4.1.4 路基边坡

1) 填方路基

路堤边坡形式和边坡坡比根据填料的物理力学性质、边坡高度和工程地质条件及自然气候条件确定。考虑到本合同段位于古尔班通谷特沙漠地区,路基边坡坡比设计充分考虑自然地势,边坡设计中突出"安全、经济、环保、舒适"和低路基缓边坡的设计理念,在安全的前提下,体现经济性与环保和舒适性的平衡统一,力求与周围景观相协调,将路基边坡与地表坡度自然结合,综合考虑项目区地形、地质条件及环保设计的要求,本着安全、环保、经济的原则进行设计。

桩号K182+000~K215+500段位于古尔班通古特沙漠腹地,风沙地貌表现为高大的复合型纵向沙垄与垄间低地相间分布,考虑合理路基边坡有利于疏导风沙流,因此填方边坡坡率采用1:4,边坡采用草方格防护。

2) 主线挖方路基

根据沿线地质调查判断岩土类别、岩性、风化程度、既有人工边坡及自然边坡稳定状况等因素,结合路重边坡高度、地形条件以及采取的边坡防护措施,设置合理的挖方边坡坡率。

桩号K182+000~K215+500位于古尔班通古特沙漠腹地,根据调查及查阅文献资料,路堑处的路面沙害是因风沙先沉积于路基边坡,使路基边坡的坡度变陡,形成所谓的积沙落沙坡;然后积沙落沙坡向前推进,逐步埋压了积沙平台后,开始上至路肩,再上至沥青路面。考虑到风积沙沙害以及借鉴已建成沙漠公路的经验,本合同段挖方边坡坡率均采用1:3,并设置3.0m的宽积沙平台。

2.4.1.5 碎落台与护坡道

桩号K182+000~K215+500段设置3m的积沙平台;填方边坡坡脚至排水沟内外缘设2m宽的护坡道,护坡道设置向外倾2%横坡。

2.4.1.6 公路用地界

路线用地要在满足规范要求的同时,符合"环保政策"和"节约用地"的原则。本合同段公路用地范围为公路路堤两侧边缘(无排水沟时为路堤坡脚)的2m用地宽度范围(当设置排水沟时,挡水埝外边缘2m),或者路堑坡顶以外2m的用地宽度范围。桥梁段落用地界以桥梁正投影控制。

服务区等附属设施占地根据服务区的规模等因素综合确定。

2.4.1.7 中央分隔带及中央分隔带开口

分离式路基中间预留 12m,作为后期加宽车道用地。为抢险、急救和维修方便,中央分隔带开口设置间距一般不小于 4km,另外在特大桥、大桥、互通、服务区等前后及分离式路基的分离、汇合处增设开口,开口长度为 25m。

2.4.2 路基设计、施工工艺、参数、材料要求

2.4.2.1 一般路基设计与施工

1) 一般规定

(1) 路基设计必须根据自然分区的气象、水文特征、地形、地貌、地物及工程地质、水文地质等条件,合理确定路基设计参数,根据不同的条件设计不同的路基方案。

(2) 尽量将边坡放缓,形成舒缓自然的曲面,与原地貌融为一体,既美化环境,又利于提高行车安全性。

2) 一般填土路堤

(1) 地基表层处理。

施工中应严格控制路基填料质量;清除地表草皮、腐殖土、浅层含盐土后进行填前碾压,达到压实度要求后直接填筑路基,清表厚度一般为 20~30cm。

(2) 路基填料。

本合同段较长路段穿过沙漠地区,沿线风积沙储量丰富,根据类似地区公路项目的勘察设计经验,采用风积沙作为路基填料填筑路基,可有效节约工程造价。通过查阅风积沙填筑研究资料发现,对风积沙填筑路基,洒水碾压法和干压实法均能达到压实标准,本项目可根据水料场运距选择压实方法,用水便利路段采用湿压法,用水不便路段采用干压法。本合同段推荐采用干压法,具体做法如下:

①在边坡坡率为 1∶4 的段落采用风积沙填筑路基时,仅在边坡坡面及中间带做草方格固沙措施。

②风积沙填筑路段路面结构层底面以下 30cm 的上路床范围仍填筑砾类土。

③为保证路基全断面压实质量,砾石土包边处理路段路基每侧需施工加宽 50cm,边坡加宽部分应与填方主体同时施工,均匀压实。

④用风积沙填筑路段,风积沙顶面铺设聚丙烯编织布加固层,避免砾石土压入风积沙,提高路基承载力;对于分离式路基,填方路基中间带利用风积沙填至下路床顶面;对于挖方路段,中间带挖至下路床顶;分离式路基中间带不设置聚丙烯编织布。

⑤风积沙填筑路基时,各分层中夹杂的草、树根等要及时清除;在路床(隔断层)范围,风积沙细颗粒含量不应大于 5%;在路堤范围,风积沙细颗粒含量不应大于 10%。

⑥通过查阅风积沙填筑研究资料发现,对风积沙填筑路基,洒水碾压法和干压实法均能达到压实标准,本合同段风积沙填筑路段采用的压实工艺为干压法,干压时要用大吨位振动压路机,干压压路机的技术性能应满足《沙漠地区公路设计与施工指南(附条文说明)》(JTG/T D31—2008)的要求。风积沙路基干压施工工艺流程如图 2-5 所示。

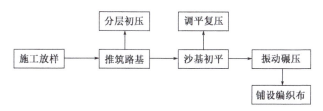

图 2-5　风积沙路基干压施工工艺流程

（3）路基施工工艺。

①推筑路基：根据施工图设计放线后，从路线两侧推筑。原则上每层填筑厚度 50~60cm。

②分层初压：每推筑一层后，用大型推土机大致整平，并借助履带碾压 4~6 遍，直至达到放样高程；挖方段碾压 4 遍。

③调平复压：采用大型铲运机，如菲亚特公司 262B 型铲运机，该机自重 30t，另装 10m³ 左右的风积沙后，利用其宽 72cm 的轮胎碾压 2~3 遍。

④振动碾压：调平复压结束后，用振动压路机采用高频（34Z）、低幅（0.6mm）挡位振动碾压 2~3 遍，碾压速度 3~4km/h。

⑤铺设编织布：沿路线走向，将成卷的编织布铺在整平的沙基上。可以人工或机械方式展铺，每段长度宜为 150~200m。编织布要拉紧展平，铺好后派专人检查，残缺处应以另一块编织布（长宽等均比残缺处多 20cm）覆盖。为防止被风掀起，可在其边缘、搭接处等撒少量风积沙或天然砂砾将其压住。在编织布的接头处要采用重叠式搭接，横向搭接宽度不应小于 30cm、纵向搭接长度不应小于 50cm，并用细铁丝或延伸率较小的尼龙绳缝织，缝针间距应小于 30cm，也可用其他更有效的方法连接。编织布展铺好后，用振动压路机振动碾压一遍，这既可使编织布与沙基紧密结合，又可使沙基表层进一步密实。

3）一般路堑

（1）挖方路基原地表清理。

路堑开挖前应先将原地表腐殖土及耕植土等予以清除，即清除树根、杂草和覆盖土，避免混入填料中。

（2）路堑路基设计。

沙漠段挖方路段，对原地面进行开挖处理至上路床底，对下路床进行碾压；铺设编织布；换填上路床 30cm 砾类土。

4）低填浅挖路基

沙漠段风积沙填筑路基时，当路基高度 H 小于 1.5m（H = 路面结构层厚度 +80cm），且地基土为非盐渍化砾类土路段时，需对路面结构层底面以下 0~30cm 路床范围换填砾类土；30~80cm（下路床）风积沙直接进行碾压，对于主线、互通式立体交叉匝道压实度不小于 97%。按照初设要求及其施工图指导原则，本工程量及其图纸放入特殊路基工程设计图及其工程数量表，其中，路面结构层底面以下 0~30cm 路床范围换填砾类土工程量已计入土石方数量表。

5）桥头过渡段路基填筑

桥头路堤的处理主要是解决桥头跳车病害。桥头跳车主要是由于路堤填料质量不合格、路堤压实度不够、刚度突变产生振动作用,促使路堤塑性变形过大、台后填料受渗水侵蚀变形等引起桥台与台后路堤过大的差异沉降。据此,采用以下综合措施预防(或减小)桥头过大差异沉降的产生。

(1)清除地基表土。

(2)桥头一定范围内路基填土必须分层夯实,其压实度不应小于97%,并切实做好台背填土防护工程,防止受水流侵蚀和冲刷。重型压路机压不到的地方要求用小型机具分层夯实。

(3)桥头路基路床范围压实度(重型击实试验法)不得小于97%。

(4)在桥头设置搭板(搭板长不小于6m),使桥头路基顶面处刚度渐变过渡。

(5)台背回填应采用透水性好的材料,不得采用含有泥草、腐殖物或冻土块的土。

6)陡坡路基、填挖交界路基处理

沙漠区采用清表工序后,浮沙层已基本清除,并且沙漠挖台阶难度较大,边坡稳定性较好,故沙漠段无陡坡路基、填挖交界路基处理。

2.4.2.2 不良地质、特殊路基设计

1)不良地质及特殊性岩土

沿线不良地质及特殊性岩土主要有风沙、盐渍土、风积雪。相关统计见表2-1、表2-2。

盐渍段统计表　　　　表2-1

序号	起讫桩号	长度(km)	盐渍土类型	盐渍化程度
1	K185+425.9~K186+200	0.774	硫酸盐	弱盐渍土

风沙段落统计表　　　　表2-2

序号	起讫桩号	长度(km)	沙丘类型、地形地貌描述	危害程度
1	K182+000~K215+500	33.50	固定沙垄,固定、半固定的沙丘,迎风面有风积沙,半固定低沙丘(包)地貌主要分布在冲洪积地貌之上,呈不规则带状及间断小丘(包)分布,地形起伏1~5m,局部起伏5~10m。沙丘顶部生长有密集的红柳灌木,以及低矮灌木,多见腐殖根系。主导风向210°~230°,与路线交角40°~60°	轻微

本项目区处于古尔班通古特沙漠腹地,冬季气候寒冷漫长,多风雪,局部背风地段易积雪成灾,春季积雪融化期,局部积雪较大地段可造成较大的地表水径流,对路基稳定产生危害。桩号K182+000~K215+500段风积沙漠区积雪深度为0.3~0.6m。危害程度轻微,冰雪融化后自然下渗,无须处理。

2)特殊路基设计

(1)盐渍土处理

本合同段盐渍土类型以硫酸盐、亚硫酸盐、氯盐、亚氯盐弱~中等盐渍土为主,具体含盐种类及其含盐量段详见2.3.2.1节盐渍土分布段。

对于地基盐胀率和溶陷量符合规定要求的盐渍土路段,应对盐渍土地基表层聚积的盐霜、盐壳、生长的耐盐碱植被等进行清除表层换填处理,并设置全断面复合土工布隔断层。考虑地基盐渍化程度及植被情况等因素,采用清除表层换填厚度0.3m;对盐胀率不符合规定的盐渍土路段,采取加大清除深度、换填非盐胀土、适当提高路基高度等处理措施。同时盐渍土路段设置完善的路基、路面排水系统,设置必要的排水设施,以拦截、排除地表水,对于桥涵结构物、防护工程、排水设施等圬工体采用抗硫酸盐混凝土。

当路基为低填路基时,挖除路床范围内的盐渍土后换填水稳性良好、不含盐的砾类土或风积沙。

①对于挖方路段,挖出路床范围内的盐渍土,上路床填筑30cm厚砾类土,上路床底部铺设复合土工布(两布一膜),下路床填筑50cm厚风积沙。

②对于弱~中等盐渍土,填方高度小于96cm路段,挖出路床范围内的盐渍土,上路床填筑30cm厚砾类土填筑,上路床底部铺设复合土工布(两布一膜),下路床填筑50cm厚风积沙。

③对于弱~中等盐渍土,填方高度大于96cm路段,挖出路床范围内的盐渍土,上路床填筑30cm厚砾类土,上路床底部铺设编织布,下面正常填筑风积沙。

(2)风沙处理

风沙主要分布于桩号K182+000~K215+500段。地貌形态多以风积固定沙丘为主,大部分丘表有薄层结皮,流沙已不多,有密集的植被覆盖,植被覆盖率在40%以上,沙丘类型是沙垄,沙垄平面形态成树枝状,其长度从数百米至十余千米不等,高度10~50m,南高北低。根据《公路工程地质勘察规范》(JTG C20—2011)中表7.7.7判断风沙的危害程度为轻微。

在风沙段落路基边坡及积沙平台和分离式路基中间带设置草格网防沙;为风沙顺利通过路基两侧设置缓坡进行疏导防沙,建立阻沙、固沙、输导相结合的综合防护体系。具体处治措施如下:

①适当提高路基,放缓边坡。

②路侧进行整修,改善通风条件,使风沙流顺利通过。

③路基边坡防风蚀处理。

④风沙严重路段设置固沙措施,进行阻沙设计,根据地形起伏、风向等合理设置芦苇草方格。

⑤适当增加桥涵孔径,防止沙流淤积。

本合同段沙漠路段填方边坡坡率采用1:4;挖方边坡坡率采用1:3,并设置积沙平台。此外,在路基填挖方坡面及其积沙平台和分离式路基中间带设置草方格防护。

2.4.2.3 材料要求

1)复合土工布

特殊路基处理采用的复合土工布为两布一膜,复合土工布质量不小于$500g/m^2$,膜为不透水塑料薄膜,由聚乙烯或聚氯乙烯材料制作,厚度不小于0.3mm,质量不小于$200g/m^2$,垂直渗透系数$\leq 5 \times 10^{-12}$cm/s。布采用丙纶、涤纶、锦纶、乙纶等材料制作,一布质量不小于$150g/m^2$,两布质量合计不小于$300g/m^2$。土工布断裂强度不小于50kN/m(经向)及35kN/m(纬向),标准强度对应伸长率不大于30%,撕破强度不小于0.4kN,做CBR土工布顶破试验,顶破强度不小于 3kN。土工布的其他技术要求应满足《土工合成材料 长丝机织土工布》(GB/T 17640—2008)的有关要求。复合土工布必须采用布与膜之间相互紧密粘贴生产的全成品整体材料,幅宽尽可能采用较宽的品种。

2)聚丙烯编织布

编织布经向拉力≥30kN/m,纬向拉力≥22kN/m,经、纬向断裂伸长率≤28%,CBR顶破强度≥2.4kN,单位面积质量≥160g/m²。

3)土工格栅

土工格栅每延米纵、横向极限抗拉强度≥100kN/m,土工格栅应具有较强的耐腐蚀性、抗老化性、抗低温缩裂性及经济耐久性。土工格栅铺设时沿着路线方向进行搭接,搭接宽度不应小于30cm;土工格栅之间的连接应牢固,在受力方向连接处的强度不得小于25kN/m,且其叠合长度不应小于15cm。土工格栅的其他技术要求应满足《公路工程土工合成材料 第1部分:土工格栅》(JT/T 1432.1—2022)的具体要求。

2.4.3 路基压实标准与压实度及填料强度要求

根据交通量预测结果计算可知,本合同段主线属中等交通等级,路床厚度为80cm。

路基压实采用重型击实标准,路基应分层铺筑,均匀压实,路基压实度、填料最小强度(CBR)、最大粒径要求应符合表2-3的要求。

路基压实度、填料最小强度(CBR)最大粒径要求一览表　　表2-3

项目分类		路面底面以下深度(cm)	压实度(%)	路基填料最小强度(CBR)(%)	最大粒径要求(mm)
			高速公路	高速公路	
上路床		0~30	≥97	8	100
下路床	轻、中等及重交通	30~80	≥97	5	100
	特重、极重交通	30~120	≥97	5	100
上路堤	轻、中等及重交通	80~150	≥95	4	150
	特重、极重交通	120~190	≥95	4	150
下路堤	轻、中等及重交通	>150	≥93	3	150
	特重、极重交通	>190			
低填浅挖		0~30	≥97	8	100
		30~80	≥97	5	100

2.4.4 路基支挡、加固及防护工程设计

2.4.4.1 设计原则

路基防护工程是防治路基病害、保证路基稳定、改善环境景观和生态平衡的重要设施。结合本合同段的路基填料、地质条件的特点,并借鉴区域内G216和石河子至北屯(巴音托海—184团—149团)高速公路防护的经验,以"生态防护、环境景观"为设计思路,在风沙段路基边

坡及积沙平台和分离式路基中间带设置草格网防沙。边坡坡率为1∶1.5时,主线通道桥路基两侧20m范围内立交区和分离式立交被交线跨线桥填方大于3.0m路段路边坡采用方格网护坡防护;本次全线未设置方格网护坡;吉拉沟及其以北段落存在局部水害,在路线易受水害的填方路基坡脚处设置高度不小于洪水位±0.5m混凝土护坡,加强路基抗冲刷能力。

2.4.4.2 路基防护设计

结合区域内高速公路建设项目经验,本合同段土路肩采用砂砾土培筑。

1)芦苇草方格防护(图2-6)

沙漠路段在挖方边坡、填方边坡坡面、积沙平台和分离式路基中间带设置草方格,如图2-7、图2-8所示。

图2-6 芦苇草方格防护

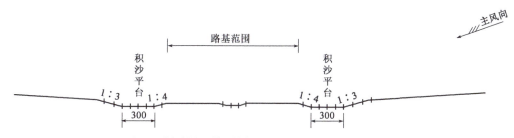

图2-7 方格沙障栅栏防沙体系横断面图(分离式挖方断面)(尺寸单位:cm)

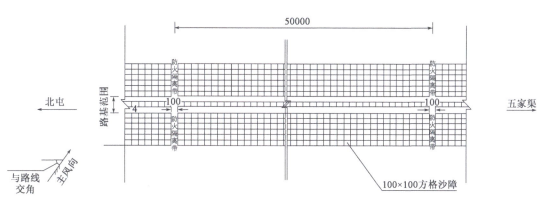

图2-8 方格沙障栅栏防沙体系平面图(分离式)(尺寸单位:cm)

芦苇草方格露草头20cm,铺设间距采用100cm×100cm。草方格采用踩栽方法,具体步骤如下:

(1)草方格用芦苇原状水生芦苇,截成70cm长备用。

(2)施工前要求栽植草方格的场地平顺,边坡符合要求,连接顺适,消除人工痕迹,确定纵横向插栽线,将截好备用的芦苇垂直于线摆放好,中间位置置于线上。

(3)用平头铁锹沿线用力将芦苇对折压入流沙中15cm,外露20cm。

(4)整呈、封沙、踩实;用铁锹或脚将插栽的芦苇整形直顺,高低整齐,然后用脚回填草带两侧沙并踩实。

(5)最后用铁锹将草方格中心的沙子向外侧扒一扒,使方格内部形成低洼弧形,以利方格稳定和积沙。

(6)每一格芦苇草方格芦苇用量为1.2kg。

注意事项:

(1)芦苇必须采用原状水生芦苇(当年或上一年产)且无变色、霉变,有一定的弹性,芦苇直径小于2mm的不能用作草方格。

(2)芦苇草方格要以全断面推进的形式铺设。

(3)坡面草方格施工应从顶部向下进行,禁止将草方格设置在落沙坡。

(4)沿主线方向,草方格每间隔0.5km需设置一道宽1m的防火隔离带(不铺设方格沙障),防火隔离带应布置在地势相对低洼处。

2)砾类土包边

桥梁、涵洞、通道等构造物两头20m范围内的路基,边坡坡率由1∶2渐变为1∶4。设计砾类土包边,包边宽度2.5m,厚度30cm,处理高度为上路床底面至原地面(图2-9)。

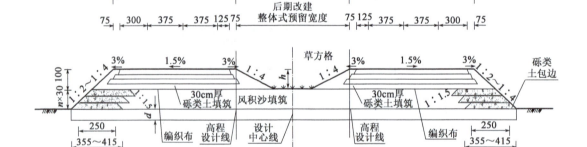

图2-9 桥涵路基边坡坡率由1∶2渐变为1∶4的砾类土包边(尺寸单位:cm)

2.4.5 路基、路面排水系统

2.4.5.1 设计原则

为保证路基和路面的稳定和减少水土流失以及尽量减少对沿线环境的影响,防止路面积水影响行车安全,充分考虑工程建设的实际情况和环保的特殊要求,结合沿线地形地貌、地质、气象等条件,并与路基防护、特殊路基处治、桥涵设置相互协调,设置了完善的路基、路面排水系统,及时排除路基、路面范围内的地表水。

2.4.5.2 路基、路面排水设计方案

(1)路基排水

填方路段受坡面来水冲刷的路段在迎水面设置排水沟,尺寸为沟深60cm,底宽60cm,内边坡1∶1,外边坡1∶1,外侧设置挡水埝。排水沟采用M10砂浆砌筑C30水泥混凝土预制板,板厚8cm。

(2)路面排水

①路面内部排水。

路面结构层已设置防渗层,如各沥青层间设黏层,基层顶面设下封层,基本能满足防水要求。

②路面表层排水。

本合同段K182+100~K215+500,降水量少,蒸发量很大,属于干旱地区,结合既有G216和其他相近项目设计施工及养护资料,路面表层采用分散排水形式,将路面水快速排入路基边坡;全线填方未设置排水沟,挖方设置积沙平台兼作边沟。

2.4.6 取土、弃土设计、环保及节约用地措施

2.4.6.1 取土、弃土设计方案

1)取土场

本合同段使用天然取土料场2个,砂砾料场2个,碎石料场1个,施工用水料场1个,均为自采。其中取土料场为1号、2号取土料场,储量丰富,可满足工程使用;砂砾料场分别为4号、5号砂砾石料场,储量预估490万m^3;碎石料场位于福海渔场G3014桥下西南方向约10km,为自采料场,可开采面积约80亩(1亩≈666.7m^2),储量能够满足工程需要。岩性主要为安山岩,质地较坚硬,可作为路面碎石材料及桥涵混凝土集料。

路基填料风积沙必须在指定的取土料场用,严禁乱掘、乱挖。对风积沙取土料场,拟在开采过程中采用设置缓边坡、及时回填清表土等措施,以利于保护环境和恢复植被。

2)弃土场

本合同段弃土场采用4~9号弃土场,占地面积共计323.61亩。

本合同段废方主要来自清除表土、特殊路基换填挖除的非适用性材料、路基挖方。废方必须按指定的弃土场弃之。本着因地制宜、综合利用的原则,为保护生态环境,少占压草地,合理设置弃土场,弃土场做好恢复,采用草方格防护。

2.4.6.2 环保及节约用地措施

(1)本合同段沿线基本为沙漠,生态环境脆弱,在设计中优化路线设计方案,尽量避免高填深挖,减少占用土地面积。

(2)公路建设用地严格按照有关规定办理建设用地审批手续,其中涉及占用沙漠、草地的必须得到主管部门的同意。

(3)合理选择取土场位置,采取集中取土方式,不得扩大超规定的征地范围。

(4)施工期间,施工废料弃于指定地点,对于挖出的土方,可以利用的全部进行纵向调配,不能利用的弃于取土坑。

(5)工程完工后,应该对取土、弃土场进行平整、复垦或植被恢复,对拌和场进行清理、平整并恢复地表。

(6)严格控制施工临时用地数量,施工便道、各种料场、预制场不得占用植被覆盖区。

(7)积极与地方政府协调做好公路沿线占用土地的重新调整工作,使之能够及时适应由于地被占用而产生的变化。

2.4.6.3 清表耕植土的利用

1)复垦原则

(1)按照"以人为本、保护优先、治理为辅、再生结合"的原则,切实加强环境保护,实现工程建设和环保目标的协调和统一。

(2)按照可持续发展、节约资源的原则,将公路建设与当地水土保持、环境保护相结合,统筹规划、合理布局。对施工中清除的表土、腐殖土制订存放与利用方案,合理确定临时存放场,将存土用于绿化、复垦、造地等。

2)具体措施

(1)表土的采集

在路基施工场地整平、清除耕植土、开挖取土坑阶段,本项目场地为荒漠,沙漠植被异常珍贵,施工中应对表层草皮进行集中堆放,以利于绿化、复垦。另外,保存利于农作物或树木生长的耕植土。为避免表土采集工作过分超前而加剧水土流失和环境破坏,具体在采集过程中应根据公路的施工进度有计划地进行。

(2)表土的堆放

将采集下来的表土按照复垦计划和公路施工计划优选出合适的堆存点暂时存储,以待后用,具体原则为:

①道路用地范围内采集的表土堆放应因地制宜,综合考虑施工进度、附近取土坑位置等因素。

②优化施工工序,争取表土的随挖、随运、随铺,减少堆放点,节省用地。

3)场地的整平及表土的铺设

随着公路建设的不断延伸,在已建成的路段,对废弃的取土场和弃土场进行必要的回填、压实、加固、整平等不同的作业之后,把已采集的表土均匀地铺设在准备好的场地,铺设厚度应根据具体的复垦目标(林业复垦、农业复垦等)合理确定,通常表土的铺设厚度取0.3～0.5m。

4)复垦地的利用

根据复垦设计中所确定的复垦地利用方向,按不同要求对复垦地进行不同处理,以便进一步地利用。对农、林复垦来讲,这步工作主要是对复垦地的改良、熟化,择优品种进行绿化及利用。

2.4.7 路面设计及施工

2.4.7.1 路面设计原则

路面设计应根据公路的功能、使用要求及所处地区的气候、水文、土质等自然条件,结合该地区公路路面施工经验和材料供应进行路基、路面的综合设计。依据《公路沥青路面设计规范》(JTG D50—2017)、《公路水泥混凝土路面设计规范》(JTG D40—2011)、《新疆沥青路面材料质量控制手册》、《新疆公路沥青路面设计指导手册》及相关规范,在满足交通量和使用要求的前提下,遵循因地制宜、合理选材、方便施工、利于养护、节约投资的原则,进行路面方案设计。

2.4.7.2 自然区划、干湿类型、路基土组、气候分区

自然区划:Ⅵ2区(绿洲-荒漠区);
干湿类型:中湿~干燥;
路基土组:风积沙;
气候分区:夏炎热冬严寒干旱(1-1-4区)。

2.4.7.3 技术标准及设计理论

1) 技术标准

路面设计采用单轴双轮组 BZZ-100 作为标准轴载,设计年限为 15 年。设计使用期限内各种车型交通量由未来特征年车种构成和未来特征年交通量预测结果计算得出。

2) 设计理论

沥青混凝土路面结构计算采用双圆垂直均布荷载下层状弹性体系理论,认为路面各结构层层间连续,以沥青混合料层永久变形量及无机结合料稳定层层底拉应力作为设计指标。路面结构层厚度的确定应满足整体刚度(承载力)与沥青层或半刚性基层、底基层抗疲劳开裂的要求。

2.4.7.4 交通量的分析取用

根据《S21线阿勒泰至乌鲁木齐公路建设项目北屯至五家渠段工程可行性研究报告》(以下简称工可报告)的结论,设计使用期限内特征年交通量预测结果见表 2-4。

特征年交通量预测结果(单位:pcu/d)　　表 2-4

年份	一型车		二型车		三型车		四型车		五型车
	客	货	客	货	客	货	客	货	货
	<7座	≤2t	8~19座	2~5t	20~39座	5~10t	>40座	10~15t	>15t
2020	4162	608	140	351	53	247	45	686	28

2.4.7.5 车种比例构成及分布系数

根据工可报告,车辆类型分布系数及车种比例构成见表 2-5~表 2-7。

车辆类型分布系数（单位：%）　　　　　　　　　　　　　　　　　　表 2-5

车辆类型	2 类	3 类	4 类	5 类	6 类	7 类	8 类	9 类	10 类	11 类
车型分布系数	17.8	33.1	3.4	0.0	12.5	4.4	9.1	10	8.5	0.7

非满载车与满载车所占比例（单位：%）　　　　　　　　　　　　　　表 2-6

车辆类型	2 类	3 类	4 类	5 类	6 类	7 类	8 类	9 类	10 类	11 类
非满载车比例	90.0	95.0	70.0	80.0	60.0	75.0	50.0	65.0	60.0	70.0
满载车比例	10.0	5.0	30.0	20.0	40.0	25.0	50.0	35.0	40.0	30.0

非满载车与满载车当量设计轴载换算系数　　　　　　　　　　　　　　表 2-7

车辆类型	沥青混合料层永久变形		无机结合料层疲劳开裂	
	非满载车	满载车	非满载车	满载车
2 类	0.8	2.8	0.5	35.5
3 类	0.4	4.1	1.3	314.2
4 类	0.7	4.2	0.3	137.6
5 类	0.6	6.3	0.6	72.9
6 类	1.3	7.9	10.2	1505.7
7 类	1.4	6.0	7.8	553.0
8 类	1.4	6.7	16.4	713.5
9 类	1.5	5.1	0.7	204.3
10 类	2.4	7.0	37.8	426.8
11 类	1.5	12.1	2.5	985.4

2.4.7.6 路面结构设计参数

结合规范提供的材料设计参数参考值，并参考区域内近年来高速公路路面结构成果，本项目沥青路面结构参数见表 2-8、表 2-9。

沥青混合材料设计参数　　　　　　　　　　　　　　　　　　　　　　表 2-8

材料名称	动态压缩模量（MPa）	泊松比
中粒式沥青混凝土（AC-16C）	11250	0.25
粗粒式沥青混凝土（AC-25C）	10750	0.25

基层、底基层、土基材料设计参数　　　　　　　　　　　　　　　　　表 2-9

材料名称	弹性模量（MPa）	泊松比
4.0%水泥稳定级配砾石	18000（验算 9000）	0.35
级配砾石	200	0.4
土基	119	—

本公路设计使用年限内设计车道累计大型客车和货车交通量为 5687345，交通等级属于中等交通。

2.4.7.7 路面结构类型

1）主线路面结构

上面层：5cm AC-16C 普通沥青混凝土；

黏层：改性乳化沥青黏层；

下面层：7cm AC-25C 普通沥青混凝土；

下封层：同步碎石封层；

基层：36cm 4.0% 水泥稳定级配砾石；

底基层：18cm 4.0% 级配砾石；

土基模量：119MPa；

总厚度：66cm。

2）桥面铺装

上面层：5cm AC-16C 普通沥青混凝土；

黏层：改性乳化沥青黏层；

下面层：7cm AC-25C 普通沥青混凝土；

总厚度：12cm。

3）匝道路面结构及服务区贯通车道

上面层：5cm AC-16C 普通沥青混凝土；

黏层：改性乳化沥青黏层；

下面层：7cm AC-25C 普通沥青混凝土；

下封层：同步碎石封层；

基层：30cm 4.0% 水泥稳定级配砾石；

底基层：23cm 级配砾石；

路面厚度：65cm。

4）施工便道

面层：15cm 天然砂砾路面；

路面厚度：15cm。

5）改路

面层：18cm 天然砂砾路面；

路面厚度：18cm。

2.4.7.8 沥青面层施工技术要求

本合同段沥青混合料类型主要为 AC-16C、AC-25C 沥青混合料，沥青路面施工必须按照设计要求，严格执行《公路沥青路面施工技术规范》（JTG F40—2004）、《新疆沥青路面材料质量控制手册》以及《新疆沥青路面施工质量管理和控制技术手册》中各条文的要求。

1）原材料技术要求

（1）沥青

沥青混凝土路面上面层、下面层均采用 A 级 90 号道路石油沥青，其技术要求见表 2-10。

A 级 90 号道路石油沥青技术要求   表 2-10

项目	针入度(25℃,100g,5s)	针入度指数 PI	蜡含量(蒸馏法)	软化点 $T_{R\&B}$
指标	80~100(0.1mm)	-1.5~+1.0	不大于 2.2%	不小于 45℃
项目	10℃延度	15℃延度	闪点	溶解度
指标	不小于 45cm	不小于 100cm	不大于 245℃	不小于 99.5%
项目	60℃动力黏度		密度(15℃)(g/cm³)	
指标	不小于 160		实测记录	
TFOT(或 RTFOT)后				
项目	质量变化	残留针入度比	残留延度 10℃	
指标	不大于 +0.8%	不小于 57%	不小于 8cm	

(2)集料

粗、细集料应洁净、干燥、无风化、无杂质,具有足够的强度、耐磨耗性,并具有合适的颗粒级配。

①沥青混合料用粗集料质量技术要求见表 2-11。

沥青混合料用粗集料质量技术要求   表 2-11

检测项目		上面层	下面层	试验方法
压碎值	不大于(%)	26	28	T 0316
洛杉矶磨耗损失	不大于(%)	28	30	T 0317
表观相对密度	不小于	2.6	2.5	T 0304
吸水率	不大于(%)	2.0	3.0	T 0304
坚固性	不大于(%)	12	12	T 0314
针片状颗粒含量(混合料)	不大于(%)	15	18	T 0312
其中粒径大于 9.5mm	不大于(%)	12	15	
其中粒径小于 9.5mm	不大于(%)	18	20	
水洗法<0.075mm 颗粒含量	不大于(%)	0.8	1	
软石含量	不大于(%)	3	5	T 0320

②沥青混合料用细集料质量技术要求见表 2-12。

沥青混合料用细集料质量技术要求   表 2-12

项目		指标值	项目		指标值
表观相对密度	不小于	2.5	含泥量(小于 0.075mm 的含量)	不大于(%)	3
坚固性(>0.3mm 部分)	不小于(%)	12	亚甲蓝值	不大于(g/kg)	25
砂当量	不小于(%)	60	棱角性(流动时间)	不小于(s)	30

细集料应符合 S16 集料规格,具体见表 2-13。

沥青混合料用集料规格　　　　　　　　　表2-13

规格	粒径(mm)	规格	通过下列筛孔(mm)质量百分率(%)							
			9.5	4.75	2.36	1.18	0.6	0.3	0.15	0.075
S14	3~5	S14	100	90~100	0~15	—	0~3	—	—	—
S16	0~5	S16	100	90~100	60~90	40~75	20~55	7~40	2~20	0~10
S16	0~3	S16	—	100	80~100	50~80	25~60	8~45	0~25	0~10

(3)矿粉

沥青混合料用矿粉必须采用石灰岩或岩浆岩中的强基性岩石等憎水性石料经磨细得到的矿粉,原石料中的泥土杂质应除净。若采用水泥代替部分矿粉,其用量应控制在矿粉总量的2%左右,禁止使用回收粉。矿粉应干燥、洁净,能自由地从矿粉仓流出,其质量技术要求见表2-14。

沥青混合料用矿粉质量技术要求　　　　　　　　　表2-14

指标		高等级公路	其他等级道路
表观密度(t/m³)		≥2.5	≥2.45
含水率(%)		≤1	≤1
粒度范围	<0.6mm(%)	100	100
	<0.15mm(%)	90~100	85~100
	<0.075mm(%)	75~100	70~100
外观		无团粒结块	无团粒结块
亲水系数		<1	<1
塑性指数		<4	<4
加热安定性		实测记录	实测记录

上述材料的各项技术指标应满足《新疆公路沥青路面设计指导手册》《新疆沥青路面材料质量控制手册》的有关要求。

2)沥青混合料的技术要求

沥青面层混合料的配合比设计应遵循《公路沥青路面施工技术规范》(JTG F40—2004)中关于热拌沥青混合料配合比设计的目标配合比、生产配合比及试拌试铺验证的三个阶段,确定矿料级配及最佳沥青用量。沥青混合料矿料级配范围见表2-15。

沥青混合料矿料级配范围(单位:%)　　　　　　　　　表2-15

规格	粒径(mm)											
	31.5	26.5	19	16	13.2	9.5	4.75	2.36	1.18	0.6	0.3	0.15	0.075
AC-16C	—	—	100	95~100	79~86	58~67	30~40	23~32	17~25	13~20	10~16	8~13	6~10
AC-25C	100	90~100	70~82	62~74	54~65	42~54	25~35	16~27	11~21	7~17	5~13	3~10	2~8

沥青混合料马歇尔技术指标见表2-16。

沥青混合料马歇尔技术指标　　　　　　　　　　　　　　　　表 2-16

检测项目		AC-16C 技术要求	AC-25C 技术要求
马歇尔试件击实次数(次)		两面各 75	两面各 75
空隙率(%)	深约 90mm 以内	3.0～5.0	3.0～5.0
	3.0～6.0	—	3.0～6.0
沥青饱和度(%)		55～70	60～70
稳定度(kN)		≥8.0	≥8.0
流值(0.1mm)		20～40	20～40
车辙试验动稳定度(60℃,0.7MPa)(次/mm)		≥800	—
车辙试件压实度(%)		100±1	—
弯曲试验破坏应变(-10℃,50mm/min)(με)		≥2600	—
残留马歇尔稳定度(%)		≥75	—
冻融劈裂残留强度比(%)		≥70	—
渗水系数要求(mL/min)		≤120	—
横向力系数 SFC_{60}		≥50	—
构造深度 TD		≥0.5	—

当设计空隙率不是整数时,用内插法确定要求的最小矿料间隙率(VMA)。

3)沥青混合料配合比设计

(1)热拌沥青混凝土配合比设计由马歇尔试验设计、抗水损害检验、车辙动稳定度试验和低温小梁弯曲试验组成。

(2)热拌沥青混凝土配合比设计遵照下列步骤进行:

①目标配合比设计阶段。

a.确定各矿料的组成比例。从施工现场分别取各类矿料进行筛分,用计算机或图解计算各矿料的用量,使合成的矿质混合料级配符合"沥青混合料矿料级配范围表"的范围。初选粗、中、细 3 个级配,使矿质混合料级配曲线接近一条顺滑的曲线。初选的 3 个级配中应至少有 2 个级配,其沥青混合料的体积性质指标满足"沥青混合料马歇尔技术指标表"的规定。根据经验从上述 2 个级配中选择一个作为目标级配。

b.确定沥青的最佳油石比。按一定的间隔(对密级配沥青混合料通常取 0.5%),取 5 个不同的油石比,用试验室小型拌和机拌制沥青混合料,制备马歇尔试件。测定压实沥青混合料试件的 VMA、密度、空隙率、沥青饱和度、稳定度和流值,以沥青用量(或油石比)为横坐标,以上述各项指标为纵坐标绘制曲线。确定均符合规定的沥青混合料技术指标的沥青用量范围 OAC_{min}～OAC_{max}。选择的沥青用量范围必须涵盖设计空隙率的全部范围,并尽可能涵盖沥青饱和度的要求范围,并使密度和稳定度曲线出现峰值。如果没有涵盖设计空隙率的全部范围,试验必须扩大沥青用量范围重新进行。

根据试验曲线的走势，取密度最大值的沥青用量 a_1、稳定度最大值的沥青用量 a_2 和目标空隙率的沥青用量 a_3，沥青饱和度范围的中值的沥青用量 a_4，按式(2-1)取四者的平均值作为最佳沥青用量初始值 OAC_1。

$$OAC_1 = (a_1 + a_2 + a_3 + a_4)/4 \tag{2-1}$$

如果所选择的沥青用量范围未能涵盖沥青饱和度的要求范围，按下式取三者的平均值作为最佳沥青用量初始值 OAC_1。

$$OAC_1 = (a_1 + a_2 + a_3)/3 \tag{2-2}$$

对所选择试验的沥青用量范围，密度或稳定度没有出现峰值（最大值经常在曲线的两端）时，可直接将目标空隙率所对应的沥青用量 a_3 作为 OAC_1，但 OAC_1 必须在 $OAC_{min} \sim OAC_{max}$ 的范围内，否则应重新进行配合比设计。

以各项指标均符合技术标准（不含 VMA）的沥青用量范围 $OAC_{min} \sim OAC_{max}$ 的中值作为 OAC_2，按式(2-3)取中值 OAC_2。

$$OAC_2 = (OAC_{max} + OAC_{min})/2 \tag{2-3}$$

如果最佳沥青用量的初始值 OAC_1 在 OAC_{max} 和 OAC_{min} 之间，则认为设计结果是可行的，可取 OAC_1 和 OAC_2 的中值作为目标配合比最佳沥青用量 OAC。

把计算的 OAC 和绘制的各项指标曲线进行对比，检验 OAC 对应的空隙率是否在 4.0% ~ 5.5% 范围内，以及 VMA 值是否符合《公路沥青路面施工技术规范》(JTG F40—2004)中关于最小 VMA 值的要求，且 OAC 宜位于 VMA 凹形曲线最小值的贫油一侧。

在绘制的各曲线上，检查相应于此 OAC 的其他各项指标是否符合马歇尔试验技术标准。如果以上各项指标均能符合要求，再根据实践经验和实体工程的公路等级、气候条件、交通情况，调整确定最佳沥青用量 OAC，将其作为目标配合比设计最佳沥青用量。

c. 抗车辙能力和低温抗裂性能检验。对于 AC-13C 上面层、AC-20C 中（下）面层改性沥青混合料，应按规定进行车辙试验（动稳定度）和 -10℃ 低温小梁弯曲试验检验，指标应符合"沥青混合料马歇尔技术指标表"的规定。

d. 水稳定性检验。按以上配合比制备沥青混凝土试件，做水稳定性试验，检验试验结果必须满足"沥青混合料马歇尔技术指标表"的规定。

② 生产配合比设计阶段。

a. 确定各热料仓矿料和矿粉的用量。必须从二次筛分后进入各热料仓的矿料取样进行筛分，根据筛分结果，通过计算，使矿质混合料的级配接近目标配合比，以确定各热料仓矿料和矿粉的用料比例，供拌和机控制室使用。同时，反复调整冷料仓进料比例，以达到供料均衡。

b. 确定最佳油石比。取目标配合比设计的最佳油石比 OAC、OAC ± 0.3% 和 OAC ± 0.6% 5 个油石比进行马歇尔试验和试拌，通过室内试验及从拌和机取样试验，综合确定生产配合比的最佳油石比，由此确定的生产配合比的最佳油石比与目标配合比设计的结果相差宜在 ±0.2% 范围内。如相差超过 0.2%，应找出原因，进一步试验分析后确定试拌试铺用油石比。

c. 残留稳定度检验。按以上生产配合比，用室内小型拌和机拌制沥青混合料，做浸水 48h 马歇尔试验，检验残留稳定度，必须满足"沥青混合料马歇尔技术指标表"的规定。

③生产配合比验证阶段。

用生产配合比进行试拌,沥青混合料的技术指标合格后铺筑试铺段。取试铺用的沥青混合料进行马歇尔试验检验和沥青含量、筛分试验,检验标准配合比矿料合成级配中,至少应包括0.075mm、2.36mm、4.75mm及公称最大粒径筛孔的通过率,接近目标配合比级配值,并避免在0.3~0.6mm处出现驼峰,由此确定正常生产用的标准配合比。

④沥青混合料试件密度试验方法:上面层沥青混合料统一用表干法的毛体积相对密度。

⑤沥青混合料理论最大相对密度,每天两次按T 0711真空法实测获得,并按每天总量控制算得平均油石比,用计算法进行校核,当两者差值小于0.005时,取两者数值较大值作为标准值;当差值超过0.005时,应分析原因,论证后取值。沥青混合料试件体积指标,按《公路沥青路面施工技术规范》(JTG F40—2004) B.5.10条规定的方法计算。

⑥试件的配料、拌和均应单个进行,以确保试验结果的一致性。

4)下承层的检查处理

(1)各面层铺筑前,应检查其下承层的工程质量,对下承层局部质量缺陷(如严重离析和开裂等以及油污造成松散的)应按规定进行修复。

(2)对下承层表面浮动混合料应扫至路面以外,表面杂物也应清扫干净。灰尘应提前冲洗,风吹干净。

(3)铺筑各面层前,对下承层表面应进行彻底清扫,清除纹槽内泥土杂物,风干后均匀喷洒黏层沥青或封层,且施工后应进行交通管制,禁止任何车辆通行和人员踩踏,不粘车轮时才可摊铺各面层。

5)铺筑试铺路段

沥青各面层施工开工前,应先做试铺路段。通过合格的沥青混合料组成设计,拟定试铺路段铺筑方案,采用重新调试的正式施工机械铺筑试铺路段。试铺路段宜选在正线直线段,长度不小于300m。

试铺路段施工分为试拌和试铺两个阶段,需要决定的内容包括:

(1)根据各种机械的施工能力,确定适宜的施工机械,按生产能力决定机械数量与组合方式。

(2)通过试拌决定:

①拌和机的操作方式,如上料速度、拌和数量与拌和时间、拌和温度等。

②验证沥青混合料的配合比设计和沥青混合料的技术性质,决定正式生产用的矿料配合比和油石比。

(3)通过试铺决定:

①检验沥青混合料施工性能,评价是否利于摊铺和压实,要求混合料不离析、不结块。

②摊铺机的操作方式——摊铺温度、摊铺速度、初步振捣夯实的方法和强度、自动找平方式等。

③压实机具的选择、组合,压实顺序、碾压温度、碾压速度及遍数。

④施工缝处理方法。

⑤各种沥青面层的松铺系数。

(4)确定施工产量及作业段的长度,修订施工组织计划。

(5)全面检查材料及施工质量是否符合要求。

(6)确定施工组织及管理体系、质保体系、人员、机械设备、检测设备、通信及指挥方式。

在试铺段的铺筑过程中,监理工程师应一起参加,检查施工工艺、技术措施是否符合要求,测温、观色、取样,并记录试验与检测结果,检查各种技术指标情况,对出现的问题提出改进意见。各层试铺必须力争一次铺筑成功,使试铺面层成为正式路面的组成部分,否则应予以铲除。

试铺段的质量检查频率应根据需要比正常施工时适当增加(一般增加1倍)。试铺结束后,试铺段应基本上无离析和石料压碎现象,经检测各项技术指标均符合规定,施工单位应立即提出试铺段总结报告,由驻地监理工程师审查,经总监批准后即可作为申报正式开工的依据。

6)沥青面层施工

(1)把好原材料质量关

①注意粗细集料和填料的质量,从源头抓起,对不合格的矿料,不准运进拌和场。

②堆放各种矿料的地坪必须硬化,并具有良好的排水系统,避免材料被污染;各品种材料间应用墙体隔开,以免相互混杂。各种材料应有醒目的标志牌,注明材料的产地、规格、状态及检验日期。

③细集料及矿粉宜覆盖或搭设雨棚,细集料潮湿将影响喂料数量和拌和机产量。

(2)关于沥青混凝土配合比设计的统一规定

①对同一拌和场两台拌和机,如果使用相同品种的矿料,可使用同一目标配合比。目标配合比需经驻地监理工程师审查,报总监批准后才能进行生产配合比设计。如果某种矿料产地、品种发生变化,必须重新进行目标配合比设计。

②每台拌和机均应进行生产配合比设计,由驻地监理工程师审查,经总监批准后,才能进行试拌与试铺。

(3)沥青混合料的拌制

①严格掌握沥青和集料的加热温度以及沥青混合料的出厂温度。集料温度应比沥青温度高 10~15℃,热混合料成品在储料仓储存后,其温度下降不应超过10℃,沥青混合料的施工温度控制范围见"沥青混合料的施工温度(℃)表"。

②拌和楼控制室要逐盘打印沥青及各种矿料的用量和拌和温度,并定期对拌和楼的计量和测温进行校核;没有材料用量和温度自动记录装置的拌和机不得使用。

③拌和时间由试拌确定。必须使所有集料颗粒全部裹覆沥青结合料,并以沥青混合料拌和均匀为度。

④注意目测检查混合的均匀性,及时分析异常现象,如混合料有无花白、冒青烟和离析等。如确认是质量问题,应作废料处理并及时予以纠正。在生产开始以前,有关人员要细致观察室内试拌的混合料,熟悉本项目所用各种混合料的外观特征。

⑤每台拌和机每天上午、下午各取一组混合料试样做马歇尔试验和抽提筛分试验,检验油石比、矿料级配和沥青混凝土的物理力学性质。油石比与设计值的允许误差为 -0.1% 至 +0.2%。

⑥每天结束后,用拌和楼打印的各料数量,通过总量控制,以各仓用量及各仓级配计算平

均施工级配、油石比,并与施工厚度和抽提结果进行校核。

(4)沥青混合料的运输

①采用数字显示插入式热电偶温度计检测沥青混合料的出厂温度和运到现场温度,插入深度要大于150mm。在运料车侧面中部设专用检测孔,孔口距车厢底面约300mm。

②拌和机向运料车放料时,汽车应前后移动,分几堆装料,以减少粗集料的分离现象。

③沥青混合料运输车的运量应较拌和能力和摊铺速度有所富余,摊铺机前方应至少有5辆运料车等候卸料。

④运料车应有良好的篷布覆盖设施,卸料过程中继续覆盖,直到卸料结束取走篷布,以便能保温或避免污染环境。

⑤连续摊铺过程中,运料车在摊铺机前10～30cm处停住,不得撞击摊铺机。卸料过程中运料车应挂空挡,靠摊铺机推动前进。

(5)沥青混合料的摊铺

①连续稳定地摊铺是提高路面平整度的最主要措施。摊铺机的摊铺速度应根据拌和机的产量、施工机械配套情况及摊铺厚度、摊铺速度,按2～4m/min予以调整选择,做到缓慢、均匀、不间断地摊铺。不应快速摊铺几分钟,然后再停下来等下一车料。用餐应分批交替进行,切忌停铺用餐,争取做到每天收工停机一次。

②用机械摊铺的混合料未压实前,施工人员不得进入。一般不用人工不断地整修,只有在特殊情况下,如局部离析,才能在现场主管人员指导下,允许用人工找补或更换混合料。缺陷较严重时应予铲除,并调整摊铺机或改进摊铺工艺。

③上面层宜采用非接触式平衡梁装置控制摊铺厚度。两台摊铺机摊铺层的纵向接缝,应采用斜接缝,避免出现缝痕。两台摊铺机距离不应超过10m。

④摊铺机应调整到最佳工作状态,调好螺旋布料器两端的自动料位器,并使料门开度、链板送料器的速度和螺旋布料器的转速相匹配。螺旋布料器内混合料表面以略高于螺旋布料器2/3为度,使熨平板的挡板前混合料的高度在全宽范围内保持一致,避免摊铺层出现离析现象。

⑤检测松铺厚度是否符合规定,以便随时进行调整。摊前熨平板应预热至规定温度。摊铺机熨平板必须拼接紧密,不许存在缝隙,防止卡入粒料,将铺面拉出条痕。

⑥积极采取相应措施,尽量做到摊铺机不拢料,以减小面层离析。

⑦摊铺遇雨时,立即停止施工,并清除未压成型的混合料。遭受雨淋的混合料应废弃,不得卸入摊铺机摊铺。

⑧用于覆盖的篷布在摊铺过程中不得掀开。

(6)沥青混合料的压实成型

①沥青混合料的压实是保证沥青面层质量的重要环节,应选择合理的压路机组合方式及碾压步骤。为保证压实度和平整度,初压应在混合料不产生推移、开裂等情况下尽量在摊铺后较高温度下进行。初压严禁使用轮胎压路机,以确保面层横向平整度。在石料易于压碎的情况下,原则上钢轮压路机不开振,以轮胎压路机碾压为主。

②压路机应以缓慢而均匀的速度碾压,压路机的适宜碾压速度随初压、复压、终压及压路机的类型而别,按表2-17选用。

压路机碾压速度(单位:km/h) 表2-17

压路机类型	初压		复压		终压	
	适宜	最大	适宜	最大	适宜	最大
钢轮式压路机	2~3	4	3~5	6	3~6	6
轮胎压路机	2~3	4	3~5	6	3~6	8
振动压路机	2~3（静压或振动）	3（静压或振动）	3~4.5（振动）	5（振动）	3~6（静压）	6（静压）

③为避免碾压时混合料推挤产生拥包,碾压时应将驱动轮朝向摊铺机;碾压路线及方向不应突然改变;压路机起动、停止必须减速缓行,不准紧急制动。压路机折回不应处在同一横断面上。

④在当天碾压的尚未冷却的沥青混凝土层面上,不得停放压路机或其他车辆,并防止矿料、油料和杂物撒落在沥青层面上。

⑤要在初压、复压、终压段设置明显标志,便于操作员辨认。对松铺厚度、碾压顺序、压路机组合、碾压遍数、碾压速度及碾压温度应设专岗管理和检查,使面层做到不漏压、不超压。

⑥应向压路机轮上喷洒或涂刷含有植物油隔离剂的水溶液,绝对禁止使用柴油水溶液。喷洒应呈雾状,数量以不粘轮为度。

⑦压实完成12h后,方能允许施工车辆通行。

(7)施工接缝的处理

①纵向施工缝。采用两台摊铺机成梯队联合摊铺方式的纵向接缝,应采用斜接缝。在前部已摊铺混合料部分留下10~20cm宽,暂不碾压,作为后高程基准面,并有20cm左右的摊铺层重叠,以热接缝形式在最后做跨接缝碾压,以消除缝迹。如果两台摊铺机相隔距离较短,也可做一次碾压。上下层纵缝应错开15cm以上。

②横向施工缝。全部采用平接缝。用3m直尺沿纵向位置,在摊铺段端部的直尺呈悬臂状,以摊铺层与直尺脱离接触处定出接缝位置,用锯缝机割齐后铲除;继续摊铺时,应将摊铺层锯切时留下的灰浆擦洗干净,涂上少量黏层沥青,摊铺机熨平板从接缝处起步摊铺;碾压时用钢筒式压路机进行横向压实,从先铺路面上跨缝逐渐移向新铺面层。

其他事项按照《新疆沥青路面施工质量管理和控制技术指导手册》及《公路沥青路面施工技术规范》(JTG F40—2004)执行。

(8)施工阶段的质量管理

①原材料的质量检查:包括沥青、粗集料、细集料、填料。

②混合料的质量检查:油石比、矿料级配、稳定度、流值、空隙率、残留稳定度;混合料出厂温度、运到现场温度、摊铺温度、初压温度、碾压终了温度;混合料拌和均匀性。

③面层的质量检查:厚度、平整度、宽度、高程、横坡度、压实度、横向偏位;摊铺的均匀性。

以上检查方法、检查频率和质量要求见表2-18[本表所列为施工阶段的质量检验标准,交工验收按国家相关标准进行]。

沥青面层施工阶段的质量检验标准　　　　　表 2-18

项目		检查频度	质量要求或允许差	试验方法
施工温度：沥青混合料出厂温度		每车料一次	应符合"沥青混合料的施工温度(℃)表"的规定	温度计测定
运输到现场温度				
初压温度				
碾压终了温度				
矿料级配，与生产设计标准级配的差(%)	0.075mm	逐盘在线检测	±2	计算机采集数据计算
	≤2.36mm		±4	
	≥4.75mm		±5	
	0.075mm	逐盘检查，每天汇总1次，取平均值评定	±1	总量检验
	≤2.36mm		±2	
	≥4.75mm		±2	
	0.075mm	每台拌和机每天上、下午各1次	±2	拌和场取样，用抽取后的矿料筛分
	≤2.36mm		±3	
	≥4.75mm		±4	
沥青含量(油石比)与生产设计的差(%)		逐盘在线检测	±0.3	计算机采集数据计算
		逐盘检查，每天汇总1次，取平均值评定	±0.1	总量检验
		每日每机上、下午各1次	−0.1，+0.2	拌和场取样，抽提
马歇尔试验：稳定度(kN)		每日每机上、下午各1次	符合表"沥青混合料马歇尔技术指标"的要求	拌和场取样，室内成型试验
流值(0.1mm)				
空隙率(%)				
压实度(%)		承包人每1km 5个点，监理工程师和业主验证单位1km3个点	不小于99(试验段)，93~97(最大理论密度)	现场钻孔试验(用核子密度仪随时检查)
厚度(mm)		承包人每单幅1km 5个点	代表值：总厚度−9，上面层−4，中面层−6，下面层−8 极值：总厚度−15，上面层−8，中面层−10，下面层−12	钻孔检查并铺筑时随时插入量取，每日用混合料数量校核
平整度 IRI(mm)		每车道连续检测	上面层 1.8/km，中面层 2.0/km	T 0933
宽度		2处/100m	不小于设计宽	用尺量
纵断面高度(mm)		2处/100m	±10	用水准仪
横坡度(%)		2处/100m	±0.3	用水准仪检测
中线平面偏位(mm)		2点/200m	≤20	用经纬仪检测
渗水系数(mL/min)		5处/1000m	上面层≤100，中、下面层≤200	改进型渗水仪

续上表

项目	检查频度	质量要求或允许差	试验方法
构造深度(mm)	5处/1000m	上面层0.7~1.1,波动值不超过平均值的1.5倍	铺砂法
摩擦系数	5处/1000m	BPN≥45	摆式法
		SFC≥55	横向力系数测试车

压实度采用双控指标,要求压实度不小于试验段密度的99%,最大理论密度压实度控制在93%~97%,面层实测空隙率应在3%~7%范围内。

上面层平整度是路面质量的主要指标,对于上面层,要求连续平整度仪100m标准差不大于1.0,下面层平整度要求连续平整度仪100m标准差的合格标准中面层不大于1.2m。

渗水系数应作为常规试验进行检测,应使用改进型渗水仪(着地环状宽度35mm装有渗水仪开关),施工单位自检和监理组抽检,应按取芯压实度检验频率随机选点,合格率宜不小于80%。当合格率小于80%时应加倍频率检测,如检测结果仍小于80%,需对该段路面进行处理。

其他检查验收事项按照《新疆沥青路面施工质量管理和控制技术指导手册》及《公路沥青路面施工技术规范》(JTG F40—2004)执行。

2.4.7.9 基层、底基层施工技术要求

1)4.0%水泥稳定级配砾石基层施工技术要求

(1)材料要求

①水泥。

普通硅酸盐水泥、矿渣硅酸盐水泥、火山灰质硅酸盐水泥都可以用,宜采用强度等级不低于42.5级的缓凝水泥,水泥初凝时间应大于3h、终凝时间大于6h且小于10h。水泥其他指标应符合国家相关标准的规定。散装水泥在水泥进场入罐时,要停放7d,安定性合格后才能使用;夏季高温作业时,水泥温度不能高于50℃。

②粗集料。

采用质地坚硬、耐久、洁净的砾石,粗集料规格应满足《公路路面基层施工技术细则》(JTG/T F20—2015)表4.5.4中C-B-1粗集料规格要求。如果自采集料较细,建议采用外购参配使用(表2-19)。

4.0%水泥稳定级配砾石混合料中集料的颗粒组成　　表2-19

方筛孔尺寸(mm)	26.5	19	16	13.2	9.5	4.75	2.36	1.18	0.6	0.3	0.015	0.075
通过质量百分率(%)	100	82~86	73~79	65~72	53~62	35~45	22~31	13~22	8~15	5~10	3~7	2~5

③细集料。

细集料宜采用水洗砂,粉尘含量不应超过10%,采用洁净、干燥、无风化、无杂质的水洗砂。细集料规格应满足《公路路面基层施工技术细则》(JTG/T F20—2015)中细集料的规格要求,各项技术标准见表2-20。

基层用细集料技术指标   表2-20

项目	塑性指数	有机质含量(%)	硫酸盐含量(%)
技术指标	≤17	<2	≤0.25

注:测定0.075mm以下材料的塑性指数。

④水。

凡饮用水皆可使用,遇到可疑水源,应委托有关部门化验鉴定(表2-21)。

非饮用水技术要求   表2-21

序号	项目	技术要求	试验方法
1	pH值	≥4.5	《混凝土用水标准》(附条文说明)(JGJ 63—2006)
2	Cl^-含量(mg/L)	≤3500	
3	SO_4^{2-}含量(mg/L)	≤2700	
4	碱含量(mg/L)	≤1500	
5	可溶物含量(mg/L)	≤10000	
6	不溶物含量(mg/L)	≤5000	
7	其他杂质	不应有漂浮的油脂和泡沫及明显的颜色和异味	

4.0%水泥稳定级配砾石基层设计,压实度≥98%,水泥稳定级配砂砾基层水泥用量应根据7d无侧限抗压强度确定,基层强度代表值不低于4.0MPa,不宜高于6.0MPa,推荐水泥剂量4%,水泥具体含量以试验为准;施工中宜采取控制原材料技术指标和优化级配设计等措施,不宜单纯通过增加水泥剂量来提高材料强度。

为减少基层裂缝,必须做到三个限制:在满足设计强度的基础上限制水泥用量,同时限制细集料、粉料用量,根据施工时气候条件限制含水率。施工中推荐水泥掺量4.5%,合成集料级配中小于0.075mm的颗粒含量宜不大于5%,碾压时含水率宜不超过最佳含水率的1%。

(2)混合料组成设计

水泥稳定材料的组成设计包括:根据规定的材料指标要求,通过试验选取合适的集料和水泥;确定合理的集料配合比例、水泥剂量、混合料的最佳含水率和相应的最大干密度。合理的水泥稳定级配砂砾组成必须达到强度要求,具有较小的温缩和干缩系数(现场裂缝较少),施工和易性好(粗集料离析较小)。

①取工地实际使用的砂砾石,分别进行水洗筛分,按颗粒组成进行计算,确定各种砂砾石的组成比例。要求组成混合料的级配应符合"水泥稳定级配砂砾级配组成表"的规定,且4.75mm、2.36mm、0.075mm的通过量应接近级配范围的下限。

②取工地使用的水泥,按不同水泥剂量分组试验。一般水泥剂量按3.0%~5.0%范围分别取5种比例(以碎石质量为100)制备混合料(每组试件个数13个),用振动压实法确定各组

混合料的最佳含水率和最大干密度。如无振动成型设备,可采用重型击实试验,其最大干密度取值应在重型击实试验的基础上乘以转换系数,转换系数一般为1.02~1.03。如目标配比设计已进行对比试验,应采用目标配比确定的转换系数。

③根据确定的最佳含水率,拌制水泥稳定级配砂砾混合料,按要求压实度(振动击实法标准,98%)制备混合料试件,在标准条件下养生6d,浸水1d后取出,做无侧限抗压强度试验。

④水泥稳定级配砂砾试件的标准养生条件是:将制好的试件脱模称重后,应立即用塑料薄膜包覆,放入养生室内养生,养生温度为25℃±2℃。养生期的最后一天(第7天)将去掉薄膜的试件浸泡于水中,在浸泡于水中之前,应再次称试件的质量,水的深度应使水面在试件顶上约2.5cm,浸水的水温应与养生温度相同。将已浸水一昼夜的试件从水中取出,用软的旧布吸去试件表面的可见自由水,并称试件的质量。前6天养生期间试件水分损失应不超过10g,超过此规定的试件,应予作废。

⑤采用振动压实法成型时,水泥稳定级配砂砾7d浸水无侧限抗压强度代表值应不小于设计值。同时应进行采用静压法成型进行7d浸水无侧限抗压强度试验,水泥稳定级配砂砾基层强度代表值不应小于4.0MPa,不宜高于6.0MPa。

⑥试件室内试验结果抗压强度的代表值按下式计算:

$$R_{代} = \overline{R}(1 - Z_\alpha C_v)$$

式中:$R_{代}$——抗压强度代表值,MPa;

$\overline{R}$——该组试件抗压强度的平均值,MPa;

Z_α——保证率系数,高速公路保证率95%,Z_α取1.645;

C_v——试验结果的偏差系数(以小数计)。

⑦取符合强度要求的最佳配合比作为水泥稳定级配砂砾的生产配合比,用振动击实成型法求得最佳含水率和最大干密度,经审批后,以指导施工。

(3)施工机械

必须配备齐全的施工机械和配件,做好开工前的保养、试机工作,并保证在施工期间一般不发生有碍施工进度和质量的故障。

水泥稳定级配砂砾施工应集中拌和(厂拌)、摊铺机摊铺、分层施工。各施工单位应配备足够的拌和、运输、摊铺、压实机械。每层最大压实厚度不大于20cm,若特殊情况下(高程处理)大于20cm,须采用足够的碾压设备和碾压功率。

(4)试铺

正式开工之前应进行试铺。试铺段应选择在验收合格的下承层上进行,其长度为300~600m,每一种方案试验100~200m。

水泥稳定级配砂砾混合料采用中心站集中拌和(厂拌),由两台摊铺机梯队摊铺作业,一次碾压密实。试铺路段拌和、摊铺、碾压的各道工序按《公路路面基层施工技术细则》(JTG/T F20—2015)进行。

试铺段要决定的主要内容如下:

①验证用于施工混合料的配合比。

a.调试拌和机,分别称出拌缸中不同规格的碎石、水泥、水的质量,测量其计量的准确性。

b.调整拌和时间,保证混合料均匀性。

c. 检查混合料含水率、碎石级配、水泥剂量、7d 无侧限抗压强度。

② 确定铺筑的松铺厚度和松铺系数(1.20~1.30)。

③ 确定标准施工方法。

a. 混合料配比的控制方法。

b. 混合料摊铺方法和适用机具(包括摊铺机的行进速度、摊铺厚度的控制方式、梯队作业时摊铺机的间隔距离)。

c. 含水率的增加和控制方法。

d. 压实机械的选择和组合,压实的顺序,速度和遍数,至少应选择两种,确保能达到压实标准的碾压方案,如可采用如下碾压程序:一般先采用双钢轮压路机进行稳压(1~2个来回),然后再用激振力大于35t的重型振动压路机、18~21t三轮压路机或25t以上的轮胎压路机继续碾压密实,最后采用双钢轮压路机碾压,以消除轮迹;或者对于碾压厚度较大的稳定中、粗粒土结构层,可首先采用25t以上的重胶轮压路机稳压1~2个来回,然后采用重型振动压路机进行碾压密实。压路碾压段落长度为50~80m。

e. 拌和、运输、摊铺和碾压机械的协调和配合。

④ 确定每一作业段的合适长度(一般建议50~80m)。

⑤ 严密组织拌和、运输、碾压等工序,缩短延迟时间。

检验标准见表2-28,其中试铺段的检验频率应是标准中规定生产路面的2~3倍。

当使用的原材料和混合料、施工机械、施工方法及试铺路面各检验项目的检测结果都符合规定,可按以上内容编写"试铺总结",经审批后即可作为申报正式路面施工开工的依据。

(5) 施工

① 一般要求。

a. 清除作业面表面的浮土、积水等,并将作业面表面洒水湿润。

b. 开始摊铺的前一天要进行测量放样,按摊铺机宽度与传感器间距,一般在直线上间隔为10m,在平曲线上为5m,做出标记,并打好厚度控制线支架,根据松铺系数算出松铺厚度,决定控制线高度,挂好控制线。用于摊铺机摊铺厚度控制线钢丝的拉力应不小于800N。

c. 水泥稳定级配砂砾基层的施工尽量避免在高温季节施工。

d. 水泥稳定级配砂砾基层分层施工时,下层水泥稳定级配砂砾施工结束7d后即可进行上层水泥稳定级配砂砾的施工。两层水泥稳定级配砂砾施工间隔不宜长于30d。

e. 为保证基层达到强度满足要求、抗裂能力最佳的效果,应尽量限制水泥、细集料、粉料用量;根据施工时气候条件限制含水率。

② 混合料的拌和。

a. 开始拌和前,拌和场的备料应能满足3~5d的摊铺用料。

b. 每天开始搅拌前,应检查场内各处集料的含水率,计算当天的施工配合比,外加水与天然含水率的总和要比最佳含水率略高。同时,在充分估计施工富余强度时,要从缩小施工偏差入手,不得以提高水泥用量的方式提高路面基层强度。

c. 每天开始搅拌之后,按规定取混合料试样检查级配和水泥剂量;随时在线检查配合比、含水率是否变化。高温作业时,早晚与中午的含水率要有区别,要按温度变化及时调整。

d. 拌和机出料不允许采取自由跌落式的落地成堆、装载机装料运输的办法。一定要配备带活门漏斗的料仓,成品混合料先装入料仓,由漏斗出料装车运输。装车时车辆应前后移动,分3次装料,避免混合料离析。

③混合料的运输。

a. 运输车辆在每天开工前,要检验其完好情况,装料前应将车厢清洗干净。运输车辆数量一定要满足拌和出料与摊铺需要,并略有富余。

b. 应尽快将拌成的混合料运送到铺筑现场。车上的混合料应覆盖,减少水分损失。如运输车辆中途出现故障,必须立即以最短时间排除;当车内混合料不能在水泥初凝时间内运到工地摊铺压实,必须予以废弃。

④混合料的摊铺。

a. 摊铺前应将下承层洒水湿润;对于下承层表面,应喷洒水泥净浆,按水泥质量计,宜为$(1.0\pm0.1)kg/m^2$。水泥净浆稠度以洒布均匀为度,洒布长度以不大于摊铺机前30~40m为宜。水泥净浆技术指标见表2-22。

水泥净浆技术指标　　　　　　　表2-22

试验项目		技术要求
凝结时间	初凝(min)	≥45
	终凝(h)	≤24
抗渗压力(MPa)	7d	≥1.0
	28d	≥1.5
黏结强度(MPa)	7d	≥1.0
	28d	≥1.2
抗折强度(MPa)	28d	≥8.0
耐碱性:饱和$Ca(OH)_2$溶液	168h	无开裂、剥落
收缩率(%)	28d	≤0.15

b. 摊铺前应检查摊铺机各部分运转情况,而且每天坚持重复此项工作。

c. 调整好传感器臂与控制线的关系;严格控制基层厚度和高程,保证路拱横坡度满足设计要求。

d. 摊铺机宜连续摊铺,如拌和机生产能力较小,应采用最低速度摊铺,禁止摊铺机停机待料。摊铺机的摊铺速度一般宜在1m/min左右。

e. 基层混合料摊铺应采用两台摊铺机梯队作业,应保证其速度一致、摊铺厚度一致、松铺系数一致、路拱坡度一致、摊铺平整度一致、振动频率一致等,两机摊铺接缝平整。

f. 摊铺机的螺旋布料器应有2/3埋入混合料。

g. 在摊铺机后面应设专人消除离析现象,应该铲除局部粗集料"窝",并用新拌混合料填补。

⑤混合料的碾压。

a. 每台摊铺机后面应紧跟振动压路机和轮胎压路机进行碾压,一次碾压长度一般为50~

80m。碾压段落必须层次分明,设置明显的分界标志,有监理人员旁站。

b.碾压应遵循试铺路段确定的程序与工艺。注意稳压充分,振压不起浪、不推移。压实时,遵循稳压(遍数适中,压实度达到90%)振动碾压→胶轮稳压的程序,压至无轮迹为止。碾压过程中,可用核子仪初查压实度,不合格时,重复再压(注意检测压实时间)。碾压完成后用灌砂法检测压实度,压实度控制所用的标准密度应采用振动击实最大干密度。

c.压路机碾压时应重叠1/2轮宽。

d.压路机倒车应自然停车,不允许停车制动;换挡要轻且平顺,不要拉动基层。在第一遍初步稳压时,倒车后应原路返回;换挡位置应在已压好的段落上,在未碾压的一头换挡倒车位置错开,要呈齿状;出现个别拥包时,应进行铲平处理。

e.压路机碾压时的行驶速度,第1~2遍为1.5~1.7km/h,以后各遍应为1.8~2.2km/h。

f.压路机停车要错开,相隔间距不小于3m,应停在已碾压好的路段上。

g.严禁压路机在已完成的或正在碾压的路段掉头和紧急制动。

h.碾压宜在水泥初凝前及试验确定的延迟时间内完成,达到要求的压实度,同时没有明显的轮迹。

i.为保证水泥稳定级配砂砾基层边缘压实度,应有一定的超宽;用方木或型钢模板支撑时,也应有一定超宽。

⑥横缝设置。

a.水泥稳定级配砂砾混合料摊铺时,应连续作业,如因故中断时间超过2h,则应设横缝;每天收工之后,第二天开工的接头断面也要设置横缝;要特别注意桥头搭板前水泥碎石的碾压。

b.横缝应与路面车道中心线垂直设置,接缝断面应是竖向平面。其设置方法:

ⓐ压路机碾压完毕,沿端头斜面开到下承层上停机过夜。

ⓑ第二天将压路机沿斜面开到前一天施工的基层上,用3m直尺纵向放在接缝处,定出基层面离开3m直尺的点作为接缝位置;沿横向断面挖除坡下部分混合料,清理干净后,摊铺机从接缝处起步摊铺。

ⓒ压路机沿接缝横向碾压,由前一天压实层上逐渐推向新铺层,碾压完毕再纵向正常碾压。

ⓓ碾压完毕,接缝处纵向平整度应符合后文2.4.8中相关规定。

(6)养生及交通管制

①每一段碾压完成以后应立即进行质量检查,并开始养生。

②养生方法:复合土工塑料薄膜覆盖养生,在7d内应保持基层处于湿润状态。

③在养生期间应封闭交通。

(7)质量管理及检查验收

①水泥剂量的测定用料应在拌和机拌和后取样,并立即(一般规定小于10min)送到工地试验室进行滴定试验。

②水泥用量除用滴定法检测水泥剂量外,还应进行总量控制检测。记录每天的实际水泥用量、碎石用量和实际工程量,计算对比水泥剂量的一致性。

③水泥稳定级配砂砾的质量要求见表2-23。

水泥稳定级配砂砾的质量要求　　　　表 2-23

检查项目	质量要求		检查规定		备注
	要求值或容许误差	质量要求	最低频率	方法	
压实度(基层)(%)	代表值不小于98,极值不小于94	符合技术规范要求	6~10处/层	每处每车道测一点,用灌砂法检查,采用振动击实标准(或重型击实密度×1.02)	
压实度(基层)(%)(底基层)	代表值不小于96,极值不小于92	符合技术规范要求			
平整度(mm)(基层)	≤8	平整、无起伏	2处/200m	用3m直尺连续量10尺,每尺取最大间隙	
	≤3.0			连续式平整度仪标准差	
平整度(mm)(底基层)	≤12	平整、无起伏		用3m直尺连续量10尺,每尺取最大间隙	
纵断高程(mm)基层	+5,-10	平整顺适	1断面/20m	每断面3~5点用水准仪测量	
纵断高程(mm)底基层	+5,-15				
厚度(基层)(mm)	均值≥-8	均匀一致	每1500~2000m²6个点	每处3点,路中及边缘任选挖坑丈量	
	单个值≥-10				
厚度(底基层)(mm)	均值≥-10				
	单个值≥-25				
宽度(mm)	不小于设计	边缘线整齐,顺适,无曲折	1处/40m	用皮尺丈量	
横坡度(%)	±0.3		3个断面/100m	用水准仪测量	
水泥剂量(%)	标准值为设计值,极值为设计值-1.0%		3~6处/层	EDTA滴定及总量校核	拌和机拌和后取样
级配	《公路路面基层施工技术细则》(JTG/T F20—2015)中表4.5.9的G-A-3级配要求	符合"水泥稳定级配砂砾级配组成范围表"	2~3处/层	水洗筛分	拌和机拌和后取样
强度(MPa)	4~5MPa	强度满足设计要求	2组/d	7d浸水抗压强度	上、下午各一组

续上表

检查项目	质量要求		检查规定		备注
	要求值或容许误差	质量要求	最低频率	方法	
含水率(%)	+0 ~ +1	最佳含水率	随时	烘干法	
外观要求	表面平整密实,无浮石,弹簧现象;无明显压路机轮迹				

注:1. 水泥稳定级配砂砾基层 7d 龄期、底基层 7~10d 龄期必须能取出完整的钻件,如果取不出完整钻件,则应找出不合格界限,进行返工处理。
2. 静压法成型基层强度≥4MPa,振动压实法成型强度满足设计要求。
3. 水稳砂砾的级配宜控制在设计级配范围以内,不应超过设计级配范围的上限。施工中,关键筛孔级配值与生产配合比设计值允许误差为 0.075mm,±2%;2.36mm,±4%;4.75mm,±7%。
4. 以每天完成段落为评定单位时,检查数量可取低值,以 1km 为评定单位时,检查数量应取高值。

2) 级配砾石底基层施工技术要求

级配砾石底基层的级配范围应符合《公路路面基层施工技术细则》(JTG/T F20—2015)中表 4.5.9 的 G-A-3 级配要求,并按《新疆沥青路面施工质量管理和控制技术指导手册》以及《公路路面基层施工技术细则》(JTG/T F20—2015)的相关规定实施。现场采用厂拌法摊铺机施工。

2.4.7.10 下封层、黏层施工技术要求

1) 下封层施工技术要求

下封层采用同步碎石封层,沥青采用改性乳化沥青,撒布碎石规格为 4.75~9.5mm,厚度不小于 6mm。撒布用碎石均为单一粒径,集料筛分规格应满足部颁规范的要求,推荐碎石撒布率 60%~70%,应保持干燥、干净的状态,应通过拌和楼加热、除尘、筛分,下封层应做到完全密水。沥青洒布量为 1.4~1.6kg/m²。下封层的材料组成及施工注意事项应符合《公路沥青路面施工技术规范》(JTG F40—2004)、《新疆公路沥青路面设计指导手册》、《新疆沥青路面材料质量控制手册》的相关要求。

下封层施工方法及注意事项:

(1) 沥青碎石封层施工工艺。
①清理基层顶面,应平整、干燥、整洁,不得有尘土、杂物或油污。
②采用沥青洒布车均匀喷洒 SBS 改性乳化沥青,喷洒用量为(1.4±0.2)kg/m²。
③撒铺单一粒径为 4.75~9.5mm 的碎石,覆盖率为 60%~70%。
④用轮胎压路机碾压一遍,使碎石定位。
⑤待沥青温度下降,碎石定位后尽可能在当天摊铺面层沥青混合料,以免封层受到污染。

(2) 沥青碎石封层施工控制要点。

沥青碎石封层质量的施工要点为过程控制。在保证使用高品质集料、优良黏结料的前提下,施工控制的要点为:

①宜在干燥和较热的季节施工,并应避开雨季及低温季节,以便保证应力吸收层与原路面的黏结。施工的最佳地表温度为 30℃及以上,当地表温度在 10℃及以下时,禁止沥青碎石封层施工。

②必须对设备进行标定和调试,特别要调整喷油嘴的角度和高度,以确保沥青膜的厚度符

合要求。

③当采用同步碎石封层机施工时,应以适宜的速度均匀行驶,在此前提下,石料和黏结料的撒(洒)布率必须匹配。

在正式施工沥青混凝土面层时,也要注意运料车及摊铺机不能损坏封层。封层质量检查方法及检验标准见表2-24。

封层质量检查方法及质量标准 表2-24

项目	检查频率	质量要求或允许误差	试验方法
沥青量	1组/1000m²	在规定范围内	称定面积收取的沥青量
集料量	每天每车	在规定范围内	用集料总量与撒布面积算得
渗水试验	2处/1000m²	渗水量<5mL/min	用渗水仪,每处2点
停车制动试验	1处/2000m²(仅试铺段做停车制动试验)	沥青层不破裂	7d后用BZZ-60标准汽车以50km/h车速紧急制动
宽度	20个断面/km	不小于设计宽度	尺量
外观检查	随时全面	外观均匀一致,用硬物刮下封层观察,与基层表面牢固黏结,不起皮,无油包和基层外露等现象,无多余乳化沥青	

2)黏层施工技术要求

(1)沥青材料

本项目黏层采用改性乳化沥青,其技术标准见表2-25。

改性乳化沥青技术要求 表2-25

试验项目		技术要求
破乳速度		快裂
粒子电荷		阳离子(+)
道路标准黏度计C25,3(s)		8~25
恩格拉黏度(25℃)		1~10
筛上剩余量(1.18mm筛)(%)		≤0.1
与集料的黏附性、裹覆面积		≥2/3
蒸发残留物	残留物含量(%)	≥60
	针入度(25℃)(0.1mm)	40~100
	软化点	≥57
	残留物含量(三氯乙烯)	≥97.5
	延度(15℃,5cm/min)(cm)	≥20
储存稳定性(%)	1d	≤1
	5d	≤5

(2)施工技术要求

沥青面层分层进行施工,在施工上面层之前,应在下面层表面浇洒黏层沥青再施工。对于沥青面层,各层如果施工时间间隔较长,下层受到污染时,摊铺上一层前应清洁表面后浇洒黏层沥青后再铺筑。

①喷洒黏层沥青前,应将沥青面层表面清扫干净,用森林灭火器吹净浮灰,雨后或用水清洗的面层,水分必须蒸发干净、晒干。

②可用沥青洒布汽车喷洒乳化沥青,也可用小型沥青洒布车人工喷洒,洒布车应有良好的计量设施,确保均匀地按规定数量实施喷洒。

③气温低于10℃、风力大于5级时,不得喷洒黏层油。

④为防止黏层沥青发生粘轮现象,沥青面层上的黏层沥青应在面层施工2~3d前洒布,桥面上的黏层沥青应该在面层施工前4~5d洒布,在此期间应做好交通管制,禁止任何车辆通行。

⑤每车乳化沥青施工单位均应取样检验,内容包括黏度、蒸发残留物含量、蒸发残留物的针入度、延度、软化点等。黏层沥青施工每天上午、下午各检测一次洒布量,并随时外观检查洒布的均匀性。

⑥黏层沥青洒布后,待乳化沥青破乳、水分蒸发完成,紧接着铺筑沥青层,确保黏层不受污染。

(3)质量管理和检查验收

①黏层材料的各项指标应符合设计要求和施工规范的规定。

②喷洒的黏层油必须成均匀雾状,在路面全宽度内均匀分布成一薄层,不得有洒花漏空或成条状,也不得有堆积。喷洒不足的要补洒,喷洒过量处应予刮除,不得污染其他构造物。

乳化沥青生产过程中,必须按表2-26规定的检查项目与频度,对原材料进行抽样检验。

施工过程中材料质量检查的项目与频度 表2-26

材料	检查项目	检查频率	平行试验的次数或一次试验的试样数
改性乳化沥青	蒸发残留物含量	每2~3d一次	2
	蒸发残留物针入度	每2~3d一次	3
	蒸发残留物软化点	每2~3d一次	2
	蒸发残留物延度	必要时	3

注:1. 本表所列内容为日常施工过程中质量检查的项目与要求。
   2. "必要时"指施工各方任何一个部门对其质量产生怀疑,提出需要检查时或是根据需要商定的检查频度。

2.4.7.11 路面结构层及路床顶面验收标准

公路路基及路面基层施工质量检测严格按照《公路工程质量检验评定标准 第一册 土建工程》(GTJ F80/1—2017)的规定执行。

各沥青混凝土路面结构类型交工验收弯沉见表2-27。

各沥青混凝土路面结构类型交工验收弯沉值 表2-27

结构层	主线弯沉值(0.01mm)
路基顶面验收弯沉值	125.5
路表验收弯沉值	17.5

2.4.8 路床顶面验收标准

路基交工验收前,应对路基外观质量及局部缺陷进行整修和处理,其路床顶面验收标准见表2-28。

路床顶面验收要求 表 2-28

序号	检查项目	质量要求和允许偏差	检查频率	检查方法
1	压实度(%)	97	4 处/200m	灌砂法
2	弯沉(0.01mm)	<125.5	80~100 点/双车道	落锤式弯沉仪
3	纵断面高程(mm)	+10,-15	4 断面/200m	水准仪
4	中线偏位(mm)	50	4 点/200m	经纬仪
5	宽度(mm)	符合设计要求	4 处/200m	米尺
6	平整度(mm)	15	2 处/200m×10 尺	3m 直尺
7	横坡(%)	±0.3	4 断面/200m	用尺丈量

注:1. 弯沉检查频率为每一双车道评定路段(不超过 1km)检查 80~100 个点,多车道公路必须按车道数与双车道之比,相应增加测点。
　　2. 中线偏位检查频率为每 200m 测 4 点,弯道增加 HY、YH 两点。

2.4.9 动态设计及监控方案说明

路基、路面及排水、防护施工中应坚持动态设计。

由于路基施工等对地形、地物的改变较频繁剧烈,因此在施工过程中,若发现设计图表中排水防护设施的位置、高程等与实际情况有所差异,可根据现场具体情况进行适当调整。

施工中当实际情况与设计中有较大出入时应及时反馈给监理工程师,将"动态设计"的思想贯穿施工过程,发现问题时及时调整完善设计,使以上路基段的处理达到预期效果。

第3章

穿越沙漠核心区高速公路风积沙路基建设技术

3.1 引言

S21阿乌高速位于新疆维吾尔自治区，路线起自兵团第十师北屯市，先后经过北屯市、福海县、五家渠市、昌吉州、乌鲁木齐市，终点位于乌鲁木齐市拟建的西绕城高速公路。其中，阿勒泰(北屯)至五家渠段采用双向四车道高速公路标准，五家渠至乌鲁木齐段采用双向六车道高速公路标准。S21沙漠高速路是联通丝绸之路经济带北路与中路的快捷通道，它的建设会为丝绸之路经济带的发展与新疆地区社会的稳定奠定坚实的基础。S21阿乌高速公路建设项目工程现场示意图如图3-1所示。

图3-1　工程现场示意图

S21阿乌高速公路总长约343km，总计穿越沙漠地区约150km，设计速度120km/h。公路的自然区划为VI2区，属于绿洲-荒漠区。公路沿线广泛存在风积沙、盐渍土和湿陷性粉土等特殊土，地区的生态环境脆弱，破坏后的恢复工作会极其困难。公路沿线筑路材料匮乏，沿线无砂、砾石和砾类土等天然料场分布。水资源短缺且分布不均，工程用水的勘探、采集与运输工作困难。考虑到本项目风积沙填料丰富，为实现就地取材、提高路基整体稳定性、节省造价、快速施工，我们对风积沙的路用性能进行了深入探究，在此基础之上，提出了沙漠核心区高速公路风积沙路基的成套建设技术,并对试验路段的路基沉降进行长期监测,进一步佐证了所提筑路建设技术的可行性。

此外,由于新疆煤炭、石油、钢铁、化工、电力、建材等工业企业众多,每年所排放的工业废渣量巨大,废渣堆存量远超亿吨,以炉渣、矿渣、电石渣为代表,对环境和社会的影响巨大。因此,若能将工业废渣运用于特殊土地区的路基修筑,可谓一举两得。

3.2 沙漠核心区风积沙路基填料性能分析

3.2.1 颗粒组成

为了准确、系统地了解 S21 阿乌高速公路黄花沟至乌鲁木齐段公路工程沿线风积沙的工程特性,为本区域路基试验段的修筑提供借鉴,选取本合同段的风积沙试样进行了基本特性试验,主要包括本段风积沙的颗粒组成、颗粒密度、相对密度、化学成分等。

风积沙由大小不同粒径的颗粒组成,颗粒粒径的大小和级配与风积沙的工程性质紧密相关。我们选取本合同段具有代表性的风积沙试样,进行了风积沙的颗粒分析室内试验。其颗粒分析的方法依据《公路土工试验规程》(JTG 3430—2020)中颗粒分析的筛分法和试验密度计法结合进行,计算公式见式(3-1)。

$$X = \frac{A}{B} \times 100 \qquad (3-1)$$

式中:X——小于某粒径颗粒的质量百分数(%),计算至 0.1%;

A——小于某粒径的颗粒质量,g;

B——试样的总质量,g。

为了减小试验的误差,我们选取了 3 处取土场的风积沙试样进行平行试验,图 3-2 为经过计算后的风积沙颗粒级配曲线。

从图 3-2 可以看出,风积沙颗粒粒径主要为 0.25~60mm,能占到总质量的 94% 左右;粒径小于 0.075mm 的颗粒约占 7%,含量较少。

3.2.2 颗粒密度

采用量瓶法和浮称法进行风积沙颗粒密度试验,风积沙的平均颗粒密度按式(3-2)计算:

$$\rho_{sm} = \frac{1}{\dfrac{P_1}{\rho_{s1}} - \dfrac{P_2}{\rho_{s2}}} \qquad (3-2)$$

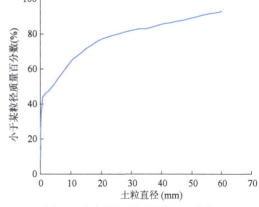

图 3-2 本合同段风积沙颗粒级配曲线

式中:ρ_{sm}——平均颗粒密度(g/cm³),计算至 0.01g/cm³;

ρ_{s1},ρ_{s2}——大于和小于 5mm 粒径的颗粒密度,g/cm³;

P_1,P_2——大于和小于 5mm 粒径的土粒质量占总质量的质量分数。

风积沙的颗粒密度见表3-1。

风积沙的颗粒密度　　　　表3-1

取样地点	颗粒密度（g/cm³）	取样地点	颗粒密度（g/cm³）
K216+000	2.65	K245+100	2.62
K237+500	2.67	平均值	2.65

本试验段内风积沙的颗粒密度大小差异不大，基本保持在2.65g/cm³左右。这主要是由于风积沙的颗粒密度取决于构成风积沙的各种矿物的颗粒密度及其在风积沙中的含量，风积沙的主要矿物成分是石英和长石，可占到90%左右，通常石英、长石的颗粒密度为2.5~2.8g/cm³，因此一般来说，风积沙的颗粒密度一般也在2.5~2.8g/cm³范围内。

3.2.3　颗粒最大密度

为了准确了解试验合同段风积沙自然状态下的干密度，我们特地选取代表地段风积沙做了密度试验，试验结果见表3-2。

风积沙颗粒最大密度　　　　表3-2

试样地点	最大干密度（g/cm³）	天然干密度（g/cm³）
K216+100	1.86	1.45
K222+400	1.88	1.48
K228+300	1.78	1.49
K233+900	1.85	1.46
K239+200	1.85	1.47
K245+700	1.86	1.48
K251+100	1.85	1.49

从表3-2中可以得出，试验合同段沿线风积沙自然状态下天然干密度为1.45~1.49g/cm³，最大干密度为1.78~1.88g/cm³。

从试验结果来看，风积沙试样的粒度成分以0.25~0.075mm的细砂为主，在各粒级的百分比含量中，其平均含量占75%以上；而粒径大于0.25mm的中砂相对较少，小于0.075mm的粉细砂含量则超过20%。本风积沙试样的平均粒径为0.16mm。为了解其级配良好程度，应进一步对其不均匀系数与曲率系数进行计算，其计算公式如式(3-3)~式(3-6)所示。

$$C_u = \frac{d_{60}}{d_{10}} \quad (3\text{-}3)$$

式中：C_u——不均匀系数，计算至0.1且含两位以上有效数字；

d_{60}——限制粒径，即土中小于该粒径的颗粒质量为60%的粒径，mm；

d_{10}——有效粒径，即土中小于该粒径的颗粒质量为10%的粒径，mm。

$$C_c = \frac{d_{30}^2}{d_{60}d_{10}} \quad (3\text{-}4)$$

式中：C_c——曲率系数，计算至0.1且含两位以上有效数字；

d_{60}——限制粒径，即土中小于该粒径的颗粒质量为60%的粒径，mm；

d_{30}——有效粒径，即土中小于该粒径的颗粒质量为30%的粒径，mm；

d_{10}——有效粒径，即土中小于该粒径的颗粒质量为10%的粒径，mm。

不均匀系数：

$$C_u = \frac{d_{60}}{d_{10}} = \frac{0.15872}{0.03476} = 4.57$$

曲率系数：

$$C_c = \frac{d_{30}^2}{d_{60} d_{10}} = \frac{0.08991^2}{0.15872 \times 0.03476} = 1.47$$

由此可知，本批次的风积沙沙样属于不良级配沙。

通常，风积沙的孔隙度为0.35~0.41，相应地，其孔隙比为0.56~0.72。风积沙的相对密度为0.27~0.65，天然干密度为1.50~1.68g/cm³，按砂类土密实程度划分，天然风积沙一般呈现稍松至中密的状态，其相对密度随沙层的埋深增加而增大，2m以下沙层一般都处于中密状态。

通过风积沙矿物成分分析，风积沙主要由长石和石英两种颗粒组成，两种颗粒的总含量一般为90%以上。岩屑组成多样，火成岩、沉积岩、变质岩均可见到，另外还有少量其他矿物颗粒。总体来说，风积沙风化程度不高。坚硬的石英颗粒表面较平滑，风化迹象很少；质地软弱的碳酸盐岩屑、泥岩屑等颗粒含有可溶蚀的杂质，表面往往出现溶孔、凹坑、麻点、擦痕等风化迹象。风积沙的组成成分以石英砂为主且含有少量长石，化学组成以 SiO_2 为主。

3.2.4 化学特性

已有的研究表明，风积沙的主要矿物成分是石英和长石，可占总质量的90%左右，另外还包括一些其他类型的轻矿物及中矿物，也包括黏土矿物等。石英、长石的颗粒密度在2.5~2.8g/cm³范围内，一般也称为轻矿物。而颗粒密度大于2.9g/cm³的中矿物在风积沙中虽然含量较少，但是种类却很多，一般可达到16~22种，这些重矿物的种类及其含量随着一个地区的地址及古地理环境的不同而有着明显的差异。

风积沙的化学成分主要取决于风积沙的矿物成分。与原生沙相比，经过风吹蚀后，风积沙因粒径及矿物成分的变化引起风积沙的化学成分的变化，主要表现为 Al_2O_3、CaO、CO_2 等矿物含量的减少，而 SiO_2 和 Fe_2O_3 的含量有所增加。取本合同段代表性的风积沙试样进行化学成分化验，其结果见表3-3。

风积沙化学成分（单位：%） 表3-3

化学组分	SiO_2	Fe_2O_3	Al_2O_3	CaO	MgO	K_2O	Na_2O	烧失量
风积沙	72.35	4.26	11.29	4.36	3.78	2.66	0.85	0.45

从表3-3可以看出，风积沙的化学成分中，SiO_2、CaO、Al_2O_3 占据了绝大多数，因此风积沙展现出石英和长石等材料的工程特性。

3.2.5 压实特性

对风积沙的压实,就是要使风积沙沙体从松散状态转变为密实状态。目前,压实的手段主要有两种:

(1)采用常规的击实试验方法,依靠外力的强制作用力,使风积沙沙体密实。一部分外力分解为颗粒间的剪切力,使颗粒相对位移;另一部分外力分解为颗粒间的法向力,产生推挤作用,使颗粒侧向位移,所起的压实作用明显较小。

(2)振动密实,这种方式又分为两种方法:①使沙体处于完全干燥状态,按照一定的频率和振幅振动,使颗粒失去原有的稳定状态,并向另一种更稳定的状态过渡,达到密实状态,这时存在最佳振动时间。②使沙体处于完全饱和状态,按照一定的频率和振幅振动,使颗粒失去原有的稳定状态,并向另一种更稳定的状态过渡,达到密实状态。

土是由固体颗粒、土中水和土中气体组成的三相体。与总的体积变形相比,土的颗粒变形非常小,一般可忽略不计;土中水也不可能产生压缩变形。因此,土的压缩变形是土中空气体积的压缩和土中水的排出导致的。对于风积沙来讲,排水性良好,排水固结变形所需时间很短。风积沙的压缩变形随时间的变化主要是由于一定压力作用下的颗粒骨架压缩引起并非蠕变,因此可主要考虑击实作用下的变形。鉴于此,我们设计了8组不同含水率的试样,进行击实试验。

击实试验采用湿法制备试样,采用天然含水率的代表性土样拌匀并测定土样的天然含水率,而后根据土样的塑限预估出风积沙试样的最优含水率。一般需要选择5~8组不同含水率的风积沙试样,试样之间含水率变化保持2%~3%的增长。局部区域可适当减小,即在击实曲线各拐点处适当加密。而后分别将天然含水率的土样风干,之后加水制备出预定的含水率,注意应使制备好的土样水分均匀分布,故需闷料一晚以上。本试验采用公路行业的重型击实标准,单位体积击实功约2677.2kJ。本次击实试验所用的击实桶采用《公路土工试验规程》(JTG 3430—2020)中的大击实桶,所用击实筒内径152mm、高170mm,套环高度50mm,筒内垫块的直径和高度分别为151mm和50mm,击锤质量4.5kg,底面直径50mm,锤击层数为3层,每层锤击层数为98次。击实曲线如图3-3所示。

绘制出的风积沙沙击实曲线可以反映出风积沙的以下特点:

(1)风积沙的击实曲线明显不同于黏性土而呈倒S形,压实时没有最优含水率。

(2)风积沙在干燥状态时干密度较大,这是因为沙颗粒间无任何黏结,对振动、压实最为敏感,在相同的击实功能下,击实效果最为显著。

(3)随含水率增加,最大干密度减小,在最不利含水率时的最小干密度较干燥状态时的最大密度降低。这一结论说明,只要采取适宜的压实手段,不论风积沙在干燥状态还是在潮湿状态

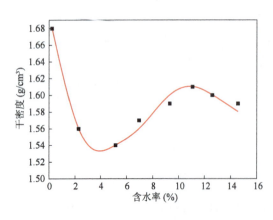

图3-3 本合同段风积沙击实曲线

压实,均可以被压实。

(4)含水率接近饱和时,沙粒间出现自由水,黏聚力开始消失,自由水在击实过程中起润滑作用,干密度开始增加,到饱和状态时达到极值,其干密度与干燥状态时的最大干密度相近。

(5)风积沙的压实是指风积沙颗粒间的空隙达到最小。想得到较大的干密度,需满足两个条件:一是风积沙的小颗粒要填于大颗粒的空隙中间,二是颗粒间的空隙达到最小。前者受风积沙内摩阻力影响,后者受其内部黏结力影响,因此对振动压实和重型击实两种方法,应比较其压实功、不同作用方式下风积沙颗粒的运动规律等内容。

(6)双峰值的形成机理:风积沙压实曲线形成双峰值主要和其内部的含水率有关,具体原因如下:

①风积沙处于干燥状态时,非常松散,黏结力几乎为0,此时需要克服的主要是内摩阻力;击锤或配重落到沙体上时,力以振动波的形式传播,沙体不但在垂直方向上受力,而且水平方向上也受派生出的力的作用,产生跳跃式位移,所有这些位移的方向总是朝着空隙的地方发展,从而使颗粒重新排列,逐渐趋于密实。同时,在沙颗粒的周围存在未满足的应力场,可吸附相邻物质,所以其表面结构和内部不同,表面暴露在空气中,含有被吸附的薄膜。根据摩擦黏聚理论,固体之间引起滑动的正切应力取决于固体的接触面积和接触处的抗剪强度,而接触处的变形可以控制接触处突起体的接触面积。由于薄膜的存在,真正的固体接触只可能在部分接触面上发生。石英类矿物的摩擦角要大于吸附薄膜中物质的摩擦角,使得干沙颗粒之间的内摩擦力相对较小,在冲击荷载作用下易于相对移动、嵌挤、填充,所以风积沙在干燥状态下可以得到较大干密度。

②随着风积沙中含水率的增加,首先是水破坏了天然状态下干燥颗粒表面吸附膜的润滑作用,产生了水对石英类矿物的非润滑效应,因而其内摩阻力增大;同时,毛细水产生的毛细压力也会阻止颗粒间的位移;再者,颗粒间会形成公共水膜,因此颗粒间有水胶黏结作用。结合水不同于自由水,其具有一定的黏滞性、弹性和抗剪性。含水率较小时,水膜很薄,因而其黏结作用很强,从而增大了黏聚力。所有这些都导致沙样不易压实,因此,风积沙从干燥状态到含水率较小(2%)时,干密度急剧下降。

③含水率增大时,结合水膜逐渐变厚,水的黏滞性随着距离土颗粒表面的增加而减小,水在颗粒间的润滑作用逐渐增加,使得土的内摩阻力逐渐减小;含水率的增加使更多的土颗粒间有了毛细作用,由毛细压力产生的表面张力逐渐变大,因此,此时干密度值虽有所增长,但非常缓慢,有时甚至出现波动。随着含水率的进一步提高,结合水膜的黏结力持续下降,毛细作用进一步增强,但当重力水出现时,沙样中的空气消失,毛细作用急剧减小,颗粒间的黏结力迅速下降,干密度很快提高,且在最佳含水率时达到最大值。

④峰值过后,含水率继续加大,沙样的内摩阻力和黏结力还在减小,但单位体积内空气的体积已减到最小限度,而水的体积却在不断增加,由于水是不可压缩的,因此在同样的压实功作用下,沙的干密度值反而减小。

本试验用到的风积沙和其他沙漠地区风积沙击实规律的研究结果基本相同。当含水率为零时,风积沙有一个干密度峰值;当含水率增加时,干密度随之降低;直至达到最低点,干密度又随含水率的增加而增加;达到最佳含水率的最大干密度后,又随含水率的增高而降低。可见,与其他土类不同,风积沙具有两个最佳含水率点,即风积沙具有干压实和湿压实两种压实特性。

3.2.6 强度特性

风积沙的力学特性决定着风积沙路基的变形特性和风积沙路基边坡整体稳定性,因此,需对风积沙进行室内试验,研究风积沙的剪切特性。

风积沙的内摩擦角和黏聚力是决定风积沙强度的重要指标。其中,风积沙的内摩擦角取决于风积沙的矿物成分、级配特性、颗粒形状、密度、含水率等。风积沙的内摩擦角和黏聚力这两个重要力学指标一般是利用直接剪切试验来测定的。

直接剪切试验是用直接剪切仪(简称"直剪仪")对土样做剪切试验,从而测定土抗剪强度指标的一种试验方法。试验时,土样置于直剪仪的固定上盒和活动下盒,先在土样上施加垂直压力,然后对下盒施加水平推力,上下盒之间的错动使土样受剪破坏。确定某一种土的抗剪强度通常采用 4 个土样,在不同的垂直压力的作用下测出相应的抗剪强度。

其基本计算公式如下:

$$\tau_f = c + \sigma\tan\varphi \tag{3-5}$$

式中:τ_f——土的抗剪强度,kPa;
σ——剪切滑动面上的法向应力,kPa;
c——土的黏聚力,kPa;
φ——土的内摩擦角,°。

$$\tau = \frac{CR}{A_0} \times 10 \tag{3-6}$$

式中:τ——剪应力,kPa,计算至 0.1kPa;
C——测力计率定系数,N/0.01mm;
R——测力计读数,0.01mm;
A_0——试样初始面积,cm^2;
10——单位换算系数。

选取本合同段具有代表性的风积沙试样进行直接剪切试验。首先,进行风积沙在干燥状态下(含水率≤1%)的直接剪切试验。以抗剪强度 S 为纵坐标,垂直压力 P 为横坐标,绘制 S-P 曲线,根据在试验中实测的数据,绘制一条直线,要求各实测点与直线上对应点的抗剪强度之差不超过直线上对应点抗剪强度的 ±5%。其中,直线在纵坐标上的截距为风积沙的黏聚力 c,直线的倾角为风积沙的内摩擦角 φ。

其试验结果见表 3-4。

风积沙垂直压力和抗剪强度的关系　　　　　表 3-4

垂直压力 P(kPa)	100	200	300	400
抗剪强度 S(kPa)	99	185	262	341

根据图 3-4 可知,抗剪强度与垂直压力基本呈线性关系,拟合相关度达 0.9973,拟合度良好。随着垂直压力的增加,抗剪强度逐渐增加,证明提高压实度有利于增加风积沙抗剪强度。为了进一步研究风积沙的抗剪强度与压实系数的关系,另选取本合同段具有代表性的风积沙做

室内直接剪切试验。本试验中控制风积沙处于最优含水率状态,其最大干密度为 1.88g/cm^3,试验结果见表 3-5。

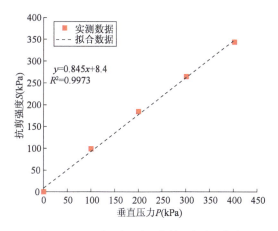

图 3-4　风积沙垂直压力和抗剪强度关系曲线

风积沙内摩擦角与压实系数关系(最佳含水率状态)　　　　表 3-5

干密度(g/cm^3)	1.86	1.88	1.78	1.83	1.85	1.8
压实系数	0.94	0.98	0.88	0.82	0.93	0.9
内摩擦角(°)	38.8	40.1	34.7	33.1	36.9	36

根据图 3-5 可知,风积沙的内摩擦角并非恒定不变,其随着压实系数的增加而呈现不断增大的趋势,总体呈线性相关,拟合相关度为 0.9462,拟合度良好。造成这一现象的原因主要是风积沙粒形状不规则,表面粗糙,磨圆与磨光的程度较差,土的原始密度越大,土料间的咬合(联锁)作用越强,受剪时首先需克服咬合作用,才能产生相对滑动。此外,土的密度大也意味着土粒间孔隙小、接触紧密、原始黏聚力较大。因此,原始密度对抗剪强度有很大影响,密度高的土,抗剪强度大。

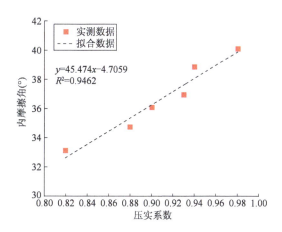

图 3-5　风积沙内摩擦角与压实系数关系曲线(最佳含水率状态)

虽然风积沙试样本身的透水性较好,但考虑不利情况仍有必要对风积沙在不同含水率下的强度特性进行分析,而在静荷载作用下,其强度特性可通过直接剪切试验来测定评价。据此,可将风积沙试样的含水率设定为 0.31%、5.07%、7.72%、11.52%、13.55%,分析含水率对其剪应力的影响;压实度设定为 90%、95%、100%,分析剪应力与正应力之间的关系。风积沙的直接剪切试验关系曲线图 3-6 所示。注意,其中均以最大剪应力作为风积沙抗剪强度的计算值,试样密度则为垂直压力施加前的初始密度。

通过图 3-7 可知,剪应力与正应力的关系仍基本呈现线性关系,在正应力相同的情况下,随着含水率的增加,其剪应力逐渐减小,这主要是因为水分在较大沙粒表面形成润滑剂,使摩擦阻力降低。对其中所含有的细小的土粒,含水率增加时,结合水膜变厚,甚至增加自由水,则土粒之间的电分子力减弱,使黏聚力降低。联系实际,凡是山坡滑动通常都在雨后,雨水入渗使山坡土含水率增加,降低了土的抗剪强度,导致山坡失稳滑动。随着压实度的增加,在正应力相同的情况下,其剪应力逐渐增加,这一点与前述讨论结论和原因均一致,此处不再分析。

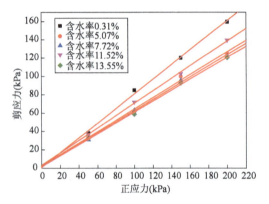 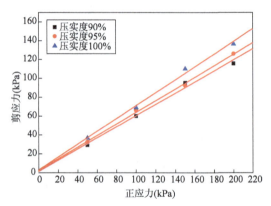

图 3-6 风积沙试样在不同含水率下的直接剪切试验结果　　图 3-7 风积沙试样在不同压实度条件下的直接剪切试验结果

本试验最关键处在于如何控制好风积沙试样的重度,测定含水率和密实度两个影响因素对试验结果的影响。由于风积沙本身材料的无黏聚性,测定不同密实状态和含水率状态下风积沙的强度指标时,首先要解决的问题就是精确测量剪切盒的体积,从而确定盒中沙样的体积。

3.2.7 动态回弹模量

中国西北地区具有显著的强蒸发、少降雨的气候特点,水盐迁移引起的次生盐渍化问题严重,盐渍化风积沙在沙漠地区分布极为广泛,硫酸盐渍化风积沙更是其中的典型代表。关于硫酸盐渍化风积沙路基动态回弹模量(MR)的研究还不够深入,致使现行规范中硫酸盐渍化风积沙路基设计指标体系不完善,这不仅关系到硫酸盐渍化风积沙路基的耐久性,更涉及盐渍土筑路技术及盐渍土的合理利用。对盐渍土地区的道路建设,这种不足既影响到建设成本,也不利于当地资源的有效利用,因此,亟须对硫酸盐渍化风积沙路基动态回弹模量展开研究。

3.2.7.1 试验材料

对盐渍化风积沙现场取样进行试验,存在土样的地域环境差异性,且无法精确控制含盐量、含水率及颗粒特性等物性指标。为了更加全面地研究粗粒盐渍土动态回弹模量,试验材料采用室内人工配置粗粒硫酸盐渍土。试验原土样取自S21阿乌高速公路沿线路基填料(素风积沙),根据我国《公路土工试验规程》(JTG 3430—2020),通过颗粒分析试验测得所选土样的粒径分配曲线符合原土样级配。为使试验结果更接近实际情况,试样控制统一采用10%含黏量的风积沙,击实试验测得该土样最大干密度为$2.0g/cm^3$,最佳含水率为9%。依据我国《公路路基设计规范》(JTG D30—2015)考虑盐渍土按盐渍化程度分类,无水Na_2SO_4取界限含盐量:0.0%(非盐渍土)、0.5%(弱盐渍土)、1.5%(中盐渍土)、3.0%(强盐渍土),并以质量法与上述级配良好的粗粒土进行均匀掺配,得到规定含盐量的硫酸盐渍化风积沙。

3.2.7.2 试样制备

为分析硫酸盐渍化风积沙动态回弹模量受含水率及含盐量影响的演变规律,并在不同含盐量和含水率状态下制备成型。同一含盐量的试样分别按照7.0%、9.0%、11.0%的含水率制备,每组3个平行试样。三轴试样尺寸$H \times D = 200mm \times 100mm$。试样严格按《公路土工试验规程》(JTG 3430—2020)及《公路路基设计规范》(JTG D30—2015)中路基土动态回弹模量试验的相关规定制备。为保证试样压实度均匀,在对开模中分5层击实成型;为确保分层土样压实度的一致性,每层土样填筑采用质量控制,同时层与层之间做拉毛处理。制备并安装后的试样如图3-8所示。

3.2.7.3 试验仪器及测试方案

本次试验采用的仪器为GDS电液伺服式动三轴试验系统,主要包括压力室、围压反压控制器、轴向加载系统、传感器、数字控制与采集系统和GDSLAB控制与数据采集软件。轴向加载系统采用动态伺服电机从压力室下方加载,能够对轴向应力和轴向位移进行动态控制,可施加轴向荷载最大值为20kN、频率5Hz。围压反压控制器能够实现围压和反压的动态控制,保证整个试验过程中压力维持恒定。动三轴试验系统所用传感器包括力传感器、位移传感器和孔压传感器,其中位移传感器量程100mm,位移精度0.07%,孔压传感器量程2MPa,量测精度0.1%,力传感器量程25kN,轴向力精度0.1%。数字控制与采集系统具有8个模拟通道,分别与各传感器以及压力控制器相连接,能对试验过程中的轴向力、围压、反压、位移和孔压等数据进行实时采集。GDSLAB控制和数据采集软件包含多个试验加载模块,可实现对动三轴试验饱和、固结以及动荷载加载全过程的控制,并对数据进行自动记录与储存。图3-9为英国GDS动三轴试验系统装置示意图。

图3-8 制备并安装后的试样

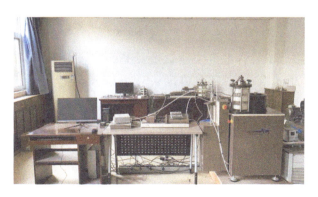
图3-9 英国GDS动三轴试验系统装置示意图

我们根据典型路基的结构特点和路基受力状态,提出了路基粗粒土三轴试验应力加载序列,见表3-6。采用上述应力加载序列进行动三轴试验。动态回弹模量测试中,每一加载级位下荷载循环次数为100次,采集各加载序列下最后5次循环的回弹应变平均值,按式(3-7)计算试样的动态回弹模量。

$$M_R = \frac{\sigma_d}{\varepsilon_R} \tag{3-7}$$

式中:M_R——动态回弹模量;

σ_d——偏应力,$\sigma_d = \sigma_1 - \sigma_3$,$\sigma_1$为竖向应力,$\sigma_3$为围压应力(一般$\sigma_2 = \sigma_3$);

ε_R——轴向回弹应变均值。

路基粗粒土三轴试验应力加载序列 表3-6

加载序列号	围压应力σ_3(kPa)	接触应力$0.2\sigma_3$(kPa)	偏应力σ_d(kPa)	荷载次数
0-预载	30	6	60	1000
1	15	3	8	100
2	30	6	15	100
3	45	9	23	100
4	60	12	30	100
5	80	16	40	100
6	15	3	15	100
7	30	6	30	100
8	45	9	45	100
9	60	12	60	100
10	80	16	80	100
11	15	3	30	100
12	30	6	60	100
13	45	9	90	100
14	60	12	120	100
15	80	16	160	100

3.2.7.4 试验结果分析

1)应力水平对动态回弹模量的影响

图3-10为最佳含水率-各含盐量工况下,不同围压作用的粗粒硫酸盐渍土动态回弹模量M_R受偏应力σ_d影响的关系。湿度一定时,随含盐量增加,低围压作用下动态回弹模量随偏应力增大由低含盐量($Z \leq 1.5\%$)的先提高后降低的趋势到高含盐量($Z > 1.5\%$)的持续提高的规律越来越明显;而高围压作用下的动态回弹模量随偏应力增加由($Z \leq 1.5\%$)不断降低的趋势逐渐转变为($Z > 1.5\%$)不断提高的规律。该试验规律是由于硫酸钠受温度影响极为敏感,测试环境温度的客观变化致使粗粒土中硫酸盐与水结晶产生相变,并在土体中起填充孔隙、促进密实,或者胶结土颗粒骨架、增强接触连接的作用。盐分增加使得土体中的芒硝晶体量不断增加,提高了土颗粒间的摩擦力和黏结力,致使土样的强度和刚度逐渐增大;同时,围压增加约

束了试样的侧向变形。因此,随着偏应力的增加,土样的回弹变形相对较小,动态回弹模量逐渐提高。

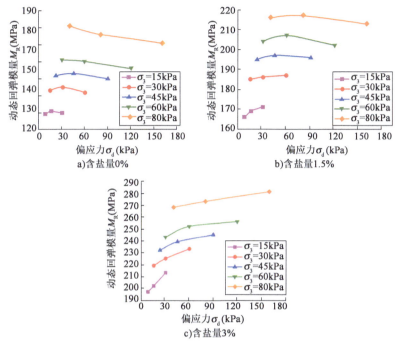

图 3-10　含水率9%不同围压下动态回弹模量 M_R 与偏应力 σ_d 的关系

图3-11为最佳含水率-各盐浓度工况下,不同偏应力的粗粒硫酸盐渍土动态回弹模量 M_R 受体应力 θ 影响的变化曲线。湿度一定时,粗粒硫酸盐渍土动态回弹模量随体应力增加而持续提高;而同一盐浓度下,偏应力越小,体应力增加引起动态回弹模量的增量越大。尤其是低盐分浓度下($Z \leqslant 1.5\%$),随含盐量增加,动态回弹模量提高幅度逐渐减小;而高盐分浓度下($Z > 1.5\%$)则随含盐量增加,动态回弹模量提高幅度逐渐增大。粗粒土中含盐量越高,体应力对其动态回弹模量影响越明显。这是由于偏应力一定时,体应力增加引起低含盐量试样回弹模量的增强,主要来源于围压的侧限约束;而高含盐量试样抗变形能力的提高,除围压约束作用外,土体中大量的硫酸盐结晶起到一定的孔隙填充和胶结土颗粒骨架作用。因而体应力增加引起动态回弹模量的提高,不仅与围压有关,也与土体中硫酸钠含量的多少密切相关。

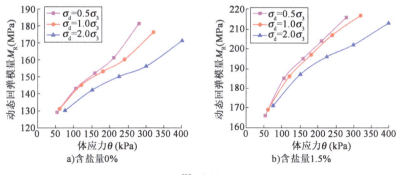

图　3-11

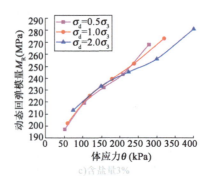

c) 含盐量3%

图3-11　含水率9%不同偏应力下动态回弹模量 M_R 与体应力 θ 的变化曲线

图3-12为围压45kPa时,在各湿度工况下,不同含盐量的粗粒硫酸盐渍土动态回弹模量 M_R 受偏应力 σ_d 影响的变化曲线。含水率低的土样动态回弹模量受偏应力影响相对较小,但随含水率的增加,粗粒硫酸盐渍土动态回弹模量受偏应力的影响愈来愈显著。由此可见,随含水率增大,偏应力对高浓度的粗粒硫酸盐渍土动态回弹模量影响显著,再次验证了未溶解的硫酸盐与水结晶增强了土样的回弹模量。

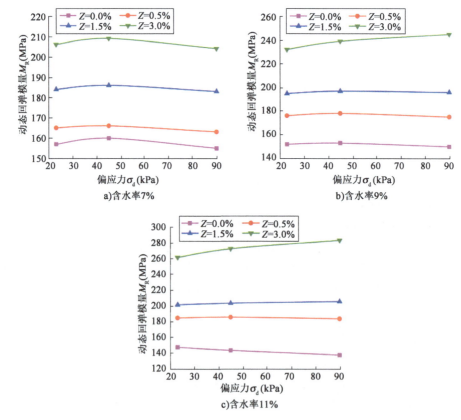

图3-12　围压 $\sigma_3=45$ kPa 不同含盐量下动态回弹模量 M_R 与偏应力 σ_d 的关系

图3-13所示为偏应力 $\sigma_d=1.0\sigma_3$ ($\sigma_3=15$ kPa、30kPa、45kPa、60kPa、80kPa)时,在各含水率条件下,不同盐浓度的粗粒硫酸盐渍土动态回弹模量 M_R 受体应力 θ 影响的变化规律。在相

同湿度条件下,含盐量越高的粗粒硫酸盐渍土动态回弹模量增长幅度受体应力影响越大;低含盐量的粗粒盐渍土随含水率的增加,其 M_R 增量逐渐减小;而高含盐量的粗粒盐渍土 M_R 增量随含水率的增加不断增大。当偏应力一定时,含盐量越高,体应力增加引起粗粒硫酸盐渍土动态回弹模量的增量越显著。正如前述演变规律的机理分析,随含盐量的增加,体应力增加引起土样动态回弹模量的增加一方面是由围压 σ_3 所致,另一方面是由土体中结晶盐的填充作用或胶结作用。

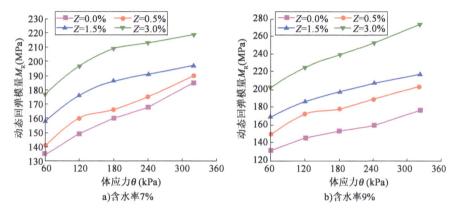

图3-13　偏应力 $\sigma_d = 1.0\sigma_3$ 时不同含盐量下动态回弹模量 M_R 与体应力 θ 的关系

2)含水率对动态回弹模量的影响

图3-14为围压45kPa时,在各偏应力条件下,不同含盐量的粗粒硫酸盐渍土动态回弹模量 M_R 受含水率 w 影响的演变规律。各应力水平下,随含水率增加,非盐渍土动态回弹模量不断降低,而粗粒硫酸盐渍土动态回弹模量逐渐提高(满足硫酸盐结晶所需的含水率,若含水率过多,将会导致回弹模量有所降低)。另外,随着偏应力的增加,含水率增加引起非盐渍土动态回弹模量的降低幅度不断增大,而引起粗粒硫酸盐渍土的动态回弹模量的增长幅度逐渐增大。这是因为水分增加引起非盐渍土颗粒骨架之间润滑作用增强,水膜加厚削弱了土体粗颗粒间的摩擦强度,导致抗剪强度减小,动态回弹模量逐渐降低;而随含水率的增加,粗粒硫酸盐渍土中未溶解硫酸钠在吸收多余自由水降低水膜厚度的同时,硫酸盐结晶产生相变,促进了土颗粒间的接触连接,故而土体抗剪强度增大,剪切滑移相对较小,动回弹特性有所增强。

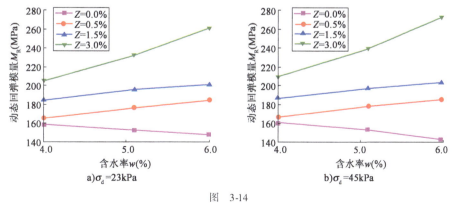

图 3-14

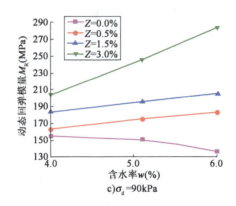

图 3-14　围压 $\sigma_3 = 45\mathrm{kPa}$ 时不同含盐量下动态回弹模量 M_R 与含水率 w 的关系

3）含盐量对动态回弹模量的影响

图 3-15 为围压 45kPa 时，在各偏应力条件下，不同含水率的粗粒硫酸盐渍土动态回弹模量 M_R 受含盐量 Z 影响的演变规律。各应力水平下，不同含水率的粗粒硫酸盐渍土动态回弹模量随含盐量增加而逐渐提高，且含水率越大的动态回弹模量提高幅度受盐分影响越显著；另外，随偏应力的增加，硫酸盐含量增大引起各湿度下的试样动态回弹模量增长幅度逐渐增大。这是由于在常温条件下随着土体中含盐量增加，硫酸钠一部分以溶液状态存在，而另外超出其溶解度的硫酸钠将结合 10 个水分子生成芒硝（$Na_2SO_4 \cdot 10H_2O$），以晶体状态存在，在土体中起胶结土骨架作用或孔隙填充作用；特别是高含盐量条件下，随含水率增加，土中未溶解的硫酸钠吸水结晶量逐渐增多，在促进土体更加密实的同时，也能胶结土颗粒骨架、增大黏结强度，从而提高土体的抗变形能力，这与现有的研究结论一致。

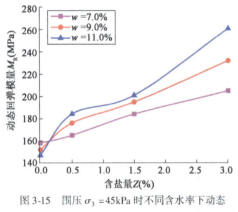

图 3-15　围压 $\sigma_3 = 45\mathrm{kPa}$ 时不同含水率下动态回弹模量 M_R 与含盐量 Z 的关系

3.3　沙漠核心区风积沙路基稳定性离心模型试验分析

3.3.1　离心模型试验原理

离心模型试验原理在于通过施加在模型上的离心惯性力使模型的重度变大，从而使模型的应力场与原型一致，不需要对材料的强度进行折减，仅通过尺寸的改变就可以达到用模型表示原型的目的。同以往的模型试验方法相对比，离心模型试验在各类物理模型试验中具有很好的相似性。

对于路基工程，失稳大多数是在自重作用下产生的，现场所看到的一般是失稳发生之后的现象，很难看到具体失稳的过程，同时失稳也是我们所不愿看到的灾害，所以对于路基失稳的应力调整等问题仅仅停留在数值计算"假想"上,利用传统的手段无法真实模拟路基的失稳过程。现有的研究手段中,离心模型试验具有能够真实再现路基边坡失稳过程的优势,即通过增加离心惯性力的形式,增加路基边坡的重度,使边坡失稳。若能够利用离心模型试验研究风积沙路基的破坏过程,将能够分析风积沙路基失稳过程中内部应力场的变化规律。

土工离心模型试验基本原理就是将试样置于高速旋转的离心机中,借助于离心机产生的法心加速度 a_n 来增加模型中的重力场,以补偿因试验模型尺寸缩小导致的土工构筑物自重的损失,以便使土工模型具有与原型相似的边界条件和应力状态,并能显示出与原型相似的自重效应。一个客观物理现象中,各个物理量间是互相影响的;相似物理现象间的各个特征物理量之间也存在着一定的关系,这种关系就是两个物理现象间的相似条件,即在进行模拟试验时应该遵守的相似定理。

试验相似定理包括相似正定理、π 定理及相似逆定理。

相似正定理定义彼此相似条件,用于描述相似现象的性质,决定着模型试验必须测量哪些量,相似的准数数值相同或其相似的指标等于 1。π 定理即量纲定理,将物理量间的关系公式转换成无量纲的形式,其关系方程中各项就是相似准数,用于描述现象研究结果如何向同类现象推广,决定着模型试验中整理试验结果的原则。相似逆定理则表明对于同一类的物理现象,当单值条件即系统中几何性质、介质的物理性质、起始和边界条件彼此相似,且由单值条件各物理量组成的相似准数在数值上相同时,物理现象相似,用于描述现象实现相似的根据,决定着模型试验所应遵守的条件。

离心模型试验中相似正定理提供了相似现象的必要条件,其描述了相似现象的基本性质,相似逆定理则规范了物理现象间的相似必要和相似充分条件。在离心模型试验过程中,应该依据相似正定理和相似逆定理设计试验模型,这样才能得到正确结果。以下为土工问题中常见的物理量的离心模型相似率,见表 3-7。

土工问题中常见的物理量的离心模型相似率　　　　表 3-7

物理量	符号	量纲	原型	离心模型
模型尺寸	d、h	L	1	$1/n$
含水率	ω	1	1	1
密度	ρ	ML^{-3}	1	1
应变	ε	1	1	1
应力	σ	$ML^{-1}T^{-2}$	1	1
质量	m	—	1	$1/n^3$
力	F	MLT^{-2}	1	$1/n^2$
土压力	P	—	1	$1/n$
重度	γ	—	1	n
加速度	a	LT^{-2}	1	n
时间(渗流/固结/扩散)	t	T	1	$1/n^2$
沉降	s	M	1	$1/n$
荷载频率	f	T^{-1}	1	n

3.3.2 离心模型试验误差分析

(1)加速度误差

离心模型试验通过借助于离心力模拟重力的原理,实现了模型和原型应力水平相一致的目的。然而,与原型重力场加速度平行分布不同的是,在离心力加速度场中,模型中任一点受到的加速度随旋转半径的增大而增大,其方向沿径向呈辐射状分布,由此影响了原型和模型之间的应力相似性。

当离心机加速度达到 ω_g 且保持稳定后,可认为模型随模型箱共同在水平面内匀速圆周运动,离心机角速度旋转时,半径 r 处的模型内一质点受到的合加速度大小见式(3-8)。

$$a = \sqrt{(\omega^2 r)^2 + g^2} \tag{3-8}$$

合加速度与水平方向的夹角为 α,其值见式(3-9)。

$$\alpha = \arctan \frac{g}{\omega^2 r} \tag{3-9}$$

根据相关研究,本试验采用的离心机转速保持稳定后符合要求,模型自身重力引起的误差可以忽略。因此,模型任一质点的合加速度可取式(3-10)。

$$a = \omega^2 r \tag{3-10}$$

由此可知,离心力场中的加速度与旋转半径有关,随旋转半径的增加而增大,与原型所处的重力场不同。因此,模型顶部的加速度与模型底部的加速度不同,二者差值为 $\omega^2 H$。如果使模型底部的应力值与原型相同,则模型顶部的应力值小于原型;如果使模型顶部的应力值与原型相同,则模型顶部的应力值大于原型。

(2)边界与粒径误差

在离心模型试验期间,由于模型箱侧壁的侧摩阻力的存在,不可避免地引起模型受力和位移条件的改变,对试验结果存在一定的影响,因此在试验中应尽量减小侧摩阻力引起的误差。

本次离心试验的目的是测定地基自身变形以及后期取样测定应力状态,所制作的地基模型与模型箱侧壁完全接触,为尽可能减小边界效应,有如下措施:采用航天铝合金和高强度有机玻璃制作模型箱侧壁,两类材料摩擦系数小,光滑度高;模型填筑前,应对模型箱内侧周围涂抹凡士林,粘贴多层聚乙烯薄膜。

此外,在离心模型试验中,模型通常采用原型的土料制作,但如果将所使用的土体材料按相似关系进行缩小,但土体材料粒径的缩小必然会引起模型与原型在物理及力学性质上的差异,由此而引起的试验偏差,叫作粒径效应。针对这一问题,国内外众多学者提出了一些解决措施。Ovesen等开展干砂圆形基础模型承载力试验后提出,基础直径与试验材料平均粒径的比值为 30～180,试验结果不受粒径效应的影响,Kusakabe 总结前人的研究结果得出,模型基础宽度与模型材料平均粒径大于 100 时,可认为粒径效应不会对试验结果产生影响;也有试验结果表明,当模型箱宽度与土料平均粒径的比值在 60～250 范围内时,也不会产生上述效应。

本次离心模型试验采用的模型箱尺寸为 700mm(长)×360mm(宽)×500mm(高),对筛分试验结果进行分析后,采用原材料风积沙,模型箱宽度与土料平均粒径的比值在上述范围内,因此对采用缩小粒径后的土料制作的模型可忽略这一问题。

(3)开机误差

试验过程中,离心机在启动与制动过程中分别会快速加荷及快速减荷,这会引起切向加速度的变化,给试验结果带来影响。启动过程中,加速度迅速增大,模型抵抗变形的能力尚未发挥,剪切变形较大;制动过程中,加速度迅速减小,模型稳定状态会因惯性力作用而发生变化。因此,若离心机启动或制动时间较长,原型与模型之间应力状态差异的持续时间也越长,从而引起较大的试验误差。研究结果表明,水平切向力与设定加速度的比值小于或等于0.01时,可忽略离心机启动或制动过程引起的误差。

3.3.3 离心模型试验设备

1)试验设备

本次试验采用设备是长安大学土工试验室的TLJ-3型土工离心模型试验机,如图3-16所示,其主要技术参数见表3-8。

a)   b)

图3-16 离心试验设备装置图

土工离心机技术参数解析 表3-8

项目	参数	项目	参数
离心机最大容量	60gt	工作制	连续工作12h
最大载荷	600kg	设备噪声	90dB
有效半径	2m	启动时间	20min
大模型箱尺寸	700mm×360mm×500mm	输油接头	两通道,5MPa
小模型箱尺寸	500mm×360mm×400mm	集流环	64环
离心加速度	(10~200)g	稳定度	±0.1%F·S

2)试验内容

为了研究高速公路典型风积沙路基高度、包边土尺寸形式对风积沙路基的长期稳定性影响,在室内开展离心模型试验。从S21阿乌高速公路取料风积沙10t,在室内分层填筑成模拟路基,进行不同施工工艺、不同坡比情况下的路基承载力及边坡破坏试验,得出不同条件下风积沙路基稳定性的变化规律。试验设备采用 TLJ-3 型土工离心试验机,最大离心加速度为 200g,最大容量为 60gt(g 为重力加速度,t 为吨),有效半径为 2.0m,模型箱尺寸:大模型箱 70cm×50cm×36cm,小模型箱 50cm×40cm×36cm,根据试验模型的大小,采用不同的模型箱进行试验。

本次离心模型试验采用大模型箱[尺寸标准为:700mm(长)×360mm(宽)×500mm(高)]。根据离心模型试验箱的大小、试验理论和实际工程的对比分析,初定离心加速度为 50g(考虑到砾类土包边尺寸材料的黏聚性来自集料与集料之间的咬合力)。

所有试验均保持 50g 的离心加速度,模拟风积沙路基在长期运营下稳定性情况(离心加速度分为 5 级,每级 10g,用于模拟路基的施工过程,每级加载稳定运行约 5min)。

3)试验方案

本次离心模型试验以半幅路基为研究对象,完全模拟原型的工况,以原型为研究对象的半幅路基模型试验。离心模型试验分为三大工况,具体细节如下所述。

工况一(原型):风积沙区试验段起讫里程长度 220m。路基中心填筑高度为 2.18~4.09m(采用 4m 的原型路基高度),共计填筑 8 层,93 区 4 层,95 区 2 层,97 区 2 层,路基边坡坡率为 1:2,砾石土包边,路基顶面以下 1.0m 处设置两布一膜。

试验中,路面与路基的情况如下所述:

(1)路面:模型中路面采用与原型一致的荷载,以达到试验目的。原型路面作用在路基上的应力值为 22kPa,可以采用整块材料(与路面荷载一致的塑料或钢板,即质量等效,约 0.44kPa,即约 43kg/m^2)代替路面。

(2)路基:高度 8cm(模拟实际路基 4.0m),路基填土采用风积沙,包边土采用粒径值在 2~10mm 的粗集料模拟,包边土厚度为 6.1cm(原型路基包边土厚度为 305cm)。压实度与原型路基保持一致,上路基 97%(风积沙标准干密度 1.63g/cm^3),下路基 93%(风积沙标准干密度 1.66g/cm^3)。

(3)地基:根据原型地基土的分布特点,模型地基土从上到下的分布为 0.7cm 的风积沙,压实度控制在 93%~95%。试验模型的具体尺寸如图 3-17 所示。

工况二:采用其路基高度为 5m,路基边坡坡率为 1:2,采用戈壁料包边,其中包括在路基顶面以下 1.0m 和 1.6m 处设置两布一膜以及在相应位置处设置土工格室和土工格栅,如图 3-18 所示。

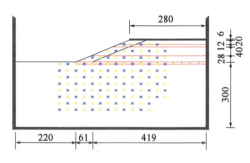

图 3-17 离心模型尺寸示意图(尺寸单位:cm)
(高度 4m,边坡坡率 1:2)

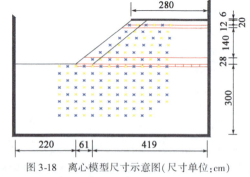

图 3-18 离心模型尺寸示意图(尺寸单位:cm)
(高度 5m,边坡坡率 1:2)

工况三:采用其路基高度为4m,路基边坡坡率为1:1.5,采用戈壁料包边,其中包括在路基顶面以下1.0m和1.6m处设置两布一膜,如图3-19所示。

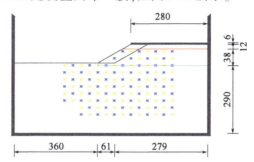

图3-19 离心模型尺寸示意图(尺寸单位:cm)(高度4m,边坡坡率1:1.5)

本次试验测试元件有:
(1)激光位移传感器:测试土体表面变形。
(2)土压力:采用DYB-1型电阻应变式土压力盒测试。
(3)土体内部变形:用数码相机定点拍摄运动模型箱内模型变化,计算机对数字图像进行处理,利用测量软件处理后得到位移,停机后对土体上绘制的格栅进行测量。

4)试验结果

从相机中可复制出各工况在不同加速度条件下,模型中各标记点的位置,对所得出的数据和图片进行数字化处理,如把每张图片加载进GetData软件中,完成图片的数字化工作,最后导出图上各标记点的位置坐标,而后通过Excel进行数据坐标的生成作业,最后将各标记点的坐标导入CAD(计算机辅助设计)程序中,即可完成图片的数字化过程。

根据饱和沙土的固结理论和离心试验结果均可得出,当模型加载到$50g$时,离心机运行约1.5h,模型内部的风积沙沉降已经完成。模型的最大沉降量为0.6mm左右,其对应的现实工况为$0.6 \times 50 = 30(\text{mm})$,而其边坡坡率为1:2,路基的稳定性良好。说明使用风积沙修筑路基是完全合理的。

随后将运行完成后的风积沙路基模型的不同位置用环刀进行取样操作,每个模型取得位置分别有坡脚位置处、路堤位置处和地基位置处。将取回的试样进行直接剪切试验,试验得出的数据和普通压实土样的数据相差不大,如图3-20~图3-23所示。

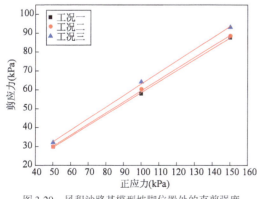

图3-20 风积沙路基模型坡脚位置处的直剪强度

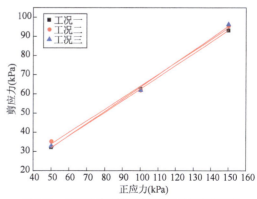

图3-21 风积沙路基模型路堤位置处的直剪强度

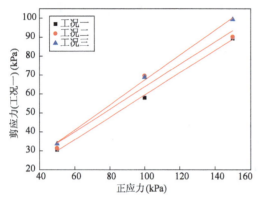
图 3-22　风积沙路基模型地基位置处的直剪强度

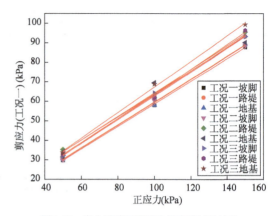
图 3-23　离心试验风积沙取样直剪试验结果

以上结果表明，工况三的抗剪强度最大，在正应力相同的情况下，其剪应力最大；在 150kPa 的正应力作用下，其剪应力可达 100kPa，抵抗变形与破坏的能力最大。其主要原因在于工况三的路堤高度较低，且其坡率也较为缓和。

风积沙在其最优含水率的附近，即±2%时，稳定性和沉降均能满足相关要求。风积沙压实后，其模量较高。在模型制样的过程中采用相同的压实度，而经过离心试验后，其抗剪强度变化幅度较大；坡脚的抗剪强度最差，其次为路堤的抗剪强度，路基的抗剪强度最高。

3.4　沙漠核心区风积沙路基施工技术

3.4.1　编织布及天然砂砾加固风积沙施工技术

路基施工现场如图 3-24 所示。

图 3-24　路基施工现场

1）施工总步序

（1）测量放线

首先放出路基的中心线，每 20m 一桩，然后在路基两侧适当的位置进行拴桩。再根据每填筑层顶面高程放出每层风积沙填筑的边线。边线采用插竹竿控制，每 20m 一桩，桩上必须插红色三角测量旗帜。竹竿长度一般为 60cm 左右，上面间隔 30cm 涂刷红、白漆标记。

（2）清除表土

路基清表宽度按路基顶面宽度结合填挖高度及坡比进行计算且每侧加宽50cm进行控制；清表厚度按20～30cm控制；清除草皮、腐殖土后对原地表进行填筑前压实，碾压后检测必须达到规定的压实标准，不合格时要补压，直到合格为止。清表土整齐码放到路线征地界内，断面尺寸呈梯形。

（3）风积沙的运输

在风积沙料场采用自卸式双桥车配合挖掘机进行装料，由自卸汽车沿便道运输风积沙填料至作业面。卸料时采用向前递进的方式，配合推土机将风积沙填料沿路基纵向推运。风积沙作业控制在200～300m，并且留车辆进出口，一头为进口，一头为出口，禁止只留一个口。在运输过程中选用双桥驱动自卸汽车，要避免重载车在下层土上高速行驶、紧急制动、转弯掉头。

（4）摊铺风积沙

①厚度控制。

在施工过程中，风积沙每层松铺厚度控制在50cm。风积沙层厚度的控制方法采用在路基两侧插竹竿挂线的方式。

②高程控制。

现场施工时，将原地面压实后的高程作为原始高程。一般情况下，风积沙路基每层进行高程检测，核实每层的填筑厚度。同时进行中线偏位检测，以便在施工过程中随时纠正中线偏差。

（5）整平填料

采用推土机将填方的风积沙进行初平后用平地机进行精平，先用推土机排压后用压路机碾压，速度为2～4km/h，分层施工至路基顶面。按断面（直线20m，弯道10m）操平打灰点，用平地机精平后用振动压路机碾压至符合压实度要求。

（6）机械碾压

风积沙的粉黏粒含量很少，表面活性很低，松散、无聚性，具有明显的非塑性，结合风积沙不易压实、成型困难的特性，本次在试验段施工采用干压法。

2）干压法流程

（1）分层压实：每推筑一层后，用推土机大致整平，并借助履带碾压4～6遍，接近设计高程时，加强测量控制，如发现高低不平，及时用平地机配合人工找平，然后再压实，直至达到设计要求的断面高程和平整度等质量要求。进行沙基填筑试验段施工，在松铺厚度≤50cm的前提下，测定不同压实机械的碾压遍数、碾压速度和所达到的压实度，从而确定压实工艺。主要采用两种压实机械：一种是推土机排压，另一种是振动压路机碾压。风积沙路堤必须根据设计断面分层填筑、分层压实，分层的最大松铺厚度不超过50cm。

（2）调平复压：采用推土机，碾压2～3遍。

（3）振动碾压：调平复压结束后，用振动压路机采用高频（34Z）、低幅（0.6mm）挡位振动碾压2～3遍，碾压速度为3～4km/h。

（4）压实注意事项：碾压遵循"先轻后重、先慢后快、路线合理、保证搭接、均匀压实"的原则进行。在直线路段和大半径曲线路段，应先压边缘，后压中间；在小半径曲线路段，先低后高。碾压时，碾压轮迹重叠1/2轮宽，避免漏压，前后相邻纵向重叠2m，并做到无死角、无明显轮迹，使每层压实度均匀。碾压过程中随时进行整平作业，严格控制压路机行驶速度，不大于

4km/h。每层压实后,在进行下一层填土时不得对上一层进行大的扰动,不得因施工机械的运行大面积破坏表层,严禁车辆在碾压合格的路基上掉头转弯、紧急制动等。接近设计高程时,加强测量控制,如发现高低不平,及时用平地机配合人工找平,然后再压实,直到达到设计要求的断面高程和平整度等质量要求为止。

(5)风积沙不能直接用压路机碾压,先用推土机先稳压2~3遍,然后采用振动压路机碾压1遍,碾压时先慢后快,直线段由两边向中间、小半径曲线段由内侧向外侧、纵向进退式进行。前后相邻两区段应纵向重叠2m以上,达到无漏压、无死角,确保碾压均匀。风积沙填层不宜过振,过振会造成风积沙由密实变成松散,影响压实质量。最后采用压路机静压1遍,保证填筑层表面平整、无轮迹。

3)铺设编织布

沿路线走向,将成卷的编织布铺在整平的沙基上。可以人工或机械方式展铺,每段长度宜为150~200m。编织布要拉紧展平,铺好后派专人检查,残缺处应以另一块编织布(长度等均比残缺处多20cm)覆盖。为防止被风掀起,可在其边缘、搭接处等撒少量风积沙或天然砂砾将其压住。在编织布的接头处要采用重叠式搭接,横向搭接宽度不应低于30cm,纵向搭接长度不应低于50cm,并用细铁丝或延伸率较小的尼龙绳缝织,缝针间距应小于30cm,也可用其他更有效的方法连接。编织布展铺好后,用振动压路机振动碾压一遍。使编织布与沙基紧密结合,进一步密实。为避免把土工布顶破,砾类土施工时,应把料中的大颗粒拣出;平地机作业时谨慎小心,避免刀片把土工布划破;铺设的土工布必须当天覆盖,以避免暴晒,造成强度损失。

4)具体工艺流程(图3-25)

采用横断面全宽、纵向水平分层填筑压实法,为保证路堤全断面压实一致,确保边坡压实质量,边坡两侧各超填50cm,待边坡施工时刷去超填部分。

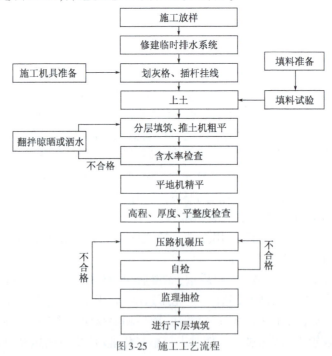

图3-25 施工工艺流程

(1)施工放样:路基填筑前进行路基中线、边线测量定位,每20m为一断面,控制填铺范围。

(2)路基填筑:填筑前先用灰线画出卸料方格网,指挥自卸汽车沿线路纵向从里向外逐个断面的进行均匀卸土。

(3)摊土:用装载机对卸好的填料沿路线纵向进行摊铺,并控制松铺厚度为30cm,路基试验段每40m一个断面,每个断面设3个点进行高程测量,具体为中桩及中桩左右各偏10m位置,填前碾压后的高程将与填筑碾压后的高程进行对照控制,作为控制填方材料松铺厚度的标准。

(4)铲车摊平:采用装载机对摊铺好的填料沿线路纵向进行初步平整,使摊铺表面较为平顺,横纵向坡度较为顺畅,检查松铺厚度。

(5)平地机精平:在装载机初平后,采用平地机沿路线纵向进行精平,以保证压路机表面能均匀地接触地面进行碾压,达到压实效果,精平期间进行测量放样来配合平地机进行填铺面的横向(路拱横坡坡度为2%)、纵向坡度的控制。

(6)含水率检测:填料摊铺后及时检测含水率,取样应具备代表性,从土层的上、中、下三层分别取样,当水率过高或过低时,采取晾晒或洒水的方法,使之碾压前的含水率控制在最佳含水率的±2%范围内,保证压实达到最佳效果。

(7)碾压:在最佳含水率±2%范围内,采用26t振动压路机进行碾压。碾压时由路基两侧向中间,由低向高进行碾压,前后两次轮迹重叠1/3轮迹,做到无漏压、无死角,压实均匀;振动压路机运行速度为3~4km/h,先慢后快,逐步提高;压路机一进一退计为压实一遍,静压开始后,保证压实均匀。第一遍稳压时不带振,待基本压实后用高振幅低频率振动碾压,待压路机有反弹现象时,改用低振幅高频率碾压,直到碾压后无明显轮迹为止。

(8)压实度检测:驻地办批复的击实标准(最大干密度2.37g/cm³,最佳含水率5.2%)。当振动压路机碾压完第二遍以后,开始检测其压实度(采用灌砂法检测),然后依次是碾压第三遍、第四遍、第五遍,直至压实度达到合格为止,然后进行最后一遍静压收光。

(9)注意事项。

①路堤填筑时,应从最低处起分层填筑,填方作业应水平分层进行摊铺,平地机整平、每层厚度满足设计规范要求。

②路基填筑每压实层两侧宽度比设计宽度超宽50cm,以保证路基边缘的压实度。

③路基填筑时,试验控制同步进行,压实度检测按规范进行压实度试验,并随时接受监理工程师任意取样检查。

④性质不同的填料,应水平分层、分段填筑,分层压实。同一水平层路基的全宽应采用同一种填料,不得混合填筑。

⑤现场不能采用超粒径,不合格粒料进行填筑。

⑥压实时土的含水率控制好,必要时应调整砂砾土的含水率,填土层在压实前先整平,并做成1.5%~2%的横坡,碾压时遵循先边后中、先内后外、先静后振的原则,并特别注意均匀。

⑦上料区、摊铺区、碾压区设置明显标识牌。设置报检标识牌,内容为施工起讫桩号、层次、规定压实度、技术负责人以及现场监理工程师等。

5)质量控制标准(表3-9)

土方路基实测项目　　　　表3-9

项次	检查项目		规定值或允许偏差	检查方法和频率
1	压实度	填方(m) 0~0.80	≥97	《公路工程质量检验评定标准 第一册 土建工程》(JTG F80/1—2017)附录B检查
		0.80~1.50	≥95	
		>1.50	≥93	
2	弯沉(0.01mm)		不大于设计要求值	《公路工程质量检验评定标准 第一册 土建工程》(JTG F80/1—2017)附录J检查
3	纵断高程(mm)		+10,-15	水准仪;每200m侧2个点
4	中线偏位(mm)		50	全站仪;每200m侧2点,弯道加HY、YH两点
5	宽度(mm)		满足设计要求	米尺;每200m测4点
6	平整度(mm)		≤15	3m直尺;每200m测2处×5尺
7	横坡(%)		±0.3	水准仪;每200m测2个点
8	边坡(%)		满足设计要求	尺量;每200m测4点

(1)现场采用的机械碾压方式为26t振动压路机静压1遍,26t振动压路机振2遍,26t振动压路机静压1遍。根据此压实机械的组合,压实度可以达到94%及以上。

(2)26t振动压路机静压1遍;振3遍,静压1遍,压实度可以达到95%及以上。

(3)26t振动压路机静压1遍;振4遍,静压1遍,压实度可以达到97%及以上。

(4)风积沙施工现场检测含水率均小于2%,符合干压法施工。

(5)砾类土现场实测的含水率均在批复的含水率的±2%范围内,满足设计及规范要求。

6)路基防护方法

本试验路段路径较长为沙漠路段,但所经沙漠路段多以固定沙丘为主,故仅在填、挖方边坡坡面、积沙平台和分离式路基中间带设置草方格固沙。

芦苇草方格露草头20cm,铺设间距采用100cm×100cm。草方格采用踩栽方法,具体步骤如下:

(1)草方格用芦苇原状水生芦苇(当年产或上一年产),且无变色、霉变,有一定的弹性,芦苇直径小于2mm的不能用作草方格使用,截成70cm长备用。

(2)施工前要求栽植草方格的场地平顺,边坡符合要求,连接顺适,消除人工痕迹,确定纵横向插栽线,将截好备用的芦苇垂直于线摆放好,中间位置置于线上。

(3)芦苇草方格要全断面推进的形式进行;施工从顶部向下进行,禁止将草方格设置在落沙坡;用平头铁锹沿线用力将芦苇对折压入流沙中15cm,外露20cm。

(4)整呈、封沙、踩实,用铁锹或脚将插栽的芦苇整形直顺,高低整齐,然后用脚回填草带两侧沙并踩实。

(5)最后用铁锹将草方格中心的沙子向外侧扒一扒,使方格内部形成低洼弧形,以利方格稳定和积沙。

（6）沿主线方向草方格每间隔0.5km需设置宽1m的防火隔离带（不铺设方格沙障），防火隔离带应布置在地势相对低洼处。

（7）每一格芦苇草方格芦苇用量为1.2kg。

3.4.2 土工格室加固风积沙施工技术

1）土工格室加固原理

风积沙是一种无黏性的松散介质，土工格室加固风积沙没有用水和任何添加剂，是一种纯物理的机械加固。

加固过程中，沙的黏聚力和内摩擦角并不改变，即沙的抗剪强度并未改变，风积沙粒间连接强度并未提高，其加固作用主要是通过土工格室与风积沙之间的相互作用。沙表面作用竖向荷载将产生滑动，滑动面分为三个区域：主动区、被动区和过渡区。各剪切面上的抗剪强度决定了介质所能承受的最大荷载。土工格室对风积沙的侧向限制作用阻止了风积沙中剪切滑动面的形成，从而提高了风积沙的承载能力。除了上述的土工格室对风积沙的侧向限制作用外，还存在格室与沙接触面上的摩擦力。摩擦力的存在，使得竖向荷载部分传递给土工格室，再由土工格室部分向外传递。土工格室吸收了部分剪应力，使得竖向荷载的侧向传递产生了阶梯式衰减，土工格室承担了这一部分荷载，但由于格室与沙的接触面的摩擦角要小于纯沙的摩擦角，使得土工格室与沙之间的剪应力较小，也就是说土工格室吸收的这一部分剪应力对提高土工格室沙结构承载力的贡献较小。

总之，土工格室加固沙结构的强度由土工格室与沙及两者的相互作用共同来提供。其承载力主要是通过土工格室对沙的侧向限制作用来得到提高，格室和沙接触面的摩擦力起次要作用。

2）土工格室抗压回弹模量分析

抗压回弹模量是路面结构设计非常重要的设计指标之一，所以在路面结构组合设计中要采用土工格室加固沙就必须得到抗压回弹模量值。但由于土工格室和纯沙组成的土工格室固沙层是复合材料层，目前尚无合理的理论和方法确定其回弹模量。现阶段室内试验主要采取在尽量模拟相似的结构组成条件，测量某种具有等效意义的模量值，比较其大小，分析土工格室固沙层在回弹模量方面的变化特性。但要真正设计土工格室沙结构层，还必须取得更多的设计参数。

土工格室沙结构模量与土工格室类型和风积沙特性有关，同样的格室类型加固不同的风积沙，模量相差往往很大，所以针对不同土工格室沙结构不能参考其他土工格室沙结构的设计参数，要针对具体土工格室沙结构单独进行室内和现场试验取得相应的结构设计参数。

本技术通过对现场试验路的承载板试验分析土工格室沙的力学性能，取得土工格室沙结构的抗压回弹模量设计参数，为典型沙漠地区公路的土工格室沙结构的设计和应用提供建议与参考。

(1) 试验路中土工格室加固风积沙路基设计图（图3-26）

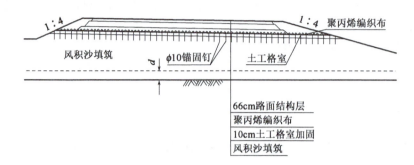

图3-26　土工格室加固风积沙路基设计图

(2) 现场试验路试验

试验路底基层采用土工格室加固沙，土工格室采用了两种类型：100×400，150×400（单位为mm，第一个数字代表高度，第二个数字代表边长）。刚性承载板直径为30cm。E_t为土工格室沙顶面当量回弹模量，E_1为二层体系反算土工格室沙结构层模量。（表3-10）

试验路土工格室沙结构层模量统计表（单位：MPa）　　表3-10

格室类型（高度×边长）	E_t	E_1	E_1/E_0	备注
100mm×400mm	70.7	125	2.1	$E_0=60$MPa
150mm×400mm	76.4	12	2.0	

可以看出：土工格室加固沙结构模量比沙基模量提高几乎1倍以上，由于表面测试都会导致测试结果偏小，二层体系反算的模量取用也是偏安全的。

(3) 试验路结果分析

①在承载板测试试验中可以看出：沙基顶面和土工格室沙顶面的荷载和回弹变形曲线很有规律，曲线起始端经修正后，具有很好的线性关系。沙基顶面和土工格室沙顶面的荷载和回弹变形曲线如图3-27所示。所以对于竖向荷载和回弹变形的关系来说，沙基和土工格室沙结构都是弹性层，一定程度上说明了土工格室沙结构可以用现有规范中弹性层状体系设计理论来计算。

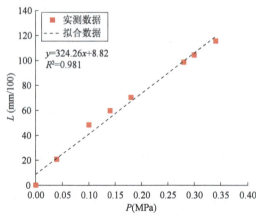

图3-27　沙基顶面和土工格室沙顶面的荷载与回弹变形曲线

②从试验结果看：土工格室规格对土工格室沙结构层作用性状影响不大。土工格室的规格参数无外乎焊距和格室高度。试验路中采用的格室为不同高度、不同边长距，所以无法进行单参数影响程度的比较。从表3-10也可以看出：两种不同类型的土工格室加固沙结构抗压模量相差不大。还有由于承载板尺寸相对于不同类型格室大小不同，测试结果误差较大。同时结构层较薄，反算结果也有较大偏差。所以不同规格的格室单元对土工格室沙结构模量影响应该不大。

③从本试验承载板测试结果和反算结果可以看出:土工格室沙与沙基模量之比为 2.0 左右,说明土工格室加固沙的效果较好,当然,土工格室对风积沙的加固程度是相对的,格室规格或多或少对加固沙效果有一定影响。如果格室太浅,可能使剪切面形成在格室底下的沙基里,结构也随之破坏;如果格室单元太大,格室对风积沙的加筋效果必定会减弱,直至与纯沙基效果相同;模量提高系数除与土工格室规格有一定关系外,还与沙的物理、化学性质有关,纯沙基刚度较大的一般加固效果较好,模量提高系数较大。

3) 土工格室设计原则

由于沙漠地区,特别是沙漠腹地的自然条件和工程条件的制约,路面结构层的选择余地很小,土工格室加固风积沙结构往往有很大的使用价值。土工格室沙路面结构的组合本质上与其他路面没什么区别,但作为机械方法形成的结构层,土工格室加固风积沙结构与一般的半刚性结构还有一定的区别。首先,土工格室沙结构模量不大,所以一般只用于等级较低、交通量较少的公路,如果是高等级公路,土工格室沙结构最多只能作为沙基功能层或底基层;其次,由于土工格室沙结构的特点,即表面松散、有浮沙,所以土工格室沙结构与面层结构(必要时包括基层)连接时要设联结层。一般可用天然沙砾或黏土(道路等级低时)做联结层,由于不考虑联结层,所以联结层厚度一般小于 5cm。

4) 土工格室施工工艺

(1) 方案设计

本试验段(K251+700~K252+000)路线位于古尔班通古特沙漠腹地,砾类土取土场较远,风积沙可就地取材。本着工程经济合理考虑,采用"土工格室加固风积沙填筑上路床"代替原有传统施工工艺"砾类土填筑上路床"的方案,比选方案如下:

方案一(K251+700~K251+850 左幅):对 0~10cm 范围内路床采用土工格室加固,加固方案为"编织布+10cm 土工格室(风积沙)+20cm 风积沙填筑"。

方案二(K251+850~K252+000 右幅):对 0~15cm 范围内路床采用土工格室加固,加固方案为"编织布+15cm 土工格室(风积沙)+15cm 风积沙填筑"。

方案三(K251+700~K252+000 右幅):"30cm 砾类土填筑+编织布",即传统施工方案。

各方案路基设计图如图 3-28、图 3-29 所示。

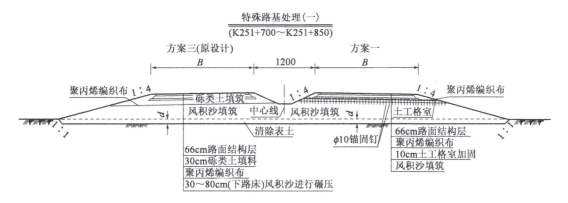

图 3-28 方案一和方案三路基设计图(尺寸单位:cm)

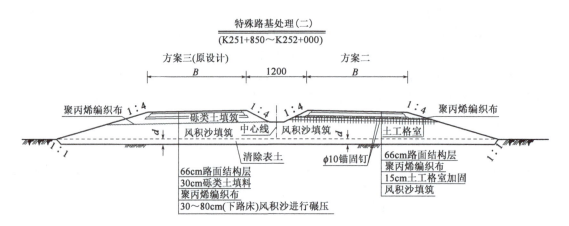

图3-29 方案二和方案三路基设计图(尺寸单位:cm)

(2)施工准备

①工器具材料准备。

按设计要求定制进场足够的土工格室及牵引、锚固张拉装置及有防锈涂层的锚钉,企业提供的连接件等器具。

②下承层准备。

利用平地机进行整平、复压,使其横坡及平整度满足土工格室的铺设要求。

③施工放样。

以路基中线为基准按设计上路床坡脚位置每20m放样,挂线撒白灰边线,保证其线性流畅。

图3-30 土工格室的铺设

(3)铺设土工格室(图3-30)

①以路中心为基准,放两条边线,两边线距离为网格张拉后的宽度。

②土工格室按照沿着路基横向的方向进行铺设,本项目采用全幅铺设的方式。本项目土工格室铺设在路床的0~10(15)cm范围内。对于土工格室的固定,需要采用锚固的方式将其端部固定在挖方和填方路基内。

③在进行土工格室的铺设时,首先,需要充分张开土工格室。在土工格室的起始端,采用锚钉进行固定连接,需注意的是:锚钉需要刷涂1层防锈漆,以做好防锈处理。通过锚钉将土工格室的起始端锚固在地下,锚固深度应控制在60cm以上。如果土工格室的面积较大,为了确保锚固效果,应在土工格室的中间部分加大锚固的密度。

④土工格室的铺设在路基宽度方向须定尺整体制作,严禁搭接,注意铺设时保持水平。

(4)加固土工格室

将土工格室展开,锚固U形连接筋,固定格室,格室沿平面张开到最大位置,格室四周采用U形钢筋(φ10)锚眼固定,中间用F形钢筋锚眼固定,格室在路基长度方向进行搭接,其连接件由企业提供,搭接强度即组间连接强度须满足《公路工程土工合成材料》(JTG E50—2006)的具体要求。土工格室的固定如图3-31所示。

通过锚钉将土工格室的起始端锚固在地下,锚固深度保证张拉土工格室时的稳定,将安装好的张拉牵引架移动至起始端,将安装好的锚固边梁放置在两侧边线,如图3-32所示。

图3-31 土工格室的固定

图3-32 土工格室的张拉

(5)填筑风积沙(图3-33)

①填充填土:土工格室张拉完毕,用后倾式运输车在边缘外侧卸风积沙,再用装载机或挖掘机在格室起始端逐渐向前缓慢填充(保证落土高度小于1m),配合少量人工往边角漏填的网格中填充。

②初平:用平铲的装载机进行初步平整,保证格室上有足够的盈余松铺厚度的风积沙格室中使用的填筑材料有盈余,盈余部分的主要作用是保护土工格室,应严格控制填料的松铺系数。

图3-33 土工格室填筑风积沙

③碾压:根据地基土的具体情况选择合适的振动式压路机进行碾压。首先以均匀缓慢的速度静压1遍,保证格室中的土体稳定,再按照两侧向中间,重叠1/3轮迹振压2~3遍,确保土体碾压密实,施工中不得随意改变行驶速度或紧急制动和掉头。当碾压施工完成后,应对土体的密实度进行检查,对达不到要求的段落,要进行补压,使之达到规定的压实度。

④精平:用平地机匀速缓慢地剔除格室上的多余风积沙,使其平整度满足下一道工序施工。

(6)铺设和缝合编织布

①编织布铺设:按要求宽度和要求的搭接宽度计算好横向摆放的编织布卷数,将超宽度的编织布单卷锯断,避免浪费,前后重叠搭接宽度摆放在起始端,用机械辅以人工进行摊铺,保持平整紧绷,无褶皱,用灌好的沙袋均匀压实。

②编织布缝合:缝合作业需前后两人配合作业,一人在编织布重叠处,将上下两层揪起拉紧,另一人用手持式袋口缝合机进行缝合,前后两人距离不易太远,保证缝合平整且无褶皱。

(7)碾压

①当填土施工完成后,应及时对土体进行碾压施工。碾压机械设备应根据地基土的具体情况来选择。需要注意的是:碾压机械的质量要满足要求。

②土体的碾压施工一般可以采用平碾或者气胎碾。施工中应保持均匀缓慢的速度,按照设定的路线行驶,确保土体碾压密实。施工中不得随意改变行驶速度或紧急制动和掉头。当碾压施工完成后,应对土体的密实度进行检查,对达不到要求的段落要进行补压,使之达到规定的压实度。

(8)注意事项

①当进行土工格室的包装、运输和储存时,为了避免土工格室出现损伤,应采用黑色包皮在其外包裹1层,以起到防护作用。堆放土工格室时,不得直接将其放置在阳光底下,避免阳光的暴晒和雨天的淋湿,同时,还需要做好通风措施,确保土工格室的干燥,并远离高温源,防止土工格室出现软化。

由于土工格室加固位置为上路床顶面10(15)cm范围,为路基强度重要部位,为加固路基整体稳定和整体强度,保证路面强度,应采用当前国内最先进的技术和材料。故本次设计采用的土工格室为插接型整体式高强土工格室,保证筋带和连接点具有较高强度并匹配一致,即格室条带节点的断裂拉力和格室条带的屈服强度相匹配,保证了格室网格的整体强度。土工格室主要质量标准见表3-11。

土工格室主要质量标准   表3-11

项目	须检测项目	计量单位	对应说明	指标
力学指标	格室片单位宽度的断裂拉力	N/cm	极限断裂	N1800
	格室片屈服/断裂伸长率	%	条带抗拉强度 N1800N/cm	<15
	格室节点强度	N/cm	条带层叠对拉强度	N1800
		N/cm	条带X形对拉强度	N2000
	U形钢钉端口剥离力	N	节点对拉强度 N1800N/cm	N300
			节点对拉强度 N2000N/cm	N360
几何尺寸	格室高度	mm	格室条带高度	100/150
	网格尺寸	cm	格室网格尺寸	40×40
产品描述:格室网带的连接插件U形钢钉开口端须连接牢固,使得节点插件U形钢钉受力均匀一致,无错动和位移;U形钢钉直径2.5mm;格室铺设后须及时填埋				

土工格室用的片材应加工平整,无扭曲,板边不得有毛刺、飞边现象,板材具有抗老化能力;土工格室每个小的单元大小尺寸必须一致,边长误差不超过±5mm;根据《沙漠地区公路设计与施工指南》,土工格室工程质量检验评定标准如下:土工格室的质量应满足设计要求,单元格连接要牢固,土工格室实测项目应满足表3-11的要求。外观鉴定:边线应顺直,张拉应均匀,表面应平整;单元格连接要牢固。

②当进行土工格室铺设时,应确保土工格室的长幅方向沿着路线的横断面方向,还要注意土工格室的受力方向的接头强度高于整幅强度。

③当进行土工格室的铺设时,应严格避免出现褶皱和损坏的问题。当格室铺设施工完成

后，应及时进行路基填料的填筑施工，以将土工格室覆盖，避免土工格室长时间暴露在环境中。

④施工中，施工机械不得直接在土工格室行走，以避免对其造成损坏。

⑤土工格室加固沙层施工完毕后，应测定压实度，对达不到要求的段落要进行补压，使之达到规定的压实度。

⑥其余施工工艺及注意事项应满足《沙漠地区公路设计与施工指南》的要求。

（9）检测方法及标准

①压实度检测检测结果及分析。

土工格室加固上路床压实度采用环刀法进行检测（图3-34）。环刀法适用于现场测定细粒土、砂类土、和砾类土的密度。试样最大粒径一般为5～60mm。测定密度层的厚度为150～200mm。基本原理是利用粒径0.30～0.60mm或0.25～0.50mm清洁干净的均匀砂，从一定高度自由下落到试洞内，按其单位重不变的原理来测量试洞的容积（用标准砂来置换试洞中的集料），并结合集料的含水率来推算出试样的实测干密度。

图3-34 现场环刀法压实度检测

土工格室加固上路床压实度均满足《公路工程质量检验评定标准 第一册 土建工程》(JTG F80/1—2017)上路床压实度97%的标准。表3-12为试验路部分压实度检测值。

试验路部分压实度检测值　　　　　　表3-12

取样位置		K233+496 左3.94		K233+550 左7.08		K233+604 右3.42	
环刀号		5	6	6	5	8	7
取样深度		25	25	25	25	25	25
环刀容积		200.1	200.3	200.3	20.1	200	200.4
环刀质量(g)		203.1	198.2	198.2	203.1	196.8	197
土+环刀质量(g)		611.8	609.27	611.61	608.58	605.92	615.47
湿土样质量(g)		408.7	411.07	413.41	405.48	409.12	418.47
湿密度(g/cm^3)		2.04	20.5	20.6	2.03	2.05	2.09
含水率	盒号	354	332	302	387	402	304
	盒+湿土质量(g)	184.68	190.35	194.82	185.43	193.31	193.47
	盒+干土质量(g)	172.58	177.93	180.82	172.45	178.91	179.36
	盒质量(g)	71.56	73.65	73.78	72.02	71.08	73.95
	水质量(g)	12.11	12.42	14	12.98	14.4	14.11
	干土质量(g)	101.02	104.28	107.04	100.43	107.83	105.41
含水率(%)	单个值	12	11.9	13.1	12.9	13.4	13.4
干密度(g/cm^3)	单个值	1.82	1.83	1.82	1.8	1.81	1.84
	平均值	1.82		1.81		1.82	
压实度(%)		98.4		97.8		98.4	

②承载力检测结果及分析。

土工格室加固上路床的承载力通过贝克曼梁法来测定。贝克曼梁法是一种适用于测定静止加载时或非常慢的速度加载时路面弹性弯沉值的方法，可以良好地反映出路面的总体强度。图 3-35 所示为承载力检测现场。

图 3-35　承载力检测现场

检测中，将"土工格室加固风积沙填筑上路床"和"砾类土填筑上路床"进行对比分析，表 3-13 所列为试验路回弹弯沉检测值。

试验路回弹弯沉检测值　　　　表 3-13

路床类型	路段起讫桩号	测点数		测量弯沉平均值 (0.01mm)	标准差 S (0.01mm)	与保证率有关的系数 Z_a	代表弯沉值 L_r (0.01mm)	设计弯沉值 L_r (0.01mm)
		实测	计算					
砾类土填筑上路床	K233+500~K233+700 左幅	40	40	69.3	14.398	1.65	93.1	125.5
土工格室加固风积沙填筑上路床	K233+500~K233+700 右幅	40	40	69.7	13.271	1.65	91.6	125.5

从表 3-13 中可以看出：与采用砾类土填筑上路床所测的弯沉值相差不大，用土工格室加固风积沙填筑上路床的弯沉值完全满足设计要求。

3.5　沙漠核心区风积沙路基变形监测

3.5.1　监测目的

对高填方路基稳定性影响的直接表现就是沉降变形，因此，对于高填方路基稳定性监测的项目主要是沉降变形。沉降变形监测是为了评估路堤的稳定状态和防止路堤失稳而对路堤的变形进行系统的观测。通过变形观测,可以明确高填方路基的变形规律,以便合理控制填土速率,保证地基的稳定,并预测通车后的沉降数量,把工后沉降量控制在设计允许范围内。监测的主要目的有:

(1)评估高填方路堤各个阶段中的稳定程度,并预测高填方路堤在后期的变形趋势,然后根据预测数据来跟踪和控制施工进程。根据评估以及预测数据可提前预知高填方路堤可能出现的险情,做到最具经济效益的信息化施工。

(2)为高填方路基提供防治各种险情的技术依据。

(3)可以从监测中得到数值模拟计算及位移反分析的相关参数。

(4)了解高填方路基的位移及变形发展趋势,并对土体在不同时间段的性能进行相关研究。

3.5.2　试验段选定

本项目的研究目的是通过监测,明确高填方路基的长期稳定性规律,以期优化相似工程的施工进度、工后沉降控制措施,并明确高填方路基安全性的影响因素,确定评估方法,因此,在选定试验段时,着重突出"高填方"和"路基"两个重点,尽量排除过多影响因素的干扰。

(1)填土高度较大,一般控制在10m以上。

(2)尽量选择较为"危险"的断面,如高速公路的高填方路基一般均采用强夯法施工,以尽量增大路基填料的密实度,提高高填方路基的稳定性,但是对于桥头或者涵洞部位的一定范围内,不能采用强夯法,只能采用传统的碾压方法,其效果可能不如强夯法,这类高填方路基的稳定性应该成为监测的重点,因此,本项目试验段均选在涵洞或者桥梁前后的一定距离内,即所有观察断面均为不实行强夯的路段。

(3)鉴于S21阿乌高速公路多位于沙漠路段,地质勘察资料表明,其地基承载能力和稳定性均较好,本项目选定的试验段所处位置的地质条件良好。

(4)不同断面的地质条件相似,便于忽略地基因素的干扰,考察填土高度对高填方路基沉降变形的影响。

3.5.3　监测原理

位移计是利用电磁感应原理,与测杆固接的导磁体活塞杆插入螺旋线圈并可来回移动,线圈的电感量与导磁体活塞杆插入线圈的长度有关。当发生位移时,将引起线圈电感量的变化,电感调频电路将线圈电感量的变化变换成频率信号,通过读数仪即可显示位移值。

将沉降管整体埋设,底层锚头固定到岩层(相对不动点),导线从侧向引出。当基础下沉时,沉降管随基础一起下沉,使传感器与测杆之间发生相对滑移,输出信号,获取位移读数,实现沉降观测的目的。

3.5.4　仪器埋设

路基的沉降观测中,一般采用沉降管来进行地基沉降量的观测,但是,作为高填方路基,用沉降管法观测时,由于填土高度较大,沉降管在施工的过程中容易受到干扰和破坏,很难保证竖直，测量精度自然会受到影响，因此，本项目对于高填方路基的地基沉降量采用沉降管的方法进行观测，将沉降管预埋在整平坚实的地基基础之上，并确定观测基点，每次观测之前首先确定基准测点的高程变化，确定其实时高程，而后测定整个路基横断面不同位置的相对沉降变化，即可测定路基整个断面内不同位置的地基沉降值。

对于高填方路基压实后的分层沉降观测，采用分层沉降计的方法进行观测，埋设时采用边施工边埋设的方法进行。首先，铺设底座钢板，并对钢板进行高程测量，在埋设传感器的过程中不断测量分层沉降计管顶高程，建立高程基准模型。其次，磁环的钢片固定在预设的位置上，当该地层变形时磁环也会随之变化。最后，测量时在分层沉降管内安装分层沉降计，分层沉降计探头内设有线圈，当磁环接触探头时，线圈切割磁力线产生电流，使分层沉降计上的蜂鸣器发出声音，进而测出磁环位置的变化。

该地区风积沙填筑路基不易压实，且填筑高度达 18m，属高填方路段，需对施工过程中及工后沉降、湿度及温度进行控制。为了对风积沙高填路基沉降进行评价，对该段路基布设了 2 个温度计、2 个湿度计、3 个位移沉降计。温度计 1 号和湿度计 1 号的布设位置为：K224+555.8 左幅路基距离路基顶部 0.4m 处；温度计 2 号和湿度计 2 号的布设位置为：K224+555.8 左幅路基距离路基顶部 2.3m 处。3 个位移沉降计的布设位置为：位于 K224+555.8 路基中部，其中，沉降计 3 号位于 K224+555.8 左幅路基距离路基顶部 5.3m 处，沉降计 2 号位于 K224+555.8 左幅路基距离路基顶部 8.3m 处，沉降计 3 号位于 K224+555.8 左幅路基距离路基顶部 8.8m 处。由于沙地基不稳定，铺设底座钢板时，对钢板进行高程测量，在埋设传感器的过程中不断测量分层沉降计管顶高程，并建立高程基准模型，使高程延续到地下分层测量点处。每层沉降量值 = 测量分层管沉降量 + 分层传感器沉降量。沉降计布设与观测装置图如图 3-36 所示。

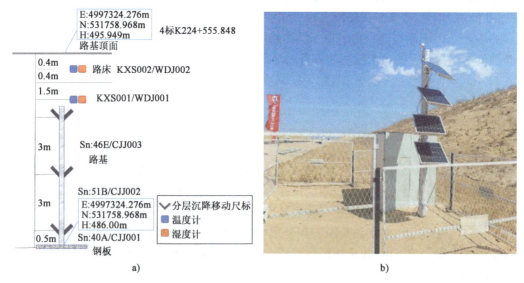

图 3-36　沉降计布设与观测装置图

3.5.5　监测数据

图 3-37 ~ 图 3-39 分别为 2020 年 12 月 24 日到 2021 年 7 月 30 日沉降计 1、沉降计 2、沉降

计 3 的沉降观测值。从图中可知，施工初期阶段，沉降量较不稳定，沉降量较大且沉降速度较快，之后沉降逐渐趋于平稳。

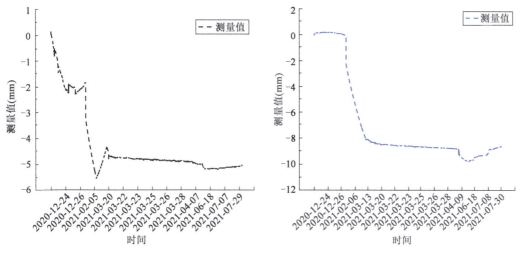

图 3-37　沉降计 1 的沉降观测值　　　　　图 3-38　沉降计 2 的沉降观测值

图 3-40 为 2020 年 12 月 24 日到 2021 年 7 月 30 日沉降计 1、2、3 所测沉降量。由图可知，施工初期，沉降计测量的沉降量都出现了较大程度的沉降，沉降量不稳定且沉降速率大。从 2021 年 3 月中后期，沉降量逐渐趋于稳定，没有出现较大的沉降量。沉降计 1 测得的沉降量小于沉降计 2 和沉降计 3 的沉降量，且沉降计 3 测得的沉降量远远大于沉降计 1 和沉降计 2 的沉降量，这是因为填方较高，沉降计 3 处于沉降计 1、2 的上部，接近路基顶部，风积沙受自身重力作用，较路基中下部小，加之风积沙不易压实，施工初期，重载化施工车辆荷载反复作用并且直接作用在路基顶部，导致施工初期沉降量较大。总体来看，风积沙高填方路基沉降量状态良好。

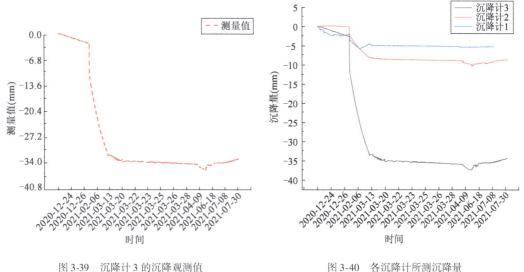

图 3-39　沉降计 3 的沉降观测值　　　　　图 3-40　各沉降计所测沉降量

3.6 沙漠核心区废渣及特殊土路基施工技术

3.6.1 废渣及特殊土填料路用性能分析

1) 废渣成分与基本性能

(1) 矿渣。

矿渣是高炉冶炼生铁过程中产生的一种工业废渣,用它来代替一部分水泥可以节约水泥的用量,从而降低工程成本。同时,可以增加材料的抗压、抗拉、抗弯和抗剪强度,降低材料的水化热,减小材料因温缩、收缩等因素造成的裂缝。本项目采用的矿渣为新疆昆仑钢铁厂生产,其化学组成和物理性质见表3-14。

矿渣化学组成和物质性质　　　　　　　　　　　　　表3-14

主要氧化物含量(%)					比表面积	密度
SiO_2	Al_2O_3	CaO	MgO	Fe_2O_3(%)	(m^2/kg)	(g/cm^3)
24.89	13.51	48.34	7.19	3.77	230	2.90

(2) 炉渣。

炉渣是冶金、火力发电过程中生成的以氧化物为主的熔体,是火电、钢铁、有色金属冶炼和精炼等所产生的重要废渣产物之一。由于炉渣所含的化学成分以 SiO_2、Al_2O_3 为主,粉末细颗粒状炉渣在一定的碱激发条件下,SiO_2、Al_2O_3 经过溶解、缩聚、硬化等系列聚合过程,从而形成硅铝四面体结构单元,组成三维立体网状结构的无机聚合物,具有高强、耐久性优良等显著优势。本项目采用的炉渣为新疆甘泉堡工业园某燃煤电厂生产,其化学组成和物理性质见表3-15。

炉渣化学组成和物理性质　　　　　　　　　　　　　表3-15

主要氧化物含量(%)					比表面积	密度
SiO_2	Al_2O_3	CaO	MgO	Fe_2O_3(%)	(m^2/kg)	(g/cm^3)
27.33	19.42	24.54	6.36	15.43	200	1.13

(3) 电石渣。

电石渣又称电石灰,是工业生产聚氯乙烯、乙炔气等产品过程中产生的废渣。其主要成分是 $Ca(OH)_2$,为高碱性物质。电石渣具备离子交换、火山灰反应、碳酸化反应和结晶反应所需的 Ca^{2+},并且能提供碱性激发环境,以促进火山灰反应的进行,同时电石渣比表面积较大,利于促进上述物理-化学反应的充分进行。本项目采用的电石渣为新疆中泰化学生产,其化学组成见表3-16。

电石渣的化学组成　　　　　　　　　　　　　　　表3-16

材料	CaO	SiO_2	主要氧化物含量(%)			Na_2O	K_2O
			Al_2O_3	Fe_2O_3	MgO		
电石渣	58.69	18.54	5.12	8.53	6.78	0.32	0.24

(4)粉质黏土。

本项目试验段沿线分布广泛的弱硫酸盐渍粉黏土,属非盐胀性粉质黏土,分布在地表层深度约30cm。本项目所用粉质黏土取自S21阿乌高速第六合同段建设场地范围内,粉质黏土的主要工程特性见表3-17。

粉质黏土的主要工程特性　　　　　表3-17

含水率(%)	液限(%)	塑限(%)	液性指数
17.7	27.6	16.7	10.9

2)废渣配合比及力学性能

为充分利用废渣潜在特性,通过依次开展炉渣、矿渣、电石渣与特殊土间配合比、配伍性及强度试验、炉渣、矿渣、电石渣稳定特殊土力学特性试验研究,探索其用于路基填筑的适用性,最终提出科学合理、经济高效的配合比,为实现进一步推广应用提供理论依据与工程指导。

(1)炉渣、矿渣、电石渣稳定特殊土配合比强度试验。

按照不同三渣配比稳定特殊土(盐渍土、粉质黏土、风积沙),设计10%、15%两种不同掺量,水灰比为0.4,开展7d、28d无侧限抗压强度试验,试验用主要仪器为路面材料强度仪。炉渣、矿渣、电石渣稳定土配合比试验方案见表3-18。

炉渣、矿渣、电石渣稳定土配合比试验方案　　　　　表3-18

土样	三渣固化土配合比				强度试验
	炉渣(%)	矿渣(%)	电石渣(%)	水灰比	
针对盐渍土和粉质黏土两种土样以及风积沙,分别开展三渣稳定土配合比强度试验,掺量分别为10%、15%	6	2	2	0.4	7d、28d 无侧限抗压强度试验
	4	4	2	0.4	
	5	2	3	0.4	
	4	3	3	0.4	
	3	4	3	0.4	
	2	5	3	0.4	
	9	3	3	0.4	
	6	6	3	0.4	
	7.5	3	4.5	0.4	
	6	4.5	4.5	0.4	
	4.5	6	4.5	0.4	
	3	8	4	0.4	

通过开展上述不同配合比下三渣稳定特殊土7d、28d无侧限抗压强度试验,绘制不同三渣配比下7d、28d无侧限抗压强度变化曲线,分别如图3-41、图3-42所示。

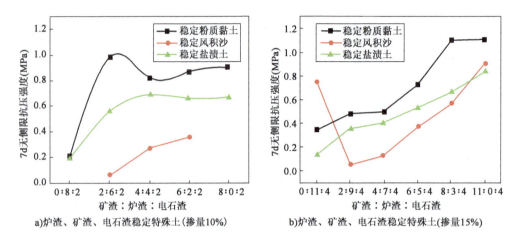

图 3-41　不同配比炉渣、矿渣、电石渣稳定特殊土 7d 无侧限抗压强度

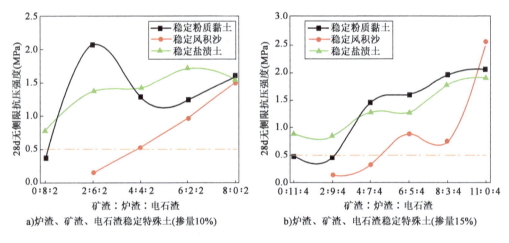

图 3-42　不同配比炉渣、矿渣、电石渣稳定特殊土 28d 无侧限抗压强度

由图 3-41、图 3-42 试验结果可知：炉渣、矿渣、电石渣稳定粉质黏土 7d 无侧限抗压强度效果最好，其次是盐渍土，风积沙波动较大且效果最差。整体而言，三渣体系与粉质黏土、盐渍土的胶结性能较好，强度均满足路基修筑要求。在矿渣、炉渣、电石渣（8∶3∶4）掺量 15% 的条件下，其稳定粉质黏土 7d 无侧限抗压强度值达到 1MPa 以上，28d 无侧限抗压强度值约 2MPa，综合考虑，得出适用于稳定粉质黏土的矿渣∶炉渣∶电石渣 =8∶3∶4 试验配比。在矿渣、炉渣、电石渣（11∶0∶4）掺量 15% 的条件下，其稳定盐渍土 7d 无侧限抗压强度值达到 0.8MPa、28d 无侧限抗压强度值约 1.8MPa，综合考虑，得出适用于盐渍土的矿渣∶炉渣∶电石渣 =11∶0∶4 试验配比。

（2）炉渣、矿渣、电石渣稳定特殊土胶结性能试验。

①炉渣、矿渣、电石渣稳定特殊土物理性能试验。

将矿渣、炉渣、电石渣三渣按照 8∶3∶4 配比合成后，开展了三渣体系材料的颗粒筛分试验，见表 3-19。

三渣体系材料的颗粒筛分试验　　　　　　　　　表3-19

孔径(mm)	分计筛余土质量(g)	小于该孔径的土质量(g)	小于该孔径的土质量百分比(%)
5.0	0	392.7	100.00
2.0	23.1	369.6	94.12
1.0	21.2	348.4	88.72
0.5	16.7	331.7	84.47
0.25	15	316.7	80.65
0.075	81.8	234.9	59.82
0.01	234.8	0.1	0.03

此外,开展了在矿渣:炉渣:电石渣=8:3:4配比下,总掺量为20%条件下的三渣稳定粉质黏土渗透性试验,其渗透系数值为$6.43 \times 10^{-5} \sim 7.75 \times 10^{-5}$cm/s,较粉质黏土有所提升。

②炉渣、矿渣、电石渣稳定特殊土重型击实试验。

根据《公路土工试验规程》(JTG 3430—2020)的相关要求,采用重型Ⅱ法开展三渣稳定粉质黏土的击实试验,获取在矿渣:炉渣:电石渣=8:3:4配比下,总掺量为20%条件下的最大干密度、最佳含水率来指导工程实际应用,试验结果见表3-20。

三渣稳定粉质黏土的重型击实试验　　　　　　　　　表3-20

组别	第一组	第二组	第三组	第四组	第五组
干密度(g/cm³)	1.80	1.87	1.89	1.87	1.80
平均含水率(%)	10.0	12.1	13.8	16.0	18.0

由上述试验可知:炉渣、矿渣、电石渣稳定粉质黏土的最佳含水率为14.1%,最大干密度为1.89g/cm³,用于指导三渣稳定粉质黏土路基施工、压实度等质量控制。

③炉渣、矿渣、电石渣稳定特殊土承载比试验。

根据《公路土工试验规程》(JTG 3430—2020)的相关要求,开展矿渣、炉渣、电石渣稳定粉质黏土的承载比(CBR)试验,以矿渣:炉渣:电石渣=8:3:4,掺量20%,按照前面重型击实试验最佳含水率制备6个试件,3个为一组,按组每层击实为50次,98次,使得试件的干密度达到最大干密度的95%~100%。

经过将三渣与粉质黏土充分拌和均匀,进行击实成型试件,浸水6d、标养1d后采用路面材料强度仪进行承载比CBR试验,三渣稳定粉质黏土的承载比计算结果见表3-21。

三渣稳定粉质黏土的承载比计算结果　　　　　　　　　表3-21

组号	每层击数	吸水量(g)	膨胀量(%)	干密度(g/cm³)	承载比(%)
1	98	88	1.34	1.89	36.7
2	50	141	1.46	1.85	31.9

通过上述三渣稳定粉质黏土CBR试验,获取矿渣:炉渣:电石渣=8:3:4配比下稳定粉质黏土的CBR,计算试样在每层50次击数、98次击数CBR值分别31.9%、36.7%。根据《公路路基施工技术规范》(JTG/T 3610—2019)的要求,高速、一级公路上路床、下路床中用于路基填料最小CBR值分别为8%、5%,通过三渣稳定粉质黏土实测最小CBR值为31.9%,是规范要求最小值的4~7倍,满足用于路基填筑路用性能要求。

(3)炉渣、矿渣、电石渣稳定粉质黏土力学特性试验研究。

通过前述关于炉渣、矿渣、电石渣与特殊土间配合比、配伍性及强度试验研究,提出强度优异的三渣稳定特殊土配合比,为进一步系统地分析三渣稳定特殊土的强度特性、应力-应变特性,现选取粉质黏土为例,较全面地分析炉渣、矿渣、电石渣稳定粉质黏土试样的无侧限抗压强度、弯拉强度随三渣掺量的变化规律,建立相应的数值模型公式;同时,设立水泥为对比组,定量分析三渣稳定粉质黏土效果,为下一步实际工程应用与经济效益测算提供参数依据。

①方案设计。

在前述试验基础上,以矿渣、炉渣、电石渣配比为8∶3∶4为基准,三渣总掺量分别为0%、15%、20%、25%,在三渣总掺量为20%的条件下分别设计掺加0%、0.1%、0.2%、0.3%四组不同量的纤维(长度12mm),水灰比为0.4,采用内掺法计算各材料用量,测试三渣稳定粉质黏土试样7d无侧限抗压强度。具体试验方案见表3-22。另外设计水泥稳定粉质黏土为对比组,水泥掺量分别为1%、3%、5%、7%,具体试验方案见表3-23。

炉渣、矿渣、电石渣稳定粉质黏土无侧限抗压强度试验方案 表3-22

三渣掺量(%)	矿渣(%)	炉渣(%)	电石渣(%)	粉黏土(%)	水灰比	纤维掺量(%)
0	0	0	0	100	—	—
15	8	3	4	85	0.4	—
20	11	4	5	80	0.4	0
20	11	4	5	80	0.4	0.1
20	11	4	5	80	0.4	0.2
20	11	4	5	80	0.4	0.3
25	13	5	7	75	0.4	—

水泥稳定粉质黏土配比方案 表3-23

42.5号水泥掺量(%)	粉质黏土(%)	水灰比
1	99	0.4
3	97	0.4
5	95	0.4
7	93	0.4

为了全面分析矿渣、炉渣、电石渣稳定粉质黏土路基路用性能,除上述开展无侧限抗压强度外,还设计了矿渣、炉渣、电石渣总掺量为15%、20%、25%稳定粉质黏土弯拉强度试验方案,另外设计了采用纤维(20mm)掺量0.3%、粒化高炉矿渣对比组,具体试验方案详见表3-24。

炉渣、矿渣、电石渣稳定粉质黏土弯拉强度试验方案 表3-24

三渣掺量(%)	矿渣(%)	炉渣(%)	电石渣(%)	粉质黏土(%)	水灰比	备注
15	8	3	4	85	0.4	
20	11	4	5	80	0.4	
25	13	5	7	75	0.4	
掺纤维组:纤维(20mm)掺量0.3%						
三渣掺量(%)	矿渣(%)	炉渣(%)	电石渣(%)	粉质黏土(%)	水灰比	备注
20	11	4	5	80	0.4	新疆现场矿渣
20	11	4	5	80	0.4	粒化高炉矿渣

②强度特性分析。

根据前述拟定的试验方案以及相应的试验过程,开展7d无侧限抗压强度试验。绘制矿渣、炉渣、电石渣总掺量与7d无侧限抗压强度变化关系曲线、纤维掺量与7d无侧限抗压强度变化关系曲线、水泥掺量与7d无侧限抗压强度变化关系曲线,分别如图3-43~图3-45所示。

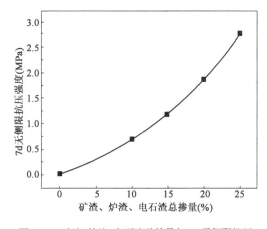

图3-43 矿渣、炉渣、电石渣总掺量与7d无侧限抗压强度变化关系曲线

图3-44 三渣总掺量20%条件下纤维掺量与7d无侧限抗压强度变化关系曲线

分别针对图3-43~图3-45进行拟合,数值公式如下:

$$q_u = 0.003\eta^2 + 0.0334\eta + 0.0288 \quad (3-11)$$

$$q_u = 7.25\zeta^2 + 0.375\zeta + 1.8875 \quad (3-12)$$

$$q_u = 0.5893\beta + 0.1663 \quad (3-13)$$

式中:q_u——7d无侧限抗压强度,MPa;

η——矿渣、炉渣、电石渣总掺量,%;

ζ——纤维掺量,%;

β——水泥掺量,%。

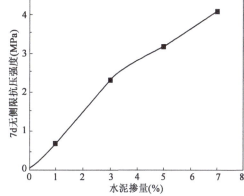

由上述曲线图及数值公式可知,随着三渣总掺量的增加,其稳定粉质黏土试样的7d无侧限

图3-45 水泥掺量与7d无侧限抗压强度变化关系曲线

抗压强度呈二次函数非线性增加,在25%掺量时可达到2.78MPa,与掺加4.5%的42.5号普通硅酸盐水泥稳定粉质黏土强度相当;掺加纤维有助于提高三渣稳定粉质黏土试样的强度,随着纤维掺量的增加,其稳定粉质黏土试样的7d无侧限抗压强度呈二次函数非线性增加;随着水泥掺量的增加,其稳定粉质黏土试样的7d无侧限抗压强度呈一次函数线性增加,相较于三渣稳定粉质黏土,水泥稳定粉质黏土强度增长幅度较低。

由表3-25可知,随着三渣掺量的增加,其稳定粉质黏土90d弯拉强度值也随之增大;同掺量条件下,掺加纤维组试样90d弯拉强度是未掺加纤维组的2倍,说明掺加纤维可明显提高试样的弯拉强度,起到加筋稳定成整体结构的作用,加纤维试样的阻裂性能更优。20%三渣掺量+掺0.3%纤维组与25%三渣掺量组对比分析可知,从90d弯拉强度值而言,初步说明掺加0.3%纤维与5%的三渣掺量产生的强度增量效果相当。

三渣稳定粉质黏土 90d 弯拉强度值　　　　表 3-25

三渣材料掺量(%)	90d 弯拉强度(MPa)	备注
15	0.24	0
20	0.36	0
20	0.73	0.3%纤维
25	0.78	0

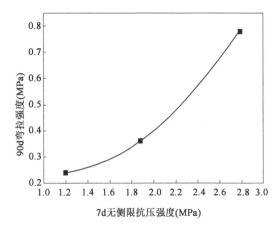

图 3-46　同掺量配比三渣稳定粉质黏土 90d 弯拉强度与 7d 无侧限抗压强度变化关系曲线

结合前述同掺量配比下 7d 无侧限抗压强度值,绘制三渣稳定粉质黏土 90d 弯拉强度与 7d 无侧限抗压强度变化关系曲线,如图 3-46 所示。

利用 Origin 数据处理软件对图 3-48 曲线进行拟合,得出同一掺量配比下三渣稳定粉质黏土 90d 弯拉强度与 7d 无侧限抗压强度符合指数函数变化规律。

$$q_f = 0.0937 e^{0.7519 q_u} \quad (3-14)$$

$$q_f = 0.0937 e^{0.0022 \eta^2 + 0.0251 \eta + 0.0216} \quad (3-15)$$

式中:q_f——90d 弯拉强度,MPa;

η——矿渣、炉渣、电石渣总掺量,%。

由式(3-16)、式(3-17)可知,三渣稳定粉质黏土 7d 无侧限抗压强度可计算出对应同一配比掺量试样的 90d 弯拉强度,同时可根据三渣总掺量计算试样 90d 弯拉强度值,以及预测各不同掺量三渣稳定粉质黏土 90d 弯拉强度值。

3)三渣稳定粉质黏土的应力-应变关系

在实际工程设计与施工过程中,试样的应力-应变关系至关重要,掌握某一应力状态下应变大小对于分析试样整体工作状态与所处阶段(弹性、塑形、脆性等)具有科学依据,以便计算出峰值应变大小、弹性模量大小。

根据上述开展试验情况,选取典型试样的应力-应变数据绘制不同掺量(15%、20%、25%)矿渣、炉渣、电石渣稳定粉质黏土试样的应力-应变关系曲线、固定三渣总掺量 20%条件下不同掺量(0%、0.1%、0.2%、0.3%)纤维稳定粉质黏土试样的应力-应变关系曲线、不同水泥掺量(3%、5%)与 25%三渣掺量稳定粉质黏土试样的应力-应变关系曲线,分别如图 3-47 ~ 图 3-49 所示。

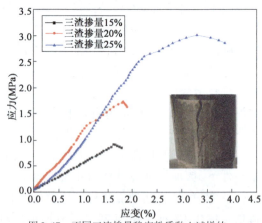

图 3-47　不同三渣掺量稳定粉质黏土试样的应力-应变关系曲线

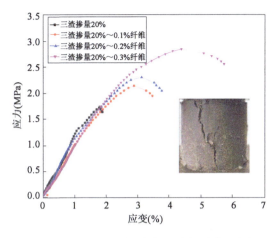

图 3-48 在 20% 三渣掺量条件下不同纤维掺量稳定粉质黏土试样的应力-应变关系曲线

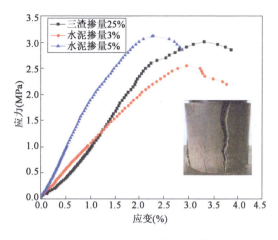

图 3-49 25% 三渣掺量与水泥稳定粉质黏土试样的应力-应变关系曲线

由图 3-47~图 3-49 可知,上述试样的应力-应变关系曲线整体上可以划分为四个阶段:第一阶段,试样内部微孔隙初始压密以及应力非线性调整过程;第二阶段,呈现出应力-应变线性增长,表现为线弹性过程;第三阶段,出现初始屈服应力,此时应力应变呈非线性增长关系,试样出现微裂纹-裂纹逐步扩展-裂纹横纵贯通过程,其中 25% 三渣掺量组、掺纤维组、水泥组稳定粉质黏土试样均出现较明显的塑性流动,而 15%、20% 三渣掺量组稳定粉质黏土试样塑性流动不明显,此阶段达到峰值强度为止;第四阶段,峰后破坏阶段,试样整体上均呈现柱状劈裂破坏,同时伴有"X"圆锥形裂纹破坏。为了进一步分析试样的变形特性,计算出上述各试样的峰值破坏应变与弹性模量值,见表 3-26。

各试样的峰值破坏应变与弹性模量值　　表 3-26

三渣材料掺量(%)	峰值破坏应变(%)	弹性模量(MPa)
15	1.63	54.7
20	1.84	124.1
20~0.1 纤维	2.89	101.3
20~0.2 纤维	3.17	103.0
20~0.3 纤维	4.04	102.2
25	3.15	144.2
水泥稳定粉质黏土组:水泥掺量(%)	峰值破坏应变(%)	弹性模量(MPa)
3	2.79	96.6
5	2.44	165.9
7	2.22	213.1

通过表 3-26 可知,在不掺纤维条件下,随着三渣材料掺量的增加,其试样的峰值破坏应变与弹性模量值均提高;在掺加纤维条件下,随着纤维掺量的增加,其试样的峰值破坏应变增加,弹性模量较不掺纤维组有所降低、较同样掺纤维组几乎不变,说明掺加纤维可以使得试样的第三阶段塑性流动明显提高,增长延性流动工作力学状态;在水泥稳定粉质黏土组,随着水泥掺量的增加,其试样的峰值破坏应变反而减小,弹性模量值明显提高,说明水泥掺量的增加使得其试样应力应变关系第三阶段延-塑性工作力学状态缩短,此规律也是水泥与三渣稳定粉质黏土的最大不同之处。

3.6.2 废渣及特殊土路基施工方案

1)现场试验段概况

本项目试验段初步选取 S21 阿乌高速第六合同段(起止里程:K289 + 000 ~ K322 + 310.474),不良地质主要包括湿陷性粉土、粉质黏土、弱 ~ 中硫酸盐渍土。具体典型特殊地质条件见表 3-27。

K289 + 000 ~ K322 + 310.474 段典型特殊地质条件　　　表 3-27

起止里程	地质条件	原处理方式
K310 + 700 ~ K311 + 300	亚硫酸盐 ~ 中盐渍土、Ⅰ级湿陷性粉土	对 0 ~ 30cm 路床范围的粉土进行挖出换填砾类土,对 30 ~ 80cm 路床范围的Ⅰ级湿陷性粉土进行挖出换填风积沙并碾压,设置两布一膜复合土工布隔断层
K311 + 300 ~ K312 + 000	亚硫酸盐 ~ 中盐渍土	
AK0 + 145 ~ AK0 + 419	亚硫酸盐 ~ 中盐渍土	
BK0 + 000 ~ BK0 + 265	亚硫酸盐 ~ 中盐渍土	
CK0 + 145 ~ CK0 + 391	亚硫酸盐 ~ 中盐渍土	
DK0 + 098 ~ DK0 + 314	亚硫酸盐 ~ 中盐渍土、Ⅰ级湿陷性粉土	
EK0 + 000 ~ EK0 + 913	亚硫酸盐 ~ 中盐渍土、Ⅰ级湿陷性粉土	

选取的典型试验段为 EK0 + 700 ~ EK0 + 913,共计 213m。原始试验段以粉土、粉质黏土为主,且此段也是盐渍土路段,经过室内试验测试该段土质平均含盐量(以质量百分数计)为 0.3 ~ 0.6,属于弱 ~ 中硫酸盐渍土。本试验段原始设计的地基处理方法是对 0 ~ 30cm 路床范围的粉土挖出换填砾类土,对 30 ~ 80cm 路床范围的Ⅰ级湿陷性粉土挖出换填风积沙并碾压,设置两布一膜复合土工布隔断层。

2)炉渣、矿渣、电石渣稳定特殊土路基试验段方案

根据现场实际工程情况,为了准确分析不同三渣稳定特殊土路基的最优结构形式,共设计三种路基方案结构形式,一方面从应力、应变、竖向沉降位移三个指标分析对比三渣稳定特殊土路基与挖土换填路基(原处治方案)处理效果的差异;另一方面通过设计不同的三渣稳定特殊土路基结构形式进行对比分析,探寻三渣稳定特殊土路基的最优结构形式。采用现场路拌法,按照《公路路基施工技术规范》(JTG/T 3610—2019)等要求进行施工铺筑。

根据现场试验段研究目标,拟定四种方案,即方案1采用砾类土填筑上路床、风积沙填筑下路床(原始设计方案),方案2采用三渣稳定粉质黏土填筑上路床、风积沙填筑下路床,方案3采用三渣稳定粉质黏土填筑上路床、下路床整个路基,方案4采用三渣稳定盐渍土填筑上路床、下路床整个路基结构形式。具体现场试验段方案见表3-28。

炉渣、矿渣、电石渣稳定特殊土路基现场试验段方案　　　　表3-28

方案	桩号	长度(m)	路基结构形式		备注
			上路床	下路床	
1	EK0+700~EK+740	40	砾类土	风积沙	原设计方案对比段
2	EK0+740~EK0+780	40	三渣稳定粉质黏土	风积沙	试验段
3	EK0+780~EK0+860	80	三渣稳定粉质黏土	三渣稳定粉质黏土	试验段
4	EK0+860~EK0+913	53	三渣稳定盐渍土	三渣稳定盐渍土	试验段
合计		213	—	—	—

具体三渣稳定特殊土路基现场试验段施工示意如图3-50所示。

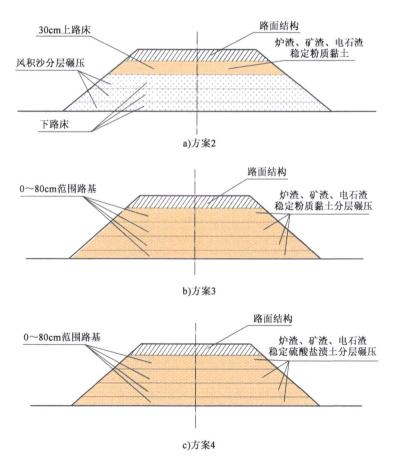

图3-50　三渣稳定特殊土路基现场试验段施工示意图

3.6.3 废渣及特殊土路基监测技术与数值模拟

1) 监测方案

试验段的主要监测项目包括竖向沉降位移监测、土压力监测、土体应变监测等。现场监测在三渣稳定特殊土试验段和原路基处理段分别设置监测断面,对于三渣稳定粉质黏土试验段,三渣稳定粉质黏土在上、下路床选取填筑材料发生变化的试验段、三渣稳定盐渍土试验段均分别设置监测断面,同时在原路基的相应位置设置监测断面。现场试验段具体监测方案见表3-29,试验段各断面监测元器件布设示意如图3-51所示。

现场试验段具体监测方案　　　　　　　表3-29

监测点桩号	断面	路基结构形式		试验监测	测试仪器
		上路床	下路床		
EK0+904	Ⅰ	三渣稳定盐渍土	三渣稳定盐渍土	沉降、应力、应变	智能弦式压力盒、埋入式智能弦式应变计、埋入式智能弦式应变计、外接交互式自动采集器测度数据
EK0+896	Ⅱ			沉降、应力、应变	
EK0+825	Ⅲ	三渣稳定粉质黏土	三渣稳定粉质黏土	沉降、应力、应变	
EK0+815	Ⅳ			沉降、应力、应变	
EK0+745	Ⅴ	三渣稳定粉质黏土	风积沙	沉降、应力、应变	
EK0+735	Ⅵ	砾类土	风积沙	沉降、应力、应变	

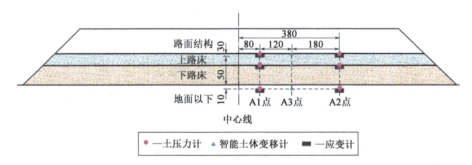

图3-51 试验段各断面监测元器件布设示意图(尺寸单位:cm)

为了便于后续分析道路结构每层应力-应变-沉降变化规律,道路横断面竖向设定:原始地基面与下路床交界面为 A 层,下路床与上路床交界面为 B 层,上路床与下路床交界面为 C 层;道路横断面横向设定:距离道路中心线右侧0.8m(简称右0.8m),距离道路中心线右侧2m(简称右2m),距离道路中心线右侧3.8m(简称右3.8m)。

2) 监测数据

(1) 砾类土上路床+风积沙下路床(原始换填)路基应力-应变-沉降监测分析

按照上述试验段监测方案对砾类土上路床+风积沙下路床(原始换填)路基结构形式进行应力、应变、沉降时空变化数据监测分析,绘制原始换填路基(断面Ⅵ)应力(应变)(沉降)-时间变化规律图,如图3-52所示。

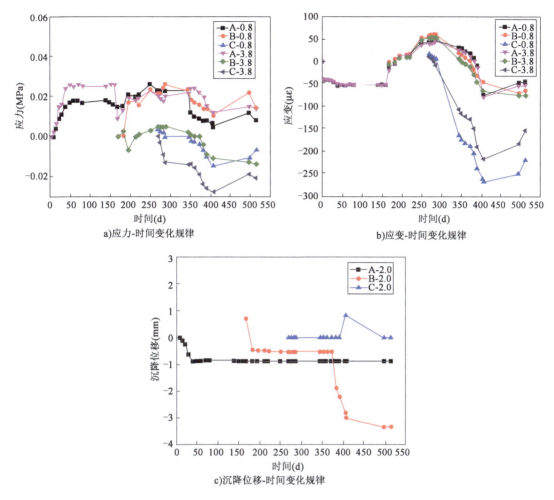

图3-52 原始换填路基(断面Ⅵ)应力-时间、应变-时间、沉降位移-时间变化规律

由上述现场监测结果可知,采用砾类土填筑上路床+风积沙填筑下路床(原始换填方案)路基结构形式的应力随时间变化存在一定波动,但整体变化波动差值较为稳定,波动范围为-0.021~0.023MPa,其中原始地基与下路床交界面处(A界面)应力稳定为0.008~0.014MPa,下路床与上路床交界面处(B界面)应力稳定为-0.014~0.014MPa,上路床与基层交界面处(C界面)应力稳定为-0.007~-0.021MPa,上述出现应力负值的原因在于该处受挤压应力,在上部荷载往下传到过程中一方面直接对正下处产生压应力,另一方面同时向两侧传导侧向应力,故部分监测点位产生挤压应力。原始换填路基结构形式的应变随时间变化呈现明显变化规律;A、B界面处应变值均呈现初始稳定阶段→逐渐增大阶段→逐渐减小阶段→趋于平稳阶段,此四阶段与施工时间吻合,即在初始稳定阶段过程为下路床施工(0~5d)、初始稳定至增大阶段对应上路床施工(155~160d)、增大至减小阶段对应基层施工(255~260d)、减小值平稳阶段对于路面施工至交付运营,其值最终稳定在-45~-76,处于受压状态;在C界面应变值随时间增大呈现先负向增大后负向减小过程,其值最大可达到-266,表面基层的施工对该界面处应变值影响较大。原始换填路基结构形式的竖向沉降位移随时间变

化较为稳定，A 界面最终稳定在 -0.88mm，说明在施工下路床时对原始地基沉降影响很小，B 界面最终稳定在 -3.4mm，说明在施工上路床时对上下路床交界面沉降产生一定影响，C 界面除在第 405d 出现微小变化外，整体变化稳定。

(2) 三渣稳定粉质黏土上路床 + 风积沙下路床路基应力-应变-沉降监测分析

按照上述试验段监测方案对三渣稳定粉质黏土上路床 + 风积沙下路床路基结构形式进行应力、应变、沉降时空变化数据监测分析，绘制三渣稳定粉质黏土上路床 + 风积沙下路床路基（断面Ⅴ）应力（应变）（沉降）-时间变化规律图，如图 3-53 所示。

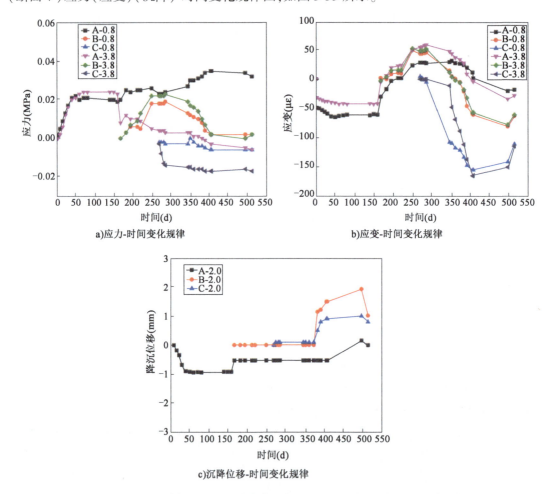

图 3-53 三渣稳定粉质黏土上路床 + 风积沙下路床路基（断面Ⅴ）应力-时间、应变-时间、沉降位移-时间变化规律

由上述现场监测结果可知，采用三渣稳定粉质黏土上路床 + 风积沙下路床路基结构形式的应力随时间变化存在一定波动，但整体变化波动差值比较稳定，波动范围为 -0.017 ~ 0.032MPa，其中 A 界面应力稳定在 -0.006 ~ 0.032MPa，B 界面应力稳定在 0.002MPa，C 界面应力稳定在 -0.006 ~ -0.017MPa，在 B 界面处应力值监测点位应力值变化趋势及大小均匀、稳定，且未出现正负值现象，说明采用三渣稳定粉质黏土上路床与风积沙下路床应力传导稳定，具有较好的适用性。采用三渣稳定粉质黏土上路床 + 风积沙下路床路基结构形式的应力随时间变化呈现较好的分界面效应，A 界面两个监测点位、B 界面两个监测点位、C 界面两个监测点位

均出现一致的、稳定的变化趋势及规律,与上述原始换填路基应变四阶段一致,其中 A 界面应变值稳定在 -23、B 界面应变值稳定在 -62、C 界面应变值稳定在 -113,均比原始换填路基应变值小。采用三渣稳定粉质黏土上路床+风积沙下路床路基结构形式的竖向沉降随时间整体上变化较为稳定,且在路面结构施工过程中对上路床有影响、对下路床影响很小,沉降值稳定在 1mm 以内。

(3) 三渣稳定粉质黏土路基应力-应变-沉降监测分析

按照上述试验段监测方案对三渣稳定粉质黏土路基结构形式进行应力、应变、沉降时空变化数据进行监测分析,绘制三渣稳定粉质黏土路基(断面Ⅲ、Ⅳ)应力(应变)(沉降)-时间变化规律分别如图 3-54、图 3-55 所示。

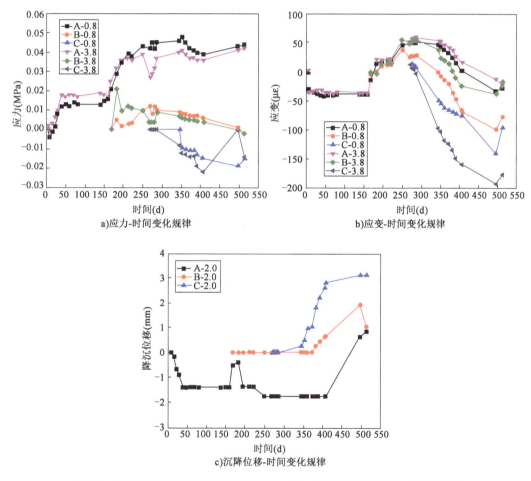

图 3-54 三渣稳定粉质黏土路基(断面Ⅲ)应力-时间、应变-时间、沉降位移-时间变化规律

由上述现场监测结果可知,监测断面Ⅲ与断面Ⅳ均为三渣稳定粉质黏土路基结构形式,采用对比分析、舍弃离散数据原理,三渣稳定粉质黏土路基结构形式的应力随时间变化趋势基本一致、整体变化波动差值稳定,波动范围为 -0.015~0.044MPa,其中 A 界面应力稳定在 0.043MPa,B 界面应力稳定在 -0.002~-0.006MPa,C 界面应力稳定在 -0.003~-0.014MPa,由于在施工路面等上部结构、运营车辆荷载过程中对 A 界面产生的附加应力影

响很小，可以忽略不计，在此处主要为材料及上部结构的自重作用下的应力，较换填路基、三渣稳定粉质黏土上路床+风积沙下路床路基的应力均大一些，原因在于全断面均为三渣材料，重度大，B界面应力呈现先增大、后减小变化规律，其中增大阶段为上路床施工过程产生，应力逐渐增大，待上路床施工完毕养护期间，应力产生均匀疏散、消减过程，最终待上部路面结构施工过程中可能会产生侧向的挤压压力，从而导致最后产生负向应力值，C界面应力从零开始增加到负向增大、后负向减小稳定，主要原因在于该界面与上部底基层、基层路面结构竖向距离短、施工过程会产生较大的侧向挤压应力，从而会出现负向应力增大现象，待路面施工后由于其荷载自重作用会抵消一部分侧向挤压应力，从而出现负向应力消减过程，最终稳定在某一值范围内，由于C界面监测时间较短，仅244d，待运营通车后再进一步分析其在车辆动荷载等作用下的应力变化规律。三渣稳定粉质黏土路基结构形式的应变随时间变化趋势基本一致、整体变化波动差值稳定，变化规律与上述原始换填路基应变四阶段基本一致，整体应变变化速率比原始换填路基缓慢，说明采用三渣稳定粉质黏土路基结构形式应力传导均匀、应变速率缓慢。三渣稳定粉质黏土路基结构形式的竖向沉降随时间整体上变化趋势一致、稳定，各界面整体分层沉降规律较为明显，说明三渣稳定粉质黏土具有较好的水化胶凝性能，使得路基"层状板体"结构形式初步形成。

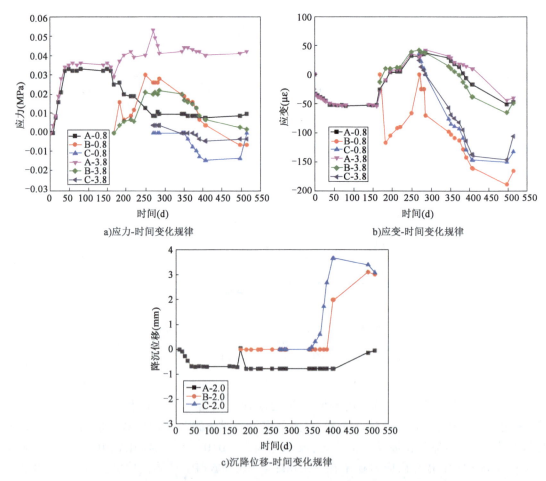

图3-55 三渣稳定粉质黏土路基（断面Ⅳ）应力-时间、应变-时间、沉降位移-时间变化规律

（4）三渣稳定盐渍土路基应力-应变-沉降监测分析

按照上述试验段监测方案对三渣稳定盐渍土路基结构形式进行应力、应变、沉降时空变化数据监测分析，绘制三渣稳定盐渍土路基（断面Ⅰ、Ⅱ）应力（应变）（沉降）-时间变化规律图，分别如图3-56、图3-57所示。

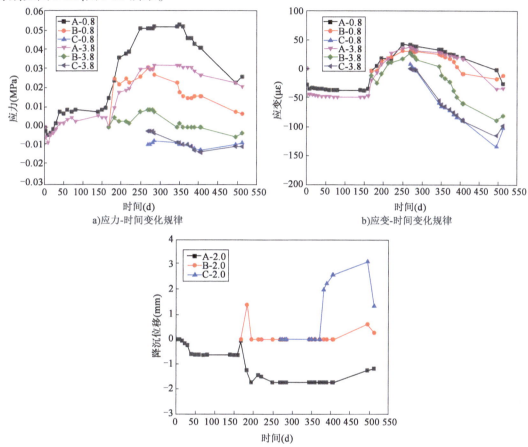

图3-56　三渣稳定盐渍土路基（断面Ⅰ）应力-时间、应变-时间、沉降位移-时间变化规律

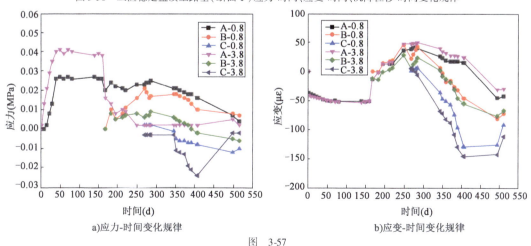

图 3-57

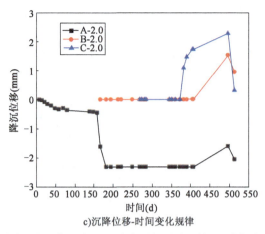

c)沉降位移-时间变化规律

图 3-57 三渣稳定盐渍土路基(断面Ⅱ)应力-时间、应变-时间、沉降位移-时间变化规律

由上述现场监测结果可知,由于监测断面Ⅲ与断面Ⅳ均为三渣稳定盐渍土路基结构形式,采用对比分析、舍弃离散数据原理,三渣稳定盐渍土路基结构形式的应力随时间变化趋势较为稳定、整体变化波动差值较小,波动范围为 $-0.008 \sim 0.026$ MPa,其中 A 界面应力稳定在 0.023 MPa,B 界面应力稳定在 $-0.005 \sim 0.007$ MPa,C 界面应力稳定在 $-0.002 \sim -0.01$ MPa,整体变化趋势规律与三渣稳定粉质黏土路基基本吻合,但此结构形式下两个监测断面存在个别偏大或偏小的情况,原因可能在于此监测断面位于该段终点处施工碾压过程中存在施工机械掉头、转圈等不可避免的问题,从而导致偏压或复压等情况出现。三渣稳定盐渍土路基结构形式的应变随时间变化趋势基本一致、整体变化波动差值稳定,变化规律与上述原始换填路基、三渣稳定粉质黏土路基应变四阶段基本一致,且应变速率与界面深度存在一定的关联性,具体表现为:距离原始地基面越高,其应变速率越快;距离原始地基越近,其应变速率越稳定。三渣稳定盐渍土路基结构形式的竖向沉降随时间整体上变化趋势一致、稳定,各界面整体分层沉降规律较为明显,说明三渣稳定盐渍土具有较好的水化胶凝性能,使得路基"层状板体"结构形式初步形成。

3) 效果对比

综合上述四种不同路基结构形式应力-应变-沉降等路用性能指标监测分析结果,通过定性与定量相结合的方法,科学合理评价三渣稳定特殊土路基结构形式的适用性,见表 3-30。

路用效果综合对比分析 表 3-30

路基结构形式		应力		应变		竖向沉降		整体评价
上路床	下路床	变化范围	变化规律	变化速率	变化规律	沉降值	变化规律	
砾类土	风积沙	$-0.021 \sim 0.023$ MPa	存在一定波动,但整体变化波动差值较为稳定	快	初始稳定阶段→逐渐增大阶段→逐渐减小阶段→趋于平稳阶段	3.4mm	整体变化较稳定	达到路用性能要求,注意侧向位移

续上表

路基结构形式		应力		应变		竖向沉降		整体评价
上路床	下路床	变化范围	变化规律	变化速率	变化规律	沉降值	变化规律	
三渣稳定粉质黏土	风积沙	-0.017~0.032MPa	存在一定波动,但整体变化波动差值比较稳定	较快	四阶段变化规律,且呈现较好的分界面效应	1mm	整体变化稳定	界面应力传导稳定,具有较好的适用性
三渣稳定粉质黏土		-0.015~0.044MPa	变化趋势基本一致、整体变化波动差值稳定	稳定	四阶段变化规律,应力传导均匀、应变速率缓慢	3mm	各界面整体分层沉降	层状板体结构形式初步形成,适用性强
三渣稳定盐渍土		-0.008~0.026MPa	变化趋势较为稳定、整体变化波动差值较小	稳定	四阶段变化规律,应变速率与界面深度存在一定的关联性	2mm	各界面整体分层沉降	层状板体结构形式初步形成,适用性强

对上述四种不同路基结构形式路用效果进行对比分析可知:①采用原始换填路基(砾类土上路床+风积沙下路床)满足路用性能要求,但需注意侧向位移,进一步加强监测;②采用三渣稳定粉质黏土上路床+风积沙下路床路基,在两种不同原材料接触界面具有稳定的应力传导效应,沉降变化值最小,具有较好的适用性;③采用三渣稳定粉质黏土路基应力变化稳定、传导均匀,应变速率缓慢,各界面呈现较明显分层沉降特征,说明三渣稳定粉质黏土路基"层状板体"结构形式初步形成,具有较强的适用性;④采用三渣稳定盐渍土路基应力波动差值较小,应变速率与界面深度具有较强的关联性,各界面分层沉降明显,说明三渣稳定盐渍土路基"层状板体"结构形式初步形成,具有较强的适用性。

4)数值模拟

目前,关于路基路面沉降等方面已经开展了一系列的现场试验及数值模拟研究,但是关于采用炉渣-矿渣-电石渣复合稳定粉质黏土路基数值模拟分析研究较少。因此,依托 S21 阿乌高速公路建设项目,选择具有代表性的盐渍-粉质黏土特殊地质路段作为试验段,以炉渣:矿渣:电石渣=3:8:4 的配比、总掺量为20%的条件处治粉质黏土路基试验路段进行现场路基检测与监测,并运用 Midas GTS/NX 软件建立炉渣、矿渣、电石渣稳定粉质黏土路基路面结构模型进行数值模拟,分析路基应力、应变、沉降规律,构建三渣稳定粉质黏土路基工作响应状态,对比原始处治方案,从而较全面地分析评价炉渣、矿渣、电石渣稳定粉质黏土路基处治优势。

(1)建立模型

根据现场实际情况及建立模型模拟表征,为进一步分析评价炉渣、矿渣、电石渣处治特殊土路基的路用性能,预测未来道路使用寿命期间内路用状况,为相关工程的施工、设计及养护提供工程指导与决策依据。设定道路结构模型 X 方向(路基宽度)宽度取 27m,Y 方向(纵向)长度取 50m,Z 方向(填筑高度)高度取 1.46m,路基边坡坡比为 1:1.5。为了满足计算精度的要求,道路结构模型边界范围大小的选取依据路基工程规范及数值模拟经验,沿道路横向(X 方向)

总长度取58.7m,沿道路纵向(Y方向)总长度取50m,地基深度(Z方向)总长度取7.46m。建立炉渣、矿渣、电石渣稳定粉质黏土路基道路结构三维有限元数值模型,如图3-58所示。

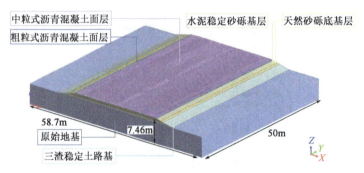

图3-58 三渣稳定粉质黏土路基道路结构模型示意图

(2)选取力学参数

根据上述室内试验结果选取不同路基路面结构层的力学参数,见表3-31。

路基路面结构层的力学参数　　　　　　　　　　　　表3-31

路基路面结构层	弹性模量(MPa)	泊松比	重度(kN/m³)	黏聚力(MPa)	内摩擦角(°)
中粒式沥青混凝土面层	11250	0.25	23.6	—	—
粗粒式沥青混凝土面层	10750	0.25	23.7	—	—
水泥稳定砂砾基层	9000	0.25	20~22	—	—
天然砂砾底基层	185	0.35	18~20	—	—
三渣稳定粉质黏土路基	185	0.3	18.9	0.175	36
地基	119	0.35	15~17	0.03	23

(3)结果分析

根据《公路工程技术标准》(JTG B01—2014)的规定,设计年平均日交通量按照15000辆考虑,计算均布荷载标准值为28kN/m²。通过Midas GTS/NX有限元数值计算,提取炉渣、矿渣、电石渣稳定粉质黏土路基的长期竖向沉降变形、竖向应力、剪切应力、应变等曲线,如图3-59~图3-62所示。

a)荷载场-整体竖向沉降

图 3-59

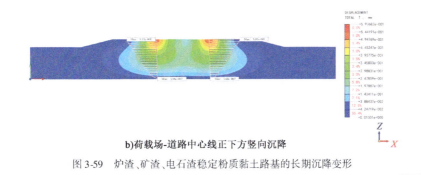

b)荷载场-道路中心线正下方竖向沉降

图 3-59　炉渣、矿渣、电石渣稳定粉质黏土路基的长期沉降变形

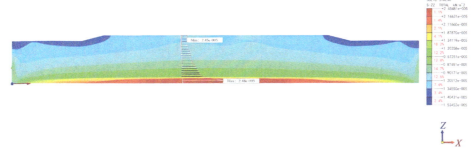

图 3-60　炉渣、矿渣、电石渣稳定粉质黏土路基的竖向应力

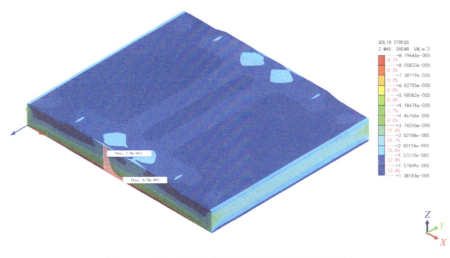

图 3-61　炉渣、矿渣、电石渣稳定粉质黏土路基的剪应力

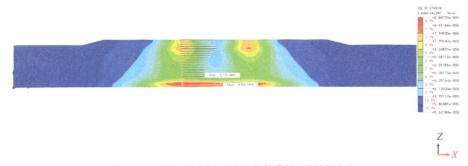

图 3-62　炉渣、矿渣、电石渣稳定粉质黏土路基的应变

由图 3-59a)、b)可知,炉渣、矿渣、电石渣稳定粉质黏土路基在长期荷载场作用下整体竖向沉降位移呈现荷载作用范围内沉降大、周边沉降沿作用区域逐圈减小,沿道路中心线横向(X方向)呈对称趋势分布,沿竖向(Z方向)呈线性减小趋势分布;此外,三渣稳定粉黏土路基结构形式在行车荷载作用下产生的最大竖向位移为 0.5~0.59mm,发生在路面层 0~0.12m 深度范围内,在三渣稳定粉质黏土路基与地基交界面处竖向沉降位移最大值为 0.44mm,在三渣稳定粉质黏土上路床与下路床交界面处竖向沉降位移最大值 0.47mm,说明在车辆荷载作用下对路基结构产生的附加应力较小、沉降影响微弱。

由图 3-60 可知,三渣稳定粉质黏土路基与地基交界面处竖向应力值 0.025MPa,在三渣稳定粉质黏土上路床与下路床交界面处竖向应力值约 0.01MPa;由图 3-61 可知,剪应力在三渣稳定粉质黏土路基中较小,约为 19.92kPa,小于三渣稳定粉质黏土黏聚力值;在路面层较大,约为 0.2MPa。由此可知,荷载作用下对三渣稳定粉质黏土路基结构影响较小、对路面结构影响较大。整体而言,三渣稳定粉质黏土路基竖向应力、剪应力均呈现沿道路中心线对称、分层分布规律。

由图 3-62 可知,三渣稳定粉质黏土路基与地基交界面处、三渣稳定粉质黏土上路床与下路床交界面处两个不同深度范围内应变值大小变化不大,为 60~85,说明三渣稳定粉质黏土路基的"层状板体"结构基本形成,整体变形稳定。

通过对上述三渣稳定粉质黏土路基应力-应变-沉降数值模拟分析发现,三渣稳定粉黏土路基在荷载场作用下竖向沉降位移值微小、路基范围内竖向位移值为 0.44~0.47mm,其竖向应力值为层状稳定分布、路基范围内应力值为 0.01~0.025MPa,其监测路基范围内剪切应力值低于三渣稳定粉质黏土的黏聚力值,应变值变化微小、整体变形稳定。由此可知,三渣稳定粉质黏土路基结构形式长期路用性能较稳定,适用性较好,满足相应规范要求。

第4章

穿越沙漠核心区高速公路风积沙路面建设技术

4.1 引言

S21 阿乌高速公路黄花沟至乌鲁木齐段,是《新疆维吾尔自治区省道网规划(2016—2030年)》"6 横 6 纵 6 联 2 环"中的"纵二",全长 223km,其中穿越荒漠及沙漠路段 150km,该路段采用超高速设计。依托该工程项目,在建设路面结构的过程中涌现了许多难题。

沙漠路段的路面结构由级配砾石底基层(图 4-1)、水泥稳定砾石基层、沥青碎石下封层与沥青混凝土路面构成。全线的沙漠路段只有路基下路床采用风积沙作为筑路原料,其他结构多以砾石、砾类土与水泥为建设材料,在沙漠地区长期使用砾石材料会导致建设成本居高不下和环境污染,给沙漠地区基础设施建设与环境保护带来负担。为此,根据道路建设需求进行风积沙固化处治,使用固化风积沙替代砾石作为路面结构的基层填筑材料,不失为一条新的出路。

图 4-1 级配砾石底基层

与一般高速公路正常车速行驶相比,超高速条件下车辆行驶时对路面平整度等质量控制要求更加苛刻。这是由于超高速行驶时,路面不平整,或者横、纵坡有突变,或者弯道处横坡没有达到设计要求,均会给行驶的超高速车辆带来显著扰动,造成超高速行驶车辆状态的突然改变,特别是公路上的跳点和弯道外侧负向横坡路拱很容易带来巨大安全隐患;加之穿越荒漠及沙漠路段长达 150km,长期恶劣环境作业易导致身体、心理疾病。因此,如何引入无人自动化摊铺新技术,快速且高质量地施工迫在眉睫。

高速公路磨耗层抗滑直接影响着行车安全,是超高速标准高速公路的重要支撑基础。超高速标准高速公路不是简单地将车速由120km/h提高到140km/h和160km/h,这个提速不是简单的线性增加,如在考虑摩擦系数不变的情况下,车速由120km/h提高到160km/h,车速提高了33%,但是停车制动距离可能增加57%,给高速公路行车安全造成巨大挑战。因此,超高速标准高速公路对磨耗层沥青混合料宏观抗滑性能、集料微观磨光性能均提出了严苛要求。此外,为确保安全,在沙漠地区低温环境下,降低道路表面水的冰点,延迟道路表面积雪结冰也十分关键。

4.2 地聚合物固化风积沙路面基层与底基层施工技术

4.2.1 地聚合物固化风积沙路用性能分析

本次沙漠公路试验段位于绿洲-荒漠区,风积沙含黏量较高。沙漠腹地风积沙含黏量在7.8%左右,沙漠边缘地区含黏量可达20%,含黏量与地聚合物掺量对固化风积沙强度特性的影响尚不明确。因此,在前期研究与后期施工的过程中,应始终将含黏量作为地聚合物固化风积沙强度变化的影响因素之一。试验所用风积沙取自该项目一期六标五家渠路段料场,如图4-2所示。

图4-2 风积沙料场

1)物质成分

首先将所取风积沙干燥后去除杂草、树根与大颗粒杂质,通过0.075mm圆孔筛将沙与黏粒分离,过筛后的风积沙清洗与干燥后备用,之后按照试验方案将一定量的黏粒与风积沙混合,制备试验所需的重塑土,试验原料主要有风积沙、黏土与地聚合物。通过物质成分分析,得到黏粒的化学成分组成,见表4-1。

黏粒的化学成分组成(单位:%) 表4-1

化学组分	SiO_2	Fe_2O_3	Al_2O_3	CaO	MgO	K_2O	Na_2O	烧失量
黏粒	37.73	7.32	10.65	12.85	6.65	3.15	17.63	4.02

风积沙由大量的SiO_2构成,并含有一定量的Al_2O_3与少量的Fe_2O_3、CaO、MgO、K_2O与Na_2O。黏土主要由SiO_2、Na_2O、CaO与Al_2O_3等成分组成。风积沙相比于黏土,含有大量的石英矿物,使得风积沙颗粒的硬度与刚度更高。

使用粉煤灰、钢渣和水泥作为制备地聚合物的原料,原料成分见表4-2。可以看出粉煤灰与钢渣主要由硅、铝、铁氧化物构成,CaO 的含量较少,使粉煤灰与钢渣的化学活性与水化反应程度低于水泥。因此使用 NaOH 溶液提供强碱环境,催化和激发工业废固的水化反应。在原料中加入适量的水泥,为水化生成的硅酸根与硅铝酸根提供可结合的 Ca 离子,进一步促进水化反应的发生。根据前期试验的结果,将粉煤灰、钢渣、水泥和水按质量比4∶4∶2∶5混合制备硅、铝原料浆材,然后按体积比的3∶1在浆材中加入 10mol/L 的 NaOH 溶液,搅拌均匀,获得流动性良好的聚合物。地聚合物的制备参考了双注浆原理:考虑浆料的凝结时间和流动性,并保证胶结体的强度。

地聚合物原料的化学成分(单位:%) 表4-2

化学组分	SiO_2	Fe_2O_3	Al_2O_3	CaO	MgO	K_2O	SO_3	Na_2O	烧失量
粉煤灰	52.34	9.62	24.48	5.0	1.91	2.27	0.46	0.78	3.14
钢渣	31.2	35.4	9.0	8.4	2.4	2.3	3.1	2.74	5.46
水泥	19.4	3.32	6.84	60.6	2.68	0.95	5.26	0.2	0.75

地聚合物的 XRD 谱图如图4-3所示,可知地聚合物主要由石英与其水化产物——水化硅铝酸钙与水化硅酸钙[C-(A)-S-H 与 C-S-H]构成,其中存在少量的氢氧化钙[$Ca(OH)_2$]与钙矾石。可以看出,XRD 谱图 30°~35°的特征峰被宽化与遮盖,这是因为粉煤灰和钢渣中的硅、铝化合物在强碱的激发作用下发生解体、分离、重新排布与再聚合等化学反应,生成硅氧、铝氧离子与钙离子组合,并随时间增长形成了 C(-A)-S-H 等无定形态物质,此水化产物无特定峰值。

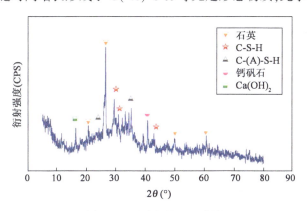

图4-3 地聚合物的 XRD 谱图

2)界限含水率

界限含水率试验确定土体的液限和塑限,液限与塑限的大小体现了土壤中的水相对土体性质的影响。含水风积沙在受到外力作用下会发生液化现象,且液化现象随着含水率的升高而愈发明显。所以风积沙的界限含水率试验的测定误差较大,只起到一定的参考作用。因此,只给出风积沙中黏粒的界限含水率测定结果。依据《公路土工试验规程》(JTG 3430—2020),通过液塑限联合测定仪得到黏土含水率和锥入度的关系,锥入度 17mm 对应的含水率为液限含水率,锥入度 2mm 对应的含水率为塑限含水率。试验所用黏土的液限为 32.1%,塑限为 18.8%,塑性指数为 13.3。

3）击实试验

为了获取地聚合物固化含黏风积沙的路用性能指标，需制备最大干密度下不同含黏量与不同地聚合物掺量的试样，其中含黏量取 0%、20% 与 30%，地聚合物掺量（简称 GP 掺量）取 0%、8%、10% 与 12%。含黏量和地聚合物掺量分别定义为式(4-1)与式(4-2)。

$$含黏量 = \frac{m_c}{m_c + m_s} \times 100\% \tag{4-1}$$

$$地聚合物掺量 = \frac{m_g}{m_g + m_c + m_s} \times 100\% \tag{4-2}$$

式中：m_c——黏土质量；

　　　m_s——风积沙质量；

　　　m_g——地聚合物干料的质量。

因此需要通过击实试验确定不同工况下风积沙试样的最优含水率与最大干密度。依据规范，采用重型Ⅱ-1击实确定固化风积沙的击实曲线，如图 4-4 所示。

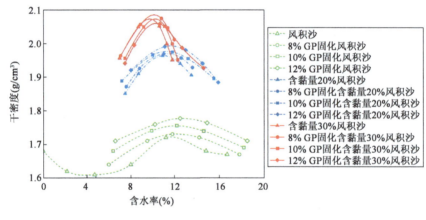

图 4-4　固化风积沙的击实曲线

地聚合物固化风积沙的最大干密度随含黏量与地聚合物掺量的变化如图 4-5 与表 4-3 所示。含黏量 0% 固化风积沙的最大干密度与最优含水率的均值分别为 1.75g/cm³ 和 12.2%；含黏量 20% 的固化风积沙分别为 1.98g/cm³ 和 11.3%；含黏量 30% 的固化风积沙分别为 2.07g/cm³ 和 10.1%。可见，随着含黏量的升高，风积沙的最大干密度增加，最优含水率稍微降低。对于含黏量为 0% 与 20% 的固化风积沙，其最大干密度都随地聚合物掺量的增加而提高，分别从 1.72g/cm³ 和 1.96g/cm³ 增长到 1.78g/cm³ 和 2.00g/cm³；而对于含黏量 30% 的固化风积沙，最大干密度基本保持在 2.07g/cm³ 左右，受地聚合物掺量的影响较小。这是由于在较低含黏量下，地聚合物生成的胶凝物起到的填充与团聚作用提高了土体的密实度；当含黏量达到 30% 时，地聚合物对孔隙的填充作用达到饱和，提高地聚合物掺量不能继续增强土体密实度。含黏量一定时，固化土的最优含水率随着 GP 掺量的提高而增加，这是由于地聚合物反应需要消耗水，其反应生成的胶结产物与土颗粒结合形成的团聚体也包裹住一部分水。

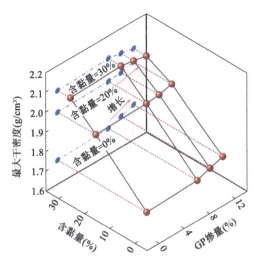

图 4-5　固化风积沙的最大干密度随含黏量与 GP 掺量的变化

固化风积沙的最大干密度与最优含水率　　　　表 4-3

含黏量(%)	GP 掺量(%)	最大干密度(g/cm³)	最优含水率(%)
0	0	1.72	11.6
0	8	1.73	12.1
0	10	1.76	12.2
0	12	1.78	12.8
20	0	1.96	10.8
20	8	1.97	11.3
20	10	1.98	11.4
20	12	2.00	11.7
30	0	2.07	9.7
30	8	2.08	10.1
30	10	2.07	10.2
30	12	2.06	10.4

4）CBR

(1) 试样制备

依据《公路土工试验规程》(JTG 3430—2020)，按照各工况下固化土所对应的最优含水率制样。使用承载比试筒，按径高比 1∶1 制成 150mm（直径）×150mm（高）的圆柱体试样，每组制备 3 个试样。采用重型Ⅱ-2 击实，每个试样分三层击实。将成形的试样顶面盖好滤纸，在滤纸上方放置有调节杆的多孔板，在多孔板上方安装好 4 块承载板，每块承载板质量为 1.25kg。将安装好的承载比试筒用塑料袋密封，放入标准养护室（温度 20℃±3℃、湿度≥95%）养护。将百分表安装在养护完毕的承载比试筒上，用以读取试样浸水后的膨胀量（风积沙及其固化土透水性良好，试样浸水后的膨胀量几乎为 0）。试样加载前进行 4 昼夜的泡水，水槽内的水面始终高于试样顶面 25mm。浸水完毕的试样静置 15min 排水后进行加载。试验过程如图 4-6 所示。

 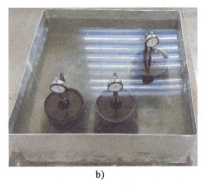 

图 4-6 CBR 试验过程

(2)试样方案

将含黏量与 GP 掺量作为试验变量,开展地聚合物固化风积沙的 CBR 试验,试验龄期取 7d。依据规范,使用路面材料强度综合测定仪开展试验。加载速率控制在 1~1.25mm/min 范围内。记录贯入量为 2.5mm 与 5.0mm 时的荷载,并通过下式计算 CBR 值。

$$CBR = \frac{100 \times P_{2.5}}{7000} \tag{4-3}$$

$$CBR = \frac{100 \times P_{5.0}}{10500} \tag{4-4}$$

式中:$P_{2.5}$——贯入量为 2.5mm 时的单位压力,kPa;

$P_{5.0}$——贯入量为 5.0mm 时的单位压力,kPa。

CBR 值取两公式计算最大值。

CBR 具体试验方案见表 4-4。

CBR 具体试验方案　　　　　　　表 4-4

试验项目	含黏量(%)	GP 掺量(%)	养护龄期(d)
承载比试验	0,20,30	0,8,10,12	7

(3)结果分析

风积沙及其固化土的 CBR 值随含黏量与 GP 掺量变化如表 4-5 与图 4-7 所示。当 GP 掺量为 0% 时,含黏量 0%、20% 与 30% 风积沙的 CBR 值分别为 7.7、10.6 和 11.4,随着含黏量的提高,风积沙的 CBR 值逐渐提高,可以满足高速公路 CBR 的规定。

风积沙及其固化土的 CBR 值(单位:%)　　　　　　　表 4-5

含黏量	GP 掺量	CBR
0	0	7.7
0	8	29.3
0	10	34.7
0	12	45.7
20	0	10.6
20	8	59.7

续上表

含黏量	GP掺量	CBR
20	10	69.5
20	12	84.9
30	0	11.4
30	8	87.3
30	10	104.5
30	12	125.0

随着GP掺量由0%提升到12%，含黏量0%、20%与30%风积沙的CBR值分别增长到45.7、84.9与125.0，比素土分别提升了493.5%、700.9%与996.4%。可以看出，固化风积沙的承载比随着地聚合物的掺入得到了显著提升，固化风积沙均能满足高速公路CBR的要求。

5）回弹模量

（1）试样制备

依据规范，按照最优含水率制样。与承载比试验相同，按径高比1∶1制成150mm（直径）×150mm（高）的圆柱体试样，每组制备3个试样。采用重型Ⅱ-2击实，每个试样分三层击实。将每个试样用塑料袋密封放入标准养护室（温度20℃±3℃、湿度≥95%）养护。

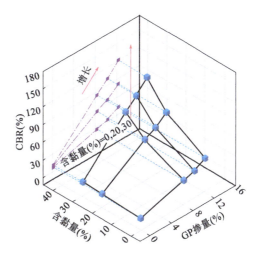

图4-7 固化风积沙的CBR值随含黏量与GP掺量的变化

（2）试样方案

将含黏量与GP掺量作为试验变量，开展地聚合物固化风积沙的回弹模量试验，试验龄期取7d。使用万能试验机开展试验。在试验机的加载杆上安装千分表用以记录回弹量。加载前进行2次，每次100kPa的预压。逐级加载，并通过式（4-5）计算试样的回弹模量E。

$$E = \frac{\pi p D}{4l}(1-\mu^2) \tag{4-5}$$

式中：p——加载板上的单位压力，kPa；

D——加载板的直径，cm；

l——回弹量，cm；

μ——泊松比，素土取0.35，固化土取0.25。

回弹模量具体试验方案见表4-6。

回弹模量具体试验方案　　表4-6

试验项目	含黏量（%）	GP掺量（%）	养护龄期（d）
回弹模量试验	0,20,30	0,8,10,12	7

(3) 结果分析

地聚合物固化风积沙的回弹模量随含黏量与 GP 掺量的变化如图 4-8 与表 4-7 所示。当 GP 掺量为 0% 时，含黏量 0%、20% 与 30% 风积沙的回弹模量分别为 62.1MPa、86.7MPa 和 96.3MPa，根据《公路沥青路面设计规范》（JTG D50—2017）中路基土回弹模量的要求可知，纯风积沙能满足特重交通荷载路基顶面的回弹模量要求。风积沙的回弹模量随着含黏量的提高而逐渐升高，含黏量 20% 与 30% 风积沙可以满足极重交通荷载路基顶面的回弹模量规定。随着 GP 掺量由 0% 提升到 12%，含黏量 0%、20% 与 30% 风积沙的回弹模量分别增长到 269.2MPa、600.4MPa 与 749.7MPa，比素土分别提升了 333.5%、592.5% 与 678.5%。可以看出，固化风积沙的回弹模量随着地聚合物的掺入得到了显著提高，固化风积沙均能满足极重交通荷载路基顶面的回弹模量要求。

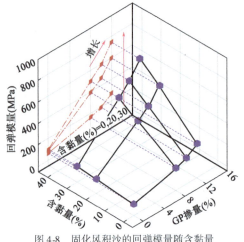

图 4-8 固化风积沙的回弹模量随含黏量与 GP 掺量的变化

风积沙及其固化土的回弹模量　　　　表 4-7

含黏量(%)	GP 掺量(%)	E(MPa)
0	0	62.1
0	8	161.7
0	10	198.2
0	12	269.2
20	0	86.7
20	8	394.4
20	10	469.7
20	12	600.4
30	0	96.3
30	8	500.1
30	10	601.3
30	12	749.7

6) 无侧限抗压强度

(1) 试样制备

依据《公路工程无机结合料稳定材料试验规程》（JTG E51—2009），按各工况下土所对应的最优含水率取水并与地聚合物、干沙混合后搅拌均匀，按重型 Ⅱ-1 击实成样，每个试样分五层击实，按径高比 1∶2 制成 39.1mm（直径）×80mm（高）的圆柱形试样。每组试验设置 6 个平行试样。试样成形后用塑料膜密封放入标准养护室（温度 20℃±3℃、湿度≥95%）养护，如图 4-9 所示。

图4-9 试样制备与养护图

（2）试验方案

将含黏量、GP 掺量与养护龄期作为试验变量，开展地聚合物固化风积沙的无侧限抗压强度试验，试验龄期取 7d、28d 与 180d。依据规范，使用万能试验机开展单轴抗压试验，如图 4-10 所示。

图4-10 万能试验机加载

万能试验机测量精度控制在 ±1% 范围内，试验加载速率控制在 1mm/min。试件破坏时的最大应力为试样无侧限抗压强度，每组 6 个试样加载后剔除异常值，计算该组无侧限抗压强度的均值 q_u，按式(4-6)计算强度代表值：

$$q_{u_d}^0 = q_u(1 - Z_\alpha C_v) \tag{4-6}$$

式中：Z_α——标准正态分布中随保证率 α 变化的系数；

C_v——一组试验的强度变异系数。

无侧限抗压强度试验方案见表 4-8。

无侧限抗压强度试验方案　　　　　　　　　　　表4-8

试验项目	含黏量（%）	GP 掺量（%）	养护龄期（d）
无侧限抗压强度试验	0,20,30	0,8,10,12	7,28,180

(3)结果分析

地聚合物固化风积沙无侧限抗压强度随含黏量与掺入比的变化如图 4-11 所示。可以看出,纯风积沙的无侧限抗压强度为 0MPa,体现了风积沙颗粒松散、无黏聚力的特点。随着含黏量从 0% 增加到 30%,风积沙的无侧限抗压强度由 0MPa 提高到 0.22MPa,掺入的黏粒对风积沙颗粒起到了包裹和黏聚的作用,使得松散的沙颗粒在水和外力的作用下可以聚集并成形。

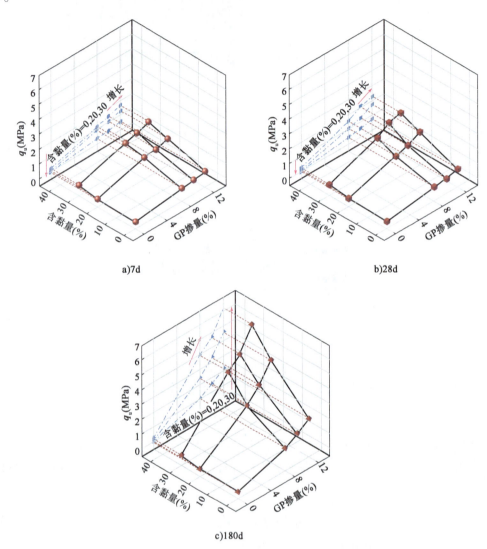

图 4-11 地聚合物固化风积沙无侧限抗压强度随含黏量与掺入比的变化

随着 GP 掺量的增加,固化风积沙的无侧限抗压强度显著提高,当 GP 掺量从 8% 提高到 12% 时,含黏量 0% 固化风积沙的 7d 无侧限抗压强度由 0.38MPa 提高到 0.56MPa;含黏量 20% 固化风积沙的 7d 无侧限抗压强度由 0.96MPa 提高到 1.3MPa,比素土提升了 1.25MPa;含黏量 30% 固化风积沙的 7d 无侧限抗压强度由 1.21MPa 提高到 1.66MPa,比素土提升了

1.44MPa。GP掺量越高，水化生成的胶结物质越多，固化风积沙的强度越高。可以看出，含黏量30%固化风积沙的无侧限抗压强度提升更明显，这是由于细黏粒的含量越高，对大颗粒之间孔隙的填充作用越明显，颗粒间接触越多，颗粒间接触总面积越大，为胶结材料提供更多的胶结面积，使得试样的宏观力学性能更强。

当GP掺量一定时，固化风积沙的无侧限抗压强度随着龄期的增加而提高。含黏量0%的GP掺量12%的固化风积沙7d、28d与180d的无侧限抗压强度分别为0.56MPa、0.71MPa与2.13MPa；含黏量20%的GP掺量12%的固化风积沙7d、28d与180d的无侧限抗压强度分别为1.30MPa、1.70MPa与4.57MPa；含黏量30%的GP掺量12%的固化风积沙7d、28d与180d的无侧限抗压强度分别为1.66MPa、2.26MPa与6.23MPa。地聚合物的水化凝胶随着龄期的增长而逐渐增多，使得固化土的强度逐渐升高。可以看出，地聚合物固化土的早期强度相比于水泥等一般固化土较低，但是其强度会随着龄期的增加而不断提高，最终超过一般固化土。

地聚合物固化风积沙单轴加载试样破坏形式如图4-12所示。固化风积沙试样单轴加载的破坏形式大致相同，都为脆性破坏。加载过程中，试样的轴向应力随着轴向应变的增加而增加。当试样的轴向应力达到其最大抗压强度时，试样的上下两端开始出现裂痕，此时轴向应力随着轴向应变的增加而降低，裂痕不断延伸，土粒从试样上掉落。最终裂痕连通，形成整个破坏面，试样完全破坏，轴向应力不再变化。可以看出，所有试样都有一条主裂缝，形成其破坏面，主裂缝旁伴随着其他细小的裂隙，部分试样破坏面为锥形，如图4-12b)所示。

a)含黏量0%掺入比8%(7d)　　b)含黏量0%掺入比12%(7d)　　c)含黏量0%掺入比12%(180d)

d)含黏量20%掺入比8%(7d)　　e)含黏量20%掺入比12%(7d)　f)含黏量20%掺入比12%(180d)

图 4-12

g)含黏量30%掺入比8%(7d)　　h)含黏量30%掺入比12%(7d)　　i)含黏量30%掺入比12%(180d)

图 4-12　地聚合物固化风积沙单轴加载试样破坏形式

固化风积沙的强度代表值见表 4-9 ~ 表 4-11。地聚合物固化土为新型材料,规范中暂无其无侧限抗压强度标准值 R_d 对照表。地聚合物原料中以粉煤灰与钢渣为主、水泥为辅,因此采用《公路路面基层施工技术细则》(JTG/T F20—2015)中的表 4.2.7 水泥粉煤灰无侧限抗压强度标准作为其 R_d 参考值。

固化风积沙 7d 无侧限抗压强度代表值　　　　　　　　　　　　　　　表 4-9

含黏量(%)	GP 掺量(%)	强度均值(MPa)	变异系数	强度代表值(MPa)
0	8	0.38	0.067	0.35
0	10	0.43	0.043	0.41
0	12	0.56	0.021	0.55
20	8	0.96	0.031	0.92
20	10	1.10	0.027	1.06
20	12	1.30	0.034	1.24
30	8	1.21	0.024	1.17
30	10	1.40	0.021	1.36
30	12	1.66	0.026	1.60

固化风积沙 28d 无侧限抗压强度代表值　　　　　　　　　　　　　　表 4-10

含黏量(%)	GP 掺量(%)	强度均值(MPa)	变异系数	强度代表值(MPa)
0	8	0.42	0.059	0.38
0	10	0.54	0.031	0.52
0	12	0.71	0.035	0.68
20	8	1.02	0.033	0.98
20	10	1.26	0.029	1.21
20	12	1.70	0.032	1.63

续上表

含黏量(%)	GP 掺量(%)	强度均值(MPa)	变异系数	强度代表值(MPa)
30	8	1.51	0.028	1.46
30	10	2.03	0.032	1.95
30	12	2.26	0.021	2.20

固化风积沙 180d 无侧限抗压强度代表值　　表 4-11

含黏量(%)	GP 掺量(%)	强度均值(MPa)	变异系数	强度代表值(MPa)
0	8	1.06	0.043	1.00
0	10	1.56	0.046	1.48
0	12	2.13	0.032	2.04
20	8	2.43	0.027	2.35
20	10	3.36	0.029	3.24
20	12	4.57	0.021	4.41
30	8	4.00	0.035	3.77
30	10	4.70	0.023	4.50
30	12	6.23	0.022	6.00

龄期为 7d 时，含黏量 0% 的地聚合物固化土的单轴强度不到 1MPa，不能满足公路基层、底基层的强度要求，含黏量 20% 与 30% 固化土的单轴强度主要满足二级公路底基层的强度要求，含黏量 30% GP 掺量 12% 符合重交通二级公路底基层强度规定；龄期为 28d 时，含黏量 0% 的固化土依旧不能满足公路基层、底基层强度规定，含黏量 20% 固化土可以满足中交通高速公路与重交通二等级公路的底基层强度规定，含黏量 30% 固化土符合重交通高速公路底基层强度规定；当龄期为 180d 时，含黏量 0% 的固化风积沙可以满足重交通高速公路与二级公路底基层的强度要求，含黏量 20% 与含黏量 30% 固化土的强度符合极重、特重交通下高速公路基层的强度规定。

可以看出，地聚合物固化风积沙的早期强度较低。龄期较短的低掺量固化土基本只能用于低等级公路的底基层建设。随着龄期的升高，地聚合物固化土的强度不断增高，甚至可以满足极重交通下高速公路基层的建设规范。为此，如果在沙漠公路建设中使用地聚合物固化风积沙作为筑路材料，建议适当延长各结构修筑后的养护龄期，可考虑将较高龄期的材料强度作为规范的强度标准。

7) 三轴剪切特性

(1) 试样制备与安装

为提高试验效率，选取含黏量 0%、20% 和 30% 的风积沙与含黏量 20% 和 30% 的固化风积沙开展固结不排水三轴剪切(CU)试验，见表 4-12。每组设置 3 个平行试样，根据最优含水率与最大干密度制备试样，试样的尺寸、制备与养护方法同前。

三轴试样制备   表 4-12

含黏量(%)	GP 掺量(%)	养护龄期(d)
0,20,30	0	0
20,30	8,10,12	7

三轴试验平台如图 4-13 所示。在试样安装之前,需要对反压控制器与孔隙压力计进行排气处理,防止气体对试样的饱和与水下压力传感器的数据读取产生影响。使用吸水球手动挤水,对孔隙压力管进行通水排气。使用控制器上的操作面板减小反压控制器的体积进行排水排气。当孔隙压力管与反压管中的水缓缓流出,且一段时间内无气泡排出,说明排气成功。

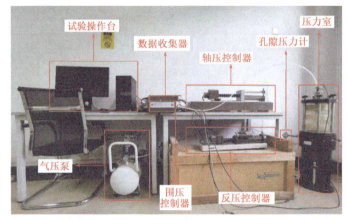

图 4-13 三轴试验平台

纯风积沙(含黏量 0%,地聚合物掺量 0%)无黏性,不能通过一般击实制备。试样需要直接在压力室底座上成型。首先在底座上安装浸水后的透水石与橡皮膜,橡皮膜内外用两个皮筋固定。在橡皮膜外部安装对开圆膜,并将橡皮膜从内翻出,固定在对开圆膜上。依据试样体积与最大干密度计算纯沙质量,将所需质量的纯沙分为 10 等分装入橡皮膜,每层填筑后振捣击实,确保每层填筑高度一样。将连接好反压管的试样帽与透水石安装在试样顶端。施加 -10kPa 的反压,使试样可以单独站立,反压稳定且反压体积不变化说明试样的密闭性良好。拆除对开圆膜,使试样单独站立,试样顶端与底部的皮筋用铁箍固定,防止试样漏水。安装好压力室后,试样顶帽内的凹槽与轴向压力计的嵌合标志着试样安装成功。试样安装示意图如图 4-14 所示。

a)　　　　　　　　　　b)　　　　　　　　　　c)

图 4-14 试样安装示意图

含黏风积沙与固化风积沙需要先使用承膜筒将橡皮膜套在试样外部,再从压力室底座开始安装,试样安装不需要施加负压,其他步骤与纯风积沙相同。

(2)试样固结与加载

确保试样完全饱和是土工试验的一个难点。为此,使用多种饱和方法对试样进行联合饱和,确保合格的饱和度。对于纯风积沙试样,压力罩安装后撤去负压,施加20kPa围压,并连通水头饱和器进行24h的水头饱和,使纯沙被水充分浸润后,施加反压饱和。含黏风积沙与地聚合物固化风积沙试样安装前先抽真空2h,并在大气压下浸水12h以上,再施加反压饱和。

反压饱和是通过反压控制器对试样施加水压,使试样内的气体被压缩后溶解于水中,来提升试样的饱和度。首先对试样施加30kPa的围压与20kPa的反压,待孔隙水压力稳定后,使反压与围压同时线性增长30kPa,待孔压稳定后施加下一级压力,直到反压到达200kPa。施压过程中始终保持围压大于反压10kPa,防止试样鼓胀破坏。试样B值大于0.95则认为饱和成功。

每组试验的目标围压为50kPa、100kPa和150kPa。三轴试验仪中试样的有效围压等于实际围压与反压的差值。所以每组试验的固结围压为250kPa、300kPa和350kPa,确保有效围压与目标围压相等。超静孔隙水压力完全消散,孔隙水压力与反压大致相等,反压体积不再变化时,试样固结完成。具体试验方案见表4-13。

试样的饱和与固结试验方案　　　　　　　　　表4-13

含黏量 (%)	GP掺量 (%)	目标围压 (kPa)	饱和方法	反压终值 (kPa)	固结围压 (kPa)	有效围压 (kPa)
0	0	50,100,150	水头,反压饱和	200	250,300,350	50,100,150
20,30	0	50,100,150	抽真空,反压饱和	200	250,300,350	50,100,150
20,30	8,10,12	50,100,150	抽真空,反压饱和	200	250,300,350	50,100,150

依据规范,轴向剪切速率为0.08mm/min。剪切结束后首先关闭围压阀,避免撤去围压造成压力室中水的回流,围压逐级降低至0kPa。开启气压阀降低压力室内的压力,打开排水阀对压力室进行排水,同时降低底座高度。确保压力室安全拆卸后,进行下一次试验。

(3)结果分析

①含黏风积沙破坏形式。

不同围压下含黏(0%、20%和30%)风积沙的应力-应变曲线如图4-15所示。规定应力-应变曲线上的最大值为峰值偏应力q_{ps},应力-应变曲线上的终值及轴向应变$\varepsilon=20\%$时的偏应力q为残余偏应力q_{rs}。可以看出,最大干密度下含黏量20%与30%风积沙的应力-应变曲线为弱软化型曲线,纯风积沙应力-应变曲线的峰值明显,软化性显著,为典型的应力软化型曲线。随着含黏量的增大,应力-应变曲线的软化性减弱。在不同围压条件下,含黏风积沙的峰值偏应力q_{ps}都低于纯风积沙。围压为50kPa时,纯风积沙和含黏风积沙的残余偏应力q_{rs}差别不明显;围压为100kPa、150kPa时,纯风积沙残余偏应力q_{rs}要高于含黏风积沙,这表明细粒含量的升高会降低砂土的峰值抗剪强度。

含黏风积沙的剪切破坏形式如图4-16所示。对比破坏形态可知,在较低围压下试样为单一局部剪切破坏,较高围压下试样表现出多层平行及交叉等多剪切面破坏形式。随着含黏量的升高,试样的剪切破坏带变得较不明显。

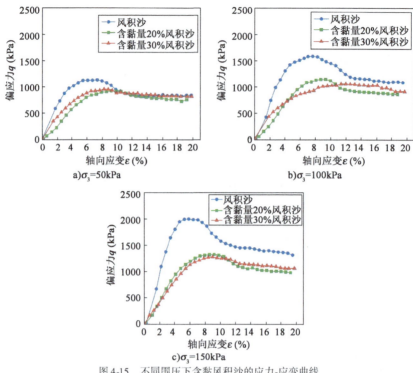

图 4-15 不同围压下含黏风积沙的应力-应变曲线

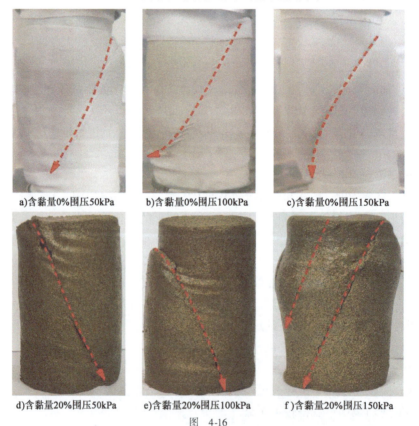

图 4-16

g)含黏量30%围压50kPa　　h)含黏量30%围压100kPa　　i)含黏量30%围压150kPa

图 4-16　含黏风积沙的剪切破坏形式

②含地聚合物破坏形式。

不同围压和 GP 掺量条件下固化含黏风积沙(含黏量分别为 20% 和 30%)的应力-应变曲线如图 4-17 所示。可知,相同围压下固化风积沙的峰值偏应力 q_{ps} 随着 GP 掺量的升高而增大。掺入的地聚合物使固化土应力-应变曲线的应力软化性显著增强。峰值偏应力 q_{ps} 与残余偏应力 q_{rs} 的差值随 GP 掺量的增长而升高。当 GP 掺量一定时,固化土的峰值偏应力 q_{ps} 随围压的升高而增加。对比含黏量分别为 20% 与 30% 固化风积沙的应力-应变曲线可以看出,当 GP 掺量与围压一定时,含黏量为 20% 的固化土的峰值偏应力 q_{ps} 均低于含黏量为 30% 的固化土。例如,当围压为 50kPa 时,随着 GP 掺量由为 8% 增大到 12%,含黏量为 20% 的固化土的 q_{ps} 由 1.62MPa 增大到 2.59MPa,而含黏量为 30% 的固化土的 q_{ps} 则由 2.21MPa 增大到 3.10MPa。围压为 150kPa,随着 GP 掺量由为 8% 增大到 12%,含黏量为 20% 的固化土的 q_{ps} 由 2.08MPa 增大到 3.49MPa,而含黏量为 30% 的固化土的 q_{ps} 则由 2.61MPa 增大到 3.56MPa。地聚合物固化含黏 30% 风积沙拥有更高的峰值抗剪强度。

地聚合物固化含黏风积沙的剪切破坏形式如图 4-18、图 4-19 所示。对比素土,地聚合物固化土试样的破坏面与裂隙发展更为明显,试样因破坏产生的裂隙数量更多,地聚合物固化土剪切过程中表现出明显的脆性破坏特点。

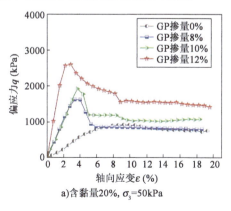 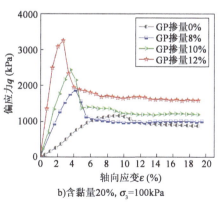

a)含黏量20%, σ_3=50kPa　　　　　　b)含黏量20%, σ_3=100kPa

图　4-17

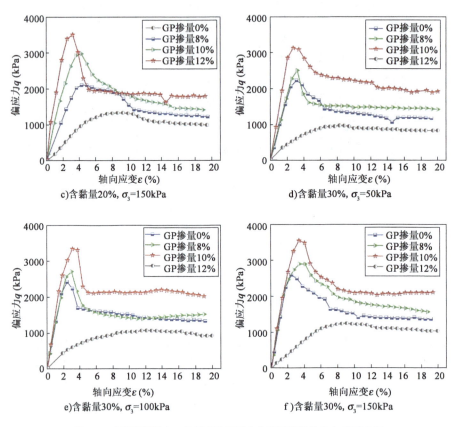

图 4-17 不同围压和 GP 掺量条件下固化含黏风积沙的应力-应变曲线

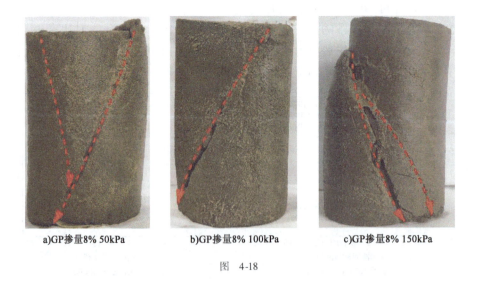

图 4-18

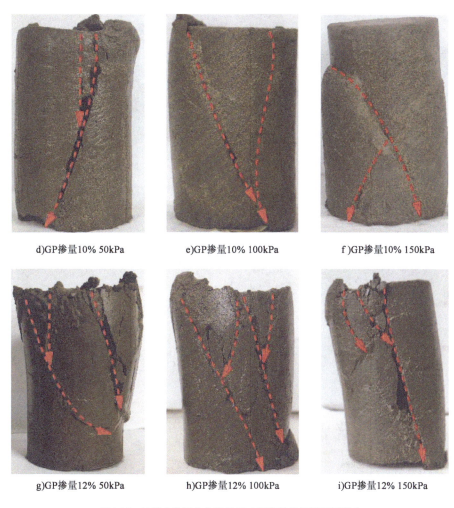

图 4-18 地聚合物固化含黏量 20% 风积沙的剪切破坏形式

图 4-19

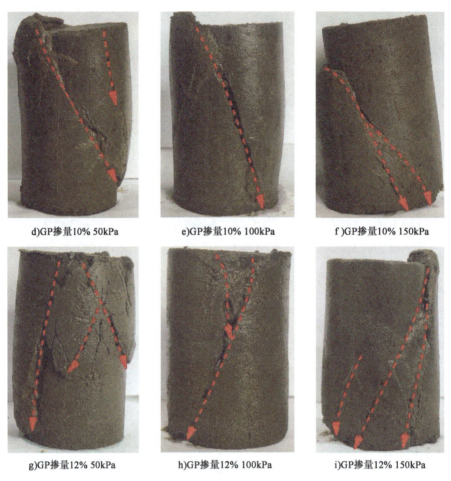

图 4-19　地聚合物固化含黏量 30% 风积沙的剪切破坏形式

8) 微观特征分析

图 4-20 为地聚合物固化风积沙养护 7d 的电镜扫描图。可以观察到土颗粒表面附着白色絮状的胶结物 [C-S-H 与 C-(A)-S-H] 及未反应的圆球状的粉煤灰颗粒与柱状的钙矾石。从左至右对比图 4-20 中的 a)~c)、d)~f) 与 g)~i) 可以看出，随着 GP 掺量的提高，样品表面的孔隙数量减少，结构密实度提高，更多的水化产物生成团聚、包裹在土颗粒上。图 4-20 中，从上至下比较 a)~g)、b)~h) 以及 c)~i)，可知含黏量为 0% 的地聚合物固化风积沙的结构松散，大颗粒接触不紧密，颗粒间存在着大面积的孔隙。相同 GP 掺量下，随着含黏量从 0% 升高到 30%，固化土的孔隙数量少、孔隙面积小，大颗粒之间有更多细粒的填充，颗粒间接触紧密，土体的致密性更高。当 GP 掺量到达 10% 时，含黏量为 30% 固化土的大颗粒之间已无孔隙，骨架间已经被细粒填满，图 4-20e) 与图 4-20f) 无明显差别。

以上观察到的微观特征证明了地聚合物固化含黏风积沙的剪切强度随 GP 掺量及含黏量的增加而提高。地聚合物的胶结与填充作用是固化土强度升高的主要因素，含黏量的增加为地聚合物水化产物提供了更多的可胶结面积，辅助提高了固化土的强度。

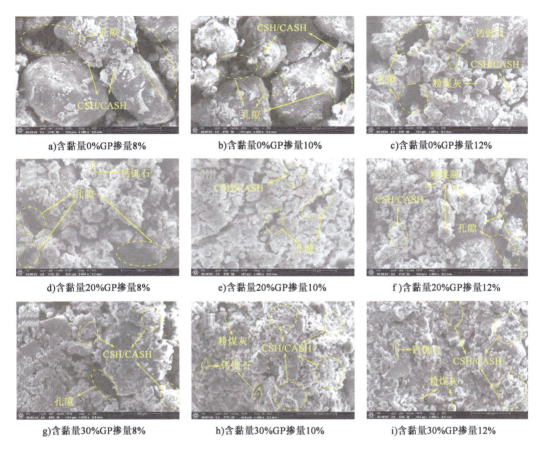

图 4-20 地聚合物固化风积沙养护 7d 的电镜扫描图

地聚合物固化风积沙养护 28d 的电镜扫描结果如图 4-21 所示。对比图 4-21 与图 4-20 可以看出,当含黏量与 GP 掺量一定时,随着龄期的升高,更多的水化产物生成并附着在颗粒表面,填充了孔隙,说明地聚合物的水化反应随着龄期的增长在持续进行。含黏量分别为 20% 与 30% 的 28d 固化土表面已经没有明显的孔隙与裂隙,土体的结构完整,如图 4-21h) 与图 4-21f),图中的黏粒、风积沙与地聚合物粉粒已经胶结融合为一个整体,形成质地较为均匀的块状结构。以上观察证明了随着养护龄期的增加,地聚合物的水化反应持续进行,水化产物持续增多,填充了孔隙,完善了土体的整体性与结构性,使得地聚合物固化土的路用性能与强度随着龄期的增长而持续增加。

a) 含黏量0%GP掺量8%

b) 含黏量0%GP掺量10%

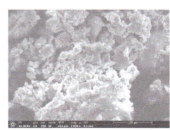
c) 含黏量0%GP掺量12%

图 4-21

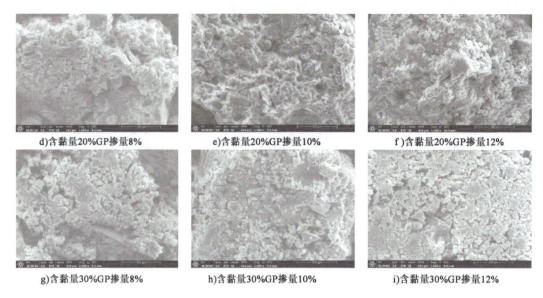

图 4-21 地聚合物固化风积沙养护 28d 的电镜扫描图

4.2.2 地聚合物固化风积沙在路面结构的应用

1) 试验段设计

前两节通过大量室内试验获取了地聚合物固化风积沙的路用性能指标与强度指标,并通过微观特征分析验证了试验结果。通过总结室内试验所得结论,依托 S21 阿乌高速公路工程项目,采用地聚合物固化风积沙作为公路基层与底基层的填筑材料,旨在深入了解其实际工程特性。

试验路段为跨主线桥两侧的边坡路段。道路采用双向两车道设计,路长 200m,行车道宽 2×3.75m,基层厚 20cm,底基层厚 15cm。

试验路段采用固化风积沙作为基层和底基层填筑材料。地聚合物为新型材料,暂无系统的设计规范,设计参照《公路路面基层施工技术细则》(JTG/T F20—2015)规范中水泥粉煤灰基层、底基层设计标准,确保现场试验结果满足设计要求。

首先对该合同段的料场与拌和场进行现场调研,发现因料场选址问题,风积沙含黏量不易控制,且含黏量为 10% 左右,与试验所用含黏量相比较低。搅拌站为普通稳定土拌和楼,无法实现 NaOH 溶液的储存与运输。因此,现场试验无法满足试验所得固化土的最优配比,室内试验的"两步法"制备地聚合物浆材无法实现。

使用该料场风积沙在现场试验室开展路用性能试验,并使用"一步法"制备地聚合物材料。通过试验结果,确定固化风积沙基层地聚合物设计掺量为 30%,固化风积沙底基层地聚合物设计掺量为 20%。使用 NaOH 含量高于 99% 的片碱作为现场试验的碱激发剂。地聚合物中固体废料与 NaOH 质量比为 30∶1,固体废料中钢渣、粉煤灰与水泥的质量比为 2∶2∶1。基层、底基层用料见表 4-14。

基底、底层用料　　　　　　　　　　　　　　　　　表 4-14

结构名称	用料量(t)	干料量(t)	水量(t)	风积沙用量(t)	固化剂用量(t)
基层	674	600	74	420	180
底基层	494	441	53	353	89

2) 试验段铺设

使用稳定土拌和站进行固化土的拌和。在试验路段修筑过程中,地聚合物固化土的拌和能力应与摊铺能力相匹配,防止材料因为放置或者堆积造成的固化效果降低。在固化土的拌和过程中发现,地聚合物改良土的原料种类较多,现场的拌和设备的拌和时间一般在 10s 以内,难以保证地聚合物改良土的均匀性与 NaOH 对固体废料的激发性。现场暂无 NaOH 固体专用运输料仓,且 NaOH 液体对橡胶与金属具有强腐蚀性并伴随着较大的施工风险性。为此,参考地聚合物"一步法"制备原理,拌和时应按设计的质量比先将 NaOH 固体添加进风积沙,再将沙、碱混合物装入料斗,进入搅拌杠与其他粉料一起拌和,如图 4-22 所示。集中拌和后对搅拌站进行清洗,避免 NaOH 对仪器的腐蚀。

图 4-22　NaOH 与素土提前混合

注意:处理碱激发剂过程中应全程佩戴塑胶手套、防毒面具与护目镜,防止片碱造成化学灼伤,如图 4-23 所示。

图 4-23　NaOH 的安全处理

摊铺时,如果采用间断性摊铺,应在下层固化土形成强度后,再进行上层结构的摊铺与碾压,防止仪器工作时产生的振动对未形成强度的固化土结构造成破坏。采用两层结构连续摊铺工艺时,应确保上下两层结构在 24h 内完成施工。地聚合物固化风积沙摊铺如图 4-24 所示。

图 4-24　地聚合物固化风积沙摊铺

固化土摊铺后采用压路机进行碾压。首先采用光轮压路机反复碾压 3 遍左右，再采用振动压路机压密，最后采用双钢轮压路机进行碾压收面，消除轮迹。地聚合物固化风积沙材料的颗粒较为细小，因此在碾压过程中会出现软弹和鼓包现象，适当减小压路机碾压速度，拌和时适当提高固化土的含水率可减少软弹和鼓包现象的发生。地聚合物固化土宜在拌和后 2h 内完成摊铺、碾压。特别是在新疆夏季，应尽力缩短固化土的运输、摊铺与碾压时间，避免炎热的气温与强烈的日照造成固化土的干燥失效。如果条件允许，宜避开正午进行地聚合物固化土的施工，并适当提高混合料含水率来避免混合料施工中的水量损失，地聚合物固化风积沙的拌和含水率宜高于最优含水率 2%～3%。

底基层碾压前期，因为地聚合物固化风积沙的施工经验欠缺，施工进展缓慢，在路段局部造成了固化土底基层表面的干燥、松散、不成形。为此，底基层在碾压后进行了洒水与双钢轮压路机复压处理。固化风积沙底基层修整后的效果如图 4-25 所示。待 3～5d，固化土底基层的强度形成后，开展固化风积沙基层的摊铺与碾压，并经压实度检查合格后，覆盖土工布进行养护。在养护前期，采用洒水车每天补水 1～2 次，保持土工布内的湿润，在结构形成强度后可停止补水。基层养护如图 4-26 所示。

图 4-25　固化风积沙底基层修整后的效果

图 4-26　基层养护

3）应用改进

地聚合物固化风积沙在工程中的应用暂无人研究与实施，缺少专门的施工指南与建设规范。施工经验的缺失导致了地聚合物固化风积沙在基层与底基层填筑的过程中接连出现问题，应用过程不顺利。为此，通过总结应用过程中的问题提出合理的解决方法，完善与改进地聚合物固化风积沙的施工工艺，将应用过程中的经验做总结，为后续的研究提供借鉴。具体分析如下：

(1) 关于现场试验的原料购买问题。试验前因缺少对当地固体废料的品种与分布的详细调研,一些材料购买困难,经过与当地施工人员较长时间的协商得以解决,给施工方带来了麻烦并延缓了试验进程。为此,在研究开始前,选择地聚合物的原材料与设计改良土配合比时,应当提前考察施工地区周边可以提供的固体废料种类,综合考虑不同地聚合物的加固效果、环境协调性与使用成本,提出绿色并具有经济效益的改良设计。

(2)关于地聚合物材料的制备问题。使用"两步法"在试验室内制备地聚合物方便、快捷,且制备出的固化剂混合均匀、反应充分,但是高浓度的碱激发剂使其在应用中难以实施。因此"一步法"是地聚合物应用中合适的制备方法。本章的室内试验采用"两步法"制备固化剂,而在应用中采用"一步法",制备方法不统一,使固化土的应用有失严谨。在应用中,为了使"一步法"也能充分混合固化材料,可以通过将多个搅拌杠串联降低混合料的产量与原料运输速率,或者对设备进行改造,来达到延长并控制拌和时间的目的,且拌和设备的料斗与料仓应与原料数目相匹配,料仓宜至少有3组。

(3)关于风积沙的含黏量问题。通过前述研究发现,细粒含量的多少对固化风积沙的强度形成具有关键作用。虽然黏粒含量的升高不能直接提高风积沙的强度,甚至会降低风积沙的抗剪强度。但是黏粒的填充作用使得孔隙减少,颗粒间接触变多,为固化剂提供了更多的可胶结面积。在黏粒的辅助作用下,地聚合物才能发挥其良好的固化效果。因为料场选址问题,不能合理控制风积沙的含黏量,这是导致试验路段固化效果不如预期的重要原因。

(4)关于地聚合物材料的含水率与碾压问题。在道路填筑初期发现,因新疆夏季炎热、日照强烈,风积沙透水性良好,加上施工经验少固化土搅拌与摊铺缓慢等人为原因,固化土失水迅速,水量损失较大。初期路段固化土发生了局部的失水、失效,需要返工重新填筑,且在后期填筑工程中,路面局部的干燥与开裂不可避免。为此,应尽力缩短固化土的运输、摊铺与碾压时间,避免炎热的气温与强烈的日照造成固化土的干燥失效,固化土在碾压后如果干燥开裂明显,需进行洒水与双钢轮压路机复压等修整处理。

(5)地聚合物固化风积沙的强度问题。由前述试验结论可知,地聚合物固化风积沙的早期强度较低,但是其强度会随着龄期增加而持续增长,即使在高龄期下,固化土的增长趋势依旧明显。为此提出,是否可以适当延长地聚合物固化土的养护龄期与强度验收时间,将较高龄期的地聚合物固化风积沙强度作为设计准则,使固化风积沙能发挥其优点。

4.3 沙漠核心区风积沙抗滑路面施工技术

4.3.1 抗滑路面施工设计

针对沙漠地区超高速标准高速公路的抗滑与安全问题,本次路段主要采用抗滑 SBS(苯乙烯系热塑性弹性体)AC-16C、超薄环氧复合表处、超薄磨耗层、SMA-13、抗凝冰改性剂等措施。以下为本次路段各项技术运用的简述。

1)抗滑 SBS AC-16C

在原设计 AC-16C 表面层的基础上,通过调整粗集料的比例进行级配优化,增大表面层构造深度,得到骨架密排型沥青混合料,设计成高抗滑的磨耗层 AC-16C,沥青用量变化不大。工程实施时,原设计表面层5cm AC-16调整为5cm干法SBS 5%抗滑AC-16。现场试验路段示意图如图4-27所示。

2)超薄环氧复合表处

以环氧聚氨酯类改性沥青为主要材料,以先油后料方式施工,形成正纹理的抗滑磨耗层,提升路面摩擦系数,厚度0.5cm。工程实施时,原设计表面层5cm AC-16调整为0.5cm超薄环氧复合表处+4.5cm干法SBS AC-16。其中,4.5cm干法SBS AC-16,采用原90号AC-16配合比,掺加5%的干法SBS,其他不变。路面结构层示意图如图4-28所示。

图4-27　现场试验路段示意图

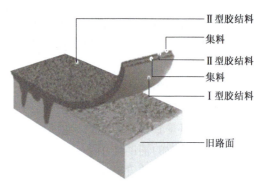

图4-28　路面结构层示意图

3)超薄磨耗层

采用高黏改性沥青生产的开级配磨耗层,对粗集料嵌挤能力要求高,具有粗糙的纹理,优越的抗滑性能,厚度为1.5cm,采用摊铺机摊铺。工程实施时,原设计表面层5cm AC-16调整为1.5cm开级配超薄磨耗层+3.5cm干法SBS AC-16。其中3.5cm干法SBS AC-16,采用原90号AC-16配合比,掺加5%的干法SBS,其他不变。磨耗层施工示意图如图4-29所示。

4)SMA-13

沥青玛碲脂碎石混合料(SMA)是由SBS改性沥青、木质纤维、矿粉及少量细集料组成的。沥青玛碲脂填充间断级配的粗集料骨架间隙,组成一体的沥青混合料,具有优良的抗滑性能和抗车辙性能。工程实施时,原设计表面层5cm AC-16调整为5cm干法SBS SMA-13示意图(图4-30)。

图4-29　磨耗层施工示意图

图4-30　SMA-13示意图

5）抗凝冰改性剂

沥青路面抗凝冰改性剂是指在胶黏剂中直接掺入具有抑制凝冰效果的抗凝冰改性剂，形成具有抑制凝冰效果的路面。S21阿乌高速公路路面涂层原材料主要为抗凝冰剂、改性乳化沥青和有机硅溶液，三者配比为20∶40∶40（质量比），其中改性乳化沥青充当固化剂，在涂布后可有效固定抗凝冰剂（颗粒），有机硅溶液为分散剂，在混合过程中可使抗凝冰剂分布更为均匀。

针对上述各项抗滑路施工技术，本章以超薄磨耗层施工与抗凝冰改性剂为代表进一步详述。

4.3.2 超薄磨耗层施工技术

1）技术背景

超薄磨耗层技术能有效提高路面的抗滑性能，改善路面的平整度，降低路面的噪声，并具有结构排水的特点。可是由于该结构属于加铺层，在长期自然荷载和车辆荷载作用下经常出现掉粒、漏底的病害，最终成片剥落，减少使用寿命。S21阿乌高速公路项目路线设计速度120km/h，项目前期分别按照设计速度140km/h和160km/h设计平、纵、横，为后期轻型超高速标准高速公路的实施预留技术指标，逐步打造新疆乃至全国"第一条具有超级高速体验的旅游高速公路"，实现公路服务品质和收益的提升，建立交通支撑旅游发展、旅游反哺交通发展的模式。根据前期对该项目所处的沙漠地理环境的调研和未来交通载荷的预测，探讨未来（设计速度160km/h）超高速标准高速公路的建设技术，提出采用开级配UT-5超薄磨耗层技术来解决超高速的抗滑需求。该工艺工效高，具有良好的高温抗车辙、抗滑、排水、降噪、耐久等性能，铺装后整体美观、后期维修养护方便。通过总结施工经验、优化施工工艺，形成了整套完整的施工技术。

2）技术简介

（1）技术特点

①采用智能沥青洒布车洒布不粘轮乳化沥青黏层油，与常规施工相比，避免了自卸汽车轮胎及摊铺机履带粘连附着黏层油对环境的污染，同时保证了层间黏结效果。

②针对超薄磨耗层结构降温快、难压实、易脱落的难点，优化混合料配比组成，掺加聚酯纤维和超薄铺装专用添加剂，提高混合料黏聚性。

（2）适用范围

①本施工技术适用于各等级公路及城市道路预养护施工及新建道路表面层施工，尤其适用于在不断交通条件下，分幅快速实施道路预养护施工。

②超薄磨耗层预养护技术适用于出现轻微龟裂、脱皮、露骨、渗水的旧沥青路面路基强度满足要求，路面车辙不大于1.0cm、拥包变形不大的沥青路面和抗滑性能衰减的沥青路面，以及基层完好的超期服役的沥青路面。

（3）工艺原理

针对超薄磨耗层结构降温快、难压实、易脱落的难点，优化混合料配比组成，掺加聚酯纤维和超薄铺装专用添加剂，提高混合料黏聚性；在施工中采用智能沥青洒布车洒布不粘轮乳化沥青黏层油,保证了层间结合效果,改善了层间结合条件,提高了基面平整度,使磨耗层厚度均匀,质量稳定。

3) 工艺流程

UT-5 超薄磨耗层施工工艺流程包括:涂抹乳化沥青黏层油→混合料拌和→混合料运输→混合料摊铺→混合料碾压→工后质量检测。其具体的操作要点如下。

(1) 不粘轮乳化沥青施工

采用智能沥青洒布车洒布不粘轮乳化沥青黏层油,洒布前需对洒布量进行标定,控制不粘轮乳化沥青的洒布量在 $0.4 \sim 0.5 kg/m^2$。喷洒的不粘轮乳化沥青必须成均匀雾状,在路面全宽度内均匀分布成一薄层,不得有洒花漏空或成条状,也不得有堆积。喷洒不足的要补洒,喷洒过量处应予刮除。喷洒黏层油后,严禁运料车外的其他车辆和行人通过。

(2) UT-5 超薄磨耗层沥青混合料拌和

UT-5 超薄磨耗层沥青混合料生产过程需要按照实际摊铺规模计算用料。一般按一锅料 4t 计算,超薄铺装专用添加剂的添加量为 1%(40kg),聚酯纤维的添加量为 0.2%(8kg),考虑到实际投放的需要,二者均在达到拌和温度后通过机投加人工或者自动加入拌和锅(图 4-31)。拌和约 7s 后投放超薄铺装专用添加剂和聚酯纤维,干拌时间为 15s,湿拌时间为 48s,总生产时间不少于 70s。最终拌和完成的 UT-5 沥青混合料外应均匀,无结团、花白料现象。

(3) UT-5 超薄磨耗层混合料运输与摊铺

沥青混合料运输应采用大吨位自卸汽车,并采取相应保温改造。在出厂前,检查出料温度,应控制在 (175 ± 5)℃,达到摊铺位置的温度应该控制在 (170 ± 5)℃。

UT-5 超薄磨耗层沥青混合料的摊铺采用非接触式平衡梁控制高程,摊铺速度均值在 $2.0 \sim 4.0 m/min$,松铺系数为 $1.10 \sim 1.20$,压实后厚度为 1.5cm 左右。现场摊铺控制时应保证摊铺机匀速、缓慢、连续不间断地进行摊铺,摊铺后铺面整体较为均匀(图 4-32)。现场摊铺温度应控制在 160~165℃。

图 4-31 混合料拌和与添加剂投放

图 4-32 现场摊铺与运输

(4) UT-5 超薄磨耗层混合料碾压与质检

UT-5 超薄磨耗层混合料碾压时压路机应采用 10~12t 的双钢轮压路机进行碾压(图 4-33),静压 2~3 遍,不可采用轮胎式和振动式压路机,终压以消除压路机痕迹、平滑路面为度,初压温度应该控制 150~160℃,碾压终了,温度应控制在大于 90℃。压路机应以缓慢而均匀的速度碾压,按"高温、紧跟"的原则进行碾压,碾压过程中主要观察平整度、路拱,发现问题应及时适当调整。现场钢轮碾压如图4-33所示。

图4-33 现场钢轮碾压

待路面冷却至室温后对施工后的路面质量进行检测,主要的检查项目有渗水系数、构造深度、摩擦摆值、压实厚度、压实度、检测密度和质量要求见表4-15,检测现场如图4-34所示。

UT-5超薄磨耗层工后质量检测　　表4-15

项目	检查频度	质量要求或允许差	试验方法
厚度不超过	1次/200m/车道	±3mm	钻孔检查并铺筑时随时插入量取,每日用混合料数量校核
压实度(%)	1次/200m/车道	93~97(理论压实度)	现场取芯
渗水系数不小于	1次/200m/车道	800mL/min	改进型渗水仪
摩擦系数不小于	1处/200m	45BPN	摆式仪
构造深度不小于		0.6mm	铺砂法

图4-34 现场构造深度与摩擦摆值测试

4) 材料与设备

(1) UT-5超薄磨耗层生产配合比设计

UT-5超薄磨耗层生产配合比设计可以参照表4-16确定,其中集料采用高耐磨玄武岩集料,矿粉为石灰石矿岩,沥青采用90号基质沥青。

生产配合比设计级配及油石比　　　　　　　　　　　表4-16

油石比（%）	集料级配,下列筛孔(mm)的通过率(%)							
	筛孔	9.5	4.75	2.36	1.18	0.6	0.3	0.15	0.075
5.5	上限	100	100	57	35	24	15	12	10
	下限	100	87	33	20	13	9	7	5

此外,需要按照设计掺量准备超薄铺装专用添加剂和聚酯纤维。

(2)沥青

沥青的技术要求和试验方法见表4-17。

沥青的技术要求和试验方法　　　　　　　　　　　表4-17

项目		技术要求	试验方法
针入度(25℃)(0.1mm)		60~80	T 0604
延度(10℃)(cm)		≥20	T 0605
软化点(℃)		≥46	T 0606
溶解度(三氯乙烯)(%)		≥99.5	T 0607
闪点(COC)(℃)		≥260	T 0611
相对密度(25℃)		实测	T 0622
旋转薄膜烘箱试验(163℃)	质量变化(%)	≤±0.8	T 0610
	残留针入度比(25℃)(%)	≥61	T 0604
	残留延度(10℃)(cm)	≥6	T 0605

(3)粗集料

为了保证路面的抗滑性能,采用的粗集料要坚韧、粗糙、有棱角,碎石的颗粒形状应接近立方体,严格限制针片状颗粒含量。不宜采用多孔性或内部吸水性强的集料,宜采用玄武岩类硬质、耐磨粗集料,粗集料技术要求和试验方法见表4-18。

粗集料技术要求和试验方法　　　　　　　　　　　表4-18

指标	单位	技术要求	试验方法
石料压碎值	%	≤26	T 0316
洛杉矶磨耗损失	%	≤28	T 0317
表观相对密度	—	≥2.60	T 0304
吸水率	%	≤2.0	T 0304

(4)细集料

细集料应洁净、干燥、无风化、无杂质,并有适当的颗粒级配,生产薄层罩面混合料所用机制砂应由专用制砂机生产制造,采用优质的碱性石料为原料,且不宜采用多孔性或内部吸水性强的细集料。细集料技术要求和试验方法见表4-19。

细集料技术要求和试验方法　　　　　　　　　　　表4-19

指标	单位	技术要求	试验方法
表观相对密度	—	≥2.5	T 0328
砂当量	%	≥60	T 0334

(5)填料

填料采用石灰岩矿粉,矿粉必须采用石灰岩等憎水性石料经磨细得到的矿粉,矿粉应干燥、洁净,能自由地从矿粉仓流出。矿粉技术要求和试验方法见表4-20。

矿粉技术要求和试验方法　　　　　　　　　　　表4-20

指标	单位	技术要求	试验方法
表观密度	t/m³	≥2.5	T 0352
含水率	%	≤1	T 0332
粒度范围 <0.6m	%	100	T 0351
<0.15mm	%	90~100	
<0.075m	%	75~100	
外观	—	无团粒结块	—
亲水系数	—	<1	T 0353
塑性指数	—	<4	T 0354
加热安定性	—	实测记录	T 0355

(6)聚酯纤维

为提高薄层混合料的高温稳定性、低温抗裂性能。混合料中掺加的聚酯纤维主要技术参数见表4-21。

聚酯纤维的主要技术要求　　　　　　　　　　　表4-21

指标	技术要求	指标	技术要求
抗拉强度(MPa)	≥550	熔点(℃)	≥230
断裂伸长率(%)	30±9	直径(μm)	20±4
颜色	白色	密度(g/cm³)	1.36~1.40

(7)超薄磨耗层铺装专用添加剂

超薄磨耗层专用添加剂技术指标见表4-22。

超薄磨耗层专用添加剂技术指标　　　　　　　　　表4-22

特性	单位	技术要求
熔融温度	℃	70~120
单粒颗粒质量	g	≤0.03
密度	g/cm³	0.90~1.00
熔融指数	g/10min	≥2.0
灰分	%	≤2

(8) 设备

现场施工主要设备见表 4-23。

现场施工主要设备 表 4-23

序号	设备名称	型号	数量	备注
1	摊铺机	同步一体机	2 台	单机铺筑宽度 6m
2	双钢轮振动压路机	13~16t	2 台	初压
3	双钢轮振动压路机	13~16t	2 台	终压
4	小型压路机	1.5~2.5t	2 台	碾压边角
5	清扫车	—	1 台	—
6	水车	10~20t	1 台	—
7	装载机	ZL-50	1 台	—
8	工具车	130	2 台	—

5) 质量控制措施

(1) 严格掌握沥青和集料的加热温度、沥青混合料的出厂温度、摊铺温度及碾压温度。

(2) 应严格保证混合料生产过程中的拌和时间。

(3) 沥青混合料的运输应重点检查混合料的装料离析问题以及运输过程中的保温措施，如混合料的上料程序应按车厢前部、尾部、中部的顺序进行装料，运输中应采取用棉布覆盖等保温、防污染措施。

(4) 沥青混合料的摊铺应重点检查摊铺厚度、均匀性、平整度。

(5) 沥青混合料的碾压应重视碾压设备的配置、碾压温度、碾压遍数、碾压速度的控制。

(6) UT-5 超薄磨耗层沥青混合料施工阶段的质量检查标准见表 4-24。

UT-5 超薄磨耗层沥青混合料施工阶段的质量检查标准 表 4-24

项目		检查频度	质量要求或允许差	试验方法
施工温度	环境温度(℃)	每车料 1 次	≥10	温度计测定
	出料温度(℃)		175~185，超过 195 废弃	
	摊铺温度(℃)		≥160	
	初压温度(℃)		≥150	
	碾压终了温度(℃)		≥90	
矿料级配，与生产设计标准级配的差(%)	0.075mm	逐盘在线检测	±2	计算机采集数据计算
	≤2.36mm		±5	
	≥4.75mm		±6	
	0.075mm	每半天 1 次	±2	拌和场取样，用抽取后的矿料筛分
	≤2.36mm		±4	
	≥4.75mm		±5	
沥青用量与设计之差(%)		在线检测	-0.1，+0.2	计算机采集数据计算
		每半天 1 次	-0.1，+0.2	拌和场取样，离心法抽提
空隙率(%)		每半天 1 次	设计空隙率 ±1%	拌和场取样，室内成型试验

续上表

项目	检查频度	质量要求或允许差	试验方法
厚度不超过(mm)	1次/200m/车道	±3mm	钻孔检查并铺筑时随时插入量取,每日用混合料数量校核
压实度(%)	1次/200m/车道	93~97(理论压实度)	现场取芯
渗水系数不小于(mL/min)	1次/200m/车道	800	改进型渗水仪
摩擦系数不小于(BPN)	1处/200m	45	摆式仪
构造深度不小于(mm)		0.6	铺砂法

6)效益分析

UT-5超薄磨耗层施工工法充分利用集料的微观纹理形成薄层抗滑路面,减少了材料的使用。施工工法可以有效地将中面层与磨耗层连接成一个整体,并提供优越的抗滑性功能。同时,施工工法简单、人员机械用量少,在保证质量的前提下减少成本的增加,为企业创造了良好的经济效益。

UT-5超薄磨耗层能够保障高速行驶下车辆的抗滑性能,提高了行车安全性。此外,因采用超薄磨耗层技术,充分利用集料的抗滑性能,减少了材料的浪费,可有效保护自然环境,其社会效益显著。

4.3.3 抗凝冰改性剂的应用

1)基本原理

沥青路面抗凝冰改性是指在胶黏剂中直接掺入具有抑制凝冰效果的抗凝冰改性剂,形成具有抑制凝冰效果的路面。其有效抗凝冰成分主要为氯盐(氯化钠、氯化钙等),主要作用原理是在毛细管压力及车辆碾压作用下,使内部的盐分逐渐析出,从而降低道路表面水的冰点,延迟道路表面积雪结冰。同时,盐类物质可使结冰在较低的温度下融化,以便于清除,当除冰盐与冰形成的溶液冰点低于气温时,冰水即可流走,路面残余液体也不会结冰。

2)试验情况

(1)混合料配制

S21阿乌高速公路路面涂层原材料主要为抗凝冰剂、改性乳化沥青和有机硅溶液,三者配比为20∶40∶40(质量比),其中改性乳化沥青充当固化剂,在涂布后可有效固定抗凝冰剂(颗粒),有机硅溶液为分散剂,在混合过程中可使抗凝冰剂分布得更为均匀。图4-35所示为将原料倒入铁皮桶进行初步混合的现场图,桶中黑色液体为改性乳化沥青和有机硅溶液的混合体,白色粒状固体为抗凝冰剂。

如图4-36所示,将配制好的原料全部装入铁皮桶后,利用

图4-35 现场原料配制图

专用电动搅拌机对混合物进行高分散处理,目的是使抗凝冰剂在改性乳化沥青和有机硅溶液的混合物中分布均匀,从而保障在涂布抗凝冰复合材料时,抗凝冰剂能在路面上分布得更为均匀。

图4-36 现场高分散处理图

（2）混合料施工

本研究完成 S21 阿乌高速公路建设一期工程第 HW-2 合同段试验段的施工。试验段选址吉拉沟大桥,该桥年均气温4.7℃,极端高温40.0℃,极端低温-42.7℃,0℃以上持续期224d,中心桩号为 K158+122.451,桥长107m。

试验段为公路左幅路面+桥面,全长200m,左半幅桥面两端各约50m,具体试验段桩号为 K158+020~K158+220 左幅桥面,右幅桥面作为对比。

现场试验为人工涂敷,使用常规容器(如铁桶)将抗凝冰涂层混合料倾倒在路面上(图4-37),再用毛刷铺展开,力求路面均匀涂布并形成一定厚度的抗凝冰混合料层,即保障一定的抗凝冰剂持有量。

图4-37 现场涂层作业

为了将抗凝冰复合材料均匀地涂抹在公路表面,施工人员首先使用涂层工具在路面上进行一次粉刷,一次粉刷完毕后,需对路面进行检查,针对已涂布路面出现的粉刷厚度不够、粉刷过厚或未成功粉刷的情况,使用小刷子进行二次粉刷。

涂层作业完毕后,抗凝冰复合材料在路面自然风干24h,风干后效果图如图4-38所示。

图4-38 抗凝冰复合材料在路面自然风干后的效果图

3) 检测内容

(1) 摩擦系数测定

首先将测点处路面上的杂物清理干净,稳定水平放置数字化摆式摩擦仪于测点处,让测摆处于自然下垂状态,量尺中心对准测摆中心,水平放置在路面上,转动升降旋钮,使摆下降到合适的位置。松开固定旋钮,手拖住摆向左移动,然后放下升降旋钮,使摆最底部的橡胶片接触地面,再提起举升柄,使摆向右侧移动,然后放下使摆最底部的橡胶片接触地面,左右两次接触点距离即为量尺的长度,最后将固定旋钮拧紧,测摆固定在右侧悬臂上,按下释放开关,使测摆在路面上滑过,当摆回落时,用手接住,并读取数据(图 4-39)。

(2) 渗水系数测定

将测试用铁圈置于路面测点处,用粉笔分别沿铁圈的内侧和外侧画圈,两圆之间为密封区,采用密封材料对密封区进行密封处理。将套环放在测定点上后,稍微用力将套环压在密封材料表面,采用同样的方法将渗水仪放在套环上,对中,施加压力将渗水仪压在套环上,加上配重,以防因密封不严导致水从底座与路面间流出。将放水阀门关闭,向量筒中注水,注满至上标线 0 的位置。打开排气孔和放水阀门,使水充分流入渗水仪底部,待水面下降至 100mL 刻度,开始计时,记录 3min 渗水量,结束试验。路面渗水仪测试现场如图 4-40 所示。

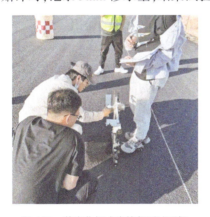

图 4-39 数字化摆式摩擦仪测试现场

图 4-40 路面渗水仪测试现场

(3) 构造深度测定

将测点附近的路面清理干净,用小铲向量筒中缓缓注入试验砂至高出量筒成尖顶状,手提量筒上部,用钢尺轻轻叩打量筒中部 3 次,并用刮尺将筒口刮平,然后将试验砂倒在路面上,用推平板由里向外重复做摊铺运动,稍稍用力将砂向外均匀摊开,使砂填入路表面的空隙,尽可能将砂摊成圆形(图 4-41),并不得在表面留有浮砂,最后用钢尺量取圆的两个垂直方向的直径,取其平均值,计算构造深度。

4) 结果分析

(1) 抗凝冰涂层的抗凝冰性能

从表 4-25 可以看出,未涂抹抗凝冰复合材料的路面,

图 4-41 路面渗水仪测试现场

摩擦系数、构造深度和渗透系数分别为67.1、0.89mm和86mL/min,粉刷抗凝冰复合材料后,其摩擦系数下降至58.2,降低了13.3%,说明抗凝冰复合材料涂层降低了路面的抗滑性能。即便如此,该摩擦系数仍然满足相关标准。构造深度由0.89mm降低到0.78mm,说明部分抗凝冰复合材料填补了路面上的缝隙,导致其比之前更为平滑,这与摩擦系数的降低相一致,而渗透系数则从86mL/min直接降低到30mL/min,这是因为抗凝冰复合材料涂层将一部分路面缝隙进行了封堵,防止液体流入路基内部,可预防路基因冻融导致的损坏。

抗凝冰涂层试验结果　　　　　　表4-25

未涂布			已涂布(24h)		
摩擦系数(BPN)	构造深度(mm)	渗透系数(mL/min)	摩擦系数(BPN)	构造深度(mm)	渗透系数(mL/min)
67.1	0.89	86	58.2	0.78	30

图4-42　抗凝冰效果对比图

(2)路面对比

由图4-42可知,在冬季降雪天气,经过抗凝冰涂层处理的路面未见雪花,而未经抗凝冰处理的路面有明显雪花。这是由于被分散剂包裹的抗凝冰剂在车辆的挤压下,将其释放于路面,起到降低凝固点和抗凝冰的作用。

从图4-43可以看出,在冬季,经过涂布的路面明显有沥青附着在表面,且黏附的沥青呈多孔状,显现出一定的孔径分布,这是分散剂包裹的抗凝冰剂在承受车辆挤压的过程中被逐步释放的缘故。

a)涂布路面　　　　　　b)未涂布路面

图4-43　涂布前后冬季路面对比图

(3)摩擦系数对比

从表4-26中可以看出,夏季与冬季的摩擦系数基本相同。未涂布抗凝冰复合材料的路面夏季摩擦系数为67.1,冬季摩擦系数为66.7,两者相差不大;涂布抗凝冰复合材料的路面夏季摩擦系数为58.2,冬季摩擦系数为55.7,两者几乎一致。当然,不管是冬季还是夏季,涂布抗凝冰复合材料的路面摩擦系数均有较大幅度的降低,下降幅度分别为13.3%和16.5%,冬季降幅更大可能是抗凝冰涂层路面液体相对较多所致。

抗凝冰涂层夏、冬两季摩擦系数对比表　　　　表4-26

夏季			冬季		
未涂布	已涂布	下降率	未涂布	已涂布	下降率
67.1	58.2	13.43%	66.7	55.7	16.47%

5)结论

讨论了准噶尔盆地S21阿乌高速公路段抗凝冰涂层施工与路用性能测试。结果显示,施工结束后,对涂布抗凝冰涂层的路面进行了摩擦系数、构造深度、渗水系数检测,检测值分别为58.2、0.78mm、30mL/min。与未涂布的路面相比,相应的参数都呈现出下降的趋势,其中摩擦系数和构造深度下降幅度较小。虽然抗凝冰复合材料填补路面缝隙降低路面的抗滑性能,但试验值仍然满足设计要求。此外,渗水系数的大幅降低预防了路基因冻融导致的损坏。在冬季,涂布过抗凝冰涂层的路面未见明显积雪,且夏季和冬季涂布过抗凝冰涂层的路面摩擦系数相差不大,说明该材料的稳定性较好。

4.4　沙漠核心区无人摊铺技术的运用

4.4.1　工作原理

鉴于超高速条件下车辆行驶时对路面平整度等质量控制要求更加苛刻,且全线的沙漠超高速里程长达150km,长期恶劣环境作业易导致身体、心理健康疾病,如何引入无人自动化摊铺新技术、快速且高质量地施工迫在眉睫。

徐工道路无人化集群施工系统,主要由车载控制系统、高精度定位系统、姿态感知系统、环境感知系统、施工质量智能传感系统和数据通信系统及后台数据中心组成。由摊铺机系统规划采集整个施工区域,同时按照碾压工艺要求根据算法制定单机路径,通过数据通信系统传递至车载控制系统。车载控制系统协同高精度定位系统、姿态感知系统、环境感知系统、施工质量智能传感系统实现车载路径控制和工作装置的控制,形成完整的机群施工无人化控制。

4.4.2　施工策略

S21阿乌高速公路作为新疆首条沙漠高速公路,本身在建设上就存在诸多难点,第三合同段位于中国第二大沙漠古尔班通古特沙漠的腹地,其建设的难度是各个合同段中最大的。其超高的地表温度、极端的温度变化以及恶劣的沙尘气候给无人化作业施工带来难以想象的困难。为了满足该情况下的无人集群施工,徐工技术团队扎根施工现场,研发了全新的碾压策略。具体策略遵循紧跟、慢压的原则,初压2台双钢轮压路机每次都需要跟紧摊铺机,随着摊铺机的行走碾压出梯形推进的区域,保证对铺设的沥青进行及时的碾压,2台轮胎(每台轮胎跟在对应的双钢轮之后同进同退),双钢轮及胶轮之间存在重叠区域,可以保证前后两个梯队及时消除对方的停车轮迹,极大地提升了施工的平整度。在无人集群施工总控平台上设置有贴边动态调整策略,可以保证施工面的整体施工质量。(图4-44)

现阶段,本项目已投入使用的无人驾驶施工机械机群一共有7台设备,按照作业工艺流程分为1个摊铺梯队和初压、复压、终压3个碾压梯队。作业中,通过采用无人遥控技术,按照2台摊铺机(摊铺)、2台双钢轮压路机(初压,碾压2遍)、2台胶轮压路机(复压,碾压3遍)、1台双钢轮压路机收面(终压,静压1遍)完成摊铺,以精简的单车操纵模式实现多车协同作业来完成路面施工。(图4-45)

图4-44 无人压路机作业

图4-45 无人摊铺与压路协同作业

4.4.3 作业场景

(1)大面积规整摊铺区域(国道、高速)

作业弯度半径不小于500m,施工变宽全过程一次摊铺不超过0.75m。

(2)封闭环境下作业

施工区域不准人员进入,必须有安全员负责现场安全。

(3)长时间不间断作业

施工过程要求摊铺连续,避免长时间等料,等料停机时间要小于5min。如长时间等料,需要人工介入操作暂停或做特殊处理(沥青摊铺策略会自动进入等料模式,如果等料时间过久需要人工干预)。

(4)夜间复杂环境下作业

夜间作业应配有外围安全员,避免无关人员和车辆误入施工区域。

4.4.4 技术优势

(1)施工安全

安全是工地重中之重,无人驾驶采用多套安全措施,提高了现场施工安全性,减少了施工区域人员数量,有效地保证了施工区域安全,避免了人为原因导致的安全事故。

(2)施工质量

无人驾驶通过基于北斗高精度定位技术实现对施工碾压轨迹的精准控制,保证了道路施工的一致性,有效地避免了人为往复操作施工过程中常出现的漏压、过压、欠压、超速等问题,实现了施工过程中的过程控制,有效地保证了施工质量,避免了人为操作水平不一致导致的碾压质量问题和翻工。

S21阿乌高速公路建设一期第三合同段地处沙漠腹地,地表温度高、降温慢,采用的沥青强度等级熔点低,开发根据该工况的策略遵循紧跟、慢压的原则,初压2台双钢轮压路机每次都需要跟紧摊铺机,随着摊铺机的行走碾压出梯形推进的区域,保证对铺设的沥青进行及时的碾压,2台轮胎(每台轮胎跟在对应的双钢轮之后同进同退),双钢轮及胶轮之间存在重叠区域,可以保证前后两个梯队及时消除对方的停车轮迹,极大地提升了施工的平整度。在无人集群施工总控平台上设置有贴边动态调整策略,可以保证施工面的整体施工质量(表4-27~表4-29)。

八轮仪平整度检测结果　　　　　　　　　　　　　　　　　　　　　　　　表4-27

检测项目	桩号(右幅)	标准差检测结果	设计要求	结果判定
平整度	行车道 K210+119~K210+218	0.671	≤1.2	合格
	行车道 K210+218~K210+317	0.846		
	行车道 K210+317~K210+416	0.51		
	行车道 K210+416~K210+515	0.712		
	行车道 K210+515~K210+613	0.761		
	超车道 K210+119~K210+218	0.631		
	超车道 K210+218~K210+317	0.665		
	超车道 K210+317~K210+416	0.741		
	超车道 K210+416~K210+515	0.706		
	超车道 K210+515~K210+613	0.744		

渗水系数检测结果　　　　　　　　　　　　　　　　　　　　　　　　　　表4-28

检测项目	桩号(右幅)	渗水系数检测结果(mL/min)	规范要求(mL/min)	结果判定
渗水系数	K200+590	94	≤300	合格
	K200+450	85		
	K200+300	73		
	K200+190	66		

压实度检测结果　　　　　　　　　　　　　　　　　　　　　　　　　　　表4-29

检测项目	桩号(右幅)	压实度检测结果(%)	设计要求(%)	结果判定
压实度	K200+590	98.0	≥97	合格
	K200+450	97.9		
	K200+300	99.8		
	K200+190	98.9		

(3)施工效率

无人驾驶可实现摊铺速度与碾压速度最优匹配,同时可以实现连续不间断作业,有效地解决了由于沙漠区域人员等问题导致的工期问题,施工效率提高了1/3。

(4)施工效益

无人驾驶通过准确计算、精准控制、人员优化,有效地节省了空调、设备启停油耗、操作人员成本以及操作人员职业健康支出,有效地控制了摊铺精度,避免了人为操作导致的翻工支出和材料浪费支出,据统计按照常规道路每平方米节省0.5~0.9元。

该分析建立在无人化机群系统达到成熟阶段,且实施团队完全具备实施能力的基础上,大致估算成本与回报。表4-30是按照3钢2胶的机组配置粗略估算的成本结果。

成本估算结果(单位:万元) 表4-30

人力成本项	单套年度人力工资	台套	核算人力工资	无人	人工时效	无人时效	成本优势
双钢轮人员工资	10万/年(1人)	3	30	20	8	13	
轮胎压路机人员工资	9万/年(1人)	2	18	9	8	13	
机组年度工资			48	29			33

(5)职业健康

压路机施工是长时间往复高注意力的操作,采用无人驾驶有效避免了操作人员长期在恶劣环境中作业导致的身体、心理健康疾病。

第 5 章

穿越沙漠核心区桥梁工业化建造技术

5.1 装配化钢板组合梁结构应用关键技术

5.1.1 装配化钢板组合梁原型设计

5.1.1.1 钢板组合梁结构体系设计

依托工程部分路段桥装配化钢板梁的设计，标准断面如图5-1所示。主梁横断面采用三主梁钢板组合梁，整幅全宽12m，主梁全高2.4m，其中钢纵梁高2.0m。钢纵梁采用工字形直腹板钢梁，间距4.2m；混凝土桥面板和钢梁采用集束式焊钉连接；跨内小横梁间距为5.8～6.7m，支点位置加密至3.6m。

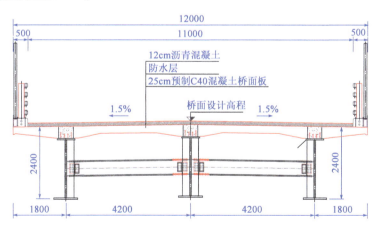

图5-1 装配化钢板梁标准断面（尺寸单位：mm）

1）主纵梁

主纵梁采用工字形断面，梁高2000mm，由上翼缘、下翼缘及腹板焊接组成。上翼缘宽600mm，板厚为20～50mm；下翼缘标准宽800mm，支点加宽至1000mm，板厚为28～50mm；腹板厚由支点处20mm渐变至16mm。主纵梁竖向加劲肋分别设置在有横梁位置、相邻两道横梁中间、支座顶面。竖向加劲肋与主梁腹板同高。主梁之间采用工字形横梁加强横向联系,中支点设置中横梁,端支点设置端横梁。跨间设置小横梁。其中,中横梁和端横梁梁高为1.1m,小横梁梁高为0.5m。主纵梁在现场除上翼缘采用焊接外,其余腹板和下翼缘板均采用高强螺栓连接。钢主梁与横梁之间采用高强螺栓连接。

2) 混凝土桥面板

桥面板采用钢筋混凝土结构,跨中板厚0.25cm,在与钢梁支撑接合处加厚0.39cm,由预制混凝土板、横向湿接缝和剪力钉群预留孔三部分构成。曲线段桥面板通过调整横向湿接缝的宽度实现。桥面板横向分为两块预制,单块预制板宽5.75m,纵桥向长度为2.65m,单块预制板预留有4个50cm×58cm的剪力钉群孔,横向湿接缝宽度为0.338~0.362m,纵向于中纵梁顶面设置一道纵向湿接缝,湿接缝宽0.50cm。在主梁上翼缘板的两侧边缘粘贴断面为10mm(高)×50mm(宽)的天然橡胶止水条,在主梁上翼缘与混凝土桥面板之间的空隙涂抹10~15mm厚的环氧砂浆,然后吊装和安放混凝土桥面板,在混凝土桥面板自重作用下,三元乙丙橡胶止水条被压紧,环氧砂浆与上下接触面充分接触,从而实现了结合面的密封性。湿接缝处的桥面板纵向、横向钢筋采用环形搭接。各块预制混凝土板吊装就位后,将纵横向湿接缝的环形锚固钢筋交错放置,穿入横向抗剪钢筋,形成整体锚固结构,桥面板通过剪力钉群与钢纵梁形成组合体系。

5.1.1.2 主梁构造设计

1) 主梁高度

综合比较中外设计指南对于梁高的取值建议,发现其各有差异,在30~50m的通常中等跨径范围内,其高跨比范围为1/27~1/18。依托工程部分路段装配化桥梁跨径布置为(30+45+30)m,主梁梁高设计中取为2m。

2) 钢主梁间距

对于带有悬臂支承结构的多主梁钢板梁,主梁间距主要由桥面板的支承跨度决定;而对不带悬臂支承结构的多主梁钢板梁,主梁间距则由桥面板总宽度和悬臂部分长度决定,一般的悬臂长度以不超过2m为宜。依托工程部分路段桥梁装配化钢板梁采用三主梁设计,桥面总宽度为1.2m,主梁间距设计为4.2m,悬臂宽度为1.8m。

3) 主梁腹板与翼缘板

(1) 主梁腹板。

在钢板组合梁桥结构中,主梁的腹板首先要满足抗剪的强度设计要求,其次要考虑结构的屈曲稳定性要求。结构屈曲稳定问题一般与腹板的厚度问题相联系。在梁高取值确定的情况下,对于腹板的厚度一般通过腹板高厚比这一参数来体现。以仅考虑竖向加劲肋而不设置纵向加劲肋、钢材选用Q345D的条件为例,中国规范腹板的高厚比限制值约为1/120,而美国及日本规范限值约为1/150。相对来说,我国《钢-混凝土组合桥梁设计规范》(GB 50917—2013)的限值更为严格。

依托工程部分路段桥梁装配化钢板梁,腹板设计厚度分别为16mm和20mm,其中20mm厚的腹板位于中支点位置两边各4.3m范围内。

(2)主梁翼缘。

翼缘板是主梁抗弯受力的关键部件,其主要尺寸规定由应力控制的翼缘面积和屈曲稳定控制的翼缘宽厚比两个部分构成(图5-2、图5-3)。对于钢板组合梁桥,运营阶段混凝土与上翼缘板紧密结合,在混凝土板的限制作用下,翼缘板基本不会出现屈曲现象;但由于混凝土板的作用,钢板组合梁的上翼缘通常较下翼缘薄,且施工阶段非组合梁状态的上翼缘板会受到比较大的压应力,因此上翼缘板施工阶段的屈曲稳定性能仍然值得关注。

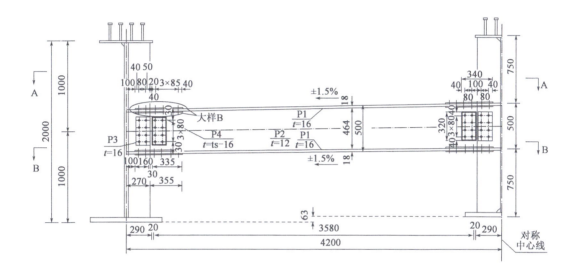

图5-2 非支撑型小横梁横断面(尺寸单位:mm)

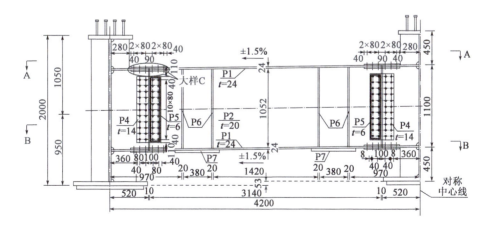

a)支撑型中横梁断面

图 5-3

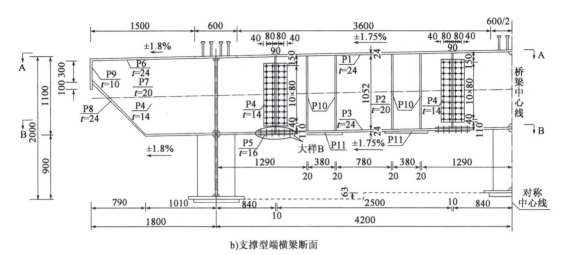

b)支撑型端横梁断面

图 5-3　支撑型主梁立面构造图(尺寸单位:mm)

依托工程部分路段桥梁装配化钢板梁,主梁上翼缘设计宽度为600mm,设计厚度为 20~50mm;下翼缘设计宽度为800~1000mm,设计厚度为28~50mm。

5.1.1.3　加劲肋设计

1)《公路钢结构桥梁设计规范》(JTG D64—2015)

纵向加劲肋宜在腹板两侧成对配置,其一侧外伸宽度不应小于$10t_w$,厚度不应小于$0.75t_w$(t_w为腹板厚度)。

2)《钢-混凝土组合桥梁设计规范》(GB 50917—2013)

腹板竖向加劲肋的间距a不得大于腹板高度h的1.5倍,且不应大于2m;加劲肋的伸出肢宽厚比不得大于15。

依托工程部分路段桥装配化钢板梁,设计中仅采用竖向加劲肋,并在支撑位置处采用短加劲肋加强。

5.1.1.4　预制桥面板设计

1)桥面板构造设计

依托工程部分路段桥装配化钢板梁采用钢筋混凝土桥面板,跨中板厚0.25cm,在与钢梁支撑接合处加厚到0.39cm,由预制混凝土板、横向湿接缝和剪力钉群预留孔三部分构成。桥面板横向分为两块预制,单块预制板宽5.75m,纵桥向长度为2.65m,单块预制板预留有4个50cm×58cm的剪力钉群孔。

2)桥面板配筋设计

依托工程部分路段桥装配化钢板梁桥,钢筋混凝土桥面板顺桥向设计主筋直径20mm,横桥向设计主筋直径为16mm和20mm,预制标准板钢筋配筋量在390kg/m^3左右,预制联端板钢筋配筋量在408kg/m^3左右。

5.1.1.5　板板连接构造设计

不搭接环形钢筋湿接缝是一种构造简单、施工高效的板板连接形式。相邻预制板块端部的环形钢筋在接缝处交错排列,具有一定的重叠长度,但是互相不搭接。因此,不搭接环形钢筋湿接缝(图5-4)在施工中能省去钢筋调整和连接工作,使施工更简单高效。

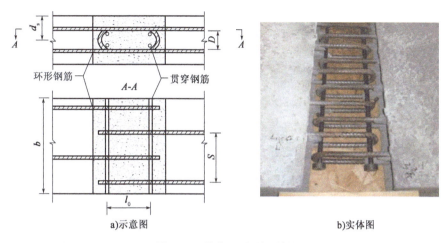

图 5-4 不搭接环形钢筋湿接缝

对于不搭接环形钢筋湿接缝的静力性能、疲劳性能以及传力机理,国内外相关学者已经取得了不少研究成果。2009 年,美国田纳西州大学的 LEWIS S 对 2 个不搭接环形钢筋湿接缝进行弯曲和拉伸静载试验。结果表明,不搭接环形钢筋湿接缝表现出良好的承载力和延性。2011 年,东南大学的操礼林对 9 个不搭接环形钢筋湿接缝进行弯曲、剪切和拉伸静载试验。结果表明,不搭接环形钢筋湿接缝连接可靠,具有良好的承载能力、延性和整体工作性能。2006 年,韩国国立首尔大学的 RYU H K 对具有不搭接环形钢筋湿接缝的试件与连续配筋试件进行弯曲静力和弯曲疲劳试验。结果表明,只要是环形钢筋具有的锚固长度,两者的静力和疲劳性能无明显差异。2012 年,美国田纳西州大学的 ZHU P 对 4 个不搭接环形钢筋湿接缝进行拉伸疲劳试验。结果表明,经过两百万次的疲劳循环荷载后,接缝的抗拉承载力无明显变化。

依托工程部分路段桥装配化钢板梁桥预制桥面板间的连接采用不搭接环形钢筋湿接缝形式(图5-5)。

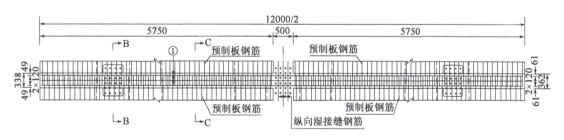

图 5-5 预制板不搭接环形钢筋湿接缝(尺寸单位:mm)

5.1.1.6 预制桥面板与钢梁连接构造设计

焊钉连接件设计形式如下:钢板梁翼缘板焊接剪力钉,预制桥面板沿横向整体预制,在与纵梁连接处预留连接凹孔;凹孔处最后浇筑低收缩混凝土连接桥面板和主梁;横缝处依然采用钢筋连接,浇筑混凝土。这种预制板的长度通常由吊装质量控制。

依托工程部分路段桥装配化钢板梁桥采用圆柱头剪力钉作为钢混连接件。剪力钉直径为22mm,高度分别为150mm和200mm。边主梁采用集群式剪力钉布置,中主梁剪力钉沿顺桥向均布设置。

5.1.1.7 耐久性设计

根据设计文件,依托工程部分路段桥装配化钢板梁桥所处地质地下水以及土的腐蚀性,并结合《公路工程混凝土结构耐久性设计规范》(JTG/T 3310—2019),混凝土结构环境类别按Ⅵ类设计,环境作用等级取为Ⅵ-D。结合《公路桥梁钢结构防腐涂装技术条件》(JT/T 722—2008),钢结构防腐涂装设计时,大气腐蚀种类按C4考虑。

1)混凝土结构耐久性

(1)为保证混凝土具有良好的抗侵入性、体积稳定性和抗裂性,尽量采用水化热偏低的水泥,控制水泥细度及C3S含量,以避免早期强度较高和较大的水化热导致的早期开裂,任何提高早强的措施都不利于后期强度和耐久性,建议不掺加早强剂。宜采用低碱含量的水泥,以克服碱集料反应,不采用超量掺有火山灰或粉煤灰的硅酸盐水泥。应选择洁净、质地坚固、级配和粒径形状良好的集料,以保证达到较小的吸水率和空隙率。

(2)在施工前,试配混凝土原材料及配合比,进行混凝土和胶凝抗裂性能对比试验,从中优选抗裂性能良好的混凝土原材料和配比。施工中要对混凝土浇筑温度、施工缝的划分、混凝土浇筑高度进行控制,浇筑中混凝土要搅拌均匀,振捣要到位、密实。采取合理的养护措施并确保充分的养护时间,尤其是结构表层混凝土要注意养护过程中的温度和湿度控制,避免混凝土表面温度的骤然变化。混凝土浇筑以避开高温和阳光直晒环境,混凝土的拆模时间除考虑混凝土强度外,还应该考虑拆模时水化热引起的混凝土温度不能过高,避免拆模后混凝土接触空气后温度急剧变化,此时严禁浇凉水养护。

(3)设计中预制混凝土桥面板钢筋保护层厚度按35mm控制。

2)钢结构防腐涂装

钢结构涂层体系采用长效型,保护年限为25年。钢板表面涂装前应喷砂除锈,露出金属本色,表面粗糙度为$R_{a2.5}$。涂层配套体系参照《公路桥梁钢结构防腐涂装技术条件》(JT/T 722—2008)C4环境类别。钢结构主梁和钢结构护栏面漆颜色建议采用与混凝土颜色相近的《中国建筑色卡》1272号色,最终颜色由业主确定后方可实施。钢梁表面涂装一览表见表5-1。

钢梁表面涂装一览表　　表5-1

部位/配套编号	腐蚀环境	涂层	涂料品种	道数/最低干膜厚度(μm)
外表面(不与现浇混凝土接触面)/S05	C4	底涂层	环氧富锌底漆	60
		中间涂层	环氧(云铁)漆	(1~2)/140
		面涂层(第一道)	丙烯酸脂肪族聚氨酯	40
		面涂层(第二道)	丙烯酸脂肪族聚氨酯	40
		总干膜厚度		280
与现浇混凝土接触面(含与环氧砂浆接触面及剪力钉)/S16	C4	二次处理	Sa2.5	
		底漆	环氧富锌底漆	1/80
		总干膜厚度		80

续上表

部位/配套编号	腐蚀环境	涂层	涂料品种	道数/最低干膜厚度(μm)
高强螺栓	C4	高强度螺栓的涂装与其连接处构造外表面相同，在施工完成后统一涂装		
高强螺栓栓接面	C4	喷砂 Sa2.5		$R_z = 25 \sim 50 \mu m$
		醇溶性无机硅酸锌车间底漆		20/1
		二次除锈		Sa3 $R_z = 60 \sim 100 \mu m$

5.1.2 装配化钢板组合梁经济适用性分析

5.1.2.1 钢板组合梁经济适用性分析

钢板组合梁桥的适用跨径为 20～80m，适用于简支梁和连续梁，其上部结构主要由钢主梁、桥面板和联结系三部分构成。组合梁桥统计见图5-6。

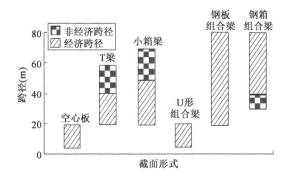

图 5-6　钢板组合梁桥统计

根据《公路桥梁通用图》和文献中钢板组合梁图集，可以得到钢板组合梁的混凝土用量为 T 梁桥和小箱梁桥的 1/3～1/2，钢材用量约为 T 梁桥和小箱梁桥的 1.5 倍，如图5-7所示。

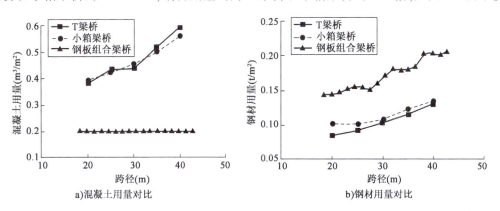

a) 混凝土用量对比　　　b) 钢材用量对比

图 5-7　钢板组合梁与 T 梁、小箱梁材料用量对比

钢板组合梁的腹板和底板的用钢量比 T 梁和小箱梁的腹板与底板的钢筋用量多一些，但是钢板组合梁的腹板和底板节省了大量的混凝土；钢板组合梁的桥面板与 T 梁、小箱梁的顶板的钢和混凝土用量基本持平，如图5-8所示。

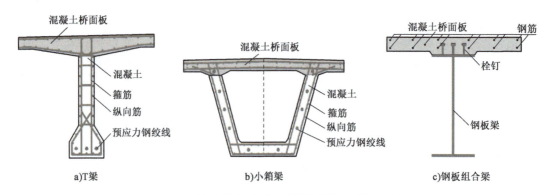

图 5-8 T梁、小箱梁和钢板组合梁的材料用量截面示意图

上述分析表明,仅考虑钢材和混凝土等主要材料用量,组合梁相比空心板梁、T梁和小箱梁具有较强的竞争力。

5.1.2.2 钢板组合梁技术适用性分析

1) 施工便利性

混凝土空心板、T梁和小箱梁的施工从立模绑扎钢筋到混凝土浇筑,从张拉预应力到孔道压浆,直到铰缝凿毛,工序较多,且每个工序都需要大量人工的投入,时间也较长,而钢板组合梁的钢主梁可全部在工厂制作完成,桥面板也可以在工厂预制,或者工厂直接在钢主梁上现浇,即工厂制作时完成大部分的连接和拼接工作,包括钢主梁之间的拼接、桥面板之间的拼接、钢主梁和桥面板的连接、钢主梁和联结系的连接。现场则进行整体吊装,只进行少量的拼连工作。

对 20m 跨径钢板组合梁而言,仅吊装钢主梁时,其吊装质量不超过 10t,约为 T梁的 25%、小箱梁的 15%;采用桥面板和钢主梁连接后吊装的施工方法,其单元吊装质量约为混凝土 T梁的 75%、小箱梁的 50%。随着跨径增大,吊装优势愈发明显(图 5-9)。由此可知,钢板组合梁具有很好的可施工性。当桥梁受现场条件限制,装配工作难以实现时,可以采用桥梁在预制场拼装、现场整孔吊装架设的方法,混凝土桥受运输及吊装能力限制,实现难度大,而组合梁则不受此影响。

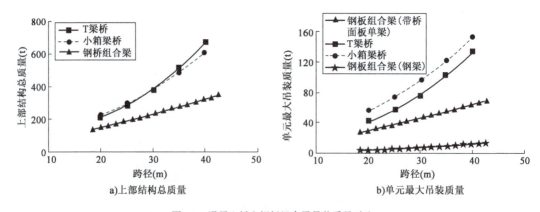

图 5-9 混凝土桥和钢板组合梁吊装质量对比

2) 构件更换快速性

表 5-2 列举了 6 座国外钢板组合梁桥的快速更换信息。由表 5-2 可以看出,当仅对桥梁部

分构件进行更换时,在几天内就可快速施工完毕。近年来,中国也有混凝土T梁进行更换的实例,如2012年9月,曲胜高速公路K54+425响水河大桥及K54+606拱桥上部T梁的更换,然而相对较多的流程致使其用时分别为80d和85d,相对于钢板组合梁的更换而言,其速度慢,对交通的影响较大。

桥梁更换案例　　　　　　　　　　　　　　　　　　　表5-2

案例桥名和位置	桥型	更换原因	更换部位	时间(h)
I-93州际公路桥,波士顿	单跨简支钢板组合梁	桥面板开裂,钢梁腐蚀、部分钢梁屈曲	钢主梁和桥面板	55
I-190州际公路桥,南达科他州布法罗	三跨简支钢板组合梁	桥面板开裂,钢梁腐蚀	钢主梁和桥面板	72
SC 703,本·索耶大桥引桥	四跨简支钢板组合梁(采用大横梁)	开裂、旧桥改造	整体上部结构	240
西方苗圃路大桥,巴尔的摩-华盛顿大道	单跨简支钢板组合梁(10主梁)	梁底开裂、桥面板老化	整体上部结构	336
桶溪6号公路桥,美国	三跨连续钢板组合梁	提高等级并拓宽桥面、改善交通状况	由混凝土结构更换为钢板组合梁	384
15/29号公路桥,美国	三跨连续钢板组合梁	主梁受损、拓宽桥面	上部结构	504

3) 质量可控性

钢板组合梁均在工厂进行加工制作,由于工作环境好(室内工作,不受环境影响),且可随意翻转部件的位置,因此所有的工作均能在水平面上进行,质量可控。更重要的是,工厂可采用机械自动化焊接,保证获得更连续的焊接质量,非常适用于钢板梁加工时进行的长焊缝焊接。

但对混凝土空心板、T梁和小箱梁而言,其混凝土浇筑质量受影响因素较多,如配合比、坍落度、拌和物黏聚性、昼夜环境温差、养护条件及模板平整度等,质量可控性差。而且其浇筑工艺比较复杂,如T梁采用后张法施工,波纹管以下混凝土不便采用插入式振捣棒振捣;马蹄部位与腹板连接处具有斜面,振捣时气泡不易排出;锚固区与端头底部混凝土由于波纹管阻碍,且布筋率高,浇筑时易出现浆体富集、漏浆、振捣不实等状况。

混凝土桥与组合梁桥相比,不仅初期制作时质量难以控制,而且其后期施工和运营过程中易开裂,问题较多。而钢板组合梁的工业化程度高,现场作业量和高空作业量少,施工便利性好,构件更换速度快,质量可控。

4) 耐久性好及维护成本低

混凝土空心板、T梁和小箱梁病害较多,且其中一个共性就是均存在混凝土开裂问题,而开裂会加速钢筋的锈蚀,导致桥梁耐久性降低。U形组合梁和钢板组合梁采用钢混组合截面的结构形式(混凝土全截面受压,裂缝较少),其耐久性问题主要是钢材防腐,相对于混凝土空心板、T梁和小箱梁的开裂,显然组合梁钢材防护处理更加容易,质量更容易控制,特别是如果使用耐候钢,防腐可控性更高。

5.1.3　高地震烈度区装配化钢板组合梁桥精细化建模方法

钢板组合梁通过抗剪连接件把钢筋混凝土板与钢梁连成整体而共同工作,充分发挥钢主梁(抗拉)和预制混凝土板(抗压)两种不同材料的优点,以达到充分使用材料特性的目的。本项目主要采用通用有限元软件SAP2000进行桥梁的抗震有限元建模、结构动力特性分析和地震响应分析。

1)剪力钉

剪力钉作为预制桥面板与钢梁的主要连接构件,其性能决定了二者的组合效应,因此,对于剪力钉的模拟将影响到整个桥梁结构的力学性能。在SAP2000中采用Plastic-Wen单元模拟剪力钉,并同时考虑纵向、横向和轴向三个方向的刚度耦合,可以充分研究剪力钉的抗震性能和力学行为。单根剪力钉的轴向刚度取值为钉的轴向抗拉刚度,横向与纵向剪力钉的滑移采用OEHLERS提出的二折线本构曲线,如图5-10所示。对于剪力钉的模拟,在进行动力特性及反应谱分析时采用线性Link单元模拟,纵横向刚度取值为OEHLERS法本构曲线中弹性阶段的斜率;在进行非线性时程分析时,采用Plastic-Wen单元模拟,剪切刚度采用OEHLERS法中的二折线本构。

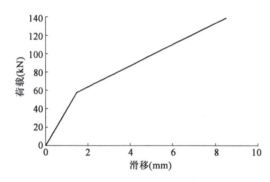

图5-10 基于OEHLERS法单根剪力钉荷载-滑移曲线图

由于剪力钉密布于钢主梁,对所有剪力钉进行模拟不仅增加建模工作量,而且降低计算效率,故建模时将剪力钉进行合并,同时考虑合并后因群钉效应引起的刚度折减问题。刚度折减系数根据周绪红等考虑剪力钉纵向排数因素进行折减。合并后剪力钉刚度见表5-3。

合并后剪力钉刚度　　　　　　　　　　　　　　　　表5-3

规格	考虑纵向间距折减 C_i	考虑栓钉层数折减 n_p	剪力钉合并根数	剪切刚度折减系数 ϕ	剪力钉折减后刚度 $K_e(kN/m)$
4×5	5.45	5	20	0.876	693792
4×6	5.45	6	24	0.865	822096
4×8	5.45	8	32	0.790	1001088
5×6	5.45	6	30	0.865	1027620

2)支座

本项目的钢板组合梁桥采用了HDR和LNR两种高阻尼减隔震橡胶支座,其中,HDR橡胶支座设置于中墩,LNR橡胶支座设置于桥台,全桥不设置固定支座。在进行结构动力特性分析和线弹性反应谱分析时,采用Link单元模拟钢板组合梁桥的高阻尼隔震橡胶支座;在进行非线性时程分析时采用Plastic-Wen单元模拟高阻尼隔震橡胶支座。

3)墩柱和桩基础

桥墩是重要的地震易损性构件,其延性、耗能能力等对桥梁的抗震性能至关重要,大部分桥梁震害也发生在桥墩处。因此，本项目采用框架单元模拟桥墩，同时正确模拟墩柱的质量和刚度分布。

对于新疆钢板组合梁，桥台桩基础采用6m×6m的集中土弹簧模型进行模拟，而对于桥墩的桩基础，采用弹性梁单元+分层土弹簧进行模拟，每根单桩上每隔2m施加一个土弹簧，弹簧刚度根据土体力学性质、入土深度、桩径等参数确定。

综上所述，依托项目采用以上方法建立了钢板组合梁桥的精细化抗震有限元模型采用连接单元模拟剪力连接件，分别使用壳单元与框架单元模拟混凝土桥面板以及钢主梁，并考虑钢主梁与混凝土板之间的滑移。

5.1.4 钢板组合梁桥地震响应规律及其抗震性能

5.1.4.1 桥梁抗震设计概况

针对新疆地区及桥址工程场地的地质条件、地震环境等条件，并根据《中国地震动参数区划图》(GB 18306—2015)判断本工程区域地震动峰值加速度为0.15g，相应地震基本烈度为Ⅶ度，工程区域所在的地震动反应谱特征周期为0.40s，Ⅱ类场地。

根据《公路桥梁抗震设计规范》(JTG/T 2231-01—2020)，本桥属于B类桥梁，按照两水准进行抗震设防，具体抗震设防目标见表5-4。

抗震设防目标表　　　　表5-4

抗震设防类别	E1地震作用(重现期约100年)		E2地震作用(重现期约2000年)	
	震后使用要求	损伤状态	震后使用要求	损伤状态
B类桥梁	可正常使用	结构总体反应在弹性范围，基本无损伤	经临时加固后可供维持应急交通使用	不致倒塌或产生严重结构损伤

本桥为7度区(0.15g)，抗震措施按照提高一度(8度区)设防，E1抗震重要性系数C_i=0.5，E2抗震重要性系数C_i=1.7。

根据《公路桥梁抗震设计规范》(JTG/T 2231-01—2020)，钢板组合梁桥抗震性能研究的主要内容如下：

(1)采用SAP2000 v14.1.1建立新疆钢板组合梁桥的合理空间动力计算模型。

(2)进行新疆钢板组合梁桥的结构动力特性分析，研究其振型、周期、频率等结构动力特性参数。

(3)采用线性反应谱法进行桥梁结构的地震反应分析，在不考虑竖向地震作用的情况下，研究主桥结构在E1和E2地震作用下的地震响应。

(4)采用非线性时程分析法进行桥梁结构的地震反应分析，在不考虑竖向地震作用的情况下，研究主桥结构在E1和E2地震作用及近场地震作用下的地震响应。

(5)对主桥结构在E1和E2地震作用及近场地震作用下的抗震性能进行验算，对于截面抗弯和抗剪能力验算，对支座的抗剪和变形能力进行复核，对剪力钉的变形能力进行复核，并对主桥结构的最终抗震性能进行安全性评价。

5.1.4.2 地震动输入

1)设计反应谱

根据《公路桥梁抗震设计规范》(JTG/T 2231-01—2020)规定，本桥属于B类桥梁，对应E1

和 E2 地震水准的设计地震动重现期大约分别为 100 年和 2000 年。所以抗震重要性系数 C_i 在 E1 作用下取 0.5，在 E2 作用下取 1.7；根据《中国地震动参数区划图》(GB 18306—2015)，该桥址处峰值加速度为 $0.15g$，反应谱特征周期为 0.4s；对于钢板组合梁桥阻尼比取 0.05。

根据以上参数和表达式，可以得到钢板组合梁桥的两个水准设计水平加速度反应谱如图 5-11 所示。

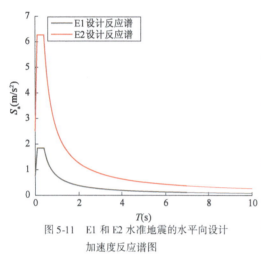

图 5-11 E1 和 E2 水准地震的水平向设计加速度反应谱图

2）人工加速度时程波

根据《公路桥梁抗震设计规范》(JTG/T 2231-01—2020)，在进行时程分析时，地震动输入分别采用 100 年 63% 超越概率（重现期约 100 年）和 100 年 5% 超越概率（重现期约 2000 年）的场地水平加速度时程，地震的激励方向采用纵向和横向两种方式。

采用人工生成时程波的方式，分别对应 E1 和 E2 两个水准地震的水平向设计反应谱，各生成 7 条地震波，图 5-12 和图 5-13 为水平向地震加速度时程曲线，并经过基线漂移等修正。图 5-14 和图 5-15 为人工加速度时程反应谱与设计反应谱的对比。

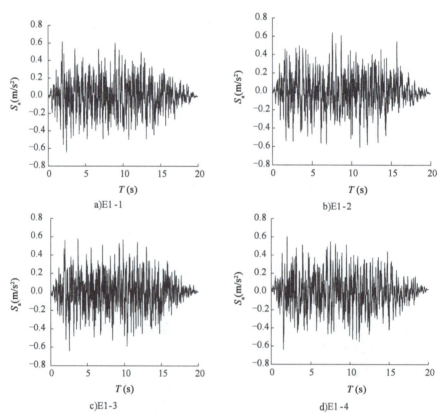

图 5-12

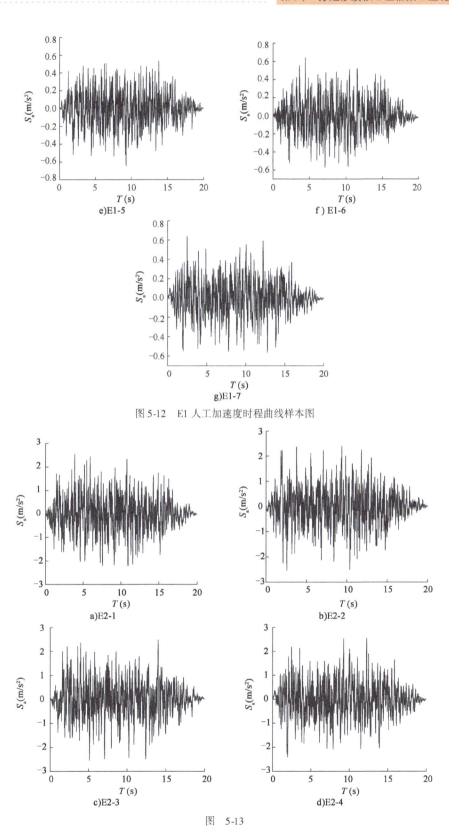

图 5-12　E1 人工加速度时程曲线样本图

图　5-13

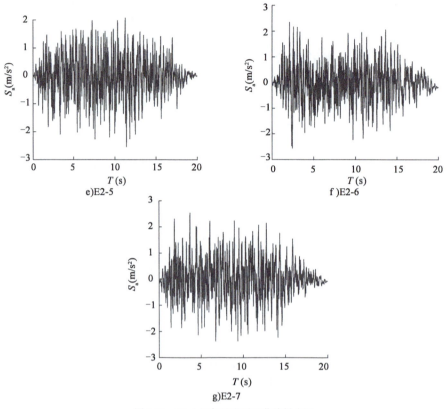

图 5-13 E2 人工加速度时程曲线样本图

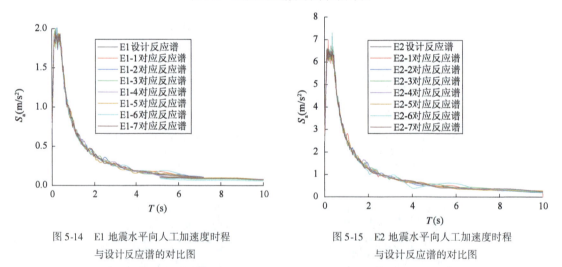

图 5-14 E1 地震水平向人工加速度时程　　　图 5-15 E2 地震水平向人工加速度时程
　　　　与设计反应谱的对比图　　　　　　　　　　　与设计反应谱的对比图

3）时程波与设计反应谱的对比

根据上述人工波分别生成相应的反应谱,然后分别与设计反应谱进行对比,可以看到,两者吻合良好。具体如图 5-14、图 5-15 所示。

4）地震动输入方式

地震动输入是进行桥梁地震反应分析的依据,地震动的输入方式直接关系到地震反应的分析结果。在地震反应分析中,钢板组合梁桥的地震动输入沿着纵桥向 X 和横桥向 Y 分别输入。

为了考察钢板组合梁在新疆高烈度地区的抗震性能,将地震动峰值加速度调整为 $0.2g$、$0.3g$、$0.4g$,分别对应八度区和九度区。采用人工生成时程波的方式,分别对应 E1 和 E2 两个水准地震的水平向设计反应谱,各生成 7 条人工地震波,并经过基线漂移等修正。

5.1.4.3 非线性动力时程分析

1) 动力时程分析法

采用动力时程分析法,可以对桥梁结构进行线性或非线性地震反应分析。地震振动方程是二阶常系数(线性)或变系数(非线性)的微分方程,右端项输入的地震加速度时程是不规则的,难以用确定的函数式表达的一组以 Δt 为时间间隔的数字记录。解这种方程的最有效方法是数值逐步积分法。逐步积分法把反应的时程划分为很多短的时段,建立每个时段的增量平衡方程,然后对每一个时段按照线性体系来计算其反应。这个线性体系的特性是时段开始时刻的特性,时段结束时的特性根据变形及应力状态修正。这样,非线性分析就近似为一系列变化的线性体系分析。

此外,一条地震动时程只是地震这一随机事件的一个样本。因此,从理论上说,采用时程法进行地震反应分析时,需要输入多条地震动时程进行分析,然后取最大值或平均值。

根据《公路桥梁抗震设计规范》(JTG/T 2231-01—2020),对于未做地震安全性评价的桥址,可根据规范设计加速度反应谱,合成与其兼容的设计加速度时程;也可选用与设定地震震级、距离大体相近的实际地震动加速度记录,通过时域方法调整,使其反应谱与本规范设计加速度反应谱兼容。为考虑地震动的随机性,设计加速度时程不得少于三组,且应保证任意两组间的相关系数 ρ 的绝对值小于 0.1。

在针对钢板组合梁桥进行非线性时程地震反应分析时,采用 100 年 63% 和 100 年 5% 两种超越概率的各 7 条人工加速度时程波(共 14 条地震波),地震输入方式为:①纵向输入;②横向输入。分析方法采用非线性时程分析方法,并取 7 条波的平均值作为最终输出结果。

2) 实际工程场地地震动强度

(1) E1 地震。

在实际工程场地 E1 地震作用的 7 条地震波激励下,采用非线性动力时程分析法,考虑桥梁结构的几何非线性与二阶效应,采用直接积分法得到了各支座的变形与剪力响应,其结果分别见表 5-5、表 5-6 [注:表格中的结果均为由地震作用所引起的计算值,未与永久作用进行组合(下同)]。

实际工程场地 E1 地震作用下支座的剪切变形与剪力响应表(纵向输入) 表 5-5

支座位置	编号	支座型号	X 方向(纵桥向)	
			剪力(kN)	支座行程(mm)
0 号	1	LNR(H)-D	50.69	21.11
	2	LNR(H)-D	50.69	21.11
	3	LNR(H)-D	50.69	21.11

续上表

支座位置	编号	支座型号	X方向(纵桥向)	
			剪力(kN)	支座行程(mm)
1号	4	HDR(Ⅱ)-D	99.74	12.28
	5	HDR(Ⅱ)-D	99.98	12.28
	6	HDR(Ⅱ)-D	100.16	12.28
2号	7	HDR(Ⅱ)-D	99.74	12.28
	8	HDR(Ⅱ)-D	99.98	12.28
	9	HDR(Ⅱ)-D	100.16	12.28
3号	10	LNR(H)-D	50.69	21.11
	11	LNR(H)-D	50.69	21.11
	12	LNR(H)-D	50.69	21.11

实际工程场地E1地震作用下支座的剪切变形与剪力响应表(横向输入) 表5-6

支座位置	编号	支座型号	Y方向(横桥向)	
			剪力(kN)	支座行程(mm)
0号	1	LNR(H)-D	45.06	18.77
	2	LNR(H)-D	45.06	18.77
	3	LNR(H)-D	45.06	18.77
1号	4	HDR(Ⅱ)-D	132.66	16.58
	5	HDR(Ⅱ)-D	134.24	16.81
	6	HDR(Ⅱ)-D	132.66	16.58
2号	7	HDR(Ⅱ)-D	133.02	16.64
	8	HDR(Ⅱ)-D	134.54	16.86
	9	HDR(Ⅱ)-D	133.03	16.64
3号	10	LNR(H)-D	45.06	18.77
	11	LNR(H)-D	45.06	18.77
	12	LNR(H)-D	45.06	18.77

(2)E2地震。

在实际工程场地E2地震作用的7条地震波激励下,采用非线性时程分析法,考虑桥梁结构的几何非线性与二阶效应,采用直接积分法得到了各支座的变形与剪力响应,其结果分别见表5-7和表5-8。

实际工程场地E2地震作用下支座的剪切变形与剪力响应表(纵向输入) 表5-7

支座位置	编号	支座型号	X方向(纵桥向)	
			剪力(kN)	支座行程(mm)
0号	1	LNR(H)-D	86.00	59.09
	2	LNR(H)-D	86.00	59.10
	3	LNR(H)-D	86.00	59.09

续上表

支座位置	编号	支座型号	X方向(纵桥向)	
			剪力(kN)	支座行程(mm)
1号	4	HDR(Ⅱ)-D	214.07	44.24
	5	HDR(Ⅱ)-D	213.96	44.19
	6	HDR(Ⅱ)-D	214.07	44.24
2号	7	HDR(Ⅱ)-D	214.08	44.24
	8	HDR(Ⅱ)-D	213.97	44.19
	9	HDR(Ⅱ)-D	214.08	44.24
3号	10	LNR(H)-D	86.00	59.16
	11	LNR(H)-D	86.00	59.16
	12	LNR(H)-D	86.00	59.16

实际工程场地 E2 地震作用下支座的剪切变形与剪力响应表(横向输入) 表5-8

支座位置	编号	支座型号	Y方向(横桥向)	
			剪力(kN)	支座行程(mm)
0号	1	LNR(H)-D	86.00	43.56
	2	LNR(H)-D	86.00	43.56
	3	LNR(H)-D	86.00	43.56
1号	4	HDR(Ⅱ)-D	230.12	40.72
	5	HDR(Ⅱ)-D	231.11	41.07
	6	HDR(Ⅱ)-D	230.13	40.72
2号	7	HDR(Ⅱ)-D	230.12	40.72
	8	HDR(Ⅱ)-D	231.00	41.07
	9	HDR(Ⅱ)-D	230.12	40.72
3号	10	LNR(H)-D	86.00	43.64

5.1.5 减隔震体系

5.1.5.1 概述

目前,对于连续梁桥,一般需要设置固定支座,而本桥采用高阻尼隔震橡胶支座,不设置固定墩。为了对比有无固定墩对于结构地震响应的影响,现将1号墩的3个支座全部换为固定支座,并采用新疆钢板组合梁桥实际工程场地 E1 和 E2 地震作用,对比两种桥梁支座布置体系下,墩柱和桩基础内力、支座剪力和变形、剪力钉滑移等地震响应的变化规律。

5.1.5.2 设置固定墩的地震响应分析

1)E1 地震作用响应结果

在实际桥址 E1 地震的 7 条地震波激励下,采用非线性时程分析法,考虑桥梁结构的几何非线性与二阶效应,采用直接积分法得到了各支座的变形与剪力响应,其结果分别见表5-9和表5-10。

支座的剪切变形与剪力响应表(纵向输入)　　　表5-9

支座位置	编号	支座型号	X方向(纵桥向)	
			剪力(kN)	支座行程(mm)
1号	4	固定支座	236.16	0
	5	固定支座	138.81	0
	6	固定支座	236.16	0

支座的剪切变形与剪力响应表(横向输入)　　　表5-10

支座位置	编号	支座型号	Y方向(横桥向)	
			剪力(kN)	支座行程(mm)
1号	4	固定支座	256.53	0
	5	固定支座	294.28	0
	6	固定支座	256.52	0

2)E2地震作用响应结果

在实际桥址E2地震的7条地震波激励下,利用非线性时程分析法,考虑桥梁结构的几何非线性与二阶效应,采用直接积分法得到了各构件关键截面的地震响应,支座的变形与剪力响应,各桩基地震响应,其结果分别见表5-11、表5-12。

支座的剪切变形与剪力响应表(纵向输入)　　　表5-11

支座位置	编号	支座型号	X方向(纵桥向)	
			剪力(kN)	支座行程(mm)
0号	1	LNR(H)-D	86	63.58
	2	LNR(H)-D	86	63.59
	3	LNR(H)-D	86	63.58
1号	4	HDR(Ⅱ)-D	797	0
	5	HDR(Ⅱ)-D	464	0
	6	HDR(Ⅱ)-D	797	0
2号	7	HDR(Ⅱ)-D	220	46.83
	8	HDR(Ⅱ)-D	220	46.78
	9	HDR(Ⅱ)-D	220	46.83
3号	10	LNR(H)-D	86	65.33
	11	LNR(H)-D	86	65.33
	12	LNR(H)-D	86	65.33

支座的剪切变形与剪力响应表（横向输入） 表5-12

支座位置	编号	支座型号	Y方向（横桥向）	
			剪力（kN）	支座行程（mm）
0号	1	LNR(H)-D	86	66.21
	2	LNR(H)-D	86	66.23
	3	LNR(H)-D	86	66.21
1号	4	HDR(Ⅱ)-D	292	0
	5	HDR(Ⅱ)-D	312	0
	6	HDR(Ⅱ)-D	292	0
2号	7	HDR(Ⅱ)-D	211	43.45
	8	HDR(Ⅱ)-D	212	43.81
	9	HDR(Ⅱ)-D	212	43.50

5.1.5.3 设置固定墩与否对于地震响应规律的影响

在设置固定墩后，在纵桥向，地震响应主要由固定墩承担，一方面会显著增加固定支座需要承担的剪力，从而导致必须采用大吨位支座，一旦固定支座被破坏，就会产生较大的水平位移，需要采取更好的限位措施；另一方面由于固定支座承担剪力更大，上部结构传递到下部结构中的地震力也会更大，可能会显著增加下部结构的截面尺寸和配筋率，从而增加工程造价，特别是对于装配式下部结构，由于存在大量装配式节点连接构造，会受到施工工艺、施工质量等的影响，其力学性能与现浇整体节点连接构造可能仍会有一定差异，因此，应尽量减小上部结构传到下部结构的地震力和地震位移。而且，在横桥向，固定墩承担的地震响应也会因为设置固定墩而相应增加，但这种影响比纵桥向要小得多。

当采用本桥的支座布置方法，全桥不设置固定墩，均采用高阻尼隔震橡胶支座后，地震力将根据支座和桥墩的组合刚度进行分配，桥墩受力较为均匀，而且传递到下部结构的力基本为橡胶支座的屈服力，能够明显改善装配式下部结构的抗震性能，非常适用于新疆高烈度地区的装配化钢板组合梁桥。但是，随着地震动强度的增加，特别是近场区域，高阻尼隔震橡胶支座可能会发生较大的滑动位移，因此，必须要设置可靠的限位装置，防止钢板组合梁因为支座位移过大而发生落梁等震害。

综上所述，在高烈度地区，对于这种中小跨径钢板组合梁桥，从安全性和经济性综合考虑，选择正确的支座布置形式，采用合理的减隔震支座类型，设置可靠的限位措施，是比较理想的减隔震体系。

5.2 桥梁装配式下部结构应用关键技术

5.2.1 装配式下部结构原型设计

5.2.1.1 总体设计

结合依托工程部分路段桥装配式下部结构的设计，立面图如图5-16和图5-17所示。桥梁上部结构采用装配式钢板组合梁，下部结构采用桩柱一体式桥墩，其中盖梁和墩柱为预制结构,基础为钻孔灌注桩基础。盖梁与桥墩采用多重抗剪型灌浆金属波纹管连接,桥墩和桩基采用桩墩一体壳式连接。预制盖梁尺寸设计高1.6m,长10.03m,宽1.6m。预制墩为实心墩柱结构,设计直径为1.4m,设计高度分别为4.8m和6.5m。盖梁和墩柱均采用C40混凝土,多重抗剪型灌浆金属波纹管里灌注高强无收缩水泥灌浆料,桩墩一体壳式连接杯口部分采用超高强混凝土材料(UHPC),相关材料性能指标见表5-13、表5-14。

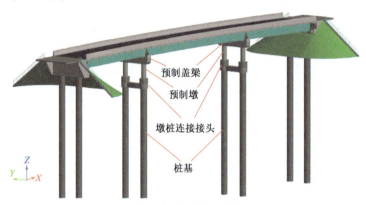

图5-16 桥三维立面图

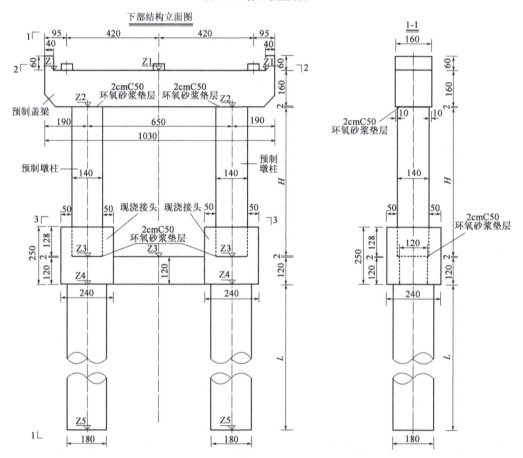

图5-17 桥装配式下部结构立面图(尺寸单位:cm)

高强无收缩水泥灌浆料技术指标   表5-13

检测项目		性能指标
流动度	初始	≥300mm
	30min	≥260mm
抗压强度	1d	≥35MPa
	3d	≥60MPa
	28d	≥100MPa
竖向自由膨胀率	24h与3h差值	0.02%~0.50%
氯离子含量		≤0.03%
泌水率		0.00%

超高性能混凝土性能要求   表5-14

性能项目	性能要求	试验方法标准
抗压强度标准值(MPa)	≥120	GB/T 31387
弹性极限抗拉强度(MPa)	≥7	附录A
极限抗拉强度(MPa)	≥7.7	附录A
极限拉应变(με)	≥1500	附录A
弹性模量(GPa)	40~50	GB/T 50081
扩展度(mm)	600	GB/T 50080

5.2.1.2 预制盖梁设计

依托工程部分路段桥预制盖梁尺寸设计高1.6m,长10.03m,宽1.6m,采用C40混凝土,挡块设计为60cm,长度为1.6m,厚度为40cm,采用C40混凝土与盖梁一起在工厂预制。盖梁底面对应墩柱连接部位设置凸榫,凸榫高17cm,直径为46cm。盖梁在桥墩主筋对应部位以及凸榫中心共预埋28根直径为6cm的镀锌波纹管,预制盖梁重约75t。(图5-18、图5-19)

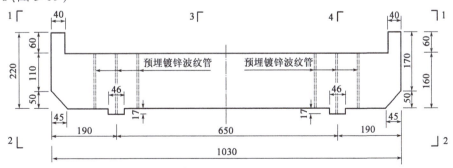

图5-18 桥盖梁立面图(尺寸单位:cm)

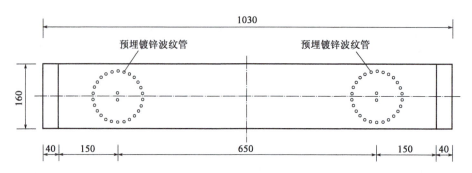

图 5-19　桥盖梁平面图(尺寸单位:cm)

5.2.1.3　预制桥墩设计

采用预制墩构造时,一方面需要增加墩柱的强度,另一方面需要减轻墩柱的质量,以提高装配和施工便捷化。本研究中基于工程实际,预制墩采用实心墩柱结构,设计直径为1.4m,墩柱高度为6.5(4.5)m,墩柱上部设置抗剪定位凹槽,墩柱顶部外漏主筋通过盖梁内预埋金属波纹管与预制盖梁进行连接,墩身采用C40混凝土在工厂预制而成,重约26t(18t)。墩身底部做成剪力槽,并进行拉毛,利于与墩桩连接接头的后浇超高性能混凝土进行充分结合。(图5-20、图5-21)

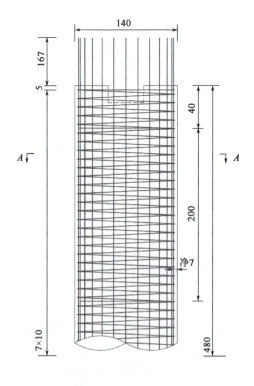

图 5-20　桥墩柱顶部构造图(尺寸单位:cm)

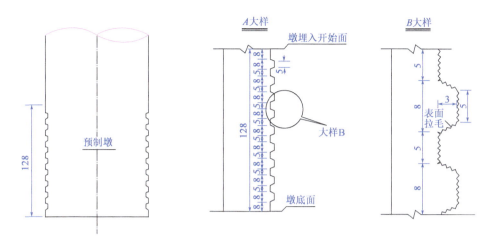

图 5-21　桥墩柱底部构造图

5.2.1.4　盖梁与桥墩连接设计

依托工程部分路段桥采用多重抗剪型灌浆金属波纹管连接方式,即盖梁在桥墩主筋对应部位以及凸隼中心共预埋 28 根直径为 6cm 的金属波纹管,预制墩外伸钢筋对接插入,并在金属波纹管中灌注高强无收缩水泥灌浆料实现连接,预埋金属波纹管的盖梁形式如图 5-22 所示。设计连接构造中连接部位通过连接截面周围的一圈高强灌浆料芯柱和盖梁剪力隼实现可靠且优越的抗剪和抗压受力性能,同时保证结构有着更加可靠的整体性能和耐久性能。

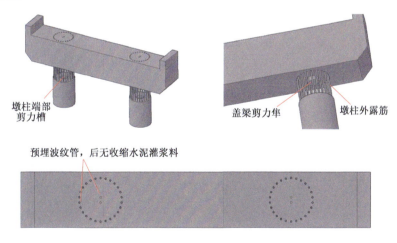

图 5-22　桥盖梁与墩柱连接构造示意图

5.2.1.5　桩-墩一体壳式连接接头设计

依托工程部分路段桥采用桩墩一体壳式连接构造,预制墩身底部沿桩身周围环向刻槽,且底表面拉毛。墩柱一体壳式连接接头包含杯口和杯座,桩基顶部预先浇筑杯座,杯口骨架钢筋预埋于杯座中,杯口骨架钢筋与桩基外伸钢筋绑扎形成整体。施工中,预制墩架落于杯口骨架钢筋中,通过杯座顶部设置的定位挡块实现预制墩的平面定位,架设完成后浇筑超高性能混凝土形成杯口式连接。桩-墩一体壳式连接接头高 2.5m,杯口壁厚 50cm,预制墩插入杯口深度为 1.3m。设计中杯座采用 C40 混凝土,杯口采用超高性能混凝土。

桩墩一体壳式连接通过桩基主筋外伸和设置环向箍筋,提供预制墩足够的侧向约束,保证桩基础被设计为壳式保护元件,确保塑性铰在预制墩身内形成,连接接头强度大、延性高、抗震性能好。(图 5-23、图 5-24)

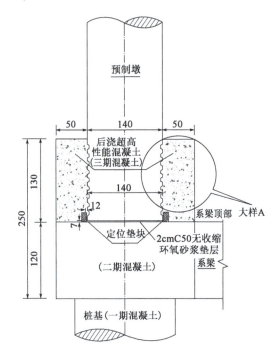

图 5-23　桥墩柱与桩基连接构造示意图(尺寸单位:cm)

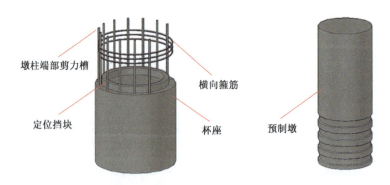

图 5-24　桥墩柱与桩基连接构造示意图

5.2.2　装配式下部结构连接节点承载性能

5.2.2.1　盖梁与墩柱的连接构造力学性能

针对盖梁与墩柱多重抗剪型灌浆金属波纹管连接,多个国家的规范以及多位学者对于波纹管-混凝土-钢筋这种黏结锚固形式的研究中对钢筋的锚固长度均小于 $30d$,而在依托项目中,桥墩的纵筋深入杯座长达145cm,而桥墩纵筋直径为3.2cm,其锚固长度约为45d。因此完全满足规范要求,可以当作等同现浇。

针对依托项目桥墩墩顶连接采用灌浆波纹管的情况,建立了墩顶考虑钢筋-灌浆波纹管连接的精细化有限元模型。其中,在桥墩和盖梁的连接部分,每个钢筋均采用弹塑性弹簧模拟,该弹簧的轴向屈服力等于伸入杯座的钢筋的屈服力。对该桥墩模型进行推倒(Pushover试验)和往复推拉(拟静力试验)模拟,并将其计算结果与整体现浇桥墩进行对比,计算结果如图5-25所示。

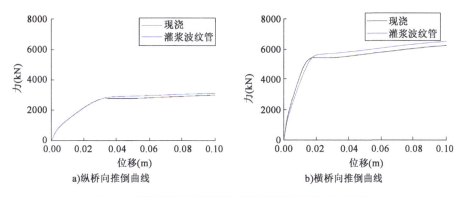

a)纵桥向推倒曲线 b)横桥向推倒曲线

图5-25 墩顶现浇和墩顶灌浆波纹管桥墩推倒曲线对比分析图

图5-25a)和图5-25b)给出了现浇桥墩和灌浆波纹管桥墩在纵、横桥向的推倒曲线。分析图可知,两种桥墩的初始刚度、屈后刚度、屈服力基本相同。在纵桥向位移达到0.034m、横桥向位移达到0.018m时,现浇桥墩的推倒曲线会有小幅下降。这是因为现浇桥墩模型的墩顶和盖梁是固结的,其刚度比灌浆波纹管桥墩模型大,这在推倒过程中会导致墩底和墩顶混凝土的压应变过大,混凝土抗压强度下降。由于在模拟墩顶灌浆波纹管连接钢筋时考虑了钢筋的屈服力和弹性模量,所以灌浆波纹管桥墩比现浇桥墩的刚度略小,这在图5-25b)中可以看出,在桥墩接近屈服时,灌浆波纹管桥墩推倒曲线的切线刚度小于现浇桥墩推倒曲线的切线刚度。这在图5-25a)中看不见,这是因为桥墩纵桥向推倒时墩顶弯矩较小,墩顶始终保持弹性,墩顶连接钢筋没有进入非线性。

图5-26a)和图5-26b)给出了两种桥墩在纵桥向和横桥向的滞回曲线,可知,两种桥墩的滞回曲线基本相同。

图5-27给出了灌浆波纹管桥墩在纵桥向和横桥向推倒时盖梁与墩顶连接位置处两者之间的间隙变化。需要指出的是,根据有限元模拟的手段,这里的间隙其实是伸入杯座的锚固钢筋在锚固长度上受拉应变的积分。在纵桥向推倒时,桥墩类似于悬臂桥墩,墩顶所受弯矩较小,所以墩顶受拉间隙很小,以受压为主。在横桥向推倒时,桥墩类似于框架结构,墩顶和墩底一样承受较大弯矩,所以墩顶会有较大的受拉间隙。在墩底位移0.1m时,墩顶最大间隙为0.5mm。当墩顶位移卸荷后,墩顶间隙完全闭合,说明盖梁与桥墩整体性较好。

综上所述,在依托项目盖梁与桥墩连接位置,桥墩中纵筋深入杯座长达145cm,而桥墩纵筋直径为32mm,其锚固长度约为45d。因此,参考各国相关规范以及研究成果,以及本项目的精细化有限元分析可知,无论从静力学性能还是从抗震性能考虑,本项目的盖梁与桥墩连接构造均可以等同于现浇。

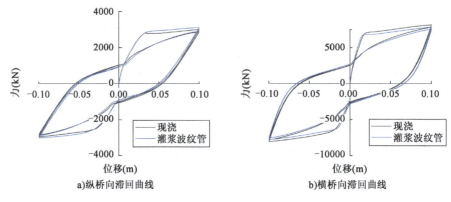

图 5-26 墩顶现浇和墩顶灌浆波纹管桥墩滞回曲线对比分析图

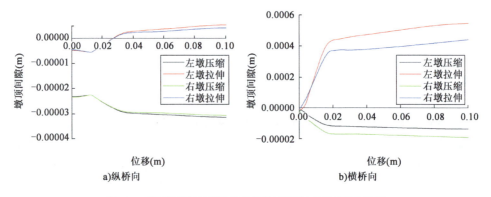

图 5-27 墩顶灌浆波纹管连接处盖梁与墩顶之间的间隙变化图

5.2.2.2 桩-墩一体化连接接头力学性能

对桩-墩一体化连接接头进行计算分析,分析基本思路如下:分别建立桩墩现浇和后浇杯口式有限元模型,得到上部结构荷载下的应力和变形特征,互相比对,得出桩墩一体壳式连接和桩墩现浇连接力学性能的差异。

有限元模型中预制墩横截面直径为 1.4m,桩基横截面直径为 1.8m,竖向根据圣维南原理,墩桩连接接头总高度为 3.1m。墩桩纵筋均取 32mm 直径钢筋,环向布置,其中箍筋均取 12mm 直径钢筋。有限元模型中桩墩现浇连接采用共节点方式模拟,桩墩一体壳式连接采用面面接触单元 Targe170 和 Conta173 模拟,强制协调方法为增广 Lagrange 法。模型中,混凝土采用 Solid65 单元,纵向受力钢筋、横向箍筋均采用 Link8 单元模拟。荷载采用由上部结构自重、车辆荷载、车辆制动以及温度作用按荷载基本组合传递至桩墩连接接头处的力进行施加。

经有限元计算,得出水平变形计算结果,如图 5-28 所示,桩墩现浇连接模型在荷载作用下最大位移为 3.42mm,桩墩一体壳式连接模型最大位移为 4.21mm。主应力计算结果如图 5-29、图 5-30 所示。可见,桩墩现浇连接模型、桩墩一体壳式连接模型在荷载作用下,主拉应力和主压应力云图趋同,其中桩墩现浇连接模型在荷载作用下最大主压应力为 26.24MPa,桩墩一体壳式连接模型最大主压应力为 24.49MPa。

a)桩墩现浇连接　　　　　　　　b)桩墩一体壳式连接

图 5-28　水平变形(单位:mm)

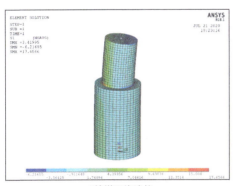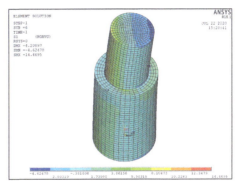

a)桩墩现浇连接　　　　　　　　b)桩墩一体壳式连接

图 5-29　第一主应力(单位:MPa)

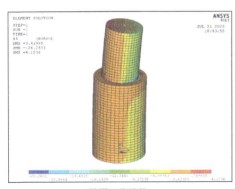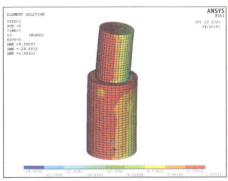

a)桩墩现浇连接　　　　　　　　b)桩墩一体壳式连接

图 5-30　第三主应力(单位:MPa)

经有限元计算,得出钢筋单元应力云图,如图 5-31 所示。桩墩一体壳式连接模型钢筋网应力云图变化趋势趋同于桩墩现浇连接模型。墩柱现浇模型钢筋网在荷载作用下最大拉应力为 56.93MPa,最大压应力为 86.60MPa,墩柱装配模型钢筋网最大拉应力为 50.37MPa,最大压应力为 87.75MPa,两者受力比较接近。

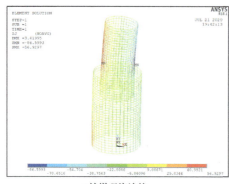
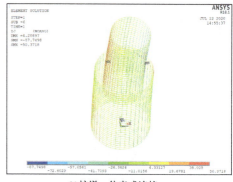

a)桩墩现浇连接　　　　　　　　　　b)桩墩一体壳式连接

图 5-31　连接钢筋应力(单位:MPa)

经有限元计算,得出接触面接触压应力和接触状态,如图 5-32 所示,可见桩墩一体壳式连接的传力特点:接触面侧面,尤其在弯矩作用侧,接触区域和接触应力值较大;另一侧相对较小,在接触面底部,也是在弯矩一侧压应力值最大。

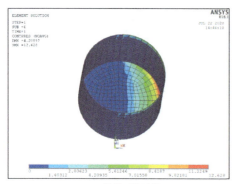
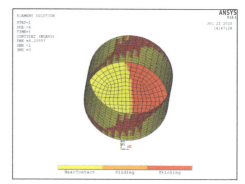

a)桩墩现浇连接　　　　　　　　　　b)桩墩一体壳式连接

图 5-32　解除压应力(单位:MPa)

提取桩墩现浇连接模型和桩墩一体壳式连接模型第一主应力 YZ 和 XZ 剖视图,如图 5-33 和图 5-34 所示。

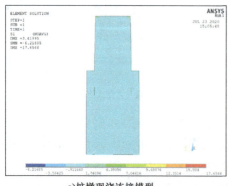
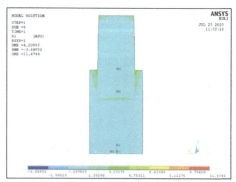

a)桩墩现浇连接模型　　　　　　　　　b)桩墩一体壳式连接模型

图 5-33　第一主应力 YZ 剖视图(单位:MPa)

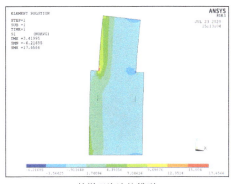
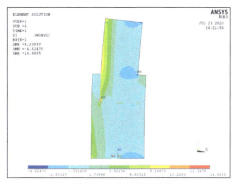

a) 桩墩现浇连接模型　　　　　　　　b) 桩墩一体壳式连接模型

图 5-34　第一主应力 XZ 剖视图（单位：MPa）

由计算结果可知，桩墩现浇连接模型 YZ 接缝处主拉应力普遍偏小，几近于零，拉应力数值为 -0.03~0.5MPa；桩墩一体壳式连接模型 YZ 接缝处主拉应力普遍偏小，墩主拉应力大部分区域为 -0.19~0.31MPa，桩主拉应力大部分区域为 1.0~2.06MPa，数值较小。两模型 XZ 剖视图上主拉应力变化趋势趋同，在受拉侧，应力趋势有所区别；在受压侧，应力趋势完全一致。选取不利侧受拉侧进行分析，桩墩现浇连接模型接缝处主拉应力普遍偏小，但在接缝顶，由于截面突变，局部区域应力集中；桩墩一体壳式连接模型接缝处主拉应力普遍偏小，其在接缝底由于墩撬力导致局部区域应力集中；选取不利侧受拉侧进行分析，桩墩现浇连接模型接缝处主拉应力普遍偏小，大部分区域主拉应力为 2.44~5.48MPa，变化趋势从接缝底到接缝顶呈增大趋势；桩墩一体壳式连接模型接缝处主拉应力普遍偏小，墩与桩应力变化趋势均是接缝底应力集中，有个突增而后迅速下降并缓慢增大，墩大部分区域主拉应力数值为 5.66~8.32MPa，桩主拉应力数值为 -1.02~-0.23MPa。

提取桩墩现浇连接模型和桩墩一体壳式连接模型第三主应力 YZ 和 XZ 剖视图，如图 5-35 和图 5-36 所示。

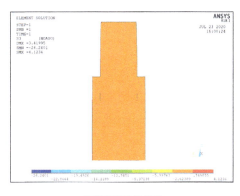
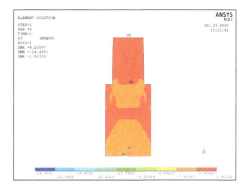

a) 桩墩现浇连接模型　　　　　　　　b) 桩墩一体壳式连接模型

图 5-35　第三主应力 YZ 剖视图（单位：MPa）

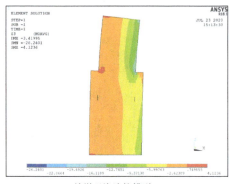
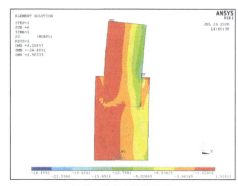

a) 桩墩现浇连接模型　　　　　　　　　b) 桩墩一体壳式连接模型

图 5-36　第三主应力 XZ 剖视图(单位:MPa)

由计算结果可知,桩墩现浇连接模型 YZ 接缝处主压应力普遍偏小,压应力数值为 -2.23～-1.05MPa;桩墩一体壳式连接模型 YZ 接缝处主压应力普遍偏小,压应力数值为 -3.16～-0.24MPa,数值偏小,两模型接近。两模型剖 XZ 视图上主压应力变化趋势趋同,受拉侧有所区别,受压侧应力趋势趋同,应力数值趋近,墩桩装配模型趋同现浇受力模式;选取不利侧受压侧进行分析,墩桩现浇模型接缝处主压应力普遍偏小,但在接缝顶由于截面突变,局部区域应力集中;墩桩装配模型接缝处主压应力普遍偏小,在接缝顶由于截面突变,局部区域应力集中;选取不利侧受压侧进行分析,墩桩现浇模型接缝处主压应力普遍偏小,大部分区域主压应力为 -8.86～-4.52MPa,变化趋势从接缝底到接缝顶呈平缓变化,并在接缝顶应力集中迅速达到最大值;墩桩装配模型接缝处主压应力普遍偏小,墩大部分区域主压应力为 -12.38～-4.30MPa,桩主压应力为 -12.21～-0.10MPa。墩桩应力变化趋势趋同,墩桩现浇模型从接缝底到接缝顶呈平缓变化的趋势并在接缝顶应力集中,迅速达到最大值。

由以上分析可知,桩墩一体壳式连接模型接触面上最大压应力为 12.63MPa,设计中采用在杯座顶部接触面上设置钢筋网,保证其局部承压以及降低预制墩翘力引起的应力集中影响,提高接头整体性。设计中预制墩下部做成剪力槽且表面拉毛,桩墩一体壳式连接模型应力变化趋势趋同,桩墩现浇连接模型,且两种接头受力模式趋同。

5.2.3　装配式下部结构承载性能

5.2.3.1　模型建立

在桥墩的拟静力分析中,需要合理地选择桥墩的有限元模型(图 5-37)。本项目研究采用基于柔度法的弹塑性纤维梁单元来模拟钢筋混凝土桥墩,所有建模及有限元分析均基于 OpenSees(Open System for Earthquake Engineering Simulation)平台进行。在纤维截面中,普通钢筋采用 Giuffre-Menegotto-Pinto 钢筋模型模拟。在对框架墩进行建模时,墩身、杯座、系梁由于可能进入非线性,所以采用非线性梁单元模拟。盖梁由于要支撑上部结构,需要始终保持弹性,所以采用弹性梁单元模拟。系梁端部和杯座的连接、桥墩顶部和盖梁的连接均采用主从约束模拟。桥梁基础设置为墩底固结。在拟静力分析前,需要在盖梁支座处施加 3 个竖直向下的集中力模拟梁体所受的重力,并保证墩底由结构重力导致的轴压力与实际桥墩相同。在拟静力分析中,忽略墩顶集中力的二阶效应(P-delta 效应)。

5.2.3.2 框架墩纵、横桥向推倒分析

框架墩的横桥向抗推刚度和屈服力约为纵桥向的 2 倍。纵桥向极限位移约为横桥向极限位移的 1.5 倍。这主要是因为框架墩在进行纵桥向推倒时,其效果近似于两个单柱墩,其侧向抗推刚度要明显小于横桥向的框架结构。纵桥向推倒时框架墩的轴力基本不发生变化,而横桥向推倒时,由于盖梁弯矩的作用,一侧桥墩压力增大,一侧桥墩压力减小。横桥向墩身剪力约为纵桥向的 2 倍。框架墩在纵桥向推倒时,仅墩底弯矩增加并逐渐进入屈服,而在进行横桥向推倒时,其墩顶和墩底弯矩同时增加,并且均会进入屈服。在纵桥向推倒时仅墩底纵筋的最大拉、压应变逐渐增加,而墩顶纵筋的最大拉、压应变基本不发生变化。在横桥向推倒时,墩底和墩顶的纵筋最大拉、压应变都逐渐增加(图 5-38)。横桥向滞回曲线面积约为纵桥向的 2 倍,滞回曲线形式较为近似(图 5-39)。

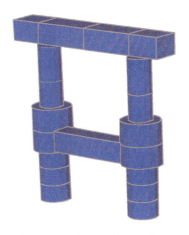

图 5-37 框架墩精细化有限元模型

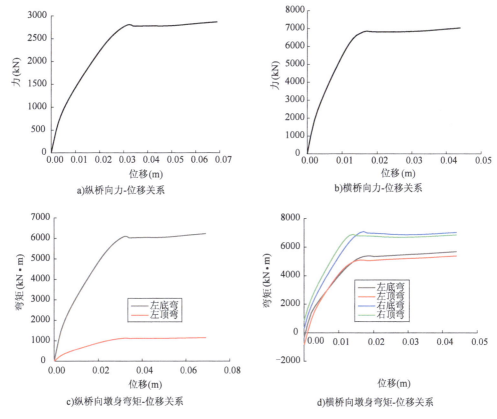

图 5-38 桥墩纵、横桥向推倒分析结果

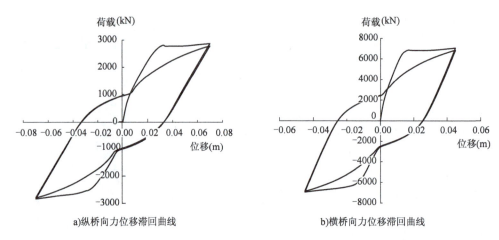

图 5-39　桥墩纵、横桥力位移向滞回曲线

5.2.3.3　关键参数对桥墩承载能力和失效模式影响

1) 墩高

随着桥墩高度的增加,纵桥向和横桥向的抗推刚度均会下降,屈服位移和极限位移逐渐增大,变形能力增强,但侧向承载能力会下降。

2) 桥墩纵向配筋率

随着纵向配筋率的增加,纵桥向和横桥向的屈服力、屈服弯矩、屈服位移、极限位移和极限承载力等均逐渐增加,能够有效提高框架墩的侧向承载能力和变形能力。

3) 杯口尺寸

以本项目实际采用的杯口尺寸为标准值,随着杯口尺寸的增加,桥墩在纵桥向和横桥向的承载能力、变形能力以及破坏模式等均未发生显著改善。因此,从结构尺寸、构造等方面综合考虑,本项目实际采用的杯口尺寸已接近于最优值。

4) 轴压比

随着轴压比的增加,桥墩的屈服位移和极限位移变化较小,但屈服力、屈服弯矩、极限承载力等有所提高。

5) 体积配箍率

随着体积配箍率的增加,纵桥向的屈服位移变化较小,极限位移逐渐增加;横桥向的屈服位移和极限位移则几乎不变;对两个方向上的屈服力、屈服弯矩、破坏形式等影响其微,但能略微提高极限承载力。因此,增加体积配箍率主要能够提高框架墩的变形能力和延性能力。

5.2.4　高地震烈度区装配式下部结构的抗震性能

能量的概念最早由豪斯纳在 20 世纪 50 年代提出,在此基础上,Thomaides 和 Berg 将结构的弹性变形能和动能合称为结构的能容,把结构的滞回耗能和阻尼耗能合称为结构的能耗。在结构未发生倒塌破坏的情况下,地震输入能量等于结构的弹性变形能、动能、滞回耗能和阻尼耗能之和。如果地震输入能量能以弹性变形能和动能的形式储存在结构中,即结构的能容大于地震输入能量,则结构不会发生损伤。如果地震输入能量能通过滞回耗能和阻尼耗能及时消散,即结构的能耗大于地震输入能量,那么即使结构存在损伤也不会发生倒塌。因此结构的耗能能力对于结构抗震具有重要意义。

研究结构的耗能能力是评价结构抗震性能的重要方法。目前已有专家学者提出了一系列评价桥墩耗能能力的指标,本节采用等效黏滞阻尼比来评价桥墩的耗能能力。等效黏滞阻尼比定义为单周滞回循环耗散的能量与弹性变形能的比值(图5-40),其计算公式如下:

$$\xi_{eq,h} = \frac{A_h}{4\pi A_e} \tag{5-1}$$

式中:A_h——单周滞回循环耗散的能量;

A_e——弹性变形能。

1)墩高

随着墩高的增加,杯口顶面以上和墩顶位置处的塑性区域长度均会增大;当墩柱出现塑性区域时,杯口和杯座内的钢筋仍处于弹性状态。在相同的目标位移下,墩高越大,桥墩的等效阻尼比越低。这是因为此时高墩仍处于弹性范围,其通过材料塑性变形耗散的能量很少。而相对较矮的桥墩已经进入塑性,其通过材料塑性变形耗散的能量较多。

在纵桥向,塑性区域仅出现在杯口顶面以上,且随着墩高的增加,墩底塑性区域长度增大;杯口顶面以上塑性区域内的桥墩纵筋均已屈服,但杯口和杯座内的钢筋仍处于弹性状态。在横桥向,塑性区域同时出现于杯口顶面以上和墩顶,随着墩高增加,两个塑性区域长度均不断增大,且轴压力减小,墩的塑性区域长度大于轴压力,增加墩的塑性区域长度,当塑性区域内的桥墩纵筋均已屈服时,杯口和杯座内的钢筋仍处于弹性状态。

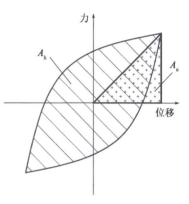

图5-40 等效黏滞阻尼比计算简图

在相同的目标位移下,墩高越大,桥墩的等效阻尼比越低。这是因为此时高墩仍处于弹性范围,其通过材料塑性变形耗散的能量很少。而相对较矮的桥墩已经进入塑性,其通过材料塑性变形耗散的能量较多。

2)纵筋配筋率

桥墩纵筋配筋率对塑性区域长度影响甚微。随着纵筋配筋率的增加,桥墩侧向承载力和滞回耗能能力均增强,不仅使墩柱下部出现塑性区域,甚至会使杯座底部钢筋发生屈服。

在纵桥向,塑性区域仅出现在杯口顶面以上;在横桥向,塑性区域同时出现于杯口顶面以上和墩顶。在两个方向上,桥墩的纵筋配筋率对于塑性区域的长度均影响甚微;随着桥墩纵筋配筋率的增加,桥墩滞回耗能能力增强;而且,桥墩纵筋配筋率的增加,不仅会使桥墩出现塑性区域,也会使杯座底部钢筋发生屈服。这主要是因为原本在低配筋率时,墩底截面达到屈服弯矩后能继续传递给杯口和杯座的弯矩和剪力较小。但在高配筋率时,墩底截面的屈服弯矩较大,其传递给杯口和杯座的弯矩和剪力较大,从而导致杯座底纵筋也部分屈服。

3)杯口尺寸

杯口尺寸对于塑性区域长度影响甚微,而且当桥墩形成塑性区域时,杯口和杯座内的钢筋仍保持弹性状态,杯口尺寸对此基本无影响。随着杯口尺寸的增加,横桥向的滞回耗能能力略微增加。

在纵桥向,塑性区域仅出现在杯口顶面以上;在横桥向,塑性区域同时出现在杯口顶面以上和墩顶。在两个方向上,杯口尺寸对于塑性区域长度均影响甚微。而且,当桥墩形成塑性区域时,杯口和杯座内的钢筋仍保持弹性状态,杯口尺寸对此基本无影响。随着杯口尺寸的增加,横桥向的滞回耗能能力略微增加。

4)轴压比

随轴压比增加,各塑性区域长度均逐渐减小,但滞回耗能能力变化不显著。桥墩出现塑性区域时,杯口和杯座内的纵筋均保持弹性状态,轴压比对此基本无影响。

在纵桥向,塑性区域仅出现在杯口顶面以上;在横桥向,塑性区域同时出现在杯口顶面以上和墩顶。在两个方向上,随着轴压比增加,各塑性区域长度均逐渐减小,但滞回耗能能力变化不显著。在桥墩出现塑性区域时,杯口和杯座内的纵筋均保持弹性状态,轴压比对此基本无影响。

5)体积配箍率

随着体积配箍率的增大,各塑性区域的长度均逐渐增加,桥墩延性能力和滞回耗能能力均小幅增加。在桥墩出现塑性区域时,杯口和杯座内的纵筋均保持弹性状态,体积配箍率对此基本无影响。

在纵桥向,塑性区域仅出现在杯口顶面以上;在横桥向,塑性区域同时出现于杯口顶面以上和墩顶。在两个方向上,随着体积配箍率的增大,各塑性区域的长度均逐渐增加,桥墩延性能力和滞回耗能能力均小幅增加。在桥墩出现塑性区域时,杯口和杯座内的纵筋均保持弹性状态,体积配箍率对此基本无影响。

5.3 装配式通道应用关键技术

5.3.1 装配式通道原型设计及结构计算

5.3.1.1 原型设计

1)总体设计

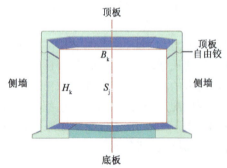

图 5-41 装配式钢筋混凝土箱形通道（四构件组合结构）

装配式钢筋混凝土通道的原型设计如下:

通道基本结构由 4 个混凝土预制构件组合而成,包括顶板、底板和两个侧墙。在断面内,顶板与侧墙连接处采用阴阳铰接接头,底板与侧墙连接处采用现浇湿接缝刚接接头(或者整个底板现浇),使构件形成整体,待现浇混凝土达到设计强度后进行通道两侧台背填土及顶部填土,形成土与结构相互作用的联合整体结构。(图5-41)

装配式钢筋混凝土箱形通道具有以下结构特点:

(1) 具有更好的结构承载能力、更大的通行空间和更高的通行效率。
(2) 结构与整体宽扁基础融合,具有良好的地基适应性和工作状态。
(3) 模块化预制件分解了质量,结构构件的运输和安装均得以简化。
(4) 薄壁结构的机械作业便利,矩形截面对周边路堤空间要求较低。
(5) 构件生产质量和结构安装精度可在更高的程度上予以系统控制。

装配式钢筋混凝土箱形通道的设计原则是进行结构的标准化、模块化、工厂化和轻型化设计,发挥技术特点,体现经济优势。

2) 截面设计

多折线设计法具备截面形状调整灵活以及截面参数简单等特点,基本规则要点如下:

(1) 截面轮廓基线:以内轮廓线为基准。
(2) 基本控制参数:以截面标准宽 B_k、标准高 H_k、顶板下折高 a_1 为三个基本控制参数;以通道一为例,截面标准宽 B_k 为4m,标准高 H_k 为2.7m。
(3) 基本定形参数:以顶板净高 h_1、侧墙净高 h_2、侧墙余高 h_3 为三个基本定位参数,其余参数从属于此。
(4) 参数关联模式:顶板倒角底点和底板上外角余高点分别是标准净空 $B_k \times H_k$ 的上、下角点;截面内轮廓线为连续折线;顶板安装就位点为顶板安装时顶板凸角与底板凹槽的理论接触点,也是凸角与凹槽圆弧面的最低点。

截面构造示意图和顶板-侧墙铰接接头构造如图5-42、图5-43所示。

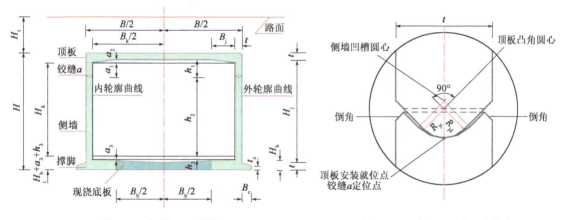

图5-42 截面构造示意图　　　　图5-43 顶板-侧墙铰接接头构造

3) 节段设计

(1) 节段纵向标准长度设计为3m和1m。
(2) 节段两端内外轮廓线、顶板纵向铰缝设置倒角,现浇底板处不设倒角。

4) 构件设计

(1) 节段划分为顶板、底板、两侧墙4个构件。
(2) 构件中主钢筋、分布钢筋及架立钢筋设计为稳固的钢筋骨架。
(3) 预制构件的吊环设计采用HPB300钢筋制作,加工中严禁使用冷加工钢筋代替。吊环应力标准值不应大于 65MPa。

5)连接构造设计

(1)结构下部以全现浇混凝土底板连接,上部顶板与侧墙两接头为肘形自由铰接(图 5-44)。

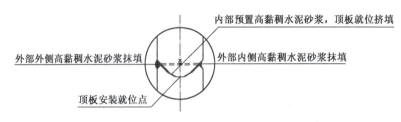

图 5-44 顶板-侧墙自由铰接

(2)节段之间设置接缝,设置于岩石地基(中风化以上)上的通道原则上不设沉降缝。

(3)在高路堤或地基条件复杂,基础不均匀,沉降控制难的情况下,可沿通道长度方向每隔 6~9m 距离设置一道沉降缝,沉降缝必须贯穿整个断面(包括基础),缝宽 2cm,沉降缝的设置应与通道长度方向垂直。

(4)铰缝采用水泥砂浆填塞;沉降缝采用泡沫棒、密封胶填塞。

(5)对于箱形通道结构,当箱顶覆土小于 0.5m 时,由于通道顶板受车轮作用显著,应该在顶板设置纵向连接弯螺栓,以保证标准块顶板连接的整体性。节段间环缝弯螺栓连接构造如图 5-45 所示。

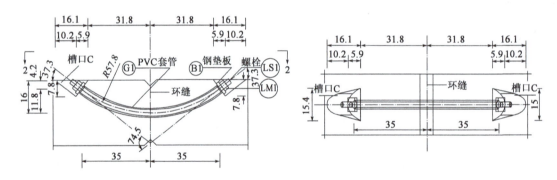

图 5-45 节段间环缝弯螺栓连接构造(尺寸单位:cm)

6)基础设计

结构底板兼做整体宽扁基础,基础和地基之间,设计厚度不小于 40cm、透水性好、粒度均匀的优质砂砾及厚度 15cm 的 C25 混凝土垫层。垫层在顺路线方向每边比结构宽 50cm。

7)防水设计

(1)内侧接缝。

①以泡沫塑料板塞缝后用钢丝刷、抹布将缝内、缝边清除干净,拉毛处理。

②洒水湿润接缝,待晾干后再填塞 M10 高黏稠水泥砂浆。

③填塞后 2h,用泡沫板将接缝处砂浆搓刮,并进行修平处理,用铁抹子进行收光,用铝合金尺检查平整度。

④用喷雾器洒水养护。

(2)外侧接缝。

①以泡沫塑料板塞缝后用钢丝刷、抹布将缝内、缝边清除干净,拉毛处理。

②用 M10 高黏稠水泥砂浆将接缝填满抹平,待砂浆具有一定强度时洒水养护。

③砂浆养护 7d 后,沿接缝先涂一层 60cm 宽的环氧煤沥青,再粘贴 50cm 宽的Ⅱ型聚酯毡胎基 SBS 防水卷材。

8)耐久性设计

依托项目结构耐久性设计依据交通运输部批准的《公路工程混凝土结构耐久性设计规范》(JTG 3310—2019)提出的标准、要求进行设计。项目所在地区属于严寒地区,结构所处环境类别按Ⅱ类考虑。

(1)规范要求Ⅱ类环境的最低混凝土强度等级为 C30。严格控制水泥质量,要求最大水灰比、最小水泥用量必须满足《公路工程混凝土结构耐久性设计规范》(JTG/T 3310—2019)第 5.3.3 条的规定,最大氯离子含量 0.1%,最大碱含量为 $3kg/m^3$。

(2)预制构件设计最小混凝土保护层厚度为 30mm,满足《公路工程混凝土结构耐久性设计规范》(JTG/T 3310—2019)第 6.2.1 条的规定。

(3)混凝土类型:位于中(强)盐渍土段落的涵洞与结构的构件采用抗硫酸盐混凝土,执行标准为《混凝土抗侵蚀防腐剂》(JC/T 1011—2021)。结合本合同段岩土资料,本合同段硫酸盐作用等级最高为Ⅳ-D,混凝土抗冻等级为 F250 级;混凝土抗渗等级对过水结构为 W8 级,对通道结构为 W4 级。

5.3.1.2 结构计算

1)计算基本假定

(1)可变联合作用体系。一方面,土体中的结构受结构重力、土重力和汽车荷载等引起的作用影响产生内力和变形,这时土体表现为对结构的作用。另一方面,土体又对结构变形进行限制,这时土体表现为对结构的约束,形成联合作用体系。由于土体只具有单向承压性,故出现拉力的土体将退出体系,体系表现出可变性。

(2)有限弹性工作状态。联合作用体系的初始工作状态为弹性工作状态,初始土压力为土中应力,其中土的自重应力会导致静止土压力。经过结构与土体的相互作用,形成具有主动性或被动性的土压力。

当土压力介于主动土压力和被动土压力之间时,认为联合作用体系继续处于弹性工作状态。而超出这一范围时,土压力应按界限值取用,即超限的土压力应等于主动土压力或被动土压力,同时,联合作用体系脱离弹性工作状态。

(3)有限联合界面黏结。结构表面与土体之间存在摩擦力,当摩擦力足够时,界面处的土压力可直接传于结构外表面。当摩擦力不足时,界面处的土压力需进行重新分布后再传于结构外表面。

(4)近似弗拉曼条件解。计算近似为平面问题,土体自重静止土压力可按常规方法计算,附加压力计算可由布西奈斯克公式积分求得的弗拉曼公式计算。

2)计算方法

(1)有限元 m 法。

结构体系为钢筋混凝土箱形组合结构,与地基及结构周边回填材料共同构成结构与土体联合作用体系。基于上述基本假定,并考虑到对计算方法的可靠、简化和实用要求,研究提出用于土中复杂结构计算的有限元 m 法。该方法将基础计算"m 法"与结构计算"有限元法"结合,结构为弹性变形体,具有常态的刚度 EA 和 EI,土体为弹性变形介质,具有随深度成比例增长的抗力系数 $C(C = h \times m,当 h < 10m$ 时,地基竖向抗力系数 $C = 10 \times m)$。

(2)计算模型(图5-46)。

标准节段用于通道主体,周围均填筑土体。计算取节段及其周围土体和分配荷载构建结构计算模型与作用工况,根据结构在施工和使用过程中外部约束条件可能出现的变动,在上述模型的基础上,通过模拟土体对结构约束的弹性支撑在数量、位置、方向和弹簧系数上的调整,构建系列的对比计算模型,计算结构状态的反应。

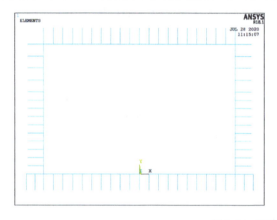
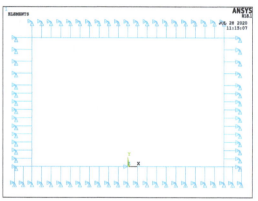

图5-46 通道有限元模型

3)结构型号

根据依托工程,利用有限元软件 ANSYS 建立如下型号的通道有限元模型,其中通道一填土高度取 0.1m,通道二填土高度分别取 0.769m 和 1.09m。通道断面尺寸如图 5-47 所示。

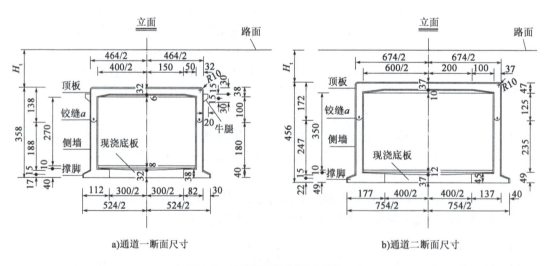

a)通道一断面尺寸　　　　　　b)通道二断面尺寸

图5-47 通道断面尺寸(尺寸单位:cm)

4)计算步骤与求解

(1)确定外部荷载。

(2)结构离散化为有限元模型。

(3)外部荷载离散化为等效的节点荷载。按照简支分配的原则,将竖向和水平侧向的均布荷载等效为节点荷载。

(4)边界条件。根据填土的类别,计算弹性刚度系数 K。

(5)加载求解。

(6)查看结构单元内力和位移。

5)装配式通道—结构计算结果

依托工程所设计的装配式通道—结构均为明通道,计算中,填土高度取 $H=0.1m$,车轮压力按 $30°$ 角向下扩散,因为填土高度比较小,汽车荷载不再等效为填土高度,直接施加轮载,考虑偏载和不偏载两种工况。

填土完成时,结构有限元计算结果如图 5-48~图 5-57 所示。

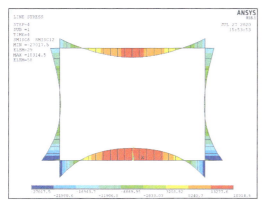

图 5-48 填土完成时,1m 节段通道结构弯矩图
（单位:N·m）

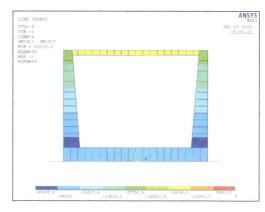

图 5-49 填土完成时,1m 节段通道结构轴力图
（单位:N）

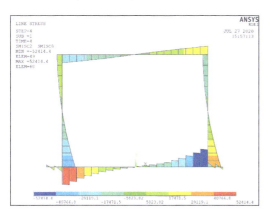

图 5-50 填土完成时,1m 节段通道结构剪力图
（单位:N）

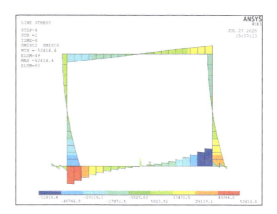

图 5-51 填土完成时,1m 节段通道结构位移图
（单位:m）

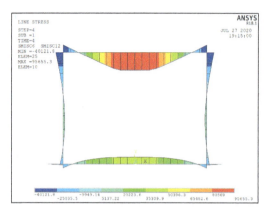

图 5-52 标准组合下,1m 节段通道结构弯矩图
（单位:N·m）

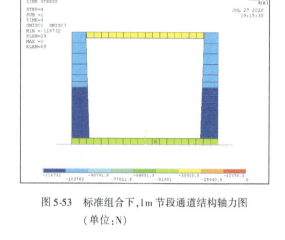

图 5-53 标准组合下,1m 节段通道结构轴力图
（单位:N）

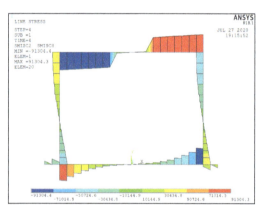

图 5-54 标准组合下,1m 节段通道结构剪力图
（单位:N）

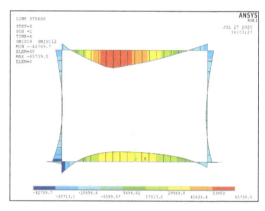

图 5-55 标准组合下,偏载时,1m 节段通道结构弯矩图
（单位:N·m）

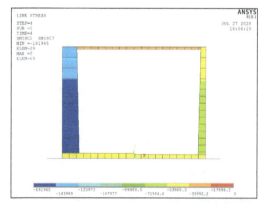

图 5-56 标准组合下,偏载时,1m 节段通道结构轴力图
（单位:N）

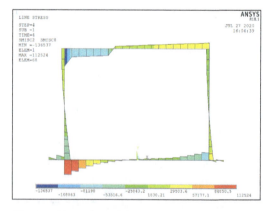

图 5-57 标准组合下,偏载时,1m 节段通道结构剪力图
（单位:N）

恒载和活载作用下通道-结构内力分别见表5-15、表5-16。

恒载作用下通道-结构内力 表5-15

结构位置	恒载		
	弯矩(kN·m)	轴力(kN)	剪力(kN)
顶板	14.1	−14.4	−24.5
侧墙	−27	−49.9	−39.2
底板	18.1	−39.2	52.4

活载作用下通道-结构内力 表5-16

结构位置	活载		
	弯矩(kN·m)	轴力(kN)	剪力(kN)
顶板	75.1	−21.8	−70.3
侧墙	9.8	−70.3	−1.7
底板	19	−0.9	32.7

根据以上计算结果对配筋进行承载能力极限状态和正常使用极限状态验算验算。填土高度为0.1m时，1m节段顶板截面主筋配置为HRB400-10ϕ20，1m节段侧墙截面主筋配置为HRB400-6ϕ18；1m节段底板截面主筋配置为HRB400-6ϕ18。箍筋为ϕ12钢筋，截面箍筋配置为纵横向间距200mm×200mm。通道一结构验算见表5-17。

通道一结构验算 表5-17

结构位置	承载能力极限状态						正常使用极限状态	
	内力			抗力			裂缝宽度(mm)	能否满足要求
	弯矩(kN·m)	轴力(kN)	剪力(kN)	弯矩(kN)	轴力(kN)	剪力(kN)		
顶板	192.654	−68.292	−193.902	207.24	79.0	513.70	0.10	是
侧墙	−9.468	−224.382	−51.018	100.72	2503.0	389.71	0.05	是
底板	66.18	−49.146	139.398	100.72	85.0	389.71	0.09	是

注：抗力中的轴力表示构件在承受偏压作用时保持偏心距不变的情况下截面所能承受的最大偏心轴力。

通过对本项目装配式钢筋混凝土箱形通道一设计图纸的验算，结构承载能力极限状态和正常使用极限状态指标均满足《公路钢筋混凝土及预应力混凝土桥涵设计规范》(JTG 3362—2018)的要求。

6) 装配式通道二结构计算结果

计算方法同上，装配式通道二填土高度分别取为0.769m和1.09m计算。计算结果如下：

(1) 填土高度0.769m。

恒载和活载作用下通道二结构内力分别见表5-18、表5-19。

恒载作用下通道二结构内力(填土高度0.769m)　　　表5-18

结构位置	恒载		
	弯矩(kN·m)	轴力(kN)	剪力(kN)
顶板	36.8	−27.7	−42.8
侧墙	−44.5	−80.9	−59.6
底板	21.4	−59.6	75.2

活载作用下通道二结构内力(填土高度0.769m)　　　表5-19

结构位置	活载		
	弯矩(kN·m)	轴力(kN)	剪力(kN)
顶板	112.3	−34.6	−66.3
侧墙	20.4	−66.4	−1.6
底板	8.8	−0.8	22.7

根据以上计算结果对配筋进行承载能力极限状态和正常使用极限状态验算。填土高度0.769m时，1m节段顶板截面主筋配置为HRB400-10ϕ25，1m节段侧墙截面主筋配置为HRB400-6ϕ20；1m节段底板截面主筋配置为HRB400-6ϕ20。箍筋为ϕ12钢筋，截面箍筋配置为纵横向间距200mm×200mm。通道二结构验算见表5-20。

通道二结构验算(填土高度0.769m)　　　表5-20

结构位置	承载能力极限状态						正常使用极限状态	
	内力			抗力			裂缝宽度(mm)	能否满足要求
	弯矩(kN·m)	轴力(kN)	剪力(kN)	弯矩(kN)	轴力(kN)	剪力(kN)		
顶板	365.6	−154.0	−268.6	404.8	227.0	637.1	0.10	是
侧墙	−21.8	−314.3	−102.0	155.4	2943.0	465.9	0.05	是
底板	59.1	−100.4	181.8	155.4	367.0	465.9	0.06	是

注：抗力中的轴力表示构件在承受偏压作用时保持偏心距不变的情况下截面所能承受的最大偏心轴力。

（2）填土高度1.09m。

恒载和活载作用下通道二结构内力分别见表5-21、表5-22。

恒载作用下通道二结构内力(填土高度1.09m)　　　表5-21

结构位置	恒载		
	弯矩(kN·m)	轴力(kN)	剪力(kN)
顶板	91.0	−58.4	−101.9
侧墙	−47.1	−140	−74.1
底板	32.2	−74.1	108.1

活载作用下通道二结构内力(填土高度1.09m)　　　　　　　　　表5-22

结构位置	承载能力极限状态						正常使用极限状态	
	内力			抗力			裂缝宽度(mm)	能否满足要求
	弯矩(kN·m)	轴力(kN)	剪力(kN)	弯矩(kN)	轴力(kN)	剪力(kN)		
顶板	314.4	-160.4	-332.6	404.8	228.0	637.1	0.09	是
侧墙	-46.5	-378.4	-118.6	155.4	2898.0	465.9	0.04	是
底板	72.6	-118.6	223.1	155.4	354.0	465.9	0.05	是

注：抗力中的轴力表示构件在承受偏压作用时保持偏心距不变的情况下截面所能承受的最大偏心轴力。

通过对本项目装配式钢筋混凝土箱形通道二设计图纸的验算，结构承载能力极限状态和正常使用极限状态指标均满足《公路钢筋混凝土及预应力混凝土桥涵设计规范》(JTG 3362—2018)的要求。

5.3.2　装配式通道的适用性

5.3.2.1　土体-通道有限元模拟

以箱形通道一为例，针对2m填土工况，通过数值模拟，探究回填土填料与通道间的界面摩擦系数及不同地基刚度对基底应力和通道结构内力的影响，进一步探索装配式通道受力机理，补充完善理论研究成果，并可为工程实际应用提供参考。

根据地质勘察报告和原型设计文件，结构回填土和冻土层地基处理有如下要求：

（1）结构周边回填应选用性能良好的砂、土质材料，施工中可采用粗砂、砂砾等透水性材料或石灰土、水泥稳定土等改善性材料。回填结束各层压实后的厚度应小于20cm，压实度不应小于96%。

（2）地基承载力特征值应不小于250kPa。对于季节性冻土地区，应采用干燥碎石进行地基换填处理，换填厚度为0.7~1.1m，换填宽度主路线方向每边比结构宽50cm，通道铺砌方向每边比结构宽50cm。结构和换填碎石地基之间，采用厚度15cm的C20混凝土施作垫层，垫层在主顺路线方向每边比结构宽50cm，在通道铺砌方向每边比结构宽50cm。材料参数见表5-23。

材料参数　　　　　　　　　表5-23

材料类型	弹性模量 E(MPa)	泊松比 μ	黏聚力 c(kPa)	内摩擦角 φ(°)	重度(kN/m³)
箱形通道(C40)	32500	0.2	—		25
回填土	20	0.35	50	30	18
地基土	10	0.42	10	25	17
碎石	350	0.2	0	42	21

采用 ANSYS 建立土体-通道相互作用的二维有限元模型。其中,土体选用平面应变单元 PLANE82,箱形通道结构选用梁单元 BEAM189,顶板与侧墙采用释放单元自由度的方式实现铰接。对于通道结构与土体的相互作用,利用 ANSYS 软件中的接触单元(接触对 TARGE169 和 CONTA172)模拟(图 5-58)。

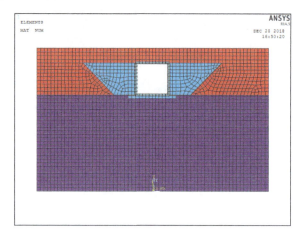

图 5-58　土体-通道相互作用有限元模型

通道结构材料采用线弹性模型模拟,土体材料采用理想弹塑性 Drucker-Prager 模型模拟。Drucker-Prager 模型广泛应用于颗粒状材料,如土壤、岩石等。考虑到边界条件对通道周围应力状态的扰动影响以及计算精度要求,建模时通道两侧及地基土体取 3 倍通道结构尺寸。

边界条件:地基土底部采用固定约束,土体两侧边界位置约束水平位移。

5.3.2.2　界面摩擦系数对基底应力的影响

通道与土体的界面摩擦系数与土体性质、界面粗糙度等有关。工程实践中,通道回填土一般要求为砂类土、砾类土等透水性材料或石灰土等,其与混凝土界面的摩擦系数一般为 0.4~0.9。图 5-59~图 5-61 分别给出了 2m 填土高度下不同界面摩擦系数的通道受力变化情况。

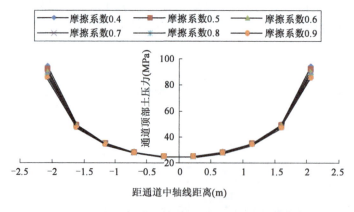

图 5-59　不同界面摩擦系数下,通道顶部土压力分布情况

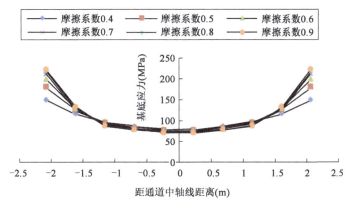

图 5-60　不同界面摩擦系数下，通道基底应力分布情况

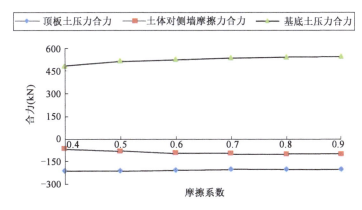

图 5-61　不同界面摩擦系数下，土对通道结构的竖向作用情况

经计算，随着摩擦系数的提高：

（1）顶部土压力逐渐减小，但降幅不大，且降幅与填土高度基本无关，当摩擦系数由 0.4 变至 0.9 时，顶部土压力峰值下降 7.34% ~ 9.41%；

（2）2m 填土高度下，通道基底应力峰值逐渐增大，当摩擦系数由 0.4 变至 0.9 时，增大 50%。

分析其原因，随着通道与土体界面摩擦系数的增大，周围土体对侧墙的摩擦力越大，侧墙对土体的约束作用越强，通道顶部上覆土柱与外侧土柱间的变形差越小，通道顶部的土压力越小。当顶部土压力的减小程度小于土体对侧墙摩擦力的增大程度时，基底应力表现出增大现象；反之，基底应力表现出减小现象。

5.3.2.3　地基刚度对结构内力的影响

通道的荷载形式是柔性荷载，填土、通道、地基三者是一个协调变形体系，地基刚度的大小直接影响结构受力。工程中地基刚度常采用 K30 方法进行描述。以下对不同地基刚度的通道基底应力与通道结构内力进行分析。通道的地基处理主要采用换填垫层、重锤夯实、强夯等方法。该依托工程中位于季节性冻土地区，采用干燥碎石进行地基换填处理。模型中通过对地基土进行不同深度的换填（换填材料为碎石）来模拟通道地基刚度的变化，换填深度从 0.1m

增加到4m。不同换填深度与地基刚度的对应关系如表5-24、图5-62所示。

不同换填深度与地基刚度的对应关系　　　　表5-24

换填深度(m)	0.1	0.5	1	1.5	2	2.5	3	3.5	4
地基刚度(MPa/m)	45	53	65	76	84	92	98	104	109

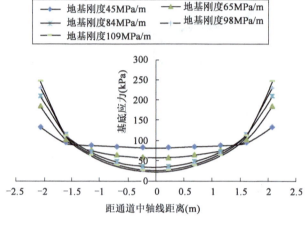

图5-62　基底应力随地基刚度的变化情况

随着地基刚度的不断增加,侧墙竖向轴力向地基土传力的分散作用越差,应力集中效应越明显。

(1)侧墙下方的基底应力逐渐增大,通道中轴线位置的基底应力逐渐减小,基底土压力应力集中现象越明显。

(2)随着填土高度的增加,侧墙下方与通道中轴线位置的基底应力变化幅度均先减小后增大,侧墙下方的基底应力最大变化幅度为84.1%,通道中轴线位置的基底应力最大变化幅度为69.7%。(图5-63、图5-64)

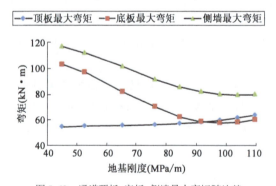

图5-63　通道顶板、底板、侧墙最大弯矩随地基刚度的变化情况

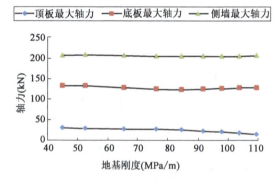

图5-64　通道顶板、底板、侧墙最大轴力随地基刚度的变化情况

随着地基刚度的增大:

(1)顶板最大弯矩逐渐增大,底板与侧墙最大弯矩先减小后增大,当地基刚度达到98MPa/m时,底板与侧墙弯矩达到最低水平;其中,底板最大弯矩变化幅度最大,最大为43.7%。

(2)顶板轴力逐渐减小、底板轴力先减小后增大,侧墙轴力在2m填土高度时先减小后增大,侧墙最大轴力变化幅度最大,为 17.7%。

综上所述,地基刚度对结构最大弯矩影响较大,对结构最大轴力影响较小;在 45～109MPa/m 地基刚度范围内,前者最大为 43.7%,后者最大为 17.7%。分析表明,当地基刚度达到 98MPa/m 时,底板与侧墙弯矩达到最低水平。因此,在通道设计中,地基处理后刚度需综合考虑地基承载力和结构内力的要求,无须过分追求增加地基刚度,处理后地基刚度在 100～120MPa/m 范围内是合适的。

5.3.2.4 装配式通道地形适应性

装配式通道在平原微丘区、山岭重丘区以及山区的应用,其布设应参考《公路涵洞设计规范》(JTG/T 3365-02—2020),根据实际地形、地质及水文等条件进行涵洞立面布设,确保涵洞基础稳定,涵底不冲不淤。平原微丘地区河沟纵坡较平缓,水流流速较小,设在天然河床上的涵洞,其铺砌顶面高程及坡度应与天然沟底高程和沟底纵坡基本一致。山岭重丘地区河沟纵坡较陡,水流流速较大,涵洞立面布设应结合具体地形地质情况,设置缓坡涵或陡坡涵。在软弱地基、高地震烈度区及其他特殊条件路段,应优先考虑选择装配式钢筋混凝土箱形通道。

对于装配式箱形通道,考虑其施工的便捷性以及填料的压实问题,其适应的地形横坡不宜超过 5%。

5.3.3 装配式通道抗震性能

5.3.3.1 工程地质概况与材料参数

1) 工程地质概况

选取依托工程 6 座涵洞进行装配式通道设计与研究,6 座涵洞所处场地工程地质特征如下所述。

(1) 工程地震层特征。

Q_3al+pl 细砂:该地层在建设工程范围内分布广泛,揭露厚度 2.3m,稍湿,稍密,属Ⅰ级松土,工程地质性质差。

泥岩:该地层在建设工程范围内分布广泛,揭露厚度 10.7m,岩芯成短柱状,工程地质性质较好。

(2) 场地稳定性和适应性评价。

场地稳定性较稳定,适宜工程建设。

(3) 场地与地基的地震效应评价。

根据《中国地震动参数区划图》(GB 18306—2015),判断本工程区域地震动峰值加速度为 $0.05g$,相应地震基本烈度为Ⅵ度,工程区域所在的地震动反应谱特征周期为 0.40s,Ⅱ类场地。

2) 材料参数

混凝土材料模式为线弹性材料,破坏准则选择 William-Warnke 准则。该方法用二次抛物线表达式对模型中弯曲的子午线进行描述,用椭圆曲线对偏平面中非圆迹线 0°～60°的部分进行近似,与以往的三参数准则相比,能充分地考虑到混凝土材料在受到土压力时其材料性能所发生的变化。混凝土内的钢筋通过定义面积配筋率来考虑,配筋率见表 5-25、表 5-26。

通道一钢筋配筋率　　　　　　　　　　　　　　　　表 5-25

方向	X 方向	Y 方向	Z 方向
顶板	0.01396	0.00199	0.00341
侧板	0.00097	0.02943	0.00341
底板	0.01885	0.00113	0.00341

通道二钢筋配筋率　　　　　　　　　　　　　　　　表 5-26

方向	X 方向	Y 方向	Z 方向
顶板	0.02377	0.00245	0.00294
侧板	0.00086	0.02117	0.00294
底板	0.01454	0.00096	0.00294

土体材料模式为弹塑性材料，屈服准则选择 D-P 本构关系。通过对单元定义黏聚力和内摩擦角来实现对土体材料的模拟，土体材料参数见表 5-27。

土体材料参数　　　　　　　　　　　　　　　　　　表 5-27

材料类型	弹性模量（MPa）	泊松比	黏聚力（kPa）	内摩擦角（°）	密度
地基土	10	0.42	18	26	1700
回填土	20	0.35	50	32	1800

5.3.3.2 减隔震措施

项目所在地区存在季节性冻土、软土等不良地质地区，反复的冻融循环可能会显著降低土体的弹性模量、强度等力学性能，会增加通道的地震力、地震位移等响应。特别是在高烈度地区可能会出现一些特殊震害，如通道顶板在横向由于铰缝位置处相对位移过大，从而导致顶板掉落震害，可采取一些合理的减隔震措施，有效提高装配式通道的抗震性能。因此，依托项目针对装配式通道的结构特点及地震响应规律，提出一种简便可行的减隔震措施——防落板装置，具体构造如图 5-65 所示。

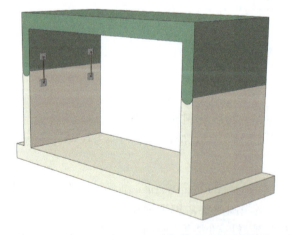
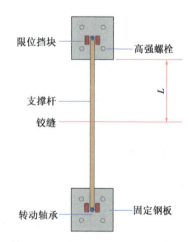

图 5-65　装配式通道防落板装置构造

该防落板装置由固定钢板、高强螺栓、转动轴承、支撑杆、限位挡块等组件构成。其中,在距铰缝上、下各 L 距离的位置处分别设置一块方形固定钢板,钢板通过若干个高强度螺栓固定于顶板悬臂内壁和侧墙内壁上,螺栓个数和等级、到铰缝的距离 L 等参数,应根据通道结构尺寸、构造要求以及抗震计算确定。在上、下固定钢板中心各设置一个转动轴承,在两个轴承之间连接一个支撑杆,支撑杆可采用型钢、钢管等,在特殊情况下,还可采用软钢等材料,从而起到抗震消能的作用;支撑杆的截面尺寸、材料性能等应根据地震响应分析确定,如铰缝位置处的最大受力和相对位移情况等。同时,可以在固定钢板上设置限位挡块,防止支撑杆在纵向发生较大的相对位移。防落板装置沿通道纵向设置数量也应根据地震响应分析确定,可等间距布置。

综上所述,该防落板装置结构简单,经济性较好,适用于结构体系简单、质量较轻的装配式通道。在不考虑经济因素的情况下,也可采用防屈曲支撑等减隔震措施。

第6章

穿越沙漠核心区品质工程建设技术

6.1 理念设计标准化

6.1.1 创新智慧管理新体系,推动工程管理规范化

1) 制定管理办法,确保理念落地

围绕"12543"建设理念,结合项目特点,制定出台了"S21阿勒泰至乌鲁木齐公路工程项目争创国家优质工程奖活动实施方案",对"S21项目创优实施细则"和"公路水运品质工程"进行了任务分解和工作部署,为项目品质工程的实施提供制度及方案保障,成功实现了投融资、规划、设计、建设、管理、养护、运营管理模式的机制创新、机制改革,以科技攻关为着力点,解决质量通病等关键性问题。

其中,"12543"理念分别为:

一个目标:品质争先,以天山奖、李春奖为目标,争创国家优质工程奖。

两条主线:稳步推进,一条是全面推动"品质工程"创建,一条是开展创优管理措施落实。

五新体系:打造集平安、融合、智慧、绿色为一体综合交通工程。

四个示范:平安示范、品质示范、绿色示范、科技示范。

三项智慧功能:科技是第一速度,构建"3+3模式",体现智慧运营、智慧服务、智慧平安。

2) 以创新性为引领,立标准化为目标

围绕着构建"建设融资新模式,交旅融合新业态,兵地联动新发展,智慧出行新体验,超级高速新领域"五新体系的核心思路,提高项目管理标准化、精细化、信息化、科技化、智慧化管理水平,推进专业化、装配式工业化建造水平,倡导工艺、工法的微创新,积极推广"四新"技术应用,真正实现工程建设过程标准化,推动"智慧"高速公路建设技术标准化;推进项目形成"交通+旅游"等"交通+"的公路商业经济发展新业态,积极推进项目沿线公路商业与地方经济联动协同发展,实现交通基础设施和公共服务共建共享、公众认可的社会价值。

3)强化管理理念,夯实思想基础

将标准化管理要求贯彻落实到施工质量安全控制的每个环节中,加强对一线施工作业班组、人员的培训和管理,让"标准成为习惯、习惯符合标准、结果达到标准"的理念扎根于每名工人心中。

4)健全保障机制,落实动态考核

健全保证体系,成立质量安全领导小组,为工程质量提供组织机制保障;签订质量责任书,确保责任落实到位;积极落实"质量安全红线"专项活动;靠前谋划,制订保障措施,分解质量目标和管理要点,强化过程检查考核,压实主体责任:

(1)加强全线导线点、水准点控制测量及施工放样工作。
(2)要求监理严格审批开工报告,落实施工组织情况。
(3)全面开展线外双首件准入制,达到实体工程"件件首件,样样标准"。
(4)严把工程材料进场关,并加大试验检测和工序抽检工作。
(5)建立健全监理单位巡视、检查、旁站制度。
(6)高度重视事前控制,均要求上报专项技术方案。

6.1.2 打造"五新"全新设计理念,提升交通设施社会价值

1)建设融资新模式

项目首次采用一路一公司模式,设立高速公路1号基金,施工招标开创性的邀请中标人购买基金,引入10家社会投资人,吸引社会资本投资10.74亿元,形成互利共赢的利益共同体,融资模式如图6-1所示。

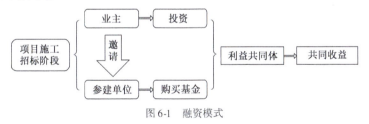

图6-1 融资模式

2)交旅融合新业态

项目以服务区(图6-2、图6-3)为核心,延伸服务功能,满足消费客群集"吃、住、商、购、娱"于一体的战略规划。

a)
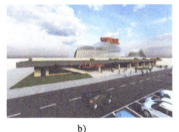
b)

c)

图 6-2

d)   e)

图 6-2 服务区设计

a)五家渠服务区大厅   b)103团服务区大厅   c)克拉美丽服务区大厅

d)黄花沟服务区大厅   e)吉力湖服务区大厅Ⅰ   f)吉力湖服务区大厅Ⅱ

图 6-3 服务区内装修设计

项目通过构建"交通+旅游"融合发展机制,打造公路旅游商业创新业态,最终形成国家级交旅融合智慧高速典型工程和自治区交旅融合示范性项目。

3) 兵地联动新发展

在兵地联动建设中,按照在创新中寻求"交通+"融合发展为目标,依托服务区拓展用地后的业态总体规划,深化与项目沿线各地政府开发合作项目。项目部根据自治区《加快推进沙漠经济创新发展的工作方案》,提前与五家渠市、福海县对接,共同参与生态治理和沙产业发展。

4) 智慧出行新体验

S21智慧化拟将前沿信息技术与道路运营服务深度结合,构建"3+3模式",即以全要素感知、全方位服务、全业务管理三维度,体现智慧运营、智慧服务、智慧平安三部分功能。

5) 超级高速新领域

通过提前设置较高的平、纵、横指标为后期轻型超高速标准高速公路预留技术指标,满足公路设计速度140~160km/h的技术要求,本项目成为研究和试点荒漠区超高速标准高速公路建设理论与关键技术的试验路段,可为远期参与制定"轻型高速公路工程技术标准"提供宝贵的参考意见。

6.1.3 确保评价标准落地,推进品质工程创建

项目部对工程设计、工程管理、科技创新、工程质量、安全保障、绿色环保、软实力七大评价指标、92项评价重点内容进行逐级分解细化。

(1)从工程勘察设计阶段,把评价重点内容落实到设计文件及施工图中,不仅保障项目耐久性、精细化、建养一体系化等基本需求,而且达到生态环保、安全可靠、科技创新的要求。

(2)从项目实施阶段,推进四新技术推广应用,创新工艺工法,完善质量管理体系,做好风险预防管理和过程质量控制,保障施工安全,实现工程生态环保、资源节约、节能环保施工,为新疆同类项目提供借鉴或标准。

(3)开展"奋进'十四五'、踏上新征程"路基、桥涵、路面、交安设施、场站建设等一系列劳动竞赛活动,并多次组织各参建单位现场进行标准化建设观摩,充分调动全体参建人员的积极性,持续不断地掀起劳动竞赛高潮,营造"比、学、赶、帮、超"的浓厚氛围,切实保证工程质量。

6.2 工艺控制标准化

以"合理组织、标准施工、规范管理"为原则,积极创新,探索新材料、新技术、新工艺、新设备的应用,加强管理创新和技术创新,实现"成本降低、负荷减轻、工效增强"的目标。

6.2.1 新技术应用

1)施工扬尘控制技术

小型雾炮设备(图6-4)在预制场、拌和站等区域开始投入使用。其特点为风力强劲、射程高(远)、穿透性好,可以实现精量喷雾,雾粒细小,能实现尘埃快速沉降,工作效率高、速度快,覆盖面积大。

图6-4 雾炮设备

将准备连接的钢筋两端的纵肋和横肋采用剥切的方式切割掉其中的一部分,做成普通的直螺纹(图6-5),再利用滚压直纹工艺端部进行冷加工,形成丝头,然后用带内螺纹的套筒将预制丝头连接旋拧在一起,达到机械性连接一体的效果。

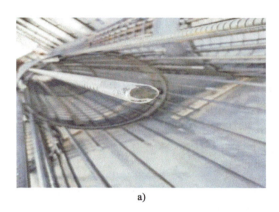
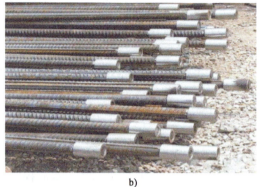

a)　　　　　　　　　　　　　　　b)

图 6-5　直螺纹钢筋

2）太阳能光伏发电照明技术

通过光伏板将太阳能转化为电能,满足通信用电、夜间照明及爆闪警示灯,驻地、场站内均采用太阳能路灯及太阳能爆闪警示,如图 6-6 ~ 图 6-8 所示。

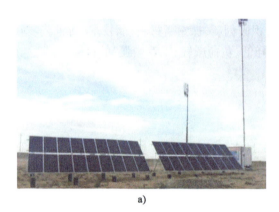

a)　　　　　　　　　　　　　　　b)

图 6-6　信号塔太阳能供电

a)　　　　　　　　　　　　　　　b)

图 6-7　太阳能沉降观测设备及太阳能供电

a)　　　　　　　　　　　　　　　　b)

图 6-8　拌和站太阳能供电及绿化带太阳能照明

3）预应力技术

预应力技术的内容主要包括材料、预应力计算与设计技术、安装及张拉技术、预应力筋及锚头保护技术等，节约材料、提高结构性能、减少结构挠度、控制结构裂缝并延长结构寿命，40m 箱梁和 16m 矮 T 梁预应力张拉采用计算机智能控制技术，通过仪器自动操作，完成钢绞线的张拉施工能完全排除人为因素干扰，有效确保预应力张拉施工质量。预应力筋施工现场图如图 6-9 所示。

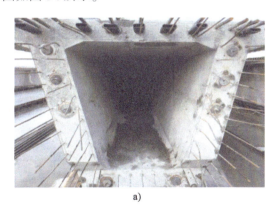

a)　　　　　　　　　　　　　　　　b)

图 6-9　预应力筋施工现场图

4）预制构件工厂化生产加工技术

以预制场为示范，积极落实"机械化换人、自动化减人"的要求：采用钢筋镦粗机、自动绕丝机、数控钢筋弯曲中心等自动化数控设备集中加工，厂内按功能进行分区，设置安全通道，各种标志标牌上墙。

（1）工厂化科学管理、自动化智能生产使品质得到保证和提高：构件外观尺寸加工精度可达 ±2mm，混凝土强度标准差不大于 4.0MPa，预留预埋尺寸精度可达 ±1mm，保护层厚度控制偏差 ±3mm。通过预应力和伸长值偏差控制保证预应力构件起拱满足设计要求并处于同一水平，构件承载力满足设计和规范要求。

（2）预制构件的几何加工精度控制、混凝土强度控制、预埋件的精度、构件承载力性能、保护层厚度控制、预应力构件的预应力要求等符合设计及有关标准的规定。

预制现场如图 6-10 所示。收费站现场如图 6-11 所示。

a)

b)

图 6-10 预制现场

a)

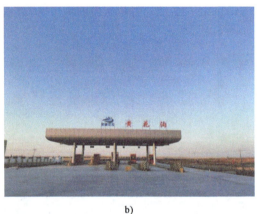
b)

图 6-11 收费站现场

5）高性能钢材应用技术

选用高强度钢材（屈服强度 $R_e \geqslant 390\text{MPa}$），可减少钢材用量及加工量，节约资源，降低成本，选用低屈服点钢材（屈服强度 $R_e = 100 \sim 225\text{MPa}$）提高了结构的抗震性，钢材具有高的塑性变形能力。建筑结构用高强钢一般具有低碳、微合金、纯净化、细晶粒 4 个特点。使用高强度钢材时必须注意新钢种焊接性试验、焊接工艺评定、确定匹配的焊接材料和焊接工艺，编制焊接工艺规程。

6）可弯曲金属导管安装技术

推广应用建筑材料行业新一代电线电缆外保护材料：可弯曲金属导管（图 6-12），内层具有绝缘、防腐、阻燃、耐磨损等特性的热固性粉末涂料，应用于建筑电气工程的强电、弱电、消防系统,明敷和暗敷场所。

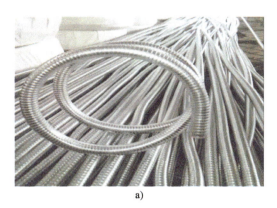
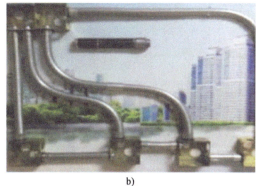

图 6-12　可弯曲金属导管

7)机电消声减振综合施工技术

推广应用机电消声减振综合施工技术,在机电系统设计与施工前,通过对机电系统噪声及振动产生的源头、传播方式与传播途径、受影响因素及产生的后果等进行细致分析,制订消声减振措施,对其中的关键环节进行适度控制,实现对机电系统噪声和振动的有效防控。对机电系统进行消声减振设计,选用低噪、低振设备(设施),如图 6-13～图 6-16 所示,改变或阻断噪声与振动的传播路径以及引入主动式消声隔振工艺等。

图 6-13　聚氯丁橡胶水管柔性接头　　　　图 6-14　不锈钢水管柔性接头

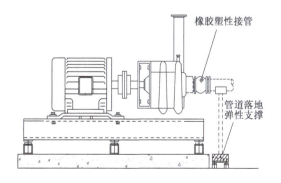

图 6-15　橡胶减振板　　　　图 6-16　水泵消声隔振处理

8)高性能外墙保温技术

聚氨酯硬泡保温板是以聚氨酯硬泡为芯材、两面覆以非装饰面层在工厂成型的保温板材。由于硬泡聚氨酯板采用工厂预先发泡成型的技术,硬泡聚氨酯板外保温系统与现场喷涂施工相比具有不受气候干扰、质量保证率高的优点,具有很好的抗风压值、抗冲击强度、吸水量、耐冻融性能、耐候性。其施工现场如图6-17所示。

a)　　　　　　　　　　　　　　　　　　b)

图6-17　聚氨酯硬泡保温板施工现场

9)高性能门窗技术

高性能断桥铝合金保温门窗是在铝合金门窗的基础上为提高门窗保温性能而推出的改进型门窗,通过尼龙隔热条将铝合金型材分为内外两部分,阻隔铝合金框材的热传导。高性能塑料保温门窗,即采用U-PVC塑料型材制作而成的门窗,塑料型材本身具有较低的导热性能,使得塑料门窗的整体保温性能大大提高,另外通过增加门窗密封层数、增加塑料异型材截面尺寸厚度、增加塑料异型材保温腔室、采用质量好的五金件等方式来提高塑料门窗的保温性能。高性能窗户如图6-18所示。

图6-18　高性能窗户

10)高耐久性混凝土技术

高耐久性混凝土技术针对高速公路隔离墩受当地自然环境和养护条件影响易出现开裂、盐蚀等耐候性问题,从原材料进行革新,选取工业废渣等矿物掺合料为主要原料并复掺聚丙烯纤维,按比例替代高耗能水泥,配制抗盐冻高性能混凝土隔离墩,绿色环保,价格低廉。高耐久性混凝土技术采用矿物掺合料为粒化高炉矿渣、粉煤灰,其具有潜在胶凝性能,对氯盐有更好的结合与抵御作用,水化产物结构更加致密,配制的混凝土力学性能和耐久性能优异。高耐久性混凝土技术采用减水率大于30%的高性能聚羧酸减水剂。高耐久性混凝土技术各材料配比用量精确可控,从原材料的拌和(图6-19)、成型到拆模养护,机械化成熟作业、施工效率高,施工便利。高耐久性混凝土技术可实现工业废渣就地资源化利用,落实《交通强国建设纲要》绿色发展、节约集约、低碳环保的要求。单边冻(盐冻)测试设备如图6-20所示。

图6-19 混凝土拌和

图6-20 单边冻(盐冻)测试设备

11)太阳能热水应用技术

选用合理先进的控制系统,控制主机启停、水箱补水、用户用水等光伏控制技术,加热到温度(一般为75℃)自动停止光伏电,低于温度(一般为65℃)自动启动光伏电,其间不需要交流电辅助控制。

能效:热水输出率达80%及以上,24h能耗系数不大于0.6,一级能效。太阳能光伏电热水器(图6-21)是储水式电热水器与光伏太阳能组件结合创新的新一代太阳能热水器,以光伏板吸收光能产生直流电,无逆变损耗,直接对水进行加热。

图6-21 太阳能光伏电热水器

12)装配式混凝土结构建筑信息模型应用技术

建筑信息模型(Building Information Modeling,BIM),即在规划设计、建造施工、运维过程的整个或某个阶段中,应用 3D 或者 4D 信息技术进行系统设计、协同施工、虚拟建造、工程量计算、造价管理、设施运行的技术和管理手段。以工程设计为基础,基于工程项目协调、可靠的项目信息(目标信息、方案信息、实施过程状态信息等),建立直观的立体模拟实施效果模型,并通过过程信息的不断更新与完善,集成了整个项目在组织、实施过程的信息管理平台,服务于整个项目生命周期。

6.2.2 设备改造引进

1) 自制简易装载机编织布摊铺装置

根据现场施工需求,发明了一简易的编织布铺设装置(图 6-22),此装置由滚轴、钢管、方钢与钢板焊接成型,通过钢丝绳连接在装载机铲斗上。该项发明已应用于施工过程中,专利申请已受理。铺设装置工作示意图如图 6-23 所示。

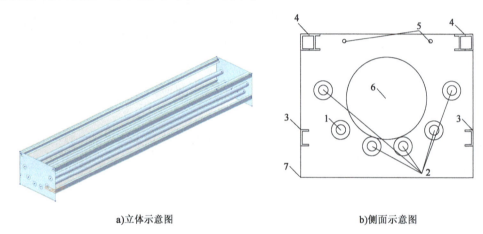

a)立体示意图　　　　　　　　b)侧面示意图

图 6-22　编织布铺设装置
1-传动滚轴;2-滚轴;3-下横梁;4-上横梁;5-吊眼;6-编织布;7-两侧钢板

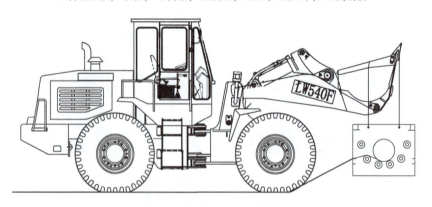

图 6-23　铺设装置工作示意图

2) 剪力筋水平车(图 6-24)改造

桥面剪力筋采用滑动小推车施工,小推车能有效控制剪力筋的高度和横向间距。纵向间距控制误差与翼缘板钢筋间距均控制在 ±4mm 以内。

图 6-24　剪力筋水平车

3）全自动喷淋养护（图 6-25）

a)

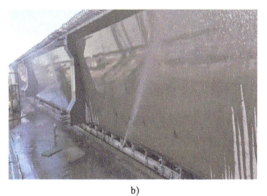

b)

图 6-25　全自动喷淋养护

将原有的薄膜覆盖养护更换为全覆盖养护，使用智能养护系统代替原有的人工控制喷淋养护设备，将原有对柱式喷头更换为 180°可调节双枝高雾喷头，以有效减少养护用水浪费。

4）可拼装拆卸硅芯管定位夹具（图 6-26）

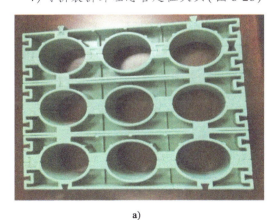

a)

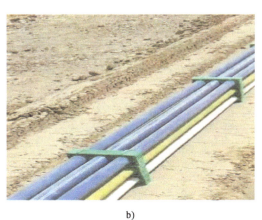

b)

图 6-26　可拼装拆卸芯管定位夹具

该装置由圆形穿束装置与卡扣组成,可以在垂直方向与水平方向进行拼接与拆卸。加工简单,相比传统的绑线固定捆绑更规矩耐用、可任意拆装,适合各种多根硅芯管的敷设,根据电线种类与数量,可以灵活调节该装置。使现场硅芯管的布设规整,有利于现场埋设和后期维修。

5)可移动草方格液压切割装置

液压铡草机移动便携性,公路施工中所有带有液压系统的机械均可携带作业(图6-27)。入料口滚筒及定位装置有效地节约了送草过程中调整切割尺寸的时间,快速省力。

图6-27 可移动草方格液压切割装置切草作业

6)一种梯队摊铺搭接的厚度调节装置

设备由千斤顶和杆状物组成,通过千斤顶可调节高度。摊铺机行进时,两台摊铺机通过杆状物进行衔接(图6-28),可保证路面厚度及坡度一致,使路面平整度高,提高施工效率,且造价低、拆装前进方便、操作简单、稳定性高、施工快捷。厚度调节装置细部及过程如图6-29所示。

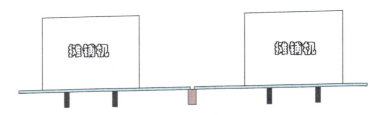

图6-28 厚度调节装置结构示意图

图6-29 厚度调节装置细部及过程

7）大厚度基层压实度检测的仪器（30cm直径大灌砂筒）

标准30cm直径大灌砂筒在水稳大厚度施工检测中的应用（图6-30），既提升容积，又能够保证填满36cm试坑，避免进行二次补砂、质量不稳定、试验精度差、误差大等问题的产生。

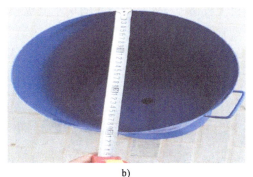

a) b)

图6-30 大厚度基层压实度检测

8）轨道式大厚度基层切缝机

该设备采用电机驱动齿轮在定制的锯齿状轨道上行走，并通过该系统可使切割装置按轨道顺直切割（图6-31），不用人工直接操作，提高了工作效率，减少了人员投入，很大程度上降低了安全事故的发生率。

图6-31 轨道式大厚度基层切缝机施工

9）运输车电动伸缩篷布

沙漠腹地气温高、空气干燥且运输过程中风沙较大，易导致混合料水分快速流失和沙尘污染。为保证路面混合料质量，运输车可使用电动伸缩篷布进行防护（图6-32）。

a) b)

图6-32 运输车电动伸缩篷布

10）无人驾驶施工机械机群

一期第三合同段沥青路面摊采用无人驾驶施工机械机群（图6-33）（使用沥青摊铺测厚雷达系统、360°环视全景监控系统、数字化施工系统、雷达防撞辅助系统、新型振动式洒油技术、摊铺机无线遥控技术），以精简的单车操纵模式实现多车协同作业，完成路面施工作业，大力提升沥青路面摊铺质量、观感和舒适度。

a)   b)

图6-33 无人驾驶施工机械机群

6.2.3 工艺改进及技术创新

1）钻孔灌注桩钢筋笼自动滚焊机作业（图6-34）应用技术

根据施工图纸要求，钢筋笼的主筋通过人工穿过固定旋转盘相应模板圆孔至移动旋转盘的相应孔中进行固定，把盘圆钢筋端头先焊接在一根主筋上，然后通过固定旋转盘及移动旋转盘转动把盘圆钢筋缠绕在主筋上，同时进行焊接，从而形成产品钢筋笼，提高效率，节省人工，减少材料价格损耗。

a)   b)

图6-34 钢筋笼自动滚焊机作业

2）小型预制构件自动流水化作业应用技术

通过标准化、模块化、机械化预先加工边沟、排水沟等小型预制构件，实现一类或多种混凝土小型预制构件自动流水化作业，达到小型预制构件批量生产（图6-35），将传统现浇工地大量立体分散的工作转移至工厂，提高效率，节省人工，减少环境污染和资源浪费。

图 6-35　小型预制构件生产区

3) 锥坡小夯板压实技术

利用挖掘机铲齿加焊钢板及加装液压夯来保证削坡时的平整度及破面稳定性，在施工工艺上采用从上到下的台阶式整形技术，保证坡面一次成型，避免二次破坏。锥坡小夯板压实施工现场作业如图 6-36 所示。

图 6-36　锥坡小夯板压实施工现场作业

4) 滑膜机施工土路肩技术

采用滑模机对土路肩进行强制密实铺筑（图 6-37），杜绝路面结构层摊铺场地污染，实现了一次性完成土路肩成型、密实施工，省去了传统施工方法中的许多烦琐工序，无接缝，解决了传统方法中存在的生产效率低、劳动强度大、生产成本高、平整度误差大等诸多问题。图 6-38 为滑膜摊铺水沟沟槽开挖及沟底高程复核。

图 6-37　滑膜机施工

图 6-38　滑膜摊铺水沟沟槽开挖及沟底高程复核

5) 环保卫生系统

在服务区、停车区安装环保卫生系统,该系统主要包含真空集便系统、污水处理系统,如图 6-39 所示。其耗水量仅为传统便器的 1/10,处理后的中水可用于冲厕、灌溉和景观用水,具有出水稳定、中水回用、智能监控、远程控制和维护、环境友好、无化粪池、大大降低项目后期运营成本等优点。

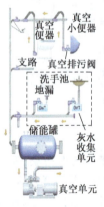

图 6-39　环保卫生系统总示意图

6.2.4 工法创新

1)自制简易土工织物铺设装置施工工法

(1)工法背景。

传统施工方案中,编织布铺设多由人工进行施工,将编织布按照要求滚动向前,加之风积沙顶面较为松散,施工时容易影响顶面平整度,同时因成卷的编织布较为笨重,人工施工进度慢,费时费力。本施工工法是一种新型自制土工织物铺设,以缓解传统铺设方法的不足和弊病,能够快速完成编织布的铺设。

(2)关键技术。

依托项目现场施工需求,发明了一种简易的土工织物铺设装置,此装置由滚轴、钢管、方钢与钢板焊接成型,通过钢丝绳连接在装载机铲斗上,如图6-40所示。

a) b)

图6-40 土工织物铺设施工

(3)意义。

该编织布铺设装置是一种简单的土工织物铺设装置,机械化利用效率高,施工操作简单,人力投入较少,还能提高施工质量,加快施工进度,施工工艺除专用施工装置外,所用机械均为常规设备,技术难度不高,施工效果较好。

2)土工格室加固风积沙上路床施工工法

(1)工法背景。

四合同段位于沙漠腹地,沙漠地区及半干旱地区筑路材料单一,筑路材料往往为风积沙。但风积沙表面活性较低,缺乏黏性。利用化学加固往往需要较大的结合料剂量,施工过程难以控制,容易造成半刚性基层开裂,影响路面使用性能,从提高路基承载力、合理利用风积沙的角度出发,总结出土工格室加固风积沙上路床施工工法。

(2)关键技术。

依托项目现场施工需求,总结出一种适用于沙漠或风积沙储量丰富地区的路基上路床施工工法,利用符合强度要求的土工格室网格对上路床流动的风积沙进行合理加固,保证其上路床的稳定性,通过对土工格室进行合理张拉,牢牢地把风积沙固定在三维格室中,并对土工格室内的风积沙压实平整后加铺聚丙烯编织布,保证上路床的抗剪性能,达到上路床整体承载能力。土工格室铺装及土工格室张拉如图 6-41 所示。

a)

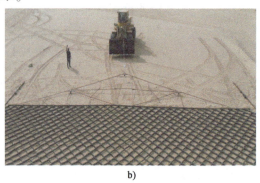
b)

图 6-41　土工格室铺装及土工格室张拉

(3) 意义。

土工格室加固风积沙上路床施工技术具有良好的抗剪能力,能够有效降低路基不均匀沉降现象的产生,保障上路床整体承载能力。同时,能够合理利用现有施工材料,合理消耗沙漠地区风积沙存量,实现就地取材、节约造价、保护环境,保证了施工进度和施工质量。

3) 临时拓宽包边土

(1) 工法背景。

西部地区很多地方属于荒漠区,尤其是在沙漠路段进行在道路工程施工过程中,缺乏路基填筑材料。然而风积沙本身属于不稳定材料,表面失水后翻沙现象严重,所以风积沙施工时误车现象严重,极大地制约了施工进度及工序间的有效衔接;另外,沙漠边缘地区生态环境极为脆弱,一旦破坏就很难恢复,如果在路基外修筑施工便道不仅会破坏环境,而且会增加一笔不菲的临时土地征地费用,既增加了施工成本又不符合文明施工要求,基于以上问题,总结出一种风积沙路基填筑包边土施工工法。

(2) 关键技术。

①工法根据 S21 项目现场施工需求,根施工便道宽度加宽砾类包边,做到不临时占用施工红线外的土地,在填筑前将加宽部分原地面铺设编织布(防止含盐的原状土挤压进包边土加宽砾类土)。

②运料车在施工便道上向内倾卸风积沙,由推土机对向横推推进风积沙填料。

③待风积沙填筑至设计顶高程后,采用轮式挖掘机将加宽的砾类土包边挖翻至上路床进行砾类土封顶层施工,如图 6-42、图 6-43 所示。

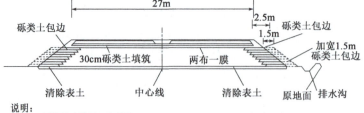

图 6-42　砾类土包边标准断面图

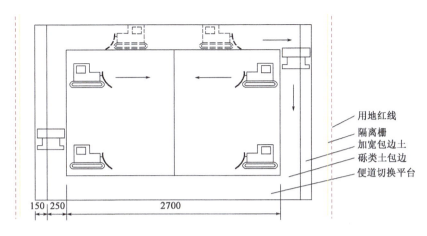

图 6-43　施工简易图(尺寸单位:cm)

(3)意义。

利用包边土做施工便道,风积沙通过该施工便道进行拉运及侧向卸料,克服了在风积沙连续填筑时,风积沙粒径小、保水性弱的物理特性,避免了风积沙表面失水翻沙导致的料车误车现象,加快了路基填筑工期,提高了机械使用率。

6.3　安全施工标准化

6.3.1　确定安全保障目标,完善安全生产措施

(1)"平安工地"和"平安工程"建设深入推进,隐患排查治理机制实现长效化,施工安全管理实现系统化、规范化、标准化,工程本质安全得到全面保障。

(2)安全标准化建设经验收合格,施工安全保障到位,危险作业实行机械化换人、自动化减人;安全生产实现"三零"目标,确保"零伤亡"。

(3)最大限度消除和减少职业危害,杜绝一切职业病的发生。

(4)认真落实交通厅、交投集团、建管公司下达的《交通运输厅系统2021年工程建设领域突出问题专项整治实施方案》《切实做好易地扶贫搬迁安置点消防安全工作》《加强2021年地震灾害防范应对工作》。

(5)深刻汲取以往事故教训,切实开展安全生产集中整治活动,督促各参建单位集中开展安全生产大排查,整治安全事故隐患。

(6)邀请专家组织各参建单位进行安全教育专项培训(图6-44),让广大管理人员和一线施工人员亲身感受到安全就在身边。

6.3.2　强化安全意识,落实生产责任

(1)始终坚持"管行业必须管安全、管业务必须管安全"的"一岗双责"制。
(2)始终坚持"一票否决"的动态管理原则。

(3)成立项目安全生产工作领导小组,明确职责和任务要求。
(4)完善安全生产各项规章制度,建立安全风险管控与隐患排查治理双重预防机制。
(5)与各从业单位签订26份"2021年度安全生产目标管理责任书"。
(6)强化落实安全生产责任和隐患排查治理。
(7)充分把握安全工作重点,实现安全生产"零事故"管理目标。

a)

b)

图6-44 安全教育专项培训

6.3.3 排查安全隐患治理,杜绝安全事故发生

(1)对各参建单位的"节后复工安全技术交底""临时用电安全技术交底""路基施工安全技术交底""路面施工安全技术交底""桥涵施工安全技术交底"进行了认真审核。
(2)建立安全生产工作长效机制,联合总监办开展安全生产专项检查活动,建立台账,明确责任单位、责任人和整改时限,及时消除隐患。
(3)通过安全自查自纠,专项检查、隐患排查治理等手段在工作中有计划、有针对性地开展安全隐患排查,从而杜绝任何安全生产事故。

6.3.4 开展安全生产活动,巩固专项活动成果

(1)推进"平安工地"建设,落实动态考核建设。
加强三类人员及特种作业人员资质审核。通过日常巡查、专项检查等方式及时消除各类安全生产隐患,为项目有序建设提供安全保障。
(2)开展"安全生产月活动",全面普及安全技能。
普及各类安全事故知识和防范应急基本技能,进一步提高项目部全体干部职工安全意识、责任意识、风险意识和防护意识;确保项目安全生产形势稳定夯实基础。
(3)科学评估安全风险,逐项落实安全措施。
委托具有专业资质的单位进行科学的安全风险评估,提出合理可行的安全措施,在施工过程中逐项落实。施工现场安全防护如图6-45所示。
(4)时刻牢记安全红线,出台执行管控措施。

a)　　　　　　　　　　　　　　　　b)

图 6-45　施工现场安全防护

将安全红线行动与"平安工地""智慧工地"建设相结合,制订行动实施方案,出台大体积结构吊装、大型模板、高空作业等质量安全隐患管控措施。

(5) 针对高危工程作业,制订专项施工方案。

危险性较大分部分项工程制定专项施工方案,上报特种设备登记以及特种作业人员登记。

(6) 开展生产消防演练,源头防范安全风险。

结合劳动竞赛评比活动将持续巩固安全生产成果,并开展安全生产消防演练等活动(图 6-46),从源头上防范化解身边的安全风险。

a)　　　　　　　　　　　　　　　　b)

图 6-46　安全生产消防演练活动

6.3.5　开展安全教育工作,营造安全文化氛围

(1) 营造安全文化氛围,以组织召开安全生产专题会议、安全生产例会、安全生产知识培训、安全技术交底会、安全学习的方式,并及时传达学习安全生产法律、法规和重要文件精神,确保安全形势稳定向好。

(2) 建立实物安全体验馆(图 6-47)、VR 安全体验馆。

(3) 开展三级安全教育等工作(图 6-48),有效强化人员的安全意识。

图 6-47 安全体验馆

a)

b)

图 6-48 安全生产教育

6.3.6 加强智能信息建设,确保工程生产安全

门式起重机安全监测系统(图 6-49):通过应用精密测量传感器技术、自动控制技术等多种高新技术,实现设备运行状态的实时预警和控制,可全方位保证门式起重机、架桥机等特种设备的安全运行。系统包具备防超载、防限位、防倾翻、防风速等功能。

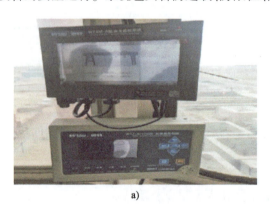
a)
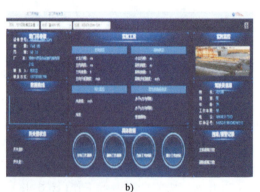
b)

图 6-49 门式起重机安全监测系统

6.4 信息应用标准化

运用"互联网+"思维,采取"信息化技术",高度集中管控,实现管理增效。以"提升效率、降低成本、避责减责、规范管理"为目的,不断强化"风险源头管控+施工现场监管+大数据支撑管理决策+管理痕迹闭合"的信息化安全、质量理念。

6.4.1 项目多方协同管理

采用云模式及分布式架构部署协同管理平台,支持基于互联网的应用,实现项目文档快速上传和下载。

智慧大屏系统实现统一用户管理、统一任务管理、统一数据管理(图6-50),融合整个信息化平台中的管理数据,提供基于GIS(地理信息系统)的项目总体平面图,集成项目人员履约、工程进度、征地拆迁、安全生产、计量支付和控制性工程等信息,便于管理人员随时了解和掌握项目建设情况。目前,各项数据统计系统都在正常使用中。

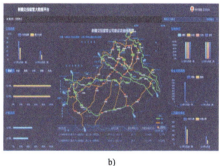

a)　　　　　　　　　　　　b)

图6-50　一体化综合管理平台和数据共享中心

6.4.2 项目动态信息管理

基于北斗高精度定位技术,结合施工工艺级现成管理需求,形成远程可视化管理、记录施工碾压设备、现场动态质量智能监管。从图6-51中看到,梁场看板张拉压浆数据都已接入,压实看板台背碾压数据已接入。

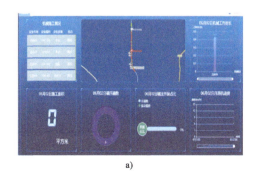
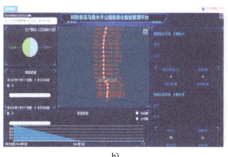

a)　　　　　　　　　　　　b)

图6-51　梁场看板及压实看板

基于物联网技术形成物资验收管理系统(图6-52),自动采集物料进场数据、材料试验数据、材料检验过程,把控工程质量的源头。

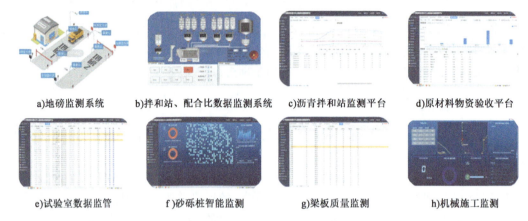

a)地磅监测系统　　b)拌和站、配合比数据监测系统　　c)沥青拌和站监测平台　　d)原材料物资验收平台

e)试验室数据监管　　f)砂砾桩智能监测　　g)梁板质量监测　　h)机械施工监测

图6-52　"物联网+互联网"技术动态监管平台

6.4.3　项目劳务信息管理

将劳务实名制信息化管理的各类物联网设备进行现场组网运行,并与互联网相连,基于互联网的劳务管理系统具备符合要求的安全认证、权限管理、表单定制等功能。图6-53所示为信息化管控平台系统。

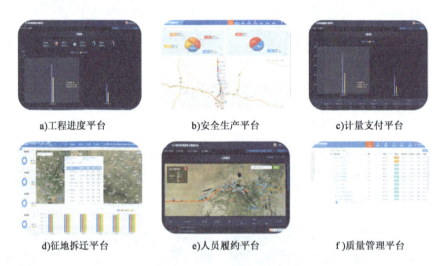

a)工程进度平台　　b)安全生产平台　　c)计量支付平台

d)征地拆迁平台　　e)人员履约平台　　f)质量管理平台

图6-53　信息化管控平台系统

电子档案管理平台(图6-54)实现了对工程建设过程中产生的各类文档资料的采集、整理、归纳、分类存储、检索、传递、保管、鉴定、统计等过程的电子化管理,实现了业务电子文件形成、流转、收集、整理、归档、移交全过程无纸化办公管理,建立起完善的建设项目资料电子档案,电子档案与质量过程资料同步收集、同步整理、同步归档,可在工程结束时直接完成对工程资料的归档工作,提高工程文档编制效率。

图 6-54　电子档案管理平台

6.5　绿色环保标准化

创建绿色示范工程,实现绿色循环利用;遵循"少占地、少借方、少弃方、少破坏、多利用、无污染、多清洁"原则,采取"一坡一设计""一沟一设计""一洞一设计""一桥一设计"等方法,全过程、全断面开展绿色品质工程创建。

6.5.1　环境及文明施工目标

追求人与自然的和谐,构建环境友好型、资源节约型、生态景观型公路工程,将生态环保理念贯穿于建管养全过程;充分结合工程实际和项目区水土流失现状因地制宜、因害设防,可绿化段绿化率达到100%;植被恢复率和临时占地复原率达到98%及以上;减少施工噪声与扬尘污染,施工场界噪声满足《建筑施工场界环境噪声排放标准》(GB 12523—2011)的要求;推广应用循环再利用新技术,排污水达标率100%,工程旧料回收率100%;环保控制零投诉。

科学构架,注重绿色环保顶层设计。项目在设计阶段提出了一系列环境保护、注重自然和谐的环水保方案,加强生态选线,依法避绕公益林、环境保护敏感区;选线预留动物保护通道等。同时,要求在建设阶段,除优化路线、收缩坡脚、集中取弃土、草方格覆盖弃土、绿化恢复地表等常规的绿色环保措施外,还需在路基边缘处开挖环保边沟,防止车辆随意碾压。同时,针对本项目复杂的工程地质条件、敏感的生态环境特征,创新实施绿洲、荒漠区绿色安全科技示范工程,开展沙漠高速公路路面基层和底基层结构创新研究与房建工程智能、绿色新技术应用等。

6.5.2　环境保护措施

(1)加强生态选线,避绕公益林,环境保护敏感区,对工程沿线部分防护林进行了成功移栽。

(2)设立保护环境、禁鸣、保护野生动物等标识牌、警示牌,如图6-55所示。

a) b)

图 6-55 施工现场环境保护标识牌

(3)覆盖清表弃土(图 6-56),将表土进行集中堆放,用于复耕、绿化等,实现清表土再次利用。

图 6-56 覆盖清表弃土

(4)建立动物通道(图 6-57),加强生态设计,为野生动物预留通道。

图 6-57 动物通道

(5)设立三级沉淀废水利用池,如图6-58所示。

图6-58 三级沉淀废水利用池

(6)采用预制梁场养护水循环系统(图6-59),节约水资源。

a)   b)

图6-59 预制梁场养护水循环系统

(7)设草方格护坡(图6-60),抑制沙尘。

a)   b)

图6-60 草方格护坡

(8)优化施工组织设计,在主线范围内设立纵向施工便道(图6-61),减少占地。

图6-61 施工便道设置

(9)设置环保桩、环保沟(图6-62),避免破坏。

a)   b)

图6-62 环保桩、环保沟

(10)施工现场洒水抑尘,如图6-63所示。

图6-63 施工现场洒水

(11)泥岩再利用,贯彻"零弃方"理念。图6-64所示为泥岩试验段现场及监测设施。

a)　　　　　　　　　　　　　　b)

图6-64　泥岩试验段现场及监测设施

(12)采用环保卫生系统。

第 7 章

穿越沙漠核心区高速公路环境保护技术

7.1 工程概述

7.1.1 建设工程项目特点

S21 阿乌高速公路建设属于新疆维吾尔自治区"十三五"规划"6 横、6 纵、7 枢纽、8 通道"骨架路网的重要组成部分,是乌鲁木齐与北疆地区沟通联系最为重要的公路通道。同时,也是《新疆省道网规划(2016—2030 年)》"6 横、6 纵、6 联、2 环"中的"纵二",为计划建设的 S21 省级高速公路。S21 阿乌高速公路建设是连接阿勒泰地区、第六师五家渠市、乌鲁木齐市最便捷的通道,建立了自治区、兵团垦区公路的骨架。

本项目初始分为北屯至五家渠、五家渠至乌鲁木齐两个项目,2017 年分别编制完成了《S21 阿勒泰至乌鲁木齐公路建设项目北屯至五家渠段工程环境影响报告书》和《S21 阿勒泰至乌鲁木齐公路建设项目五家渠至乌鲁木齐段工程环境影响报告表》,本次工程拆分成两期工程,分别为 S21 线阿勒泰至乌鲁木齐公路建设一期工程(黄花沟至乌鲁木齐段)、S21 线阿勒泰至乌鲁木齐公路建设二期工程(阿勒泰至黄花沟段),本报告对 S21 阿乌高速公路建设一期工程(黄花沟至乌鲁木齐段)进行评价。

S21 阿乌高速公路建设一期工程(黄花沟至乌鲁木齐段)路线全长 229.192km,全部为新建。全线土方 40335.724 千 m^3;路基排水及防护 1325.69 百 m^3;沥青混凝土路面 4999.424 千 m^2;全线共设置大桥 1 座、中桥 2 座、小桥 12 座,通道 42 处,涵洞 135 道;互通式立交 5 处,分离式立体交叉 10 处;服务区 3 处,停车区 2 处,养护工区 2 处,监控分中心 1 处,主线收费站 1 处,匝道收费站 2 处;永久占地 1512.3hm^2,其中新增永久占地 1505.91hm^2。本次一期工程属于 S21 阿乌高速公路建设项目北屯—福海—黄花沟段已确定的走廊带及路线方案。

北疆地区与乌鲁木齐之间存在东西两个通道:西通道通过绕准噶尔盆地西缘的奎阿高速和连霍高速(约 740km)联通;东通道通过绕准噶尔盆地东缘的 G216 线、五大高速及吐乌大高速(约 630km)联通。两地横跨准噶尔盆地(古尔班通古特沙漠),缺少中间穿越沙漠的便捷通道,约 370km,严重制约了北疆北部阿勒泰地区、北屯、福海等地的经济社会发展。同时,乌鲁木齐、五家渠市没有直接北上的对外联系通道,也削弱了新疆首府乌鲁木齐市对北疆片区的经济辐射带动作用。本工程的建设将完善新疆维吾尔自治区"十三五"规划"6横、6纵、7枢纽、8通道"骨架路网以及区域路网结构,增加了新疆首府乌鲁木齐中心区和新疆生产建设兵团第十师、阿勒泰地区的联系,缩短了区域间的时空距离,对促进区域经济社会融合发展、稳疆兴疆的意义十分重大。另外,随着近年来全疆经济跨越式发展进程加快,沟通也越来越频繁,交通量快速增长,现有通道部分路段通行能力已经不能满足需求,服务水平较差,通道的通行能力需要进一步提升,以满足交通量及经济发展的需求。因此,项目的建设是十分重要而迫切的,应尽快、尽早组织实施。

7.1.2 环境影响评价分析

本工程位于新疆维吾尔自治区北部,先后经福海县、昌吉州、五家渠市及乌鲁木齐市。本工程属于《产业结构调整指导目录(2019年版)》中"第一类鼓励类""二十四、公路及道路运输(含城市客运)""1、国家高速公路网项目建设"项目,符合国家产业政策要求。本工程线路方案符合沿线城镇总体规划,最终选线方案是对环境和生态问题影响较小的方案,所涉及的环境和生态问题可通过采取一定的措施予以解决,从环境角度看项目选线是合理的。

7.1.3 主要环境问题及环境影响

建设项目为沙漠高速公路,施工期进行路基、桥梁建设,沿线将设置施工便道、施工场地、施工营地等,设置一定数量的取土场,因此将占用一定面积土地,加大水土流失强度,产生的施工噪声、施工废水、施工固体废弃物等将影响沿线环境保护目标的实现。公路建成通车后,公路临时用地正逐步恢复,公路边坡已经得到良好的防护,道路绿化系统已经建成。因此,交通噪声将成为运营期最主要的环境影响因素。据现场调查,评价范围内不涉及自然保护区、风景名胜区及水源保护区,主要环境保护目标为耕地、林地、河流、居民区、野生动植物。因此,本工程环境影响评价将生态环境影响评价、噪声评价、水环境影响评价等作为重点。

7.1.4 环境影响评价主要结论

根据现场调查及资料收集,本工程评价区域内不涉及自然保护区、风景名胜区及水源保护区,线路在 K338+188~K342+600 临近青格达湖省级(兵团)自然保护区试验区,最近距离450m。

项目建设符合公路网规划,符合沿线城镇总体规划,项目对促进区域经济社会融合发展、稳疆兴疆的意义十分重大。另外,随着近年来全疆经济跨越式发展进程加快,沟通也越来越频繁,交通量快速增长,现有通道部分路段通行能力已经不能满足需求,服务水平较差,通道的通行能力需要进一步提升,以满足交通量及经济发展的需求。

建设项目通过采取报告中相应的环境保护措施后,工程建设对环境的不利影响可得到控制和缓解,从环境保护的角度考虑项目建设可行。

7.2 环境保护目标

本次路线全长 229.192km,全部为新建,根据现状调查和资料收集确定了本工程的敏感目标。

7.2.1 生态环境保护目标

项目沿线主要的生态环境保护目标见表 7-1。

项目沿线主要的生态环境保护目标　　　　表 7-1

保护目标	主要保护对象	本工程与其位置关系
青格达湖省级 (兵团)自然保护区 (图 7-1)	湿地及鸟类	项目不占用保护区用地,K338+188～K342+600 临近自然保护区试验区,线路西侧最近距离保护区 450m
公益林	防风固沙林	K153+500～K156+500 穿越福海县国家级重点公益林(图 7-2)3km,K254～K260、K263～K271 穿越昌吉州国家级重点公益林(图 7-3)共计 14km,均为国家二级公益林,共占用公益林面积 64.6hm^2,公益林树种为梭梭
沿线耕地 (图 7-4)	农田、基本农田	K305～K342 终点段连续分布,占用农田主要涉及 101 团、102 团、103 团、乌鲁木齐米东区的农田,主要种植水稻、玉米、棉花,所占农田主要为一般农田,耕地 158.34hm^2(含基本农田 4.05hm^2),占用的基本农田主要涉及 K308～K322 五家渠段及 K338～K342 米东区段
自然植被	自然植被和生境	全线,起点 K113～K160 段分布的保护植物主要为梭梭、肉苁蓉、麻黄,K160～K310 段分布的保护植物主要为梭梭、沙拐枣
野生动物	野生动物及栖息地	全线,起点 K113～K310 段分布的保护动物主要为鹅喉羚,此外在 K140～K160 段的吉拉沟有蒙古野驴活动,线路两侧 2km 范围内无野生动物饮水点
农田灌溉系统	农灌渠	K310～K342 终点有众多农灌渠分布,跨越的主要干渠为 K331+600 处的八一引水渠
土地荒漠化	地表植被及砾幕	起点 K113～K160 为戈壁砾质荒漠,K160～K310 半固定沙漠

图 7-1　青格达湖省级(兵团)自然保护区

图 7-2　福海县国家级重点公益林

图7-3 昌吉州国家级重点公益林

图7-4 沿线耕地

7.2.2 声环境、空气环境保护目标

本工程为新建项目,在选线过程中,从环境保护的角度已经尽量绕避和远离了居住稠密区、医院、学校等环境敏感受体,但受工程控制点和地物分布特征影响,在评价范围内仍涉及一些村庄等声、环境空气敏感目标。

根据现场踏勘,确定项目主线及连接线沿线评价范围内共有7个声环境、环境空气敏感点,具体见表7-2。

建设公路推荐线声环境、环境空气保护目标 表7-2

编号	敏感点	桩号范围	距中心线/红线距离(m)	道路形式	高差范围(m)	红线35m内/外/评价范围内总户数	朝向	评价标准	主要噪声源	敏感点及周围环境特征
1	102团良种场	K312+000~K312+600	西侧119/106	路基	-1.5	0/8/8	侧对	2类	社会生活噪声	平房,有围墙、林带,分布整齐
2	亚欧华庭	K334+350~K334+450	西侧206/190	路基	-1.5	0/12/12	侧对	2类	社会生活噪声	高层,有围墙、林带
3	青湖尚城	K335~K335+340	西侧206/190	路基	-1.5	0/60/60	侧对	2类	社会生活噪声	高层,有围墙、林带
4	青湖铭城	K335+700~K336+100	西侧96/80	路基	-1.5	0/24/24	侧对	2类	社会生活噪声	高层,有围墙、林带
5	协标工村	K340+700~K340+900	两侧31/15	路基	-1.5	4/6/10	正对	2类/4a类	社会生活噪声	平房,有围墙、分布整齐
6	红雁湖村	K341+560~K342+390	西侧136/120	路基	-1.5	0/20/20	正对	2类	社会生活噪声	平房,有围墙、分布整齐
7	牛庄子村	K342~K342+600	东侧186/170	路基	-1.5	0/5/5	正对	2类	社会生活噪声	平房,有围墙、分布整齐

7.2.3 水环境保护目标

项目沿线涉及水体为老龙河、八一引水渠及猛进水库(青格达湖)。根据《新疆维吾尔自治区水环境功能区划》和《乌鲁木齐市环境功能区划》,执行《地表水环境质量标准》(GB 3838—2002)中Ⅴ类标准;SS 指标采用《农田灌溉水质标准》(GB 5084—2021)中的旱作标准。本项目跨越的地表水体涉及河流、水库和灌渠,具体情况见表 7-3。

水环境保护目标　　表 7-3

序号	水体	功能区划	水体实际功能	水质类别	桩号	与建设项目位置关系	备注
1	老龙河	无	农业用水	Ⅴ类	K340+660~K342+480	跨越2次	季节性河流
2	八一引水渠	无	农业用水	Ⅴ类	K331+600	跨越1次	季节性引水渠
3	青格达湖(猛进水库)	无	农业用水	Ⅴ类	K331+500~K344+850	最近距离0.38km	现状为绿化灌溉用水,无饮用功能

7.3 工程概况与工程分析

7.3.1 工程概况

7.3.1.1 工程名称、性质、地理位置

项目名称:S21 阿乌高速公路建设一期工程(黄花沟至乌鲁木齐段)。
建设性质:新建,线路方案详见表 7-4。

线路方案一览表　　表 7-4

起讫桩号	长度(km)	建设方案	行政区划
K113+310.417~K264+932.024	151.622	新建双向四车道高速公路	阿勒泰
K264+932.024~K322+289.907	57.470	新建双向四车道高速公路	昌吉州
K322+500.000~K337+600.000	15.10	新建双向六车道高速公路	五家渠:102团、103团
K337+600~K342+600.000	5.0	新建双向六车道高速公路	乌鲁木齐
小计	229.192	—	—

地理位置:S21 阿乌高速公路建设项目黄花沟至乌鲁木齐段工程位于新疆维吾尔自治区北部,先后经过福海县、昌吉州、五家渠市及乌鲁木齐市,本次工程全部新建。路线起自福海县黄花沟,接 S21 阿乌高速公路建设项目北屯—福海—黄花沟项目的终点,路线终点位于红雁湖村东南与拟建乌鲁木齐西绕城高速衔接,路线全长 229.192km。

7.3.1.2 工程主要工程量

本次路线全长 229.192km,全部为新建。全线土方 40335.724 千 m^3;路基排水及防护

1325.69 百 m³；沥青混凝土路面 4999.424 千 m²；全线共设置大桥 1 座、中桥 2 座，小桥 12 座，通道 42 处，涵洞 135 道；互通式立交 5 处，分离式立体交叉 10 处；服务区 3 处，停车区 2 处，养护工区 2 处，主线收费站 1 处，匝道收费站 2 处；永久占地 1512.3hm²，临时占地 1694.21hm²。主要工程量见表 7-5。

主要工程量 表 7-5

序号	指标名称	单位	数量	备注
一、基本指标				
1	公路等级	—	—	高速公路
2	设计速度	km/h	120	
3	交通量	pcu/d	25125/25126	趋势+新增/远景
4	占用土地	hm²	1512.3/1512.3	永久占地/新增占地
5	估算总额	万元	775720.6405	
6	平均每公里造价	万元	3384.5886	
二、路线				
7	路线总长	km	229.192	
8	路线增长系数		1.033	
9	平均每公里交点个数	个	0.072	
10	最大直线长度	m	58037.900	
11	平曲线最小半径	m	2500	
12	平曲线总长	m	57269.380	
	占线路比率	%	16.520	
13	最大纵坡	%	2.850	
14	最短坡长	m	420	
15	竖曲线总长	m	110855.359	
	占路线比率	%	31.978	
16	平均每公里纵坡变坡次数	次	1.030	
17	竖曲线最小半径			
	凸形	m/个	20000.00	
	凹形	m/个	12000.00	
三、路基路面				
18	路基宽度	m	27/13.25	（整体式/分离式）
19	土石方数量	万 m³	5075.27	
20	平均每公里土石方数量	km³	175.991	
21	路基防护工程	km	241.237	
22	路基排水工程	km	241.237	
23	路面结构类型		5+7+36+25	
24	沥青混凝土路面	1000m²	4999.424	

续上表

序号	指标名称	单位	数量	备注
25	特殊路基	km	171.007	
四、桥梁、涵洞				
26	荷载等级		公路—Ⅰ级	
27	大桥	m/座		
28	中桥	m/座	194/3	
29	特大桥	m/座		
30	小桥	m/座	295/12	
31	涵洞	道	167	包括通道涵
32	桥梁总长	m	6552	
33	桥梁占路线比例	%	1.86	
五、路线交叉				
35	互通式立体交叉	处	5	
36	分离式立体交叉	处	10	
六、沿线设施及其他工程				
37	服务区	处	3	
38	养护工区	处	2	与服务区合并设置
38	停车区	处	2	
39	收费站	处	1	主线收费站
			2	匝道收费站
40	监控管理中心	处	1	

7.3.1.3 路线走向及主要控制点

路线起点位于福海县黄花沟,接 S21 阿乌高速公路建设项目北屯—福海—黄花沟项目的终点,总体走向由北向南,起点(K113+310.42)福海县黄花沟向南,沿引额济乌干渠西侧向南前行,跨越吉拉沟西侧开始西拐,在 K162+000 后进入古尔班通古特沙漠,跨越石西专用公路,之后一直向南穿出沙漠,在 K270+000 处下穿准—乌 750kV 高压线后,为绕避东道海子湿地,路线沿 103 团 14 连以北的沙梁布设,其中路线在 K268~K279 处穿越昌吉州北部国家二级公益林后进入五家渠市;路线在 K290+300 处设置 103 团互通式立交与昌吉州横三一级路交叉,之后路线沿东南方向布设于农田之间的荒漠区;路线在 K300+500 跨越老龙河后向南布设进入 102 团农耕区,在 K306+464 处设置分离式立交与 X204 线交叉,之后路线沿西侧 102 团西干渠布设,至蒋家湾村西北转向南,经蒋家湾村西,继续向南沿五家渠市东侧边缘前行,顺次与五家渠市城市主干道横七路、迎宾路交叉,并设置互通立交,继续向南沿猛进水库东前行,至红雁湖村东南与拟建乌鲁木齐西绕城高速五家渠东互通立交衔接,到达终点(K342+600.00),路线全长 229.192km。

主要控制点:黄花沟、吉拉沟、古尔班通古特沙漠、石西专用公路、103 团、横三一级路(规划)、汉佳西村、准东—五家渠—昌吉一级公路(规划)、梧桐镇、五家渠北工业园、蒋家湾村、五家渠市、羊毛工镇、猛进水库、西绕城高速公路。

7.3.1.4 工期和施工安排

工程施工期为36个月,2020年3月—2023年3月。

7.3.1.5 施工组织

1)施工布置

根据工程沿线区域自然环境、地形地貌及公路建设本身建设特点考虑,施工场地设置在公路沿线两侧,为施工、生活方便采用集中布置的方式。具体施工场地布置在工程用料量大的地段及桥梁施工地点。

本工程设置联合施工场地(拌和站、水泥稳定砂砾拌和场、水泥混凝土拌和场、水泥混凝土预制场)7处,具体见表7-6,占地面积约为28hm^2,占地类型为未利用的地的戈壁和沙地。

预制场、拌和场和施工营地工程量表 表7-6

序号	桩号	隶属	占地面积(hm^2)	占地类型	备注
1	K130+500	福海县	4.0	戈壁	沥青拌和站、水稳拌和站、预制场、水泥拌和站
2	K165+000	福海县	4.0	戈壁	
3	K198+750	福海县	4.0	沙地	
4	K252+000	昌吉州	4.0	沙地	
5	K275+000	昌吉州	4.0	沙地	
6	K311+650	第六师103团	4.0	戈壁	
7	K323+160	第六师102团	4.0	戈壁	

2)施工便道

建设公路另辟新线整体式断面,可利用现有公路(主要为农田段)作为施工便道。部分道路在互通区需占用老路,在无其他道路利用条件下,须修筑施工期便道,以满足施工期国道的交通需要及道路施工的需求。纵向运输便道在永久占地红线范围内,不单独统计。

根据需要在各料场、临时设施场地与新建线路之间设置横向临时便道,便道临时占地面积152.22hm^2,均为未利用地。路面为砂砾石路面,完工后进行施工迹地恢复。项目施工便道临时占地具体见表7-7。

项目施工便道临时占地一览表 表7-7

序号	名称	桩号	隶属	占地面积(hm^2)	占地类型
1	水料场便道	K113+300左侧2.7m	福海县	2.03	戈壁
2	水料场便道	K140+455左侧1.8m	福海县	1.35	戈壁
3	弃土场便道	K131+100	福海县	0.54	戈壁
4	砂石料场便道	K113+313	福海县	55.88	戈壁
5	施工便道	K113+313~K148+000	福海县	20.99	戈壁
6	取土场便道	K162~K177	福海县	3.83	戈壁
7	弃土场便道	K163~K185+700	福海县	0.79	戈壁

续上表

序号	名称	桩号	隶属	占地面积(hm²)	占地类型
8	拌和站便道	K165+000	福海县	0.15	戈壁
9	施工便道	K148+000~K182+000	福海县	20.57	戈壁
10	取土场便道	K208+800	福海县	0.68	荒漠
11	取土场便道	K204+000	福海县	1.46	荒漠
12	弃土场便道	K198+750~K208+800	福海县	1.01	荒漠
13	施工便道	K182+000~K215+500	福海县	0.38	荒漠
14	弃土场便道	K217+500~K236+000	福海县	0.57	荒漠
15	弃土场便道	K239+680~K243+300	乌鲁木齐米东区	0.17	荒漠
16	预制场拌和站便道	K252+000	昌吉州	0.16	荒漠
17	料场便道	K206+800~K215+500	福海县	6.72	荒漠
18	料场便道	K252+000~K263+500	昌吉州	10.0	荒漠
19	弃土场便道	K252+800~K261+800	昌吉州	0.81	荒漠
20	预制场拌和站便道	K275+000	昌吉州	0.17	荒漠
21	施工便道	K263+500~K289+000	昌吉州	18.33	荒漠
22	预制场拌和站便道	K311+650	第六师103团	0.09	荒漠
23	施工便道	K289+000~K322+310	第六师103团	5.49	荒漠
24	预制场拌和站便道	K323+160	第六师102团	0.05	荒漠
合计				152.22	

3)主要筑路材料

(1)筑路材料

本工程穿越准噶尔盆地沙漠地带,沿线料场匮乏,本次路基填料以戈壁料为主,采用自采料场。本工程全线共有5处砂砾石料场,碎石料场4处(其中3处外购玄武岩料场,1处自采机械碎石料场);片块石料场2处。

①砂砾石料场:本次起点路段有砂、砾石、天然砂砾料场5处,终点路段及穿越沙漠地带,砂、砾石料场均为商业料场。

a.位于奎阿高速K301+400路线右侧3km处的山包上,沉积形成。为圆砾石,质地坚硬,呈灰褐色,母岩为花岗岩或变质岩,地表有少量植被。有用层厚度为4.5m左右,可开采面积500000m²。料场场地开阔,四季可采,汽车运输,开采工程等级为Ⅲ级。开采前需清除表层约100cm厚的腐殖质土和植被。

b.位于奎阿高速K321+860路线左侧0.30km的荒滩上沉积形成(也可从K321+000左侧1.2km处的开元公司砂石料场购买),多为圆砾石,质地坚硬,呈灰褐色,母岩为花岗岩或变质岩,地表有少量植被。有用层厚度为4.0m左右,可开采面积2400000m²。料场场地开阔,四季可采,汽车运输,开采工程等级为Ⅲ级。开采前需清除表层约50cm厚的腐殖质土和植被。

c.位于奎阿高速K369+960路线左侧,可沿G216国道向北方向行至16km再转向S319线布尔津方向行至K19+200处左侧0.20km的荒滩上(也可从S319线K18+000右侧1km处的鑫源砂石料场购买),为洪水冲刷沉积而成,砾石多为圆砾,粒径较均匀,质地坚硬,呈灰色,母岩为花岗岩或变质岩,地表有少量植被。有用层厚度为3.0m左右,可开采面积为900000m²。料场场地开阔,四季可采,汽车运输,开采工程等级为Ⅲ级,开采前需清除表层约40cm厚的腐殖质土和植被。

d. 位于奎阿高速K380+100路线左侧1.3km处的荒滩上(也可从K376+100左侧6.0km处阿勒泰市二牧场的安泰砂石料场购买),为洪水冲刷沉积形成,质地坚硬,呈灰色,母岩为花岗岩或变质岩,地表有少量植被。有用层厚度为4.0m左右,可开采面积800000m²。料场场地开阔,四季可采,汽车运输,开采工程等级为Ⅲ级,开采前需清除表层约50cm厚的腐殖质土和植被。

e. 位于奎阿高速K422+705.52路线右侧沿S230线行至K148+300左侧300m的原有取土料场中(也可从K422+705.52右侧13.0km处的阿勒泰市红墩镇卫新砂石料场购买),砾石多为圆砾,质地坚硬,呈灰色,母岩为花岗岩或变质岩,地表有少量植被。有用层厚度为8.0m左右,可开采面积80000m²。料场场地开阔,四季可采,汽车运输,购买,开采工程等级为Ⅲ级,开采前需清除表层约2m厚的盐渍土覆盖层。

②片、碎石料场。

本工程共有碎石料场4处(其中3处外购玄武岩料场,1处自采机械碎石料场);片块石料场2处。

a. 乌鲁木齐小泉子碎石料场位于S303线K262+800南侧7.8km处的黄草沟内山体中,该料场曾作为G216线五大高速、阜康北环线的路面用碎石料场。

b. 乌鲁木齐义鑫德洋碎石料场,位于乌鲁木齐市乌拉泊镇祁家沟,连霍高速(G30)乌鲁木齐段化肥厂立交左侧约13km处山体内,山体以火山岩为主,局部有风化物覆盖层,厚0.5~1.0m。

c. 乌鲁木齐鑫宝碎石料场,位于乌鲁木齐市乌拉泊镇白杨沟沟口,连霍高速(G30)乌鲁木齐段柴窝堡立交左侧约10km处山体内,该料场曾作为乌鲁木齐东绕城的路面用碎石料场,山体以火山岩为主。

d. 自采料场,位于乌鲁木齐市米东区柏杨河乡,距离G216左侧2~5km冲洪积扇沟口处,以卵石为原材料,机械破碎成碎石。可作为C40强度等级以上混凝土构造物用料,工程开采等级Ⅲ级。

(2)工程用水

工程及生活用水料场主要为沿线水库、河流、渠水、自来水、机井等。

本工程起终点路段沿线水库、河流较多,且距离较近;戈壁沙漠路段周边区域有引水干渠,且设有养护站及油田用机井,水质较好,水量充足,经机械抽取后,可做工程及生活用水,但运输距离较远。水料场分布具体见表7-8。

水料场分布一览表　　　　表7-8

序号	名称	桩号	位置	开采方式	运输方式	便道情况
1	水	K316+000	左侧0.1km	泵取	汽车运输	无须修建便道
2	水	K340+000	左侧1.30km	泵取	汽车运输	无须修建便道
3	水	K338+000	右侧0.15km	泵取	汽车运输	无须修建便道
4	水	K338+210	右侧0.70km	泵取	汽车运输	无须修建便道
5	水	K329+100	左侧2.25km	泵取	汽车运输	无须修建便道

(3)外购材料

水泥:可由北屯市、五家渠市及乌鲁木齐市附近的水泥厂供应。沥青:工程所需沥青可以从疆内符合规范要求的厂家购买。

钢材:由乌鲁木齐调运。

煤、汽油、柴油和木材:可由项目区的北屯市、五家渠市及乌鲁木齐市购买。

4)土石方平衡

本项目建设全线共动用土石方5075.27万m^3,其中,挖方2134.29万m^3(含路基挖方2012.47万m^3,特殊路基不良地质换填处理30.65万m^3,剥离表土46.93万m^3,临时工程挖方44.24万m^3);填方2940.98万m^3(路基填方2835.57万m^3,特殊路基换填63.19万m^3,表土回填46.93万m^3,临时工程填方44.24万m^3);借方1036.31万m^3;弃方579.69万m^3(路基工程开挖土石弃方、特殊路基处理挖方及清废土等)。本项目土石方平衡表见表7-9。

本项目土石方平衡表　　　　表7-9

起讫桩号	挖方(万m^3)土方	填方(万m^3)土方	本桩利用(万m^3)土方	远运利用(万m^3)土方	借方(万m^3)土方	废方(万m^3)土方
K113～K134	70.31	208.75	—	—	208.75	70.31
K134～K154	76.45	218.79	0.06	—	218.73	76.39
K154～K174	137.05	178.25	86.39	—	91.85	38.97
K174～K194	188.23	175.74	152.20	15.22	8.33	36.03
K194～K214	329.44	350.89	280.39	24.64	45.87	45.52
K214～K215	50.34	23.40	23.19	—	0.21	2.52
K215～K234	471.83	384.73	355.82	28.91	—	116.02
K234～K254	391.35	318.72	287.96	—	30.77	74.13
K254～K273	212.67	217.33	185.99	0.35	30.98	26.68
K273～K293	58.82	135.13	43.09	—	92.04	15.73
K293～K313	27.72	126.68	5.57	—	121.11	22.15
K313～K322	12.84	71.16	—	—	71.15	12.83
K322～K342	42.40	116.52	—	—	116.52	42.40
小计	2069.46	2526.09	1420.66	69.12	1036.31	579.69
砂砾石料场	18.19	18.19	18.19	—	—	—
施工生产生活区	2.40	2.40	2.40	—	—	—
施工便道	44.24	44.24	58.24	—	—	—
小计	64.82	64.82	78.83	—	—	—
合计	2134.29	2590.91	1499.49	69.12	1036.31	579.69

5)取、弃土场

本工程拟采用集中取土方式,路基填料采用砾类土或风积沙。本工程产生的废方尽量就近弃至附近的取土坑中,并覆盖表土。全线共设置自采取土(料)场10处(采用机械开挖,5处风积沙料场进行取、弃结合)、外购料场 2 处,总占地面积 641.37hm²。

根据土石方平衡计算结果,本项目建设共产生弃方 579.69 万 m³。沿线弃土主要为路基工程开挖土弃方、特殊路基处理挖方、清表土等,除利用设计的 5 处取土(料)场弃渣 216.82 万 m³;沿线新设置弃土(渣)场 19 处,弃渣量 362.86 万 m³。本项目新设置弃土(渣)场均为凹地型弃渣场,且均位于荒漠区、风沙区。本工程取弃土场一览表见表 7-10。

本工程取弃土场一览表　　　　　表 7-10

序号	桩号	位置(km)	占地面积(hm²)	开挖方式	土地所属	备注
1	K113+314~K148+000	右侧0.6	5.33	机械开挖	福海县	取土场
2	K113+314~K148+000	左侧89.5	140	机械开挖	福海县	取土场
3	K113+314~K148+000	左侧98.5	126.67	机械开挖	福海县	取土场
4	K113+314~K148+000	左侧89.5	233.33	机械开挖	福海县	取土场
5	K162+750	左侧0.6	61.55	机械开挖	福海县	取土场
6	K172+025	左侧1.3	23.47	机械开挖	福海县	取土场
7	K177+777	左侧1.2	4.88	机械开挖	福海县	取土场
8	K204+000	左侧0.6	15.03	机械开挖	福海县	取土场
9	K208+800	左侧0.62	6.11	机械开挖	福海县	取土场
10	K272+200	左侧0.45	25	机械开挖	昌吉州	取土场
11	K131+100	左侧89.5	233.33	机械开挖	福海县	弃土场
12	K163+000	左侧0.3	3.92	—	福海县	弃土场
13	K175+500	左侧0.35	2.27	—	福海县	弃土场
14	K185+700	左侧0.3	2.75	—	福海县	弃土场
15	K189+900	左侧0.35	4.34	—	福海县	弃土场
16	K192+200	右侧0.4	4.86	—	福海县	弃土场
17	K194+800	左侧0.2	3.06	—	福海县	弃土场
18	K196+600	左侧0.2	4.05	—	福海县	弃土场
19	K202+500	左侧0.15	2.52	—	福海县	弃土场
20	K217+500	右侧0.3	3.6	—	福海县	弃土场
21	K223+000	右侧0.45	3.2	—	福海县	弃土场
22	K226+560	左侧0.25	4.8	—	福海县	弃土场
23	K236+000	右侧0.35	1.8	—	福海县	弃土场
24	K239+680	右侧0.1	2.7	—	乌鲁木齐米东区	弃土场
25	K243+300	右侧0.15	—	—	乌鲁木齐米东区	弃土场
26	K252+800	右侧0.1	0.54	—	乌鲁木齐米东区	弃土场
27	K255+800	左侧0.15	0.75	—	昌吉州	弃土场
28	K259+200	左侧0.1	0.72	—	昌吉州	弃土场
29	K261+800	左侧0.2	0.9	—	—	—

7.3.1.6 占地数量

按占地性质划分可分为工程永久占地和施工临时占地。本工程永久占地总面积约1512.3hm²,其中农田158.34hm²(其中基本农田4.05hm²)、果园8.06hm²、林地298.1hm²、草地329.55hm²、公路用地6.39hm²、建设用地5.37hm²、未利用地703.2hm²、其他2.77hm²。本工程永久占地一览表见表7-11。

本工程永久占地一览表(单位:hm²) 表7-11

段落	农田	果园	林地	草场	未利用地	公路用地	建设用地	其他	合计
福海	—	—	249.78	243.21	323.96	—	—	—	816.95
乌鲁木齐	21.37	—	3.43	20.51	81.08	0.83	—	2.77	129.99
昌吉	—	—	—	57.78	202.06	—	—	—	259.84
103团	4.11	—	17.01	—	40.97	—	—	—	62.09
102团	54.39	—	7.5	8.05	55.65	5.20	—	—	130.79
101团	78.47	8.06	20.38	—	—	0.36	5.37	—	112.64
合计	158.34	8.06	298.1	329.55	703.2	6.39	5.37	2.77	1512

公路施工临时占地包括施工便道、取弃土场、料场、预制场、拌和站和施工营地等占地。初步估算,临时占地面积约为1694.21hm²,具体见表7-12。

建设公路临时占地面积(单位:hm²) 表7-12

序号	名称	占地面积
1	取弃土场	1513.99
2	施工生产生活区	28
3	施工便道	152.22
合计		1694.21

7.3.1.7 路线方案介绍

在工程报告的编制阶段,对各走廊方案从路线走向、建设里程、路网布局、自然条件、工程规模、占用土地和影响区域的社会经济条件等多个方面进行了详细的比选,结合地方政府的意见,经综合研究比选后,确定推荐方案。

1) 路线起点方案

综合考虑《新疆省道网规划(2016—2030年)》"6横、6纵、6联、2环"中的"纵二",即S21省级高速公路的整体功能定位、通行能力、对城市现状及规划的影响和地方政府意见等因素,结合本项目在S21通道中的位置,本项目起点应与S21线阿勒泰—北屯—福海—黄花沟段的终点(黄花沟)相接,起点唯一;黄花沟有约11万亩(1亩=666.67m²)的农田区,是福海县农业产业和旅游产业合并开发区域,是通道中的重要节点,是S21项目总体路线的重要控制点,也是一期工程(黄花沟至乌鲁木齐段)和二期工程(阿勒泰至黄花沟段)的交汇点。

2) 路线终点方案

本项目是新疆维吾尔自治区"十三五"规划"6横、6纵、7枢纽、8通道"骨架路网的重要组成部分,是首府乌鲁木齐与北疆沟通联系最为重要的公路通道。其中,终点路段为五家渠至乌鲁木齐段,是串联乌昌一体化核心城市的快速通道,该区域城市密集,是新疆经济发展的龙头,因此,本项目终点的选择是研究的重点。

目前,乌鲁木齐市米东区正在调整规划,规划的城市边缘至西绕城高速公路。绕城高速公路以内均为城市区域,该规划目前尚未完成。本着近城不进城的原则,本项目终点设置于西绕城的位置,实现本项目与西绕城高速的高接高,同时可完成高速公路间的交通转换。

后期待乌鲁木齐市米东区的规划完成后,可按照城市快速路的标准与本项目的终点进行衔接,快速前往乌鲁木齐市的城市主干路网。本项目的终点设置于西绕城高速公路五家渠东互通位置,与其被交线相接,此方案已征得乌鲁木齐市政府及相关部门的同意。

7.3.2 工程分析

项目为大型公路建设项目,属典型的非污染生态影响类建设项目。工程的设计、建设及运行过程中均会对环境产生不同性质和不同程度的影响,以下就工程对环境的作用因素与影响进行识别和分析,并对项目环境污染的源强进行估算。

7.3.2.1 施工工艺

1) 路基、路面工程施工工艺

路基路面工程施工主要包括施工测量、场地清理(含清基)、路基开挖和填筑、不良地质段基础处理、基础压实、路基排水和防护、路面施工等工序。

场地清理(含清基),指路基工程开挖、填筑前,清理地表杂物,清除地表植被。路基工程土石方开挖和填筑,采用机械化施工,将废弃或不能及时利用的土石方堆于指定的区域。地表为草本或耕植土的开挖填筑区,先剥离表层耕植土,剥离平均厚度约30cm。剥离表土以推土机为主,辅以人工作业,剥离表土采用10~15t自卸汽车运至临时堆土区堆放,施工后期用于土地恢复或土壤改良覆土。

工程区地形较平坦,多为填方路基,填方路段施工时,采用水平分层填筑法,按照横断面全宽逐层向上填筑,如原地面不平,应由最低处分层填筑,每层经过压实符合规定要求后,再填筑下一层。

路面工程在路基和构造物工程完成后立即开工。本工程采用沥青混凝土路面,基层和面层均采用集中拌和、汽车运输,然后摊铺碾压。

路基防护工程和路基土石方工程结合起来安排,并穿插在土石方工程中进行施工。

路基排水边沟的开挖及整修,同路基土石方工程施工一并进行,并注意与涵洞等排水构造物的衔接。

2) 桥涵工程施工工艺

桥梁施工工序为:平整施工生产生活区—基础施工—桥梁上部构造施工。本工程绝大部分桥梁为旱桥,部分桥梁跨越冲沟、公路及地方道路。本工程桥梁基础采用灌注桩基础。根据新疆山区公路桥梁施工经验,桥梁灌注桩基础施工工艺根据地下水的埋深不同而分别采用人工挖孔桩或机械钻孔桩。

(1)钻孔灌注桩。

本工程需在水中设桥墩,桩基施工场地围堰筑岛。钻孔作业前开挖好泥浆池和沉淀池,钻渣进入沉淀池进行沉淀处理。灌桩出浆进入泥浆池进行土石的沉淀,沉淀后的泥浆循环利用,废泥浆进入沉淀池。施工过程中定期对泥浆池和沉淀池进行清理,清出的沉淀物运至弃渣场集中处置。

(2)人工挖孔灌注桩。

人工挖孔灌注桩是一种通过人工开挖而形成井筒的灌注桩成孔工艺,适用于旱地或少水且较密实的土质地层。其施工工艺流程为场地平整→放线→定桩位→架设支架或电动基芦→准备潜水泵、鼓风机、照明设备等→边挖边抽水→每下挖90mm进行桩孔周壁的清理→校核桩孔的直径和垂直度→支撑护壁模板→浇灌护壁混凝土→拆模继续下挖,达到未风化层一定深度后,由勘测单位验收→绑扎钢筋笼→验收钢筋笼→排除孔底积水、放入串筒→灌注桩芯混凝土至设计顶高程。

7.3.2.2 工程环境影响因素识别

项目构成和主要环境问题见表7-13。

项目构成和主要环境问题   表7-13

项目构成			工程时段	工程环节	主要的环境问题	环境要素	影响路段
主体工程	路基工程	挖方量2134.29万m³,填方量2940.98万m³,借方总量约1386.39万m³,弃方579.69万m³	施工期	征地拆迁	耕地减少、公共设施、拆迁、移民占地	生态环境社会环境	沿线
				土石方堆砌	水土流失、植被破坏	生态环境	沿线
				路基路面	水土流失、扬尘、废气、交通与机械噪声	生态、大气、声环境	沿线
	路面工程	沥青混凝土路面		桥梁施工	水质	水环境	沿线
	桥梁涵洞工程	大桥1座,中桥2座,小桥12座		材料运输	扬尘、运输散失、废气、交通事故	大气环境社会环境	沿线
				施工管理区	生活"三废"	水、固、气	沿线
	线路	229.192km	运营期	车辆行驶	噪声、废气、路面排水、危险品运输	声、气、水、社会环境	沿线
				交通运输	交通通行、地区经济发展、经济效益	社会环境	沿线
服务设施		服务区3处停车区2处	施工期	土方开挖	阻碍交通、对野生动物的阻隔	社会、生态环境	施工区
			运营期	场站运营	生活垃圾、污水排放、大气排放、噪声	水、声、固、气	设施周边
临时工程		取(弃)土场5处	施工期	取土	占有植被、水土流失	生态环境	取土场、堆土场

1)设计期

公路建设项目设计期主要为路线走廊带的选线过程和公路技术标准等的设计过程,路线的选择所产生的环境影响较大,选线过程决定了项目是否会涉及自然保护区、饮用水源地、风景名胜区等各类生态敏感区,决定了工程拆迁量、占用耕地的数量、阻隔影响、社会影响等。分析设计阶段主要考虑的工程环境影响如下:

(1)线位布设可能对福海县、102团、103团、五家渠市及乌鲁木齐城市规划产生影响,并可能影响到国家公路网规划、新疆公路网规划、工程区域国土资源的开发规划、农林牧业生产,工程附近的人群生活质量。

(2)线位的布设可能会对沿线矿产资源开发及沿线文物保护产生一定的影响。

(3)公路建设将产生永久占地和临时占地,对土地利用格局产生一定影响。

(4)公路选线不涉及大规模的村庄拆迁,但是项目拆迁建筑物 20480m^3,砍伐树木 51890 棵。

(5)路线布设及设计方案会影响河流水文,农田灌溉水利设施,防洪、水土流失及土地占用。

2)施工期

施工期将进行路基、大型桥梁、立交建设,沿线将设置施工便道、施工场地、施工营地等,设置一定数量的取土场,因此将占用大面积的林地和草地,加大水土流失强度,产生的施工噪声、施工废水、施工固体废料等将影响沿线环境保护目标的实现。项目构成和主要环境问题见表 7-14。

项目构成和主要环境问题　　　　　　　　表 7-14

环境要素	影响因素	影响性质	影响简析
声环境	施工机械	短期、可逆、不利	不同施工阶段施工车辆或施工机械噪声对离路线较近的声环境敏感点的影响
	运输车辆		
环境空气	扬尘	短期、可逆、不利	①粉状物料的装卸、运输、堆放、拌和过程中有大量粉尘散逸到周围大气中; ②施工运输车辆在施工便道上行驶导致的扬尘; ③沥青搅拌及铺设过程中产生的沥青烟气中含有 THC、TSP 及苯并[a]芘等有毒有害物质
	沥青烟气		
水环境	桥梁施工	短期、可逆、不利	①桥梁施工过程中的泥浆水,主要施工环节为桥梁下部结构施工阶段; ②桥梁建设施工工艺不当或施工管理不强,产生的施工泥渣、机械漏油、泥浆、施工物料和化学品受雨水冲刷入河流等情况将影响水质; ③施工营地的生活污水、施工场地施工废水对灌溉渠系的影响
	施工营地		
	施工场地		
生态环境	永久占地	长期、不利、不可逆	①工程永久和临时占地对沿线地的绿洲农田区、荒漠区的影响; ②临时占地、取土场设置的合理性,取土将增加区域水土流失量; ③施工活动地表开挖、建材堆放和施工人员活动可能对野生动物和农作物、植被造成一定影响,尤其对珍稀保护植物、野生动物影响分析; ④工程建设对土地荒漠化、沙漠化的影响
	临时占地	短期、不利、可逆	
	施工活动		

3)运营期

公路建成通车后,此时公路临时用地正逐步恢复,公路边坡已经得到良好的防护,道路绿化系统已经建成。因此,交通噪声将成为运营期最主要的环境影响因素,此外,公路辅助设施产生的水污染物和桥面径流对水体的影响也不容忽视。运营期主要环境影响因素见表7-15。

运营期主要环境影响因素   表7-15

环境要素	影响因素	影响性质	工程影响分析
声环境	交通噪声	长期、不利、不可逆	交通噪声影响沿线一定范围内居民区,干扰正常的生产和生活
环境空气	汽车尾气、辅助设施锅炉油烟排放	长期、不利、不可逆	①汽车尾气的排放对沿线空气质量造成影响; ②附属设施锅炉和餐饮油烟排放对环境空气影响
水环境	桥面径流、辅助设施污水排放、危险品运输事故环境风险	长期、不利、不可逆	①降雨冲刷路面产生的道路径流污水排入河流,造成水体污染; ②道路辅助设施(服务区和养护工区)产生的污水造成水体污染; ③装载危险品的车辆因交通事故泄漏,污染沿线水体,事故概率很低,危害大
生态环境	占地、阻隔影响	长期、不利、不可逆	①受区域盐渍土等不良地质的影响,路基高度平均在1.0m; ②本工程可能会对陆生野生动物的活动区间产生阻隔影响; ③工程建设对土地荒漠化、沙漠化的影响

4) 环境影响因子筛选

根据以上分析,在现场踏勘的基础上,结合工程特征、区域环境和敏感点情况,确定建设项目环境影响评价因子,见表7-16。

建设项目环境影响评价因子   表7-16

环境要素	评价因子	
	施工期	运营期
生态环境	永久性占地数量、临时性占地数量、占地类型与当地相应土地数量的比例;植被占用种类及数量;水土流失、土地沙漠化及荒漠化、挖除沥青混凝土废料填埋等	
环境空气	TSP	SO_2、NO_2、CO
水环境	SS、动植物油、COD、石油类	COD、SS、动植物油
声环境	等效连续A声级 L_{Aeq}	等效连续A声级 L_{Aeq}

7.3.2.3 源强估算

1) 施工期

(1) 施工期声环境污染源强

公路施工期噪声主要来自施工开挖、钻孔、砂石料粉碎、混凝土浇筑等施工活动中的施工机械运行、车辆运输和机械加工修配等。

施工作业机械品种较多,路基填筑有推土机、压路机、装载机、平地机等;桥梁施工有卷扬机、推土机等;公路面层施工时有铲运机、平地机、推铺机等。

这些机械运行时在距离声源5m处的噪声可高达84~90dB(A),联合作业时叠加影响更加突出。这些突发性非稳态噪声源将对施工人员和周围居民生活产生不利影响。

本工程主要施工机械不同距离处的噪声源强见表7-17。

主要施工机械不同距离处的噪声源强[单位:dB(A)]　　　　　表7-17

施工阶段	机械名称	5m	10m	50m	80m	100m	150m	200m	250m	300m
基础施工阶段	装载机	90	84	70	65.9	64	60.5	58	56	54.4
	推土机	86	80	66	61.9	60	56.5	54	52	50.4
	挖掘机	84	78	64	59.9	58	54.5	52	50	48.4
	打桩机	100	94	80	75.9	74	70.5	68	66	64.4
路面施工阶段	压路机	86	80	66	61.9	60	56.5	54	52	50.4
	平地机	90	84	70	65.9	64	60.5	58	56	54.4
	摊铺机	87	81	67	62.9	61	57.5	55	53	51.4
	拌和机	87	81	67	62.9	61	57.5	55	53	51.4

(2)施工期环境空气污染源强

公路施工过程污染源主要为扬尘污染和沥青烟气污染。其中,扬尘污染主要来源于筑路材料在运输、装卸、堆放过程、物料拌和过程;沥青烟气主要来源于路面施工阶段的沥青的熔融、搅拌、摊铺过程,主要产生以THC、TSP和BaP为主的污染物。类比分析得出主要环境空气污染物源强如下:

①扬尘污染源强。

扬尘污染主要在施工前期路基填筑过程,以施工道路车辆运输引起的扬尘和施工区扬尘为主。公路施工期环境空气监测数据分析见表7-18。

公路施工期环境空气监测数据　　　　　表7-18

序号	施工类型	主要施工机械	距路基(m)	TSP(mg/m^3)
1	混凝土搅拌、凿石、电焊	搅拌机1台,装载机1台	20	0.23
2	桥台浇筑	发电机1台,搅拌机1台,升降机1台	20	0.17
3	边坡修整、护栏施工	挖掘机1台,装载车3台	20	0.13
4	路基平整	发电机1台,4台运土车40~50台/d	30	0.22
5	混凝土搅拌	发电机1台,搅拌机1台,手扶夯土机2台,运土车20台/d	30	0.32
6	平整路面	装载机1台,压路机2台,推土机1台,运土车40~60台/d	40	0.23
7	混凝土搅拌、路基平整	搅拌机1台、运土翻斗车2台、运土车20台/d	100	0.28
8	桥梁浇筑、桥台修建、爆破	发电机2台,搅拌机2台,拖拉机2台,振动器2台,起重机1台,运土车30~40台/d	100	0.21
9	混凝土搅拌、电焊	搅拌机1台,装载机1台	100	0.21

施工期间,土料、砂石料及水泥均需从外运进,运输量很大,运输扬尘、汽车尾气对局部区域空气质量产生影响。根据相关类比监测数据,施工运输道路TSP浓度在下风向50m、100m、150m处分别为11.652mg/m^3、9.694 mg/m^3、5.093mg/m^3;灰土拌和站:TSP浓度在下风向

50m、100m、150m 处分别为 8.90mg/m³、1.65 mg/m³ 和 1.00 mg/m³。

②沥青融熔烟气源强。

污染物浓度一般在下风向 50m 外苯并[a]芘低于 0.00001mg/m³，酚在下风向 60m 左右≤0.01mg/m³，THC 在 60m 左右≤0.16mg/m³。

(3) 施工期水污染源强

施工期间废水主要来自生产和生活，包括砂石料加工冲洗废水、混凝土拌和废水、施工机械冲洗喷淋含油废水、生活污水等；污染物以 SS 为主，废水量以砂石料加工废水和生活污水居多。

①施工废水。

桥梁施工机械跑、冒、滴、漏的污油及露天机械受雨水冲刷后产生的油水污染；施工营地尤其是跨河流桥段施工营地的生活污水、生活垃圾将对周围水域产生一定的污染；施工场地：砂石材料冲洗废水，废水量较小，污水中成分较为简单，一般为 SS 和少量的石油类。

②生活污水。

施工营地生活污水主要为少量的 SS、动植物油、COD 等，主要污染物及浓度为 COD：500mg/L；SS：250mg/L；动植物油：30mg/L。施工人员生活用水量按 80L/(人·d)计，产污系数按 90% 计，则施工活动每人每天产生的生活污水量约为 0.072m³。

(4) 施工期固体废弃物源强

施工期固体废物主要包括建筑垃圾和施工人员生活垃圾，其中建筑垃圾清运至就近县城的建筑垃圾填埋场堆放，生活垃圾集中收集在就近县城的生活垃圾填埋场。

2) 运营期

(1) 运营期噪声源强

公路投入营运后，在公路上行驶的机动车辆的噪声源为非稳态源，车辆行驶时其发动机、冷却系统以及传动系统等部件均会产生噪声；行驶中引起的气流湍动、排气系统、轮胎与路面的摩擦等也会产生噪声；由于公路路面平整度等原因而使行驶中的汽车产生整车噪声。

各类型车的平均辐射声级按以下公式计算：

$$小型车\ L_{oS} = 12.6 + 34.73\lg v_S + \Delta L_{路面} \tag{7-1}$$

$$中型车\ L_{oM} = 8.8 + 40.48\lg v_M + \Delta L_{纵坡} \tag{7-2}$$

$$大型车\ L_{oL} = 22.0 + 36.32\lg v_L + \Delta L_{纵坡} \tag{7-3}$$

上述式中：S、M、L——小、中、大型车；

v_i——该车型车辆的平均行驶速度，i 分别指 S、M、L，km/h。

根据上述公式，本项目各特征年分车型单车交通噪声源强见表 7-19。

本项目各特征年分车型单车交通噪声源强 [单位：dB(A)]　　表 7-19

车型	源强公式	车速(km/h)		辐射声极[dB/(A)]	
		昼间	夜间	昼间	夜间
小型车	$L_{oS} = 12.6 + 34.73\lg v_S$	120	110	84.8	83.5
中型车	$L_{oM} = 8.8 + 40.48\lg v_M$	100	90	89.8	87.9
大型车	$L_{oL} = 22.0 + 36.32\lg v_L$	90	80	93.0	91.1

（2）运营期水环境影响

①服务设施废水。

本工程共设置设有 1 处主线收费，2 处匝道收费站、3 处服务区、养护工区 2 处。参照《公路建设项目环境影响评价规范》推荐的生活污水和洗车用水量定额标准，计算出本工程 1 处匝道收费站和服务区的废水污染源排放情况，详见表 7-20，废水中主要污染物及其浓度见表 7-21。

沿线服务设施污水排放情况统计表　　　表 7-20

辅助设施名称	污水种类		废水排放量			排放去向
			污水定额（m³/人）	人（车）数	小计（t/d）	
收费站	生活污水	工作人员	0.1	20	1.8	出水冬储夏灌，夏季用于服务区绿化
服务区	生活污水	工作人员	0.1	20	1.8	
		过往人员洗手、冲厕	0.02	300	5.4	

废水中的主要污染物及其浓度（单位：mg/L）　　　表 7-21

管理设施	主要污染物					
	SS	COD	BOD	氨氮	石油类	动植物油
收费站	200	250	150	25	5	30
服务区和停车区	300	300	200	40	5	30

由表 7-20 可见，沿线各服务设施的污水排放量约 32.4t/d。沿线各服务、管理设施的污水要经治理措施治理标回用于绿化、灌溉等。各设施的治理措施详见后续。

②路面径流污染源。

公路建成后，随着交通量逐年增多，沉积在路面上的机动车尾气排放物、车辆油类以及散落在路面上的其他有害物质也会逐年增加，上述污染物一旦随路（桥）面径流进入水体，将会对水环境的水质产生一定的影响。因此，运行期路面径流对地表水体的污染影响主要表现在跨河路段桥面径流对所跨河流水质的影响上。

路面径流污染物主要是悬浮物、石油类和有机物，其污染物浓度受降雨强度、车流量、车辆类型、灰尘沉降量和前期干旱时间等因素影响，因此具有一定程度的不确定性。根据资料调查，降雨初期到形成桥面径流的 30min 内，雨水中的 SS 和石油类物质的浓度比较高；30min 后，其浓度随降雨历时的延长下降较快，雨水中 COD 随降雨历时的延长下降速度稍慢，pH 值相对较稳定；降雨历时 40min 后，桥面基本被冲洗干净。

（3）运营期环境空气影响

①服务区锅炉。

沿线设施拟采用清洁能源（地源热泵、电或太阳能等）进行供暖，饮水、洗澡等生活用水采用电热水器，对沿线大气环境基本无影响。

②汽车尾气。

汽车尾气污染物主要来自曲轴箱漏气、燃油系统挥发和排气筒的排放，主要污染物为 CO、

NO_2,对两侧环境空气质量有一定影响。根据《公路建设项目环境影响评价规范》,现阶段车辆单车排放因子推荐值见表7-22。

现阶段车辆单车排放因子推荐值 [单位:g/(km·辆)]   表7-22

平均车速(km/h)		50	60	70	80	90	100
小型车	CO	31.34	23.68	17.90	14.76	10.24	7.72
	NO_x	1.77	2.37	2.96	3.71	3.85	3.99
中型车	CO	30.18	26.19	24.76	25.47	28.55	34.78
	NO_x	5.40	6.30	7.20	8.30	8.80	9.30
大型车	CO	5.25	4.48	4.10	4.01	4.23	4.77
	NO_x	10.44	10.48	11.10	14.71	15.64	18.38

(4)固体废弃物

运营期固体废弃物主要为服务区、收费站所产生的生活垃圾。根据运营期主要站点的布设情况,运营期的生活垃圾在各服务设施点集中收集后由垃圾车定期运至附近城镇垃圾处理场。

(5)事故风险分析

装载有毒、有害物质的车辆因交通事故泄漏或洒落后若排到附近水体将污染附近地表水体的局部水域,若排放到农田,将对农业水系造成污染危害。

7.3.3 项目与相关规划的协调性分析

7.3.3.1 产业政策相符性

本项目为新建高速公路,工程属《产业结构调整指导目录(2019年版)》中"第一类 鼓励类""二十四、公路及道路运输(含城市客运)""1、国家高速公路网项目建设"项目,符合国家产业政策要求。

7.3.3.2 工程与新疆公路网规划的符合性分析

本工程位于新疆交通运输"十三五"发展规划中,规划提出,力争"十三五"期完成交通基础设施建设投资1万亿元,建设总里程约15.2万km(其中高速公路约8500km),建成万公里高速公路主骨架,构建"互联互通、中心集聚、多级辐射、覆盖广泛、衔接顺畅、运行安全、服务优质"的公路交通运输网络,到2020年实现县县通高速、乡乡通油路、村村通硬化路目标,大幅提升全区路网通行能力和服务水平。本项目的建设是国道网全面完善升级的必要条件,也是新疆维吾尔自治区"十三五"交通发展新形势下的必然要求。

本次工程增加了新疆首府乌鲁木齐中心区和阿勒泰地区的联系,缩短了区域间的时空距离,对促进区域经济社会融合发展、稳疆兴疆的意义十分重大。该工程的建设将为区域交通出行提供良好的支撑,形成连接阿勒泰地区及乌鲁木齐的快速通道,是完成新疆维吾尔自治区省道规划建设实施的需要。

山西省交通环境保护中心站(有限公司)编制规划环评工作,2017年11月,自治区环保厅以新环[2017]1843号文通过审查意见。

本项目与《新疆综合交通运输"十三五"发展规划环评审查意见》相符性分析见表7-23。

本项目与《新疆综合交通运输"十三五"发展规划环评审查意见》相符性分析　　表7-23

规划批复要求	本项目落实情况	符合性
根据国家、自治区生态文明建设发展战略,结合国家、自治区主体功能区规划、国民经济和社会发展"十三五"规划及"十三五"环境保护规划等,从改善提升区域整体环境质量以及生态功能保护角度,进一步优化路网布局、规模等,从顶层设计和源头控制着手,防范环境污染和生态破坏。结合环境敏感区、生态脆弱区、重要物种生境的分布情况,对区域人口数量较少、开发强度低的区域,合理规划路网规模。针对"十二五"规划实施存在的主要环境问题,落实对遗留环境问题的整改要求	本项目为新建道路,不存在遗留环境问题	符合
强化空间管控,划定并严守生态保护红线,优化相关路网空间布局,结合各地州市县发展方向、人口分布及环境承载力等条件,明确生态保护红线和禁止建设区域范围,实施重要生态功能区"红线"管控;对于涉及自然保护区、饮用水水源保护区、风景名胜区及其他重要生态功能区等环境制约性敏感区的新选线路,须优先选择避让方案;对于既有道路的改扩建工程,应充分结合《中华人民共和国水污染防治法》《饮用水水源保护区污染防治管理规定》《中华人民共和国自然保护区条例》等相关法规开展分析论证,落实区域生态环境保护目标和生态环境保护红线(禁止、限制开发区)管控要求	本项目为新建工程,避绕了青格达湖省级(兵团)自然保护,通过采取相应的措施尽量降低了对该生态功能区的影响	符合
严守水土资源利用上线,开展线型工程的全过程环境监理工作,严格落实施工期生态保护及水土流失防治措施。合理布局路网、枢纽、站场等;通过增加桥隧比、降低路基、收缩变坡、合理控制取弃土场数量等措施提高耕地、林地集中路段土地资源利用率;强化对各类敏感水体、湿地重点保护及珍稀濒危野生动物生境、迁徙通道等保护措施,落实各项生态补偿及恢复措施	本项目在选址选线增加,桥梁比、降低路基、收缩、变坡、合理控制取弃土场数量等措施	符合
坚守环境质量底线,实施污染物达标排放管控,采取有效措施减少各类污染物的排放量,加强对服务区、站场等污水、废气处置与污染物排放管控,提高清洁能源利用水平;有效控制噪声影响,通过优化线位、搬迁或功能置换,分情况采取降噪路面、隔声墙(窗)等,落实各项隔声降噪措施,避免交通噪声扰民	本项目服务区使用清洁能源,采取降噪措施,避免交通噪声扰民	符合
强化环境准入负面清单要求,规划实施中严格落实环境准入负面清单管控。一是规划中穿越自然保护区核心区和缓冲区、世界自然和文化遗产地禁建区、饮用水水源地一级保护区、风景名胜区核心区、森林公园生态保育区和核心景观区、湿地公园湿地保育区和恢复重建区等生态保护红线的公路项目禁止建设;规划中枢纽场站,选址位于自然保护区试验区、世界自然和文化遗产地缓冲带、风景名胜区核心区以外区域、森林公园、重要湿地及湿地公园、水产种质资源保护区、重要生态功能区、重点生态功能区、生物多样性优先保护区域、饮用水水源二级保护区及准保护区等的项目,禁止建设。二是G219线喀纳斯—哈巴河—吉木乃公路项目穿越新疆哈纳斯国家级自然保护区的核心区、缓冲区,要求该项目喀纳斯—哈巴河段暂缓建设。三是以下项目在规划实施中须避让环境敏感区的禁建区 G217线独山子—库车项目避绕新疆巴音布鲁克国家级自然保护区的核心区和缓冲区,避绕新疆天山世界自然遗产巴音布鲁克片区的禁建区和限建区 G217线(S15)库车沙雅—阿拉尔项目避绕新疆沙雅县塔里木河上游湿地自然保护区的核心区和缓冲区 G314线(S27)布伦口—红其拉甫口岸项目避绕新疆帕米尔高原湿地自然保护区 G219线伊犁昭苏夏特古道—温宿县博孜墩乡至S306线岔口项目避绕新疆托木尔峰国家级自	本项目不属于需要调整的线路,已避绕青格达湖省级(兵团)自然保护	符合

续上表

规划批复要求	本项目落实情况	符合性
然保护区的核心区和缓冲区,避绕天山世界自然遗产托木尔片区的禁建区和限建区S340哈尔莫敦—巴音郭楞项目避绕新疆天山世界自然遗产巴音布鲁克片区的禁建区和限建区S12(G218线)那拉提—巴仑台项目避绕那拉提国家森林公园的核心景观区和生态保育区;同勒泰市—禾木(吉克普林)项目避绕新疆乌齐里克国家湿地公园的湿地保育区和恢复重建区G331线乌拉斯台至塔克什肯口岸,避绕新疆布尔根河狸国家级自然保护区的核心区和缓冲区	本项目不属于需要调整的线路,已避绕青格达湖省(兵团)级自然保护	符合

7.3.3.3 工程与新疆主体功能区规划符合性

根据《新疆维吾尔自治区主体功能区划》,建设公路全线不涉及重要生态功能区和禁止开发建设区。本工程为国家和自治区规划的交通运输类重要基础设施建设项目,是非污染类项目,项目选线避绕生态敏感区,与《新疆维吾尔自治区主体功能区划》是相符的。

7.3.3.4 工程与现有路网及其他线性工程的符合性分析

建设公路范围内现有线性工程有三条,分别为"南干渠""G216通道"及"G217+G3014通道",其中"南干渠""G216通道"均位于本工程的东侧,与南干渠最近距离为1.5km,最远距离约为30km;距离G216约150km。"G217+G3014通道"位于本公路西侧,最近距离约160km,本次道路与现有的三条线性工程均无交叉。

现有的路网通道主要为"G216通道"及"G217+G3014通道",为现状至阿勒泰地区最主要的两条通道,其中"G216通道"为二级公路,设计速度80km/h,承担的交通量主要是乌鲁木齐以东区域经富蕴至阿勒泰地区的交通量,通道里程约588km。"G217+G3014通道"为高速公路+二级公路,承担的交通量主要为乌鲁木齐以西区域经克拉玛依至阿勒泰地区的交通量,通道里程约653km。

乌鲁木齐及周边区域要出行至阿勒泰地区,均需通道东西两条通道绕行。两地相隔于准噶尔盆地(古尔班通古特沙漠)南北两端,中间穿越沙漠的便捷通道没有打通,严重制约了北疆北部阿勒泰地区、北屯、福海等地的经济社会发展。同时,乌鲁木齐、五家渠市没有直接北上的对外联系通道,也削弱了新疆首府乌鲁木齐市对北疆片区的经济辐射带动作用。本项目的建成打通了横亘于北疆和乌鲁木齐首府地区的沙漠便捷通道,此通道(乌鲁木齐至阿勒泰)通道里程约395km,比东、西两个现有通道分别近约258km和193km。

7.3.4 路线比选

7.3.4.1 方案介绍

本项目黄花沟至乌鲁木齐段起点路段位于福海县黄花沟农业规划区,终点路段靠近五家渠市和乌鲁木齐市,中间大部分路段经过准噶尔盆地和古尔班通古特沙漠。根据项目的功能定位,起、终点位置的选择,考虑沿线地形条件、沙丘性质、公益林及农业灌溉区的分布等因素,项目组经纸上研究及现场踏勘,并征求地方政府及相关部门意见。本项目是《新疆维吾尔自治区省道网规划(2016—2030年)》"6横、6纵、6联、2环"中的"纵二",为计划建设的S21省级高速公路的南段。本项目的走廊带应从阿勒泰—北屯—福海—五家渠—乌鲁木齐整条南北大通道综合考虑,并结合作为"纵二"北段的S21线阿勒泰至乌鲁木齐公路建设项目北屯—福海—黄花沟段已确定的走廊带及路线方案,综合拟定东、中、西3个走廊带。

(1)东走廊带起于北屯市G3014奎阿高速北屯南互通立交处,路线整体呈南北走向,主要节点为北屯市—丰庆湖东—福海水库西—三个泉管理站西—吉拉沟—103团东—五家渠市,建设里程约350km。

(2)中走廊带起于福海县南4.5km处G3014奎阿高速处,路线整体呈南北走向,主要节点为福海县—吉力湖东—黄花沟东—吉拉沟—103团东—五家渠市,建设里程约229.192km。

(3)西走廊带起于乌伦古湖及吉力湖之间的G3014奎阿高速,路线整体呈南北走向,主要节点为福海县—吉力湖西—黄花沟西—吉拉沟—103团东—五家渠市,建设里程约315km。

7.3.4.2 方案比选

1)工程比选

对三个走廊带工程的对比见表7-24。

本工程路线工程比选表 表7-24

序号	项目名称	单位	东线方案	中线方案	西线
1	路线长度	km	350	229.192	315
2	路基土方	1000m³	29523.941	40335.724	29718.187
3	路基排水及防护	100m³	943.64	1150.87	1476.03
4	路面工程	1000m³	8018.659	7457.640	8113.697
5	特大桥	米/座	1830/1		
6	大桥	米/座	1400/3	107/1	868/2
7	中桥	米/座	1492/18	134/2	882/13
8	小桥	米/座	4167/199	3947.5/12	4998.5/233
9	通道	米/处	32	42	246/5
10	涵洞	道	523	135	505
11	互通式立交	处	6	5	7
12	新增占地	公顷	2376.8844	1512.3	2452.7633
13	投资估算金额	万元	1011046.4	775720.6405	1045072.35
14	平均每公里造价	万元	2864.29	3384.5	2925.09

营里程方面:东走廊带建设里程最长,但作为连接阿勒泰市至乌鲁木齐市的快速通道,整体运营里程在3个走廊带中最短;西走廊带虽建设里程最短,但整体运营里程最长。

区域经济带动性方面:中走廊带途经经济节点较多,对地方沿线旅游业发展、产业园建设等资源开发具有积极拉动作用,地方政府较为支持;东走廊仅经过182团农业区,沿线旅游节点较少;西走廊带途经的大部分路段均在沙漠和荒漠区域,路线所连接区域较少,途经经济节点少,对区域经济的带动性较差。

中走廊带位于正在建设的 G216 线福蕴—五彩湾高速公路、G3014 高速公路中间位置，从路网布局来看更趋合理；且福海作为本项目的重要节点，其位于中走廊带，而东走廊带完全绕过了福海县，与 S21 项目所要求的通过重要节点城市总体走向的原则不符。

综合以上各方面因素并结合路网规划，分析认为，东、西走廊带途经经济节点较少，对区域经济带动作用较差，路网布局较差，建设意义不大。福海作为本项目的重要节点，其位于中走廊带，且中走廊带也是 S21 线阿勒泰至乌鲁木齐公路建设项目北屯—福海—黄花沟段已确定的走廊带及路线方案，本项目作为其延伸，应选择与其相同的走廊带，故本报告推荐中走廊带。

2）环境比选

下面对各方案从环境角度进行比选，见表 7-25。

各方案环境因素比较表 表 7-25

	长度（km）	东线方案	中线方案	西线方案	推荐方案
		350	229.192	315	
生态	新增占地（hm²）	2376.8844	1512.3	2452.7633	中线
	湿地公园	不涉及	不涉及	穿越乌伦古湖湿地公园	东线、中线
	公益林	占用多	一般	较少	西线
	农田	涉及基本农田	涉及基本农田（相对较少）	涉及基本农田	中线
	自然生态环境	荒漠和绿洲	荒漠和绿洲	荒漠和绿洲	均可
	环境噪声、空气	7 级	7 级	10 级	中线
	水源保护区	不涉及	不涉及	不涉及	均可
社会环境	城镇规划	距离福海县较远	符合	距离福海县较远	中线
	地方政府意见	推荐	推荐	不推荐	东线、中线

综合比选，中线方案线路最短，占地面积较少，涉及农田及公益林较少，同时避开了国家湿地公园和自然保护区，因此，从环境角度推荐中线方案。

7.4 环境现状调查

7.4.1 自然环境现状调查

7.4.1.1 地理位置

S21 阿乌高速公路建设项目黄花沟至乌鲁木齐段工程新疆维吾尔自治区北部，先后经过福海县、昌吉州、五家渠市及乌鲁木齐市，本次工程全部新建。路线起自福海县黄花沟，接 S21 阿乌高速公路建设项目北屯—福海—黄花沟项目的终点，路线终点位于红雁湖村东南与拟建乌鲁木齐西绕城高速衔接，路线全长 229.192km。

7.4.1.2 地形地貌

本工程整体呈南北走向,项目区从北到南依次经福海县、昌吉州、五家渠市及乌鲁木齐市。从总体上看,地形呈南北两侧高、中间低的形势。北侧为阿尔泰山脉,海拔1000～3000m;中部准噶尔盆地(古尔班通古特沙漠)为戈壁沙漠区,地形起伏不大;南侧为天山山脉的博格达山,最高峰博格达峰海拔5445m。

项目区域属准噶尔盆地一级地貌单元,项目区从北向南依次经过古尔班通古特沙漠风积地貌和天山北麓山前冲积、洪积地貌三个二级地貌单元。

(1)古尔班通古特沙漠风积地貌(图7-5)位于本工程中段,属于古尔班通古特沙漠的中部,该区域的沙丘多数为固定、半固定沙丘,植被主要为梭梭、蛇麻黄、花棒等。福海至六师102团段属于此地貌单元。

图7-5 古尔班通古特沙漠风积地貌

(2)天山北麓山前冲积、洪积地貌(图7-6)主要位于本工程南段,地形开阔平缓,起伏不大,地势由东南向西北倾斜,海拔为650～1100m。六师102团至终点段属于此地貌单元。

图7-6 天山北麓山前冲积、洪积地貌

7.4.1.3 水文

1)地表水

本项目水体涉及河流、干渠、水库,主要有乌鲁木齐河、老龙河、八一引水渠、猛进水库。乌鲁木齐河:发源于天山天格尔峰北侧的一号冰川,沿山地北坡切入盆地,越乌拉泊、红山嘴垭,横穿乌鲁木齐市区,注入猛进水库,集水面积924km²,河流长度210km(大西沟源头至东道海子)。年平均流量7.47m³/s,年径流量2.36亿m³,最大径流量2.91亿m³(1966年),最小径流量1.80亿m³(1968年),径流量连续最大在6—9月,1.88亿m³,占79.5%。流域面积5128km²,其中冰川面积38km²。1956年6月,猛进水库扩建蓄水之前,河水经老龙河下泄至东道海子。

老龙河:是乌鲁木齐地下水溢出带泉水汇流形成的泉水河,并汇集前山及山前平原带的融冰化雪水、工业、农业回归水,年径流量(6149~8410)万m³。上游建有塔桥湾水库(库容1000万m³),随着上游地区的经济发展,地下水大量开采,现在水量已减少为过去的一半。老龙河水由三个庄分洪联合闸经引洪渠送入猛进水库,河床在分洪闸后部分河段已被开垦种植,猛进水库主要引用其冬闲水和春季化雪水。

平原水系中还有黑水桥、高家湖、东西阴沟等,均属于泉水河沟,水源来自泉水和春季山前平原化雪水,水量不大,年际变化较大。其中黑水桥和高家湖汇入猛进水库,东、西阴沟汇入八一水库。

2)地下水

该地区地下水主要来源于卡拉麦里平原区地下水和水库、渠系渗漏。

通过对本区域的水文地质条件分析,本地区的地下水分布呈南多北少的特点:南部山前冲洪积扇较丰富,可开采量较大;中部及北部大部分区域地下水匮乏,可开采量很少。地下水埋深由南至北逐渐加大。

7.4.1.4 气候特征

该区域气候属于中温带大陆干旱气候,冬季长而严寒,夏季短而炎热,昼夜温差大,冰冻期长,降水量小,蒸发量大,日光充足,空气干燥,春夏季多风。本工程地处公路自然区划的Ⅵ2区,属绿洲-荒漠区。其中:

(1)福海县:年均气温4.7℃,极端高温40.0℃,极端低温零下42.7℃,0℃以上持续期224d,大于10℃的积温2985℃,大于0℃的积温3455℃。年均无霜期156d(最长达186d,最短为122d),年均日照2908h,年均降水量约131mm,年均蒸发量高达1840mm。

(2)五家渠市:年均气温6~7℃,最高气温40~42℃,最低气温-38~-40℃;1月平均气温-17.5℃,7月平均气温24.6℃。无霜期158d,日照为2800~3000h。年平均降水量为190mm。年平均降雪初始日为10月22日,年平均降雪终止日为4月14日。年均积雪深度为17.5cm,最大29cm,最小9cm。稳定积雪103d,最多138d,最少30d。年蒸发力为2000mm左右,冬半年蒸发力为220mm,冬季蒸发力为30mm,夏季蒸发力为1050mm。年平均风速为2m/s,冬半年平均风速为1.5m/s,冬季平均风速为1.2m/s。极端最大风速为28m/s,冬季极端最大风速为16m/s。最多风向频率为东风和东北风,次多为西风和西南风。冬季东风及东偏北风出现频率较大;春季东风及东偏北风、西风及西偏南风、西北风的出现频率较大;夏季西风及西偏南风的出现频率较大。年静风率20%,其中冬季30%,春季13%。

(3)乌鲁木齐市属温带大陆性气候,其特点是寒暑变化剧烈,干燥少雨,光照丰富,蒸发量大,冬季寒冷漫长,夏季热而不闷,春季多大风,秋季降温迅速。年平均气温6.4℃,

全年中七月最热,月平均气温24.5℃,一月最冷,月平均气温-14.9℃,极端最高气温42.1℃,极端最低气温-41.5℃。地面温度最高达67.5℃,最低达43.6℃,最大冻土深度162cm,平均日照率62%,最高年日照时数3115h,日照率70%,最低年日照时数2404h,日照率54%。

乌鲁木齐市降水量较少,年平均降水量236mm,年最大降水量401mm,年最少降水量131mm。年平均蒸发量2267mm,年蒸发量3120mm,最低年平均蒸发量1383mm,年蒸发量约为年降水量的10倍。积雪最大深度48cm,最小11cm,平均27.5cm,降雪期在10月中旬至4月中旬,年平均降雪期185d左右。

乌鲁木齐市主导风向春季多为东南风,频率最高14.3%,最大风速28m/s,冬季为北风和西北风,频率达8.75%~9.5%,最大风速20m/s。年平均气压936mbar,最高年平均气压947mbar,最低年平均气压914mbar,其中冬季气压高,夏季气压低。年平均相对湿度58.8%,最高年平均相对湿度67%,最低平均相对湿度53%。

7.4.1.5 地质

本工程展布区在准噶尔盆地中部,地质构造为Ⅱ准噶尔板块,断裂构造不发育,仅在北部线路附近通过一条北东向断裂,即准噶尔盆地北缘大断裂带(F2),区内该断裂带推测长约60km,南西端为现代洪积层所覆盖,延伸不明,北东端延至区外。根据沿线地貌、工程地质、水文地质等条件,本研究区域可以划分为3个工程地质分区。

1)工程地质

根据沿线地貌、工程地质、水文地质等条件,本研究区域可以划分为以下3个工程地质分区。

(1)阿尔泰山前冲洪冲积、洪积平原区。

本段主要位于研究区域的北部,属于两河(额尔齐斯河、乌伦古河)冲积平原,地形开阔平缓,起伏不大。本段南部靠近古尔班通古特沙漠区域,地表为粉土,厚度5~20m,其下为冲积、洪积相的圆砾、角砾。南部靠近天山山脉的前缘,地层主要为冲积、洪积相的圆砾、角砾。

(2)风积沙漠区。

本段位于研究区域的中部,位于古尔班通古特沙漠的中部,该区域的沙丘多数为固定、半固定沙丘,固定沙丘上植被覆盖度40%~50%,半固定沙丘达15%~25%,植被主要为梭梭、蛇麻黄、花棒等。地层主要为第四系风积相的细砂、中砂、粉土等,松散~稍密。

(3)天山北麓山前冲积、洪积平原区。

本段主要位于研究区域的南部,地形开阔平缓,起伏不大,地势由东南向西北倾斜,海拔为650~1100m,南部靠近天山山脉的前缘,地层主要为冲积、洪积相的圆砾、角砾。另外,本区北部靠近古尔班通古特沙漠区域,地表为粉土,厚度5~20m,其下为冲积、洪积相的圆砾、角砾。

2)不良地质

本次线路区及走廊带内,不良地质主要为风沙,特殊性岩土主要为季节性冻胀土及盐渍土。

(1)不良地质(风沙)。

该地区中部属于古尔班通古特沙漠的一部分,沙丘多呈北西向310°~330°展布的垄状、链状及少量新月状沙丘,在垄状沙丘之间存在同向的风蚀洼地,洼地上生长着耐旱植物,沙丘的比高为20~50m,海拔510~650m,沙丘多数为固定、半固定沙丘。固定沙丘上植被覆盖度40%~50%,半固定沙丘达15%~25%,植被主要为梭梭、蛇麻黄、花棒等耐旱植物。

本工程的风沙段落主要在福海至六师102团段,该段主要为多风积沙丘,风积地貌,沙丘多,生长梭梭,地表较密实。本段地基土主要以细砂、中砂、砾砂为主,地基承载力基本容许值$[f_{a0}]$ = 150~250kPa。

(2)特殊性岩土(季节性冻胀土)。

本工程路线所经区域,夏季短而炎热,最高气温可达到40℃;冬季长而严寒,最低气温为-40℃。在冬季严寒时,土质易出现冻胀现象,此时,土质呈冻结状态,有较高的承载力和较小的压缩性,甚至无压缩性,但冻融后承载力大大减弱,压缩性增高,产生大量融沉,对路基的稳定性影响很大。冻胀是季节性冻土与多年冻土地区所特有的公路病害,危害较大,因而也是路基路面设计施工中必须着重考虑的问题。

(3)特殊性岩土(盐渍土)。

沿线部分段落地表盐渍化程度较重,可发现石膏、芒硝结晶和泛盐痕迹,地表蓬松、泛白,耐碱植物较多。

本研究区域地基土盐渍土分类主要为氯盐、亚氯盐、硫酸盐、亚硫酸盐。全线地表主要以中盐渍土为主,盐渍化程度较重。盐渍土按成因方式不同可划分为两类:一类为地下水毛细水蒸发产生的盐渍土,另一类为洪积盐土。

7.4.1.6 地震

根据2015年国家市场监督管理总局和国家标准化管理委员会发布的《中国地震动参数区划图》(GB 18306—2015),建设项目区域内地震动峰值加速度系数为0.05~0.15,根据《公路工程技术标准》(JTG B01—2014)第3.7.1条的规定,地震动峰值加速度系数在0.05~0.4范围内的地区的公路工程,结构物设计应进行抗震设计。

7.4.2 生态环境现状调查

7.4.2.1 区域生态系统现状

1)生态功能区划

根据《新疆生态功能区划》,本项目穿越了准噶尔盆地温性荒漠与绿洲农业生态区,准噶尔盆地北部灌木半灌木荒漠生态亚区、准噶尔盆地中部固定半固定沙漠生态亚区和准噶尔盆地南部荒漠绿洲农业生态亚区,陆梁—黄花沟石油开发及荒漠植被保护生态功能区、古尔班通古特沙漠化敏感及植被保护生态功能区、乌苏—石河子—昌吉城镇与绿洲农业生态功能区。评价区域穿越的生态功能区及项目沿线生态功能区划见表7-26。

项目沿线生态功能区划 表7-26

生态功能分区单元			涉及范围	主要生态服务功能	主要生态环境问题	主要生态敏感因子、敏感程度	主要保护目标
生态区	生态亚区	生态功能区					
准噶尔盆地温性荒漠与绿洲农业生态区	Ⅱ1 准噶尔盆地北部灌木半灌木荒漠生态亚区	14.陆梁—黄花沟石油开发及荒漠植被保护生态功能区	和布克赛尔县、福海县、富蕴县、克拉玛依市	油气资源开发、荒漠化控制	土壤风蚀、油气开发造成环境污染和荒漠植被破坏	土地沙漠化轻度敏感、土壤侵蚀极度敏感	保护荒漠植被、保护地下水资源、防止油田土壤污染、防止荒漠化加剧
	Ⅱ3 准噶尔盆地中部固定、半固定沙漠生态亚区	23.古尔班通古特沙漠化敏感及植被保护生态功能区	和布克赛尔县、福海县、沙湾县、玛纳斯县、呼图壁县、昌吉州、米东区、阜康市、吉木萨尔县、奇台县、木垒县	沙漠化控制、生物多样性维护	人为干扰范围扩大，工程建设引起沙漠植被破坏、鼠害严重，植被退化、沙漠化构成对南缘绿洲的威胁	生物多样性及其生境高度敏感，土地沙漠化极度敏感，土壤侵蚀高度敏感，土壤盐渍化轻度敏感	保护沙漠植被、防止沙丘活化
	Ⅱ5 准噶尔盆地南部荒漠绿洲农业生态亚区	26.乌苏—石河子—昌吉城镇与绿洲农业生态功能区	乌苏市、奎屯市、沙湾县、石河子市、玛纳斯县、呼图壁县、昌吉州	工农畜产品生产、人居环境、荒漠化控制	地下水超采、荒漠植被退化、土地荒漠化与盐渍化、大气及土壤污染、良田减少、绿洲外围受到沙漠化威胁	生物多样性及其生境中度敏感，土壤盐渍化轻度敏感	保护绿洲农田、保护城市大气和水环境质量、保护荒漠植被、保护农田土壤环境质量

2) 公路沿线区域生态系统现状

本工程自北向南从准噶尔盆地中部穿过，项目起点位于准噶尔盆地北部戈壁荒漠区，线路中段位于古尔班通古特沙漠区，后段位于准格尔盆地南缘的乌鲁木齐老龙河冲积平原，项目沿线地势起伏不大，整个线路海拔为420~580m，根据公路沿线现状调查、土地利用状况和遥感影像资料，项目沿线区域按照生态单元来划分为准噶尔盆地北部戈壁荒漠区，古尔班通古特沙漠区和老龙河绿洲区，沿线各生态区段概况见表7-27。

沿线各生态区段概况 表7-27

区域类型	起讫桩号	生态系统	土地利用类型	土壤类型	植被类型	野生动物	景观类型	生态问题
准噶尔盆地北部戈壁荒漠区	K113+000~K160+000	荒漠生态系统	戈壁、沙地、低覆盖度草地、中覆盖度草地	灰棕漠土龟裂土	梭梭、假木贼、猪毛菜、小蓬、驼绒藜、沙生针茅	鹅喉羚、蒙古兔、狐、沙鼠	戈壁景观	地表植被破坏、土地荒漠化

续上表

区域类型	起讫桩号	生态系统	土地利用类型	土壤类型	植被类型	野生动物	景观类型	生态问题
古尔班通古特沙漠区	K160+000～K290+000	荒漠生态系统	沙地、低覆盖度草地、中覆盖度草地	风沙土、盐土	梭梭、白皮沙拐枣、羽毛三芒草	鹅喉羚、蒙古兔、狐、沙鼠、快步麻蜥	沙漠景观	地表植被破坏、土地荒漠化
老龙河绿洲区	K290+000～K342+000	农业生态系统	耕地、低覆盖度草地、中覆盖度草地	盐土、草甸土、灰漠土	农田、多枝柽柳、琵琶柴、驼绒藜	田鼠、家鼠、蛙、麻雀、百灵等	农田景观	土地盐渍化

(1) 准噶尔盆地北部戈壁荒漠区。

项目 K113+000～K160+000 段分布于此区域,本区域地形属于平原微丘区,地表为戈壁,土壤不发育,主要植被类型为梭梭、假木贼、猪毛菜、小蓬、驼绒藜、沙生针茅,盖度为 5%～10%,野生动物主要有鹅喉羚、蒙古兔、狐、沙鼠及一些鸟类,生态环境现状差,且十分脆弱。

(2) 古尔班通古特沙漠区。

项目 K160+000～K290+000 段位于此区域,本区域地形属于固定半固定沙丘区,沙丘高度一般为 10～20m,植被主要为梭梭、白皮沙拐枣、羽毛三芒草,植被盖度在 10% 以下,野生动物主要有鹅喉羚、蒙古兔、狐、沙鼠、快步麻蜥等爬行动物,生态环境现状差,且十分脆弱。

(3) 老龙河绿洲区。

K290+000～K342+000 位于乌鲁木齐老龙河冲积平原,本区域为乌鲁木齐市周边重要的农业区,由于降水比较丰富,农业发达,农作物以棉花、玉米、蔬菜瓜果等经济作物为主,野生动物主要为家禽、家畜及伴人类生存的田鼠、家鼠、麻雀等,区域生态环境现状整体较好。

7.4.2.2 土壤环境现状

项目沿线土壤类型较单一,在绿洲区主要分布有棕钙土和盐土,荒漠区主要分布有灰棕漠土和风沙土。

1) 风沙土

风沙土主要分布在起点～K300 段,项目沿线风沙土主要为半固定风沙土,多以垄状沙丘和灌丛沙堆形式存在,灌丛沙堆顶部一般生长有梭梭,颗粒组成以 <0.25mm 粒级为主,占 90% 以上。风沙土是风成沙性母质上发育的、无明显发生层的初育土。

2) 盐土

盐土主要分在项目 K310～终点。盐土是由于自然条件发生变化而形成的,现已不受地下水活动的影响,停止了积盐过程,而荒漠过程增强,有的被风蚀或表层被风沙埋没,此类土壤分布区地下水埋深一般为 5～7m,植被有琵琶柴、柽柳、盐爪爪等,一般覆盖度为 5%～10%。土壤剖面描述如下:

0～1cm,结皮层。

1～13cm,棕色,砂质黏壤土,块状结构,松,有灰褐色斑。

13～34cm，淡棕色，黏壤土，块状结构，较紧，有白色大块盐结晶。
34～50cm，棕色，砂质壤土，粉末状结构，松，多量白色盐结晶。
50～70cm，红棕色，砂质壤土，块状结构，稍紧密，有盐块。
70～100cm，褐色，壤南黏土，块状结构，松。

7.4.2.3 植被环境现状调查

1）区域植被类型

根据《新疆植被及其利用》，本工程区植被类型同属蒙新区、新疆荒漠区，分属不同的植被亚区，分别为北疆荒漠亚区—准噶尔荒漠省—准噶尔荒漠亚省—古尔班通古特州和西部草原亚区。

根据中国科学院综合考察委员会新疆综合考察队植物组编制的《新疆维吾尔自治区植被类型图》，在实地调查与资料收集的基础上，结合遥感解译，获得评价区的现状植被类型分布情况。评价区范围内最为常见的植物有 10 科、47 种。评价区植物种类及不同生境分布见表 7-28。

评价区植物种类及不同生境及分布 表 7-28

序号		学名	拉丁名	自治区保护级别	国家保护级别
1	藜科	Creratoides lateens	驼绒藜	—	—
2		Petrosimonia sibirica	叉毛蓬	—	—
3		Agriophyllum squarrosum	沙蓬	—	—
4		Suaeda microphylla	小叶碱蓬	—	—
5		Haloxylon ammodron	梭梭	I	—
6		Haloxylon persicum	白梭梭	I	—
7		Halostachys caspica	盐穗木	—	—
8		Bassia prostrata	木地肤	—	—
9		Salsola. arbuscula	木本猪毛菜	—	—
10		Salsola. collina	猪毛菜	—	—
11		Salsola. ruthenica	刺沙蓬	—	—
12		Anabasis brevifolia	短叶假木贼	—	—
13		Anabasis salsa	盐生假木贼	—	—
14		Anabasis elatior	高枝假木贼	—	—
15		Kalidium foliatum	盐爪爪	—	—
16		Sympegma regelii	合头藜	—	—
17	禾本科	Stipa glareosa	针茅	—	—
18		Acluropus micrantherus	小花獐茅	—	—
19		Aristida adscensionis	三芒草	—	—
20		Calamagrostis pscudophragmites	假苇拂子茅	—	—
21		Cleistogenes songarica	无芒隐子草	—	—
22		Phragmites australis(Cav.)Trin. ex Steud.	芦苇	—	—
23		Festuca suleata	梭狐草	—	—

续上表

序号		学名	拉丁名	自治区保护级别	国家保护级别
24	豆科	Alhagi pseudalhagi	骆驼刺	—	—
25		A lhagi. sparsifolia	疏叶骆驼刺	—	—
26		Caragana pygmaea	矮锦鸡儿	—	—
27		Halimodendron haoldendron	盐豆木	—	—
28		Oxytropis. spp	棘豆	—	—
29	菊科	A rtemisia. annua	黄花蒿	—	—
30		Artemisia capillaris	茵陈蒿	—	—
31		Seriphidiumterrae albae	白茎绢蒿	—	—
32		Karelinia caspica	花花柴	—	—
33		Scorzonera divaricata	叉枝鸦葱	—	—
34	蓼科	Atraphaxis pungens	针枝木蓼	—	—
35		Calligonum mongolicum	沙拐枣	—	—
36		Calligonum leucocladum	白皮沙拐枣	—	—
37		Halocnemum strobilaceum	盐节木	—	—
38	柽柳科	Reaumuria soongorica	琵琶柴	—	—
39		Tamarix hohenackeri	多花柽柳	—	—
40		Tamarix laxa	短穗柽柳	—	—
41		Tamarix. ramosissima	多枝柽柳	—	—
42	蒺藜科	Nitraria sibirica	白刺	—	—
43		Nitraria. sphaerocarpa	泡泡刺	—	—
44		Peganum harmala	骆驼蓬	—	—
45	麻黄科	Ephedre sinicaa	草麻黄	I	—
46		Ephedre equisetina	木贼麻黄	I	—
47	列当科	Cistanche deserticola	肉苁蓉	I	—
48	伞形科	Ferula canescens	灰色阿魏	—	—
49	杨柳科	Populus alba var. pyramidalis Bge.	新疆杨	—	—
50	榆科	Ulmus pumila L.	白榆	—	—

项目区域属中亚植物区,主要生长荒漠植物。保护区内植物组成简单,类型单调,分布稀疏。建群植物是由超旱生、旱生的半乔木、灌木、小半灌木以及旱生的一年生草本,多年生草本和中生的短命植物等荒漠植物组成的。优势种类依次是藜科(Ehenopodium)、菊科(Lomposi-tae)、豆科(Legunohoseu)、蓼科(Polygonaceae)、莎草科(Cyperaceae)、乔木科(Gramineae)、柽柳科(Tamaricaeae)、麻黄科(Ephedra)等。其中,灌木占 11.6%,小灌木和半灌木占 8.1%,乔木占 1.2%,其余 79% 为草本植物。同时,保护区内植物群落表现出层片结构较复杂。其中,超旱生的小半灌木与灌木种类最为普遍,构成了多样的荒漠植物群落,较为典型的有梭梭群落、白梭梭群落、白皮沙拐枣群落。

2) 植被调查

根据公路沿线评价范围内植被分布情况,本次评价在公路沿线共选择5个典型样方点进行调查,现场调查植被样方见表7-29~表7-33。

植被样方1　　　　　　　　　　　　　　表7-29

合同段	地貌类型	海拔(m)	坡度(%)	总盖度(%)	样地大小(m²)
K113	戈壁荒漠	580	1	15	10×10
植被类型		高度(cm)		盖度(%)	
梭梭		30~80		10	
盐生假木贼		15~35		3	
猪毛菜		5~10		2	

样方1概貌

梭梭

植被样方2　　　　　　　　　　　　　　表7-30

合同段	地貌类型	海拔(m)	坡度(%)	总盖度(%)	样地大小(m²)
K160	半固定沙丘	430	2	10	10×10
植被类型		高度(cm)		盖度(%)	
梭梭		100~200		5	
羽毛三芒草		20~40		5	

样方2概貌

梭梭

植被样方 3 表 7-31

合同段	地貌类型	海拔(m)	坡度(%)	总盖度(%)	样地大小(m²)
K205	半固定沙丘	490	2	10	10×10
植被类型		高度(cm)		盖度(%)	
梭梭		100~200		5	
羽毛三芒草		20~40		3	
沙拐枣		100~200		2	

样方 3 概貌

梭梭

植被样方 4 表 7-32

合同段	地貌类型	海拔(m)	坡度(%)	总盖度(%)	样地大小(m²)
K310	半固定沙丘	420	2	10	10×10
植被类型		高度(cm)		盖度(%)	
梭梭		100~200		5	
白刺		20~40		3	
柽柳		100~200		2	

样方 4 概貌

柽柳

植被样方 5 表 7-33

合同段	地貌类型	海拔(m)	坡度(%)	总盖度(%)	样地大小(m²)
K310	盐碱滩	440	0.1	15	10×10
植被类型		高度(cm)		盖度(%)	
盐穗木		50~100		10	
柽柳		50~100		5	
芦苇		20~50		5	

| 样方 5 概貌 | 盐穗木 |

由植物样方调查以及现场踏勘,评价区共出现各类植物物种 14 种。其中广泛分布的种类是梭梭和盐生假木贼,植被的分布主要和区域水系的分布有关。

评价区内植物的生活型谱是:高位芽植物占 16%,地上芽植物占 24%,地面芽和地下芽植物均占 19%,一年生植物占 22%。显而易见,冬季寒冷、夏季高温、干旱少雨和多风的影响,使该区植物生活型组成多样化,且一年生和地上芽植物具有较高的密度,这是在极干旱荒漠地区植物生存策略的一个显著特点。

3) 评价范围保护植被现状

公路沿线荒漠植被资源丰富,古尔班通古特沙漠中有众多的国家和自治区保护植物,根据《国家重点保护野生植物名录》(第一批)和《新疆维吾尔自治区重点保护野生植物名录》(第一批),评价区有保护植物 6 种,其中自治区 I 级保护植物 5 种,自治区 II 级保护植物 1 种。公路沿线区域保护植物名录、级别及分布见表 7-34。

公路沿线区域保护植物名录、级别及分布 表 7-34

物种	保护级别	区域及公路沿线分布
草麻黄(Ephedre sinicaa)	自治区 I 级	分布在起点 K113~K160 段砾质荒漠上,偶见种
木贼麻黄(Ephedre equisetina)	自治区 I 级	分布在起点 K113~K160 段砾质荒漠上,偶见种
梭梭(Haloxylon Ammodendron Bunge)	自治区 I 级	起点 K113~K320 戈壁和沙漠均有分布,优势种,盖度 5%
白梭梭(Haloxylon persicum)	自治区 I 级	起点 K113~K310 戈壁和沙漠均有分布,优势种,盖度 5%
肉苁蓉(Cistanche deserticola)	自治区 I 级	K160~K310 段,沙漠上生长,偶见种
沙拐枣(Calligonummongolicum)	自治区 II 级	起点 K113~K310 沙漠中有分布

线路分布保护植物主要为自治区Ⅰ级保护植物梭梭,在项目全线有广泛分布。根据植被样方调查,项目沿线梭梭的盖度约3%,种群密度约3株/100m^2,由于属于根系较发达的灌木,移栽不易成活。

4)评价区植被生产力现状

建设项目沿线经过的天然植被区域均为天然草场。草地资源等级评价的原则及标准遵循我国北方《重点牧区草场资源调查大纲和技术规程》,即以草地草群的品质之优劣确定草地的质况——"等",以草群地上部分鲜草生产量的多少为指标确定草地的量况——"级",用此来反映草地资源的经济价值。

按统一规定从目前实际出发,在确定草群品质的优劣时主要以组成草群植物的适口性特点为依据,通过野外的实地观察,向实际从事多年牧业生产的牧民群众访问了解和多年研究工作经验的积累,进行综合评价。按其适口性优劣划分为优、良、中、低、劣五类不同适口性级别的牧草。再以优、良、中、低、劣这五类不同品质牧草在各草群中所占的重量百分比例划分出不同"等"草地。各"等"草地划分的具体标准如下。

一等草地:优等牧草占60%以上;
二等草地:良等牧草占60%以上,优等及中等占40%;
三等草地:良等牧草占60%以上,良等及低等占40%;
四等草地:低等牧草占60%以上,中等及劣等占40%;
五等草地:劣等牧草占60%以上。

以草地草群生产量多少衡量草地状况是草地经济价值的另一重要体现。草群生产量的高低,不仅体现了草地生产力的载畜潜力的大小,而且也反映出了组成草地草群中各优、良、中、低、劣牧草的参与量及产量的比例构成。根据我国北方《重点牧区草场资源调查大纲和技术规程》规定,以年内草地产量最高月份的测定值代表草地草群的自然生产力水平,并规定按单位面积产量高低确定和划分出不同的草地级,划分各级的标准如下:

第1级草地:每公顷产鲜草12000kg以上;
第2级草地:每公顷产鲜草12000~9000kg;
第3级草地:每公顷产鲜草9000~6000kg;
第4级草地:每公顷产鲜草6000~4500kg;
第5级草地:每公顷产鲜草4500~3000kg;
第6级草地:每公顷产鲜草3000~1500kg;
第7级草地:每公顷产鲜草1500~750kg;
第8级草地:每公顷产鲜草750kg以下。

建设项目沿线草场均为荒漠草场,草场主要为冬牧场,从草场质量看,大部分为四等草场,说明草场质量不高;从草场产量看,主要为八级草场,属于低水平,利用价值低。

5)人工植被现状

项目沿线的人工绿洲为灌溉农业,主要在K305~K342终点段连续分布,占用农田主要涉及101团、102团、103团、乌鲁木齐米东区的农田,主要种植水稻、玉米、棉花,占用农田共158.34hm^2(其中基本农田4.05hm^2),占用的基本农田主要涉及K308~K322五家渠段及

K338～K342 米东区。农田边缘有人工防护林,以榆树、杨树为主。

7.4.2.4 土地利用状况

土地利用现状是反映一个地区的经济发展水平基本条件,也是反映公路建设对土地利用格局影响的重要指标,现状调查是评价工程建设对农业生态环境影响的基础工作。建设公路沿线以草地和耕地为主。

根据遥感调查结果,采用图形叠加法对评价范围内的生态环境现状进行分析,即将遥感影像与线路进行叠加,并参照《土地利用现状分类》(GBT 21010—2017),以确定评价范围内的土地利用类型,并统计各类土地利用类型的面积,将成果绘制成土地利用现状图。评价区土地利用现状统计数据见表7-35。

评价区土地利用现状统计数据　　　　表7-35

土地利用类型	沙地	戈壁	耕地	水域	草地	林地
面积(km^2)	105.82	47.77	7.82	4.06	65.09	0.07
占评价区面积的百分比(%)	45.88	20.71	3.39	1.76	28.22	0.03

由表7-35可知,评价区105.82km^2范围内的土地利用类型以沙地为主,占评价区总面积的45.88%;其次是戈壁面积,占评价区总面积的20.71%;耕地面积占评价区总面积的3.39%;水域和草地分别占到1.76%和3.39%;林地最少,仅为0.03%。

7.4.2.5 野生动物现状及评价

本工程由北向南穿越了准噶尔盆地中北部戈壁荒漠和腹地的古尔班通古特沙漠。评价范围在动物地理区划上属古北界—中亚亚界—蒙新区—西部荒漠亚区—准噶尔盆地省—中温带荒漠动物群。准噶尔盆地共有野生动物215种,包括兽类53种、鸟类144种、两栖类4种、爬行类14种。被列入国家保护陆生野生动物名录的包括:兽类9种、两栖类3种、鸟类84种、爬行类5种,总计有101种。

本区兽类中以中亚成分为主,北方成分次之;而鸟类中则是北方成分占优势,其次为中亚成分;爬行类中中亚成分占绝对优势;而两栖动物中则是中亚成分与北方成分各半。准噶尔盆地中兽类代表物种有鹅喉羚、蒙古野驴、大耳猬、灰仓鼠、各种跳鼠和沙鼠。在西部荒漠亚区中,准噶尔盆地中啮齿动物种类最为丰富,而其中跳鼠与沙鼠无论在种类还是数量上均占优势。本区内荒漠和半荒漠开阔地带鸟类种类稀少,最常见的是沙鸥、白顶鸥、凤头百灵、角百灵、亚洲短趾百灵、漠雀、黑尾地鸦,其中凤头百灵为比较普遍分布的优势种。本区域内两栖动物种类贫乏,仅绿蟾蜍分布比较广泛。爬行动物中蜥蜴的种类和数量甚为丰富,特别是盆地腹地的沙丘地带,沙蜥和麻蜥优势显著。

项目终点段穿越区域为农业灌溉区,农业活动频繁,并有青格达湖等水体,许多在天山繁殖的鸟类的迁徙路线也包括此区域,因此,该范围内可记录到多种迁徙鸟类,其中不乏水禽。

结合现场调查结果、调查资料及历史文献记录,项目评价范围内可能出现的兽类6目12科30种。调查范围内啮齿动物种类和数量最为丰富,其中沙鼠科和跳鼠科等荒漠鼠类占优势。猬目的大耳猬和兔形目的蒙古兔也较为常见。在啮齿动物数量丰富的区域,以其为食的狼、沙狐和虎鼬等一些小型食肉动物活动痕迹频繁。项目K113～K290段两侧可见国家二级保护动物鹅喉羚活动,并记录到大型猫科动物猞猁的足迹。K290~K342 段两侧农业活动频繁,由于受到人为活动的影响,该范围内目前栖息地退化和破碎化比较严重,动物的生存空间有限,实际野外调查中发现的动物活动痕迹种类和数量都很稀少。项目 K113~K160 戈壁段和 K160~K290 沙漠段虽然植被和地形地貌存在差异,但兽类种类组成差异却不大,大多数沿线物种在准噶尔盆地乃至更大的范围内广泛分布。

项目评价范围可能记录到的鸟类有 124 种,隶属于 16 目 38 科,沙漠和戈壁沿线主要为开阔的荒漠和半荒漠,鸟类种类相对较少,最常见的是一些典型的荒漠种类,如沙鸥、白顶歌鸲、凤头百灵、角百灵、毛腿沙鸡、黑尾地鸦等;由于啮齿动物数量丰富,沿线隼形目鸟类活动频繁。在青格达湖、老龙河及周围引水渠中可有水鸟活动。工程以南的天山是多种鸟类的重要繁殖地,工程区域为其迁徙通过区域,可记录到多种鸟类通过。由于鸟类具有飞行能力,活动范围广泛,虽然沙漠段和戈壁段存在地形和植被的差异,但对于鸟类无不可跨越的障碍,戈壁段和沙漠段之间物种差异不显著。

根据文献资料,项目区域可能出现的爬行动物有 1 目 6 科 10 种,两栖类仅绿蟾蜍 1 种。项目区域最常见的为各种沙蜥和麻蜥,在农田周围可见绿蟾蜍。

建设项目沿线及周边区域野生动物名录见表 7-36。

建设项目沿线及周边区域野生动物名录　　　　　表 7-36

种类	学名	分布		
		荒漠区	绿洲区	水域区
两栖类				
绿蟾蜍	Bufo viridis	—	—	+
爬行类				
密点麻蜥	Eremias multionllata	+	+	
快步麻蜥	Eremias velox	+	+	
荒漠麻蜥	Phrynocephalus grumgrizimaloi	+	+	
兽类				
普氏野马	Equus przewalskii	—	—	
蒙古野驴	E. hemionus	—	—	
鹅喉羚	Gazella subgutturosa	—	—	
兔狲	Felis manul	—	—	
猞猁	Lynx lynx	—	—	
虎鼬	Vormela peregusna	—	—	
狗獾	Meles meles	—	—	
狼	Canis lupus		+	
沙狐	Vulpes corsac	+		
赤狐	V. vulpes	+		
蒙古兔(中亚亚种)	Lepus tolai centrasiatius			
长耳跳鼠	Euchoueutes naso	—	+	

续上表

种类	学名	分布		
		荒漠区	绿洲区	水域区
毛脚跳鼠	Dipus sagitta	—		
五趾跳鼠	Allactaga sibirica	+		
小五趾跳鼠	A. elater	+		
灰仓鼠	Cricetulus migratorius		+	
灰仓鼠(优龙芒亚种)	C. m. caesius			
黄兔尾鼠	Lagarus Luteus	+		
大沙鼠	Rhombomys opimus	+		
子午沙鼠	Meriones meridianus	+		
红尾沙鼠	Meriones erythrourus	—		
小家鼠	Mus musculus		+	
小家鼠(奥德萨亚种)	M. m. hortulanus			
经济田鼠	Microtis oeconomus		+	
普通田鼠	M. arvalis		+	
子午沙鼠	M. meridianus	+		
鸟类				
黑鹳	Ciconia nigra	—		
戴胜(普通亚种)	Upup epops saturala		+	
凤头百灵(新疆亚种)	Galeruia criatata	+	—	
小沙百灵	Calandrella rufescens	+	—	
家燕(指名亚种)	Hirunda rustica rustica	—	+	
红尾伯劳(北疆亚种)	Laniun cristatus phoenicuroides	+		
大杜鹃	Cuculus canorus	+		
家麻雀(新疆亚种)	Passder domesticus bactrianus	—	+	
树麻雀	Passer montanus	+	+	
黑顶麻雀	Passer ammodendri	—	—	
赤麻鸭	Tadorna ferruginea			+
针尾鸭	Anas acuta			+
绿头鸭	A. platyrhynchos			+
赤膀鸭	A. strepera			+
赤颈鸭	A. Penelope			+
琵嘴鸭	A. clypeata			+
白眼潜鸭	Aythya nyroca			+
普通秋沙鸭	Mergus merganser			+
斑头秋沙鸭	M. albelluus			+

续上表

种类	学名	分布		
		荒漠区	绿洲区	水域区
苍鹰	Accipiter gentiles	+	+	
红隼	Falco tinnunculus	+	+	
白尾鹞	Circus cyaneus		+	
普通燕鸥	Sterna hirundo		+	
白腰雨燕	Apus pacificus		+	
普通翠鸟	Alcedo atthis		+	
家燕	Hirundo rustica		+	
毛脚燕	Delichon urbica		+	
纵纹腹小鸮	Athene noctua		+	
金黄鹂	Oriolus oriolus		+	
秃鼻乌鸦	Corvus frugilegus		+	
渡鸦	C. corax	+		
沙鸥	Oenanthe isabellina		+	

注："+"常见种；"—"偶见种。

公路沿线野生动物丰富，特别是准噶尔盆地有众多的国家和自治区保护动物，根据《国家重点保护野生动物名录》和《新疆维吾尔自治区重点保护野生动物名录》，评价区有15种被列为国家重点保护野生动物，包括国家一级保护动物3种，国家二级保护动物7种。自治区Ⅰ级保护动物3种，自治区Ⅱ级保护动物2种，公路沿线区域保护动物、种类、分布及习性见表7-37。

公路沿线区域保护动物、种类、分布及习性 表7-37

物种	保护级别	区域及公路沿线分布	生活习性
普氏野马 (Equus przewalskii)	国家Ⅰ级	K140～K160所在的吉拉沟三个泉2007年出现过一匹普氏野马的活动	营群栖生活，常见以小群活动，秋末逐渐集成大群，多时可达上百头。多在早晚活动。对干旱、酷热、严寒、食物贫瘠的恶劣环境适应能力极强。喜活动于戈壁丘陵地带，食物主要为禾本科、蒿草类和猪毛菜等草本植物。常见与鹅喉羚在同一生境取食。8—9月发情交配，翌年5月中旬产仔，每胎1仔，偶2仔。发情期雄性间会发生激烈争斗
蒙古野驴 (Equus hemionus)	国家Ⅰ级	起点～K160荒漠草原、半荒漠、荒漠地带	集群，日行性，营迁移生活。性机警，善持久奔跑，喜水浴、会游泳。耐干渴，冬季主要吃积雪解渴，以禾本科、莎草科和百合科草类为食
鹅喉羚 (Gazella subgutturosa)	国家Ⅱ级	K113～K290戈壁荒漠、沙漠均有分布，新疆是鹅喉羚的主要分布区，鹅喉羚为典型的荒漠与半荒漠栖居者，种群密度(0.71±0.17)只/km²	夏秋季节鹅喉羚多集4～10只小群或分散活动，从晨昏至午夜不断采食，午间于阴凉处卧息。在新疆北部，初冬(10月、11月)时节常集数十或数百的大群，从多雪而寒冷的准噶尔盆地北部向较温暖的南部迁移，以后又分散成小群活动

续上表

物种	保护级别	区域及公路沿线分布	生活习性
兔狲 (Felis manul)	国家Ⅱ级	K113～K290 戈壁荒漠、沙漠均有分布	栖息于灌丛草原、荒漠草原、荒漠与戈壁,也能生活在林中、丘陵及山地。在上述生境的岩石缝隙或石洞居住,也可利用大型啮齿类(如旱獭)的弃洞做窝
猞猁 (Felis lynx)	国家Ⅱ级	K113～K290 戈壁荒漠、沙漠均有分布	喜寒动物,栖息生境极富多样性,从亚寒带针叶林、寒温带针阔混交林至高寒草甸、高寒草原、高寒灌丛草原及高寒荒漠与半荒漠等各种环境均有其足迹。生活在森林灌丛地带,密林及山岩上较常见,栖居于岩洞、石缝之中
沙狐 (Vulpes corsac)	自治区Ⅰ级	K113～K290 戈壁荒漠、沙漠均有分布	夜行性,白天隐藏于石洞、土穴中,多利用旱獭弃洞栖身,一般无固定巢窝。以兔形目种类和啮齿目种类、中小型陆禽和地面产卵禽类的卵及幼体(如波斑鸨、百灵、沙鸡)、爬行类和大型昆虫为食。每年1—3月繁殖,孕期约50d,每胎产仔2～11个,雌狐3岁性成熟
赤狐 Vulpes vulpes	自治区Ⅰ级	K113～K290 戈壁荒漠、沙漠均有分布	利用其他动物的弃洞或树洞栖居,有时也在大山岩石下生活;洞中常有几只狐同居,有时甚至与獾同栖一洞。主食小型兽和鸟类,也捕捉鱼、蛙、蜥蜴、昆虫和采食野果。多在春季交配,年产1胎,每胎3～6只,多可达13只。赤狐对环境的适应能力较强,在森林、草原、荒漠、高山以及平原、丘陵都能生存。其生存与野生啮齿类的分布、资源数量和密度密切相关
虎鼬 (Vormela peregusna)	自治区Ⅰ级	K113～K290 戈壁荒漠、沙漠均有分布	以沙鼠类、跳鼠类、爬行类和地面窝小型鸟类为食。遇到敌害,能放出奇特的骚臭味驱敌。春季发情,孕期两个月左右,每胎4～8仔。荒漠、半荒漠、半荒漠草原地区。栖息于砾石和沙质梭梭荒漠、农田居民区、田园村落、水库或沼泽附近的荒地
黑鹳 (Ciconia nigra)	国家Ⅰ级	栖息于沼泽地区、池塘、湖泊、河流沿岸及河口,数量稀少,罕见	白天活动,晚上多成群栖息在水边沙滩或水中沙洲上。主要以小型鱼类为食,也吃蛙、蜥蜴、虾、蟋蟀、金龟甲、蝲蛄、蟹、蜗牛、软体动物、甲壳类、啮齿类、小型爬行类、雏鸟和昆虫等其他动物性食物。繁殖期为4—7月,营巢于偏僻和人类干扰小的地方
苍鹰 (Accipiter gentiles)	国家Ⅱ级	沙漠和绿洲全线有分布	食肉性,主要以鼠类、野兔、鸠鸽类和其他小型鸟类为食。栖息于不同海拔高度的针叶林、混交林和阔叶林等森林地带,也见于山地平原和丘陵地带的疏林和小块林。视觉敏锐,善于飞翔。白天活动

续上表

物种	保护级别	区域及公路沿线分布	生活习性
红隼 (tinnunculus)	国家Ⅱ级	沙漠和绿洲全线有分布	栖息于山地森林、低山丘陵、草原、旷野、开垦耕地、旷野灌丛草地、疏林和有稀疏树木生长的旷野、河谷和农田地区。红隼经常在空中盘旋,搜寻地面上的老鼠、雀形目鸟类、蛙、蜥蜴、松鼠、蛇等小型脊椎动物,也吃蝗虫、蚱蜢、蟋蟀等昆虫。红隼在白天猎食
白尾鹞 (Circus cyaneus)	国家Ⅱ级	沙漠和绿洲全线有分布	栖息于平原和低山丘陵地带,尤其是平原上的湖泊、沼泽、河谷、草原、荒野以及低山、林间沼泽和草地、农田、沿海沼泽和芦苇塘等开阔地区。主要以小型鸟类、鼠类、蛙、蜥蜴和大型昆虫等动物性食物为食
纵纹腹小鸮 (Athene noctua)	国家Ⅱ级	沙漠和绿洲全线有分布	栖息于低山丘陵、林缘灌丛和平原森林地带,也出现在农田、荒漠和村庄附近的丛林中
赤膀鸭 (A. strepera)	自治区Ⅱ级	K338+188~K342+600临近青格达湖段有分布	候鸟,繁殖期为5—7月,以水生植物为食。觅食时间多在清晨和黄昏,白天多在开阔水面休息
白眼潜鸭 (Aythya nyroca)	自治区Ⅱ级	K338+188~K342+600临近青格达湖段有分布	淡水潜鸭,极善潜水,常在富有芦苇和水草的水面活动,杂食性,以植物性食物为主,觅食活动主要在清晨和黄昏,白天多在岸上休息或漂浮在开阔的水面上睡觉

由于项目建设主要会对兽类野生动物产生影响,因此本次现状调查以项目区分布的保护兽类为主。

1) 普氏野马(Equus przewalskii)

奇蹄目马科。国家Ⅰ级重点保护动物。在濒危物种红色名录中列为濒危。中国的野生种群已经灭绝。

鉴别特征:体长约210cm,肩高约110cm,尾长90cm,体重350kg。头部较大且短钝,脖颈短粗,口鼻部尖削,嘴钝,牙齿粗大,耳较家马小,略尖。耳部短且尖,口鼻处有斑点。额发极短或缺。背部平坦,有深色背线,从脊柱由肩部向后延伸至尾部;四肢短粗,腿内侧毛色灰,常有2~5条明显黑色横纹,小腿下部呈黑色。尾基着生短毛,尾粗长几垂地,尾束状。

生活习性:善奔驰;呈集群漫游式活动。群居,一般一个种群数量为6~15只,由一匹公马、几匹母马和它们的后代组成。每个种群都有明确的活动范围。常在晨昏沿固定的路线到泉、溪边饮水。食物主要为禾本科、豆科、菊科、莎草科植物的茎叶,如芦苇、芨芨、蒿子、梭梭等,冬季可刨开积雪觅食枯草。饮水量大,可至几十千米以外取水。一年四季均可发情,以春夏季为主。雌马孕期为307~348d,翌年5—6月产仔。幼马出生时约重45kg,数小时内即可站立,2~3岁时性成熟,寿命25~35岁。

生境:常栖息于海拔700~1800m的草原或半沙漠地带。

分布:原分布于我国新疆准噶尔盆地、北塔山及甘肃和内蒙古交界的马鬃山一带。最后一次发现野马是在1957年,估计野生种群已经灭绝,目前还有一定数量的野马在人工圈养或半散放状态下生活。

保护现状：国家Ⅰ级重点保护动物。

与本项目的关系：准噶尔盆地东部为野生普氏野马的原生地之一。卡拉麦里山有蹄类自然保护区再引入了野马进行人工驯养，并在保护区西部野放了部分个体，野放种群的活动范围很大，可达上百公里之外。2007年，一匹佩戴GPS项圈的野马从保护区内野放地至西侧直线94km以外的三个泉附近活动，即本项目吉拉沟东侧60km处的三个泉区域。目前，为避免216国道对野放野马的威胁，野放点已经迁离至远离216国道原野放点的西部，虽然目前野放数量不足10只，仍未来随着目前野马站繁殖种群数量增长，未来野放数量可能增加，有至三个泉附近区域活动的可能。

2）蒙古野驴（Equus hemionus）

奇蹄目马科。

鉴别特征：体长200～210cm，尾长7.6～8cm。颈背具短鬃，尾较粗而先端被长毛，前肢内侧有胼胝体。体背毛色淡棕或沙棕色，腹部毛污白，腹背毛色分界线在腹侧上方。头较短而宽，吻部稍钝圆，四肢粗短。吻端毛乳白色，眼睛黑褐色；耳内侧毛密，乳白色；背毛淡棕色。从肩部至尾基部有一条明显褐色背线；肩胛两侧有一条明显褐色横纹，也称肩带；腹毛黄白色。夏毛颜色较深。

生活习性：营群栖生活，常见以小群活动，秋末逐渐集成大群，多时可达上百头。多在早晚活动。对干旱、酷热、严寒、食物贫瘠的恶劣环境适应能力极强。喜活动于戈壁丘陵地带，食物主要为禾本科、蒿草类和猪毛菜等草本植物，常见与鹅喉羚在同一生境取食。8—9月发情交配，翌年5月中旬产仔，每胎1仔，偶2仔。发情期雄性间会发生激烈争斗。

生境：干旱荒漠、半荒漠草原，海拔800～2000m，地貌有戈壁、硬泥潭平原和沙质荒漠平原、山间谷地、丘陵、梭梭荒漠和沙漠等。

分布：蒙古野驴在中国分布于内蒙古乌兰察布市由达尔罕茂明安联合旗向西沿中蒙边境一带，甘肃阿克塞、祁连山、甘肃安西极旱荒漠自然保护区及马鬃山一带；新疆东北部伊吾、巴里坤、木垒，北部准噶尔盆地，南抵天山北坡，北达乌伦古河。分布区总面积约14万km²，介于东经85°40′～107°30′，北纬40°20′～46°40′。新疆卡拉麦里山有蹄类自然保护区是我国蒙古野驴分布最集中、种群数量最丰富的区域之一。

保护现状：国家Ⅰ级重点保护野生动物，CITES附录Ⅰ。卡拉麦里山有蹄类自然保护区是目前蒙古野驴最大野生亚种种群的重要栖息地。卡拉麦里山有蹄类自然保护区内，粗略估计有3379～5318头的种群数量。但近年来由于保护区南部准东煤电煤化工产业和以喀姆斯特为中心的煤、石材、黄金开发建设项目为主形成的工业开发带，已经显著压缩了蒙古野驴的栖息地并阻碍了其在冬夏季节栖息地之间的迁移，一些饮水点并占据或阻断。曾经在冬季可见蒙古野驴集中活动的五彩湾一带（项目区域以东90km）已成为厂矿集中分布的区域，频繁的人为活动、工业噪声和污染等使鹅喉羚和蒙古野驴的活动区域整体北移。此外，216国道和准东铁路建设对保护区内蒙古野驴栖息地的阻隔作用也较明显，特别是216国道日益频繁的车流和人为活动干扰，使公路两侧范围活动的野生动物明显减少，对蒙古野驴秋季前往卡拉麦里山南部的沙漠越冬造成了严重阻碍。荒漠地区水源匮乏和雪灾等灾难性气候也是制约蒙古野驴种群发展的重要因素。作为哈萨克牧民的冬季牧场，植被条件好的草场被家畜占据，使蒙古野驴的适宜栖息进一步缩减。

与本项目的关系：项目区域位于卡拉麦里山自然保护区以西80km,本项目未影响到其保护区内种群的迁移路线。根据以往野外调查,在20世纪60年代,准噶尔沙漠腹地有蒙古野驴分布记录,但在80年代末阜康荒漠生态站及其毗邻地区的脊椎动物调查中未在涉及的区域发现蒙古野驴。本次评价野外调查中全线未见其活动痕迹,在对沿线各管理站的寻访中也证实未见蒙古野驴活动。但根据蒙古野驴的生态习性,其活动范围很大,常可因食物和水源需求迁移数十甚至上百公里。本项目区域与其集中分布区卡拉麦里山有蹄类自然保护区之间既无地理阻隔,而蒙古野驴历史上在沙漠腹地也有过分布记录,因此不排除有蒙古野驴至项目区域活动的可能,特别是准东经济开发区的建设动物可能因生产活动干扰向保护区西部回避和扩散至三个泉附近活动。

3) 鹅喉羚(Gazellas ubgutturosa)

经过林业、农业部门咨询和沿途踏勘、访谈,确定建设项目沿线经常出没的兽类保护动物为鹅喉羚。鹅喉羚又名长尾黄羊,俗称黄羊,隶属于偶蹄目(Artiodactyla)牛科(Bovidae)羚羊亚科(Antilopinae)瞪羚属(Gazella)每年12月—翌年1月,鹅喉羚发情交配,此时雄羊喉部膨大,很像公鹅的头,因此得名鹅喉羚。鹅喉羚成体体长90~126cm,体型矫健,四肢细,蹄狭尖。肩高56~80cm,雄性质量22~40kg、雌性质量18~33kg,尾长10~23cm,奔跑时尾竖起。背部、四肢外侧、头颈部被毛黄棕色。腹部、四肢内侧、喉部、耳内侧及臀部被毛白色。从上唇至眼角为白色被毛。从眶下腺到口角为黑褐色被毛,尾亦为黑褐色被毛。雄性具角,角微向后弯,角尖略向上方弯曲,角上有环棱,棱数随着年龄的增长而增加。雌性无角,但额部有明显隆起。鹅喉羚分布区域广泛,从阿拉伯半岛、伊朗、阿富汗和中亚,向东直到中国西北和蒙古国境内的广大地区都有其分布。在我国境内主要分布于新疆准噶尔盆地、塔里木盆地、昆仑和阿尔金山,内蒙古西部、甘肃西部、青海柴达木盆地、宁夏荒漠区,新疆是鹅喉羚的主要分布区,鹅喉羚为典型的荒漠与半荒漠栖居者。栖息地环境包括山地荒漠、盆地砾石荒漠、灌木和半灌木荒漠、盐渍化荒漠、荒漠草原、胡杨林等各种类型。栖息地植被稀疏,种类单调,覆盖度低,该种对海拔高度变化的适应范围很广,从200m的盆地到4000m的高原均有分布。夏秋季节鹅喉羚多集4~10只小群或分散活动,从晨昏至午夜不断采食,午间于阴凉处卧息。在新疆北部,初冬(10月、11月)时节常集数十或数百的大群,从多雪而寒冷的准噶尔盆地北部向较温暖的南部迁移,以后又分散成小群活动。

与本项目的关系：本工程纵向穿越了鹅喉羚栖息地,野外调查中除农业和人为干扰严重的K290以南段落无分布外,K113~K290皆见其活动痕迹。项目区域以西的可拉麦里山有蹄类自然保护区是鹅喉羚集中分布的区域,保护区内的鹅喉羚迁移至卡拉麦里山南麓的沙漠越冬繁殖,位于保护区东南部。本工程东侧距离保护区西部边界最近处约80km,未截断其迁移路线。

4) 兔狲(Felis manul)

食肉目猫科。

鉴别特征：体形似家猫,重2.3kg。额部宽,两耳相距较远;吻短,颜面部几乎直立,略似猿猴脸形。尾粗圆,末端粗钝。腹毛比背毛长近一倍;体背毛棕黄或浅红棕色,少数银灰色,背脊暗黑色;腹部长毛白色,绒毛灰色或淡黄色。四肢有2~3条模糊的黑横纹,尾亦有6~8条黑细纹。生活习性：夜行性动物,常单独栖居,于黄昏开始活动,常在夜间猎食,日间于洞中休憩。

主要以鼠类为食,也吃野兔、鼠兔、沙鸡、小型有蹄类和家畜、家禽。冬季食物缺乏时白天也出来觅食或移居村落附近。交配期在1—2月,5月产仔,仔数2~4只,2岁性成熟。生活环境:栖息于荒漠或戈壁地区,在寒冷、贫瘠地区生活。在准噶尔盆地,兔狲主要分布在海拔500~1800m的沙质和砾石梭梭荒漠、山地荒漠及山地草原,种群分布面积约330000km^2。主要分布于西藏、四川、青海、甘肃、新疆、河北、内蒙古和黑龙江,数量不多。在新疆,其中一亚种 F. m. manul 分布于阿尔泰山、天山、准噶尔西部山地、伊犁谷地、塔城盆地、东疆以及项目区域所在的准噶尔盆地。另一高原亚种 F. m. nigripectus 则主要分布于昆仑山、阿尔金山、帕米尔高原以及塔里木盆地。保护现状:国家Ⅱ级重点保护野生动物,濒危动植物种国际贸易公约(CITES)附录Ⅱ。

与本项目的关系:项目区域为其适宜栖息地环境。根据历史文献记录,在公路沿线的梭梭荒漠有分布记录,在阿勒泰山前盆地戈壁荒漠中亦有分布。本工程穿越了其栖息地,工程沿线啮齿动物数量丰富,为其提供了丰富的食物资源。由于近年该物种种群数量稀少,现场调查中未见活动痕迹。

5)猞猁(Felis lynx)

食肉目猫科。

鉴别特征:猫科动物中体型较大的一种。脸似猫,身体粗壮,四肢粗长,脚尖,尾及粗短,尾尖钝圆。耳尖丛状毛显著,两颊有长垂的长毛,腹毛也很长。猞猁的毛色变异很大,有乳灰、棕褐、土褐黄、灰草荒等色型。但耳部色调相对稳定:外耳缘好日或黑褐色,内耳缘乳灰色,耳尖丛毛纯黑色,其中夹杂数根白色毛。上唇暗褐色或黑色,下唇污白色至暗褐色。颌两侧各有一块褐黑色斑,尾端一般纯黑色或褐色。四肢前面、外侧均具斑纹。胸、腹、鼠蹊为一致的乳白色。头骨轮廓短圆。吻部宽短。额骨平,眶后突向两侧伸出。颧弓宽。顶骨矢状脊和人字脊显著。齿列的后缘部达腭的后缘。

生活习性:常栖息于岩洞、石缝或倒木下。栖息环境多样。喜独居,长于攀爬;视、听觉发达。捕食各种鼠类、旱獭、兔、鼠兔及一些小型鸟类,也可猎食一些有蹄类动物或家畜。每胎2~4仔。生活环境:针叶林、灌丛草原、高寒草原和荒漠、半荒漠草原和高山草甸等多种生境。分布:新疆各山地均有分布。保护现状:国家Ⅱ级重点保护野生动物,濒危动植物种国际贸易公约(CITES)附录Ⅱ。

与本项目的关系:项目区域为其分布区,在项目沿线的沙漠段及戈壁段附近的雪被上发现其新鲜的足迹,在其他各样带未见其活动痕迹。近年来在项目以西80km的卡拉麦里山有蹄类保护区曾记录到猞猁活动,对于活动范围可达上百公里的大型食肉动物,分布范围大,但数量稀少。项目区域冬季大沙鼠、蒙古兔数量非常丰富,可为其提供充足的食物资源。

6)沙狐(Vulpes corsac)

食肉目犬科。

鉴别特征:体长500~600mm,比赤狐小,是狐属中体型最小者。尾长稍超过体长之半。体毛沙褐色,带有明显的花白色调;耳背面棕灰色,耳壳内长白毛;从下颌经喉至腹面棕白色。尾背面棕灰色,末端黑褐色。夏季毛色近于淡红色。生活习性:夜行性,白天隐藏于石洞、土穴中,多利用旱獭弃洞栖身,一般无固定巢窝。以兔形目种类和啮齿目种类、中小型陆禽和地面产卵禽类的卵及幼体(如波斑鸨、百灵、沙鸡)、爬行类和大型昆虫为食。每年1—3月繁殖,孕期约50d,每胎产仔2~11个,雌狐3岁性成熟。生活环境:多生活在开阔草原和半荒漠地带,但也可见于灌丛、林缘、农田等多种生境。其生存与野生啮齿类分布、资源数量和密度密切相关。分布:国内见于青海、内蒙古、甘肃、宁夏和新疆。在新疆主要分布于塔里木盆地、准噶尔盆地、东疆和伊犁谷地。保护现状:新疆维吾尔自治区Ⅰ级重点保护野生动物。

与本项目的关系:项目区域所处准噶尔盆广泛分布。由于项目区域分布有大量大沙鼠等啮齿动物,食物资源丰富、且栖息环境适宜可为其分布区。

7)赤狐(Vulpes vulpes)

食肉目犬科动物。项目区域分布的为其蒙新亚种:Vulpes vulpes daurica。

鉴别特征:赤狐是狐属中个体最大者,体重可达6.5kg。体形细长,四肢短,吻尖长,耳尖直立,尾毛长而蓬松,尾长超过体长之半。背毛棕黄或棕红色,亦有呈棕白色,因气候或地区不同而略有差异;喉、胸和腹部毛色浅淡,耳背面上部及四肢外面均趋黑色;尾背面红褐色带有黑、黄或灰色细斑,尾腹面棕白色,尾端白色。生活习性:利用其他动物的弃洞或树洞栖居,有时也在大山岩石下生活;洞中常有几只狐同居,有时甚至与獾同栖一洞。主食小型兽和鸟类,也捕捉鱼、蛙、蜥蜴、昆虫和采食野果。多在春季交配,年产1胎,每胎3~6只,多可达13只。生活环境:赤狐对环境的适应能力较强,在森林、草原、荒漠、高山以及平原、丘陵都能生存。其生存与野生啮齿类的分布、资源数量和密度密切相关。

与本项目的关系:项目区域所处准噶尔盆广泛分布。由于项目区域分布有大量大沙鼠等啮齿动物,食物资源丰富,四季均可见其活动。沙狐数量比较稀少。野外调查中常见狐狸在大沙鼠洞穴附近徘徊的足迹,项目区域内,即使在冬季,其摄食对象啮齿动物的数量也很丰富。项目穿越了其栖息地。

8)虎鼬(Vormela peregusna)

食肉目鼬科。

鉴别特征:体形似艾鼬,但较小;鼻吻部短,耳椭圆形;四肢粗短,前脚爪比后脚爪长而锐利。周身遍布黄褐色或粉棕色花斑,尤其体后部花斑更繁密;额上横过一条宽的白色带纹,经耳下延至喉部几成环状,但不连接;喉、胸、腹及四肢为黑褐色;尾毛蓬松,尾尖浅黑褐色。生活习性:洞穴结构比较简单,一般有1~3个洞口,洞口圆而光洁,洞深可达5m,洞道有分支和储藏食物的"粮仓";常侵占鼠或其他小兽的洞穴。平时多单独行动,夏季则常结群,行走时群体前后紧密相跟,排成一字队,花斑在身上闪烁,像闪光的蛇,故有"花地龙"之称。以沙鼠类、跳鼠类、爬行类和地面窝小型鸟类为食。遇到敌害,能放出奇特的骚臭味驱敌。春季发情,孕期两个月左右,每胎4~8仔。生活环境:荒漠、半荒漠、半荒漠草原地区。栖息于砾石和沙质梭梭荒漠、农田居民区、田园村落、水库或沼泽附近的荒地。

与本项目的关系:项目穿越了其分布区准噶尔盆地,在梭梭荒漠调查中有分布记录。

除上述受保护的鸟类野生动物中,猛禽鸟类长出现于农田绿洲、戈壁荒漠中;鸟类中的水禽多位于线路穿越的青格达湖周围。

此外本区域主要分布的基础设施为南干渠,项目K113~K160段与南干渠伴行,公路距离南干渠最近1.5km,此段南干渠上设置有动物通道1处,此外干渠在吉拉沟为暗渠和管线,干渠目前对野生动物的阻隔影响较小。项目 K160～K280 段大部分位于沙漠区,此段距离南干渠较远(最近距离 15km),此段南干渠分布有大型动物通道 3 处(为上跨型桥梁,每处 50m 宽),此外还有众多小型动物通道(小桥和涵洞),保证野生动物的正常迁徙。上述受保护的鸟类野生动物中,猛禽常出现于 K333+100～K335+300 段的农田绿洲段;鸟类中的水禽多位于线路临近的青格达湖及线路附近水库周围。兽类保护动物主要分布在荒漠区和沙漠中,特别是起点～K290 荒漠草原、半荒漠、荒漠地带。

7.4.2.6 水土流失现状

根据水利部《国家级水土流失重点防治区名单》,项目区域被划分为国家级重点监督区中的新疆石油天然气开发监督区。根据《新疆维吾尔自治区水土保持规划(2018—2030 年)》和《关于全疆水土流失重点预防保护区、重点监督区、重点治理区划分的公告》,本工程为新建路线,线路所处的准噶尔盆地古尔班通古特沙漠为重点治理区,须做好保护和治理措施,加强监督管理工作,防止因生产建设活动造成新的水土流失。

项目起点段气候干燥多风,水土流失类型以风力侵蚀为主,局部地段兼有水力侵蚀。

目前区域采取的水土保持措施主要有:沙漠段路基两侧设置草方格,路基区主要是坡面防护系统与径流截排系统。路基区主要是施工迹地土地平整后人工撒播草籽恢复地表植被。立交区路基坡面网格内覆土后人工撒播草籽或自然恢复植被,立交区内空地种植草坪,栽植灌木。附属设施绿化区域覆土,覆土后种草坪、植乔木或灌木。砂砾石料场(兼弃渣场)在有条件的区域覆土撒播草籽,恢复植被。施工便道可以自然恢复地表植被。路基区主要是对剥离的表土进行机械压实,施工便道两侧用彩条旗限定施工范围,施工迹地洒水后机械压实。桥涵区临时堆渣采用草袋围堰拦挡。附属设施区主要是绿化覆土堆放过程需要进行机械压实。砂砾石料场(兼弃渣场)采取洒水等措施,减少暴雨及大风造成的水土流失。施工生产生活区施工期定期洒水,临时堆放的易侵蚀建筑材料妥善防护。施工结束后,对地表进行土地平整,洒水后进行机械压实。施工便道施工期定期洒水,严格划定施工范围,杜绝越界施工。

7.4.2.7 荒漠化现状

1)沿线土地荒漠化类型

根据土地利用现状图和区域的遥感影像可知,项目沿线土地荒漠化较严重,荒漠化类型主要为沙漠化,根据现场调查分析不同气候区沙漠、沙地数量及其组成类型,根据风沙运动规律,判断风沙地貌形态以及地表植被覆盖程度,准确判定项目沿线沙漠的流动程度,沙漠化土地类型包括流动沙地、半流动沙地、固定沙地、半固定沙地和戈壁。沿线荒漠化制图详细分类见表 7-38。

沿线荒漠化制图详细分类 表7-38

沙地类型	沙粒(1～0.05mm)(%)	有机质含量(%)	粗糙度	植被覆盖度(%)
流动沙地	98～99	0.065	1.1×10^{-3}	<5
半流动沙地	93～98	0.267	2.85×10^{-1}	5～20
半固定沙地	91～93	0.359	1.6	21～50
固定沙地	79～89	0.975	2.33	>50
戈壁	以碎砾石为主			<5

2)公路沿线荒漠化土地分布现状

项目公路沿线荒漠化分布与风力侵蚀分布具有显著的相关性,根据沿线荒漠类型分析,沿线大部分地段为半固定沙地,占总长度的65%以上。此外在起点至吉拉沟(K113~K160段)为戈壁,占总长度的20%,K310~终点K342位于农田绿洲区为非荒漠化区,全线非荒漠化区占总长度的15%左右。

7.4.2.8 生态景观现状

1)公路沿线景观类型构成及分布

根据建设公路沿线区域气候、地貌、植被及人类活动的影响,将景观类型划分为林地景观、草地景观、沙漠戈壁景观、农田景观4种景观类型,分述如下:

(1)林地景观。

全线间断成片分布,以灌木、半灌木为主,农田绿洲区物种主要有人工杨树林、榆树林,灌木树种主要为梭梭,植株低矮呈簇状,叶面积极小,植被覆盖率较低。

(2)草地景观。

全线间断成片分布,物种主要有针茅、羽芒草、猪毛菜等与荒漠性质的灌木、半灌木相伴。

(3)沙漠戈壁景观。

全线分布,其中沙漠景观占总长度的65%以上。为半固定沙漠,分布有大小不等的沙梁、沙丘,地表植被稀,呈现出沙漠地貌。

沿线戈壁面积占比20%,地表为砾石覆盖,砾石大小不等,地表因强劲的风力作用将细小颗粒吹走,留下粗大的砾石,覆盖在地表上,抑制着地表风蚀的继续作用,呈现出一派戈壁景观。

(4)农田景观。

主要分布于项目终点段有水灌溉的绿洲区,多为沿线的水浇地、园地等。

2)公路沿线重要景观类型识别

公路建设重要景观识别的目的在于识别和发现公路沿线最具有保护意义,即最具有美学意义、观赏价值、文化价值、科学价值以及潜在经济价值的自然景观资源和人文景观资源,评价公路建设对景观环境的破坏和影响程度,以便合理的保护和利用公路沿线景观资源,防止公路修筑过程中破坏这些资源或使资源的观赏价值受到影响。

(1)景观敏感性分析。

公路景观敏感度是公路周围环境景观被人们所注意的程度的量度,是环境景观的可见性、清晰性以及醒目程度等多方面的综合反映。根据建设公路沿线景观资源构成特点和现场调查结果,选用视距、相对坡度、特殊性、相融性以及出现概率等5个指标,采用专家打分法,对公路沿线景观资源的5个指标得分进行加权平均,评价结果按差值百分比分级法将景观敏感程度分为高度敏感、中等敏感、低敏感3个等级。

(2)景观阈值分析。

景观阈值是景观对外界干扰的忍受能力、同化能力和遭到破坏后的自我恢复能力的量度。景观表面相对于观景者的视线的坡度($0°≤α≤90°$)越大,景观被看到的部位和被注意到的可能性也越大。在这样的区域内,人为活动给原景观带来的影响也就越大,在一般的仰视和平视情况下，α实际上就是地形的坡度。景观相对于观景者的距离越近，景观的易见性和清晰度就越高，人为活动可能带来的视觉影响也就越大。景观在观景者视域内出现的概率越大或持续的时间越长，景观的敏感度就越高。由于公路线作为长距离的单行基线，某个特定景观重复出现的概率较小。建设公路沿线景观阈值在敏感性分析的基础之上，针对公路景观敏感目标，依据地形地貌稳定度、景观资源的丰富度、珍稀度，以及公路建设对其的破坏程度等因素，通过专家打分法将公路沿线景观阈值区划分为3个等级，其阈值按从小到大的顺序代表了景观对公路建设干扰的忍受能力由强到弱。其中：

一级阈值区为地势平缓、土地开垦程度高、人口密集，景观资源少，且多数为常见景观，能够容忍公路建设所造成的破坏活动的区域。

二级阈值区为地势相对平缓，土地开垦程度较高，区内保留有部分自然植被，但面积较小，公路建设活动会带来局部水土流失的区域；具有较多的景观资源，景观较独特，公路建设所造成的破坏活动对景观影响较大。

三级阈值区为目前保留的较完好的自然植被面积，但坡度较陡，一旦植被破坏，在生态上和视觉上都会带来较大的冲击的区域；或者景观资源丰富，且独特稀有，景观一旦被破坏将无法恢复。

(3) 景观质量评价。

公路景观具有构成要素的多元性、人类作用的主导性和景观空间的多维性等特点，景观质量评价为多因子评价，因此，本次评价将在敏感性分析和阈值评价分析的基础上，采用毛文永编著的《建设项目景观影响评价》一书中公路景观质量评价指标体系和综合评价指数法，以景观美学质量评估为重点，通过专家打分法计算出公路景观综合评价指数法，并由该指数差值百分比将景观质量分为好、较好、一般、差四个等级。评价结果详见表7-39。

建设公路沿线景观重要性判定表 表7-39

景观类型	评价指标		
	敏感度	阈值	景观质量
林地景观	高	三级	好
草地景观	中	三级	较好
沙漠戈壁景观	中	一级	一般
农田景观	高	一级	好

根据表7-39可知，采用专家咨询法识别出建设公路沿线的重要景观有林地景观、农田景观及草地景观，是公路建设中应重点保护的景观类型。

7.4.2.9 区域生态重要敏感目标

1) 兵团青格达湖湿地自然保护区

本次路线在K338+188~K344+400临近兵团青格达湖湿地自然保护区试验区，最近距离450m。保护区概况如下：

(1) 保护区简介。

青格达湖（又名猛进水库）是军垦文化的发祥地，被誉为军垦第一库，是由王震将军亲自选址,并同将士一起修建的。距乌鲁木齐仅 32km,是距乌鲁木齐最近的以水为主的旅游景区。它介于我国第二大沙漠古尔班通古特沙漠和乌鲁木齐之间,很好地阻隔了沙尘,调节了首府的气候,被誉为"首府之肾"。2002 年被划为兵团首家省级自然保护区。

兵团青格达湖湿地自然保护区面积 37km^2,具有我国西北地区独特的湿地和水域生态系统。近年来,兵团青格达湖湿地自然保护区大力推动湿地保护、鸟类资源保护,成为鸟类的理想栖息地。

青格达湖湿地生长有芦苇、红柳、胡杨、毛腊、沙枣、铃铛刺等野生灌木和水草,植被覆盖率超过 80%。栖息着鸥、鹤、鸭、天鹅、海燕、白额雁等 180 多种鸟;水獭、野兔、狐狸、獾等野生动物也常出没于此。据专家研究发现,青格达湖湿地是全国面积最小栖息鸟类最多的湿地。

(2)保护区功能区划。

根据资源特点和保护对象,将本保护区划为核心区、缓冲区及试验区三个功能区,总面积为 29.12km^2。

核心区位于本保护区的西南部,面积 7.96km^2,占保护区总面积的 27.3%。主要为鸟类栖息地。在核心区内,不允许偷猎或毒杀珍禽候鸟,严禁放置定置网等非法渔业生产活动。实行严格保护,可供观测研究,不得设置和从事任何影响或干扰生态环境的设施及活动。

缓冲区位于核心区的周围地带,呈环状,面积 15.38km^2,占保护区总面积的 52.8%。主要为林带和正常经营水域,在本区可进行科研活动。

试验区位于主坝北面,面积 5.78km^2。占保护区总面积的 19.9%,有自然及人文景观资源分布,可进行科学试验、教学实习、参观考察、动物驯养、多种经营、森林旅游等活动。

(3)保护区位置关系。

保护区南部土地权属为五家渠市管辖,土地仍有乌鲁木齐县和米东区农民耕种,主要种植作物为水稻。本项目 K338+188~K344+400 临近兵团青格达湖湿地自然保护区试验区,最近距离试验区 450m。

2)重点公益林区

重点公益林是指生态区位极为重要或生态状况极为脆弱,对国土生态安全、生物多样性保护和经济社会可持续发展具有重要作用,以提供森林生态和社会服务产品为主要经营目的的重点防护林和特种用途林,包括水源涵养林、水土保持林、防风固沙林和护岸林,自然保护区的森林和国防林,等等。项目在福海县和昌吉州穿越国家级重点公益林,共穿越公益林 17km,其中 K153+500~K156+500 穿越福海县国家级Ⅱ级重点公益林 3km,K298~K308 穿越昌吉州国家级Ⅱ级重点公益林 14km。工程占用公益林 64.6hm^2,公益林为灌木林地,林种为梭梭。

7.4.2.10　临时占地生态现状调查

工程设置联合施工场地(拌和站、水泥稳定砂砾拌和场、水泥混凝土拌和场、水泥混凝土预制厂)7 处,临时占地面积合计 28hm^2,占地类型为未利用的地的戈壁和沙漠。

工程选定的自采取土场 10 处,弃土场 19 处。全部位于戈壁荒漠或半固定沙丘上,地表组成、岩性较为单一,地表植被稀疏,周围无村庄居民区,选址合理。土质多为砾石和沙漠,局部地区为粉质土和黏质土,植被状况与线路区基本相同,覆盖率为 10%~20%。料场区域土壤和植被分布情况见表 7-40。

料场区域土壤与植被分布情况   表7-40

料场名称	位置	运距（km）	植被及土壤	图片
碎石料场	K352+260	40	3处商品料场，1处自采料场，自采料场位于米东区柏杨河乡，吐乌大高速北侧2~5km冲洪积扇沟口处，砾石荒漠地表基本无植被	
	K352+260	60		
	K352+260	80		
	K352+260	100		
砂砾石料场	奎阿高速 K301+400	30	5处均为商品料场，位于荒漠草原上，植被以荒漠植被为主，主要是假木贼。植被覆盖率为10%	
	奎阿高速 K345+620	20		
	奎阿高速 K369+960	40		
	奎阿高速 K380+100	60		
	奎阿高速 K422+705.52	90		
取、弃土场	取土场15处，弃土场14处，风积沙取土场距离线路150m，其他取土场距离公路均在600m外	150m	取料场位于荒漠草原，植被以荒漠植被为主，主要是梭梭。植被覆盖率为10%~20%	

7.4.2.11 生态环境现状小结

根据现场调查及资料收集，本工程评价区域内无自然保护区、风景名胜区等生态敏感区，无法律障碍和环境重大制约因素。主要的生态敏感保护为临近青格达湖省级（兵团）自然保护区试验区、国家重点公益林和农田。

现状评价结论认为：评价范围内以荒漠和绿洲生态为主，环境的功能具有一定的稳定性及可持续发展性，具有一定的承受干扰的能力及生态完整性。

7.4.3 环境空气现状调查

7.4.3.1 项目所在区域环境质量达标情况

根据《环境影响评价技术导则 大气环境》(H.J 2.2—2018)中"评价范围内没有环境空气质量监测网络数据或公开发布的环境空气质量现状监测数据的,可选择符合 HJ664 规定,并且与评价范围地理位置临近、地形、气候条件相近的环境空气质量城市点或区域点监测数据"的规定,本次评价选择距离项目最近的国控监测站福海县、昌吉州、五家渠及乌鲁木齐市监测站 2018 年的监测数据,作为各地区环境空气现状评价基本污染物 SO_2、NO_2、PM10、PM2.5、CO 的数据来源。根据空气质量逐日统计结果,SO_2、NO_2、PM10、PM2.5、CO、O_3 各有 361 个有效数据。根据结果可知阿勒泰地区 K113+310.417~K264+932.024 段属于达标区,其余地区 SO_2、NO_2、CO、O_3 年平均浓度均满足《环境空气质量标准》(GB 3095—2012)的二级标准要求;PM2.5、PM10 的年平均浓度均超过《环境空气质量标准》(GB 3095—2012)的二级标准要求,属于非达标区域。空气质量达标区判定结果见表 7-41~表 7-44。

福海县空气质量平均一览表 表 7-41

评价因子	年评价指标	现状浓度 ($\mu g/m^3$)	标准限值 ($\mu g/m^3$)	占标率 (%)	达标情况
SO_2	年平均	9	60	15	达标
NO_2	年平均	15	80	19	达标
CO	第 95 百分位数日平均	1.4	4000	0.04	达标
O_3	第 90 百分位数日平均	124	160	78	达标
PM2.5	年平均	18	35	51	达标
PM10	年平均	9	70	12.9	达标

根据表 7-41 可以看出:阿勒泰地区(K113+310.417~K264+932.024 段)2018 年 SO_2、NO_2、PM10、PM2.5 年均浓度分别为 $9\mu g/m^3$、$15\mu g/m^3$、$18\mu g/m^3$、$9\mu g/m^3$;CO 24h 平均第 95 百分位数为 $1.4mg/m^3$,O_3 日最大 8h 平均第 90 百分位数为 $124\mu g/m^3$;各污染物平均浓度均优于《环境空气质量标准》(GB 3095—2012)中的二级标准限值。

昌吉州空气质量平均一览表 表 7-42

评价因子	年评价指标	现状浓度 ($\mu g/m^3$)	标准限值 ($\mu g/m^3$)	占标率 (%)	达标情况
SO_2	年平均	15	60	25	达标
NO_2	年平均	44	80	55	达标
CO	第 95 百分位数日平均	2.8	4000	0.07	达标
O_3	第 90 百分位数日平均	134	160	84	达标
PM2.5	年平均	61	35	174	超标
PM10	年平均	105	70	152	超标

根据表 7-42 可以看出:昌吉州(K264+932.024~K322+289.907 段)2018 年 SO_2、NO_2、PM10、PM2.5 年均浓度分别为 15μg/m³、44μg/m³、105μg/m³、61μg/m³;CO 24h 平均第 95 百分位数为 2.8mg/m³,O_3 日最大 8h 平均第 90 百分位数为 134μg/m³。超过《环境空气质量标准》(GB 3095—2012)中二级标准限值的污染物为 PM10、PM2.5。

五家渠空气质量平均一览表　　　表 7-43

评价因子	年评价指标	现状浓度(μg/m³)	标准限值(μg/m³)	占标率(%)	达标情况
SO_2	年平均	14	60	19	达标
NO_2	年平均	35	80	41.38	达标
CO	第 95 百分位数日平均	3.5	4000	0.07	达标
O_3	第 90 百分位数日平均	138	160	87.5	达标
PM2.5	年平均	67	35	200.57	超标
PM10	年平均	115	70	281.57	超标

根据表 7-43 可以看出:五家渠市(K322+500.000~K337+600 段)2018 年 SO_2、NO_2、PM10、PM2.5 年均浓度分别为 14μg/m³、35μg/m³、115μg/m³、67μg/m³;CO 24h 平均第 95 百分位数为 3.5mg/m³,O_3 日最大 8h 平均第 90 百分位数为 138μg/m³。超过《环境空气质量标准》(GB 3095—2012)中二级标准限值的污染物为 PM10、PM2.5。

乌鲁木齐市空气质量平均一览表　　　表 7-44

评价因子	年评价指标	现状浓度(μg/m³)	标准限值(μg/m³)	占标率(%)	达标情况
SO_2	年平均	11	60	18	达标
NO_2	年平均	45	80	56	达标
CO	第 95 百分位数日平均	3	4000	0.08	达标
O_3	第 90 百分位数日平均	134	160	84	达标
PM2.5	年平均	54	35	154	超标
PM10	年平均	98	70	140	超标

根据表 7-44 可以看出:乌鲁木齐市(K337+600~K342+600 段)2018 年 SO_2、NO_2、PM10、PM2.5 年均浓度分别为 11μg/m³、45μg/m³、98μg/m³、54μg/m³;CO 24h 平均第 95 百分位数为 3mg/m³,O_3 日最大 8h 平均第 90 百分位数为 134μg/m³。超过《环境空气质量标准》(GB 3095—2012)中二级标准限值的污染物为 PM10、PM2.5。

7.4.3.2　环境质量现状监测

1)监测点布设

项目全长约 229.192km,另辟新线,为了解建设项目沿线环境空气质量现状,按照"以点代线"的布点原则,在项目区沿线设置了 3 个空气质量监测点,监测点布置见表 7-45。

环境空气质量现状监测点布置 表7-45

序号	监测点名称	坐标	监测因子	备注
1	福海县	N45°16′21.11″ E87°23′12.19″″	SO_2、NO_2、TSP、PM10、PM2.5	代表起点区域大气环境，连续7d日均值
2	K342+600	N44°15′28.34″ E7°35′42.00″″	SO_2、NO_2、TSP、PM10、PM2.5	代表起点区域大气环境，连续7d日均值
3	五家渠青湖铭城	N44°09′33.3″ E87°33′37.9	SO_2、NO_2、TSP、PM10、PM2.5	代表终点区域大气环境，连续7d日均值

2）采样时间、频率及相关要求

监测因子为 NO_2、SO_2、PM10、TSP。监测点进行连续7d的采样和分析，采样环境、采样高度、采样频率及分析方法的要求，按《环境监测技术规范》及相关要求执行。

监测工作由新疆合普联科检测技术研究院（有限公司）完成。

大气环境质量现状监测时段为监测时间为2017.11.3—2017.11.9，监测期间连续监测7d。

3）环境空气质量现状评价

评价标准：环境空气质量评价中 NO_2、SO_2、PM10、TSP、PM2.5 四项指标执行《环境空气质量标准》（GB 3095—2012）中的二级标准。

评价方法：采用最大占标率法。

根据监测结果，对项目沿线环境空气质量现状数据统计及评价见表7-46。

项目沿线环境空气质量现状数据统计及评价（单位：mg/m^3） 表7-46

监测点位	监测因子	评价标准	浓度范围（mg/m^3）	最大占标率（%）	超标率（%）	达标情况
1号福海段	SO_2	0.12	0.004~0.005	4.2	0	达标
	NO_2	0.08	0.007~0.011	13.75	0	达标
	TSP	0.30	0.077~0.096	32	0	达标
	PM10	0.15	0.052~0.073	48.7	0	达标
	PM2.5	0.075	0.034~0.042	56	0	达标
2号项目主线终点	SO_2	0.12	0.004~0.006	5	0	达标
	NO_2	0.08	0.025~0.032	40	0	达标
	TSP	0.30	0.126~0.155	51.7	0	达标
	PM10	0.15	0.085~0.102	68	0	达标
	PM2.5	0.075	0.055~0.072	96	0	达标
3号五家渠青湖铭城	SO_2	0.12	0.008~0.017	14	0	达标
	NO_2	0.08	0.03~0.06	75	0	达标
	TSP	0.30	0.080~0.102	34	0	达标
	PM10	0.15	0.09~0.22	146	0	达标
	PM2.5	0.075	0.033~0.042	14	0	达标

评价结果表明：评价区域环境空气质量中 NO_2、SO_2、PM10、TSP 等监测因子均符合《环境空气质量标准》（GB 3095—2012）中的二级标准，评价区域环境空气质量良好。

7.4.4 声环境现状调查

项目全长约 229.192km，项目在选线过程中，从环境保护的角度已经尽量绕避和远离了居住稠密区，但受工程控制点和地物分布特征影响，在评价范围内仍涉及 7 个声、环境空气敏感目标，为居民区。

7.4.4.1 现状监测布点

本次环评为了解道路沿线交通噪声现状、敏感点处噪声值、建设道路沿线设置了 5 个噪声监测点。

7.4.4.2 监测方法及监测时间

噪声监测严格按照《声环境质量标准》（GB 3096—2008）的有关规定执行，乌鲁木齐京诚检测技术有限公司于 2017 年 9 月 17—18 日进行了声环境现状测。

敏感点和背景噪声监测要求：①等效连续 A 声级 LAeq；②连续监测 2d，昼夜各一次，每次监测不少于 20min；③村庄居民区测点设在靠近公路房屋卧室窗前 1m，高度约 1.2m。

7.4.4.3 监测结果

声环境质量现状监测和评价结果具体见表 7-47。

声环境质量现状监测和评价结果 [单位：dB(A)]　　　　表 7-47

编号	监测点名称	监测结果				监测结果评价
		2017.09.17 昼间	2017.09.18 夜间	2017.09.18 昼间	2017.09.19 夜间	
1	102 团良种场	36.7	35.7	37.7	36.5	满足 2 类标准
2	五家渠青湖铭城	36.9	35.2	37.1	35.7	满足 2 类标准
3	协标工村	60.5	53.3	61.2	53.7	昼间、夜间均超标
4	红雁湖村	39.5	36.2	38.5	36.1	满足 2 类标
5	牛庄子村	69.3	54.7	65.2	54.9	昼间、夜间均超标

7.4.4.4 声环境质量现状评价

根据表 7-47，对建设公路沿线地区的声环境质量现状评价如下：项目协标工村及牛庄子村有超标现象，其中协标工村昼间最大超标 1.2dB(A)，夜间最大超标 3.7dB(A)；牛庄子村其余监测点噪声现状可满足《声环境质量标准》（GB 3096—2008）二类标准要求。

7.4.5 水环境现状调查及评价

本项目水体涉及河流、干渠、水库，主要有老龙河、八一引水渠、猛进水库，本项目共设置小桥 104/5(m/座)，涵洞 12 道；根据《中国新疆水环境功能区划》，结合现场调查，老龙河、八一引水渠、猛进水库均为Ⅴ类水体,主要水体功能为农业灌溉用水,执行《地表水环境质量标准》(GB 3838—2002)Ⅴ类标准限值。详见表7-48。

项目沿线水体的环境功能区划 表7-48

序号	水体	功能区划	水体实际功能	水质类别	桩号	与建设项目位置关系	备注
1	河流	老龙河	无	农业用水	Ⅴ类	K340+660~K342+480	跨越2次	季节性河流
2	输水干渠	八一引水渠	无	农业用水	Ⅴ类	K331+600	跨越1次	季节性引水渠
3	水库	青格达湖(猛进水库)	无	农用水	Ⅴ类	K331+500~K344+850	最近距离0.38km	现状为绿化灌溉用水,无饮用功能

7.4.5.1 地表水环境现状监测

本次评价委托新疆合普联科检测技术研究院(有限公司)对老龙河和青格达湖(猛进水库)水质进行监测。监测时间为2017年11月。监测项目:pH、COD、BOD_5、石油类、氨氮。

评价方法:采用单因子评价方法进行评价。

采样、分析方法:水样采集方法、运输及保存均按照《环境水质监测质量保证手册》执行;分析方法地表水水质分析方法进行。

各河流监测结果见表7-49。

各河流监测结果(单位:mg/L) 表7-49

序号	监测项目	老龙河(Ⅴ类)	青格达湖(猛进水库)(类)
1	pH(无量纲)	7.1	7.2
2	BOD_5≤	39	34
3	COD≤	109	95
4	氨氮≤	0.056	0.025
5	石油类≤	0.054	0.085

7.4.5.2 地表水环境现状评价

沿线涉及河流现状评价见表7-50。

沿线涉及河流现状评价(单位:mg/L) 表7-50

序号	监测项目	标准值	老龙河(Ⅴ类)		青格达湖(猛进水库)(Ⅴ类)	
			监测值	P_i	监测值	P_i
1	pH(无量纲)	6~9	7.1	—	7.2	—
2	BOD_5≤	10	39	3.9	34	3.4
3	COD≤	40	109	2.7	95	2.4
4	氨氮≤	2.0	0.056	0.03	<0.025	0.01
5	石油类≤	1.0	0.054	0.05	0.085	0.08

监测指标中，COD_{Cr}、BOD_5 均有超标，水质较差。老龙河流经乌鲁木齐市米东区，水质受沿线生活和农业污染源影响较大，COD_{Cr}、BOD_5 超标倍数较高，下游污染严重。老龙河流入青格达湖（猛进水库），这也是青格达湖（猛进水库）超标的原因。

7.5 环境影响预测及分析

7.5.1 生态环境影响预测及分析

7.5.1.1 生态单元影响分析

本工程自北向南从准噶尔盆地中部穿过，项目起点位于准噶尔盆地北部戈壁荒漠区，线路中段位于古尔班通古特沙漠区，后段位于准噶尔盆地南缘的乌鲁木齐老龙河冲积平原，整个沿线大致可分成三个生态单元，即准噶尔盆地北部戈壁荒漠区，古尔班通古特沙漠区和老龙河绿洲区。修筑公路对不同生态单元的影响体现在占地、扰动土地等生态要素影响上，对生态环境的影响主要为施工期路基、路面、桥梁的修筑及预制场、拌和场、料场、生活基地等施工作业、车辆、人员活动对生态环境的破坏。建设项目长 229.192km，本工程沿线有绿洲、沙漠、河谷等自然景观类型多，影响程度、范围和内容也各不尽相同。本次评价重点分析项目线路、互通、桥梁工程的影响。

1）准噶尔盆地北部戈壁荒漠区单元影响

项目 K113+000～K160+000 段分布于此区域，本区域地形属于平原微丘区，地表为戈壁，土壤不发育，主要植被类型为梭梭、假木贼、猪毛菜、小蓬、驼绒藜、沙生针茅，盖度为 5%～10%，野生动物主要有鹅喉羚、蒙古兔、狐、沙鼠及一些鸟类，生态环境现状差，且十分脆弱。对于本区域，工程施工的影响主要是扰动表层有可能使地表相对稳定结构破坏，引起地表侵蚀，植被破坏，引起土壤荒漠化加剧，此外本区域位于沙漠边缘，由于植被的破坏可能造成沙漠化加剧，本区域还有众多保护动植物的分布，项目施工可能会对区域分布的野生保护动植物产生影响。

2）古尔班通古特沙漠区单元影响

项目 K160+000～K290+000 段位于此区域，本区域地形属于固定半固定沙丘区，沙丘高度一般为 10～20m，植被主要为梭梭、白皮沙拐枣、羽毛三芒草，植被盖度在 10% 以下，野生动物主要有鹅喉羚、蒙古兔、狐、沙鼠、快步麻蜥等爬行动物，生态环境现状差，且十分脆弱。对于本区域，工程施工的影响主要是加剧沙漠化，由于植被的破坏，可能导致固定半固定沙丘活化，此外本区域还有众多保护动植物的分布，项目施工可能会对区域分布的野生保护动植物产生影响。

3）老龙河绿洲区单元影响

项目 K290+000～K342+000 段位于乌鲁木齐老龙河冲积平原，本区域为乌鲁木齐市周边重要的农业区，由于降水比较丰富，农业发达，农作物以棉花、玉米、蔬菜瓜果等经济作物为主，野生动物主要为伴家禽、家畜及人类生存的田鼠、家鼠、麻雀等，区域生态环境现状整体较好。本段工程位于老龙河尾间绿洲，农田主要种植棉花、水稻。绿洲区人为活动频繁，野生动物多为鼠类和鸟类等伴人类生活的物种，生态环境受人类活动影响严重。项目公路的影响主要为占用土地造成对林地、农田的损失。

7.5.1.2 施工期生态环境影响分析

1)施工期对植被环境的影响

(1)工程占地的生物量损失。

工程永久征用土地1512.3hm^2,主要占用荒漠草地、耕地和林地,在项目竣工和移民安置完成后,各种拼块类型面积将在一定范围内发生变化,从而使区域自然生态体系生产能力在一定范围内发生改变。工程建设完成后,评价范围的植被类型面积和生物量的具体变化情况见表7-51。

生物量损失估算   表7-51

占地类型	耕地		草地		林地	
	面积(hm^2)	生物量(t)	面积(hm^2)	生物量(t)	面积(hm^2)	生物量(t)
福海	0	0	567.17	1701.51	249.78	1248.9
乌鲁木齐	21.37	143.179	101.59	304.77	3.43	17.15
昌吉	0	0	259.84	779.52	0	0
103团	4.11	27.537	40.97	122.91	17.01	85.05
102团	54.39	364.413	63.7	191.1	7.5	37.5
101团	78.47	525.749	0	0	28.44	142.2
合计	158.34	1060.878	1032.75	3098.25	306.16	1530.8

耕地按平均每公顷产6700kg计算小麦产量,草场按每公顷产鲜草3000kg计算,林地按灌木林地每公顷平均生物量5t计算。从表7-51可以看出,工程建设将使区域内生物量发生一定损失,各类被占用植被的生物量合计损失5689.928t,其中草地生物量损失最多,约占生物量损失总量的54.45%。

此外项目施工阶段的取弃土场、施工便道及施工营地的临时占地也将导致一定量的生物损失,施工结束后对临时占地采取恢复措施后,荒漠草场可在3~5年恢复,临时占地对植被的影响可完全消除。

(2)对荒漠区段植被的影响。

由于占用荒漠草地将造成3098.25t/a的草地损失,这些植被均为区域的优势种,分布广泛,适应环境能力较强,因此建设项目的建设不会造成该区段的生物量大量减少,也不会造成物种丧失和生物多样性下降。

(3)对绿洲农业区段的影响。

建设项目由于耕地的占用,将造成1060.878t/a的农作物损失,耕地以种植小麦、玉米、油葵为主。由于项目沿线县市农业以畜牧业为主,其占用耕地产生的生物损失量可以通过易地栽种得到补偿,不会对沿线的农业生态系统造成影响。

树木的砍伐,项目共砍伐一般树木约51890棵,这些树木主要分布在福海、102团及103团农田四周,主要树种为杨树、柳树、沙枣树、榆树。农田四周的人工种植的农田防护林,树木径粗<15cm的幼苗36792棵移植。砍伐的树木多数是人工种植区域广布植物,相对较容易恢

复,不会造成植被生物多样性的丧失和生态系统的破坏。

2)施工活动对野生动物的影响

(1)对一般动物的影响。

公路施工对陆栖动物的影响具体表现为破坏植被导致动物栖息地受到损害,施工活动可能阻断动物活动路线,施工噪声对动物的不良影响等。

①对野生动物栖息地的影响。

建设公路评价范围内的爬行动物主要在草灌生境中活动,公路建设将对爬行类动物的栖息地产生一定影响。

建设公路评价范围内的鸟类栖息地类型多样,且活动能力较强,施工区域内的鸟类栖息地被占用后,其可在远离施工区域的地带重新定居生活,受建设公路的影响相对较小。

建设公路评价范围内的兽类以啮齿目种类为主,其栖息地生境类型包括草地、灌丛等,在灌丛路段施工对其有一定影响;其余兽类生境多样,受施工影响较小。此外,施工中大量施工人员进入施工现场可能会增加部分啮齿类的种群密度。

②噪声对野生动物的影响。

一般认为,噪声对野生动物的影响会迫使野生动物迁徙他处。当地常见的主要是一些小型动物,对人类干扰有相当的适应能力。因此,噪声和尾气对当地野生动物的不良影响较小。工程可能迫使一些动物向公路两侧迁移,但对该地区陆栖脊椎动物整体的物种数量和个体数量不会产生明显的不良影响。

(2)对兽类保护动物保护的影响。

项目施工对兽类保护动物的影响主要来自施工噪声,特别是会惊吓到鹅喉羚等胆小的动物,此外道路的施工对兽类还会产生阻隔影响,因本次仅通过走访调查和收集资料,获取的野生动物分布及迁徙通道认知较少,但可以明确一点施工机械噪声对道路两侧2km内可能分布的野生动物会产生一定影响,故本次措施主要通过从施工期开始进行野生动物活动进行监测,并明确道路沿线是否存在动物迁徙活动。

(3)对保护鸟类的影响。

建设公路沿线分布的鸟类野生保护动物中,以鸢、隼等猛禽为主,线路全线均有分布,具有较强的飞翔能力,飞行快而有力,机警性较高,人很难接近。项目施工后,其可迁徙到公路附近区域新的栖息地。因此,公路建设对野生保护鸟类的栖息地环境的破坏影响较小。

但由于施工期施工人员活动频繁、施工噪声影响严重,生活在各施工点周围的野生动物将受到一定影响。工程人员进入野生动物较密集的区域,不仅会破坏植被,还不可避免地会对区域重点保护动物和特有物种的活动造成影响,施工车辆和人员的野外工作活动,都会直接驱避大型野生动物,降低了鸟类的生存空间。对鸟类的影响多是在繁殖期,多体现在人为掏窝或施工噪声的震动和惊吓造成鸟类弃巢,而影响鸟类的繁殖。

但总体来看,工程所在区域在大的尺度上具有较多的相同生境,评价区内替代生境相对较多,鸟类比较容易找到新栖息场所,而且鸟类的飞翔能力决定了公路作为线性廊道对其的影响有限,同时由于公路施工影响范围小,呈线性分布,对鸟类影响的时间较有限,因此对鸟类不会造成永久影响,且这种影响可随工程结束、人员撤离和植被恢复而得到缓解。所以线路的修建对鸟类干扰较小。

3)施工对土壤环境的影响

(1)土壤侵蚀影响分析。

建设项目长度229.192km。工程建设将会破坏地表植被和地表覆盖物,使表土的抗蚀能力减弱,增加施工期的风起扬尘强度。

(2)施工活动对土壤影响分析。

施工人员的践踏和施工机械的碾压,将改变土壤的坚实度、通透性,对土壤的机械物理性质有所影响。

施工弃方在沿线的不合理堆放,不仅会扩大占用土地的面积,而且会使地表高有机质的表层壤土被掩盖;不仅影响景观,而且对地表植被恢复造成困难,还会产生新的水土流失。

施工人员产生的污水、生活垃圾的不合理处理排放,也会污染土壤。

各类料场产生的废水沿坡流向周边土壤会造成土壤的污染并使pH值升高。

7.5.1.3 运营期环境影响分析

1)对土地利用格局的影响分析

本工程永久占地总面积约$1512.3hm^2$,其中农田$158.34hm^2$(其中基本农田$4.05hm^2$)、果园$8.06hm^2$、林地$298.1hm^2$、草地$329.55hm^2$、公路用$6.39hm^2$、建设用地$5.37hm^2$、未利用地$703.2hm^2$、其他$2.77hm^2$。建设项目占地以草地为主,公路修建后评价范围内的草地减少,所占评价区面积密度降低,从总体上看建设项目占地对当地的土地利用格局影响较小。

2)对植被的影响分析

公路建成后,永久占地内的植被将完全被破坏,取而代之的是路面及其附属设施,形成建筑用地类型。对于荒漠草场区域,公路建成后将形成人为的微地形以及水分的重新分配,会引起植物群落性质的变化,出现植物斑块或形成特有的"路旁带状植物群落"。在施工迹地上将会出现新的植物演替过程。通过对北疆地区已建的公路调查发现,植被在迎洪水面的一侧长势优于公路的另一侧;施工取料坑深4m左右,由于料坑的积水作用,植被会得到较快的恢复。

对于绿洲区,由于公路将原来整片的农田切出一条带状空地,光辐射、温度、湿度、风等因素都会发生改变,而这种小气候的变化会导致农田边缘地带的植物、动物和微生物等发生不同程度的变化。一般研究认为,边缘对小气候的影响可从边缘延伸至内部15~60m处。另外由于皆伐地的彻底暴露,植被边缘的空地经常由外来种控制,外来种有入侵边缘的趋势,而外来种的大量涌入甚至能影响小片段内原来的群落结构。

3)对野生动物的影响

(1)野生动物生命的直接损伤。

交通对野生动物种群造成的最直接影响是生命损失。在一些地区某些动物的公路交通死亡率已经超过其自然死亡率,成为地方种群下降的主要原因之一,甚至导致一些种类趋于濒危。一般而言,野生动物的交通死亡率与公路宽度、车道数量、车速、车流和噪声分贝呈正相关,其中高车速是导致动物交通伤亡主要的因素之一。

公路运行期对动物最直接的损伤即交通碰撞。虽然存在桥梁和涵洞以及专门为动物设置的野生动物通道,但体型较小的动物会选择遵从其本能在路基平缓的地段"翻越围栏、围网障碍穿过公路"。在青藏公路沿线野生动物监测中发现,在野生动物通道建成之初,一些生活在项目区域的藏原羚、藏野驴等更倾向于选择翻越路基跨越公路。这主要是因为长期生活在开阔环境中的有蹄类动物不适应狭窄、压抑或高大建筑;生活在平坦或有平缓丘陵的地带动物,本能是攀爬至障碍顶端观察周围环境,在确定安全性后会翻越障碍。

(2) 对栖息地的影响。

纵横交错的交通网络系统连接着人类栖居的乡村城镇,直接占据了动物的生存空间,将动物的栖息地分割为破碎的斑块状。本项目设计线路穿越了一些物种的分布区,必然对其生境造成切割,但对于不同的动物类群影响程度有差异。对于广布物种仅为局部切割作用,但对于本身栖息地破碎化严重或栖息地面积有限的低种群密度的物种影响程度较高。

交通设施建设和运行会改变公路周围的小环境,造成边缘效应;车辆尾气、排放的热量、重金属、臭氧、营养物质、污水和垃圾改变公路两侧的理化环境,形成了一个特殊地带;同时,交通带来的相关人类活动也直接对动物栖息环境造成负面影响。

公路运营期各种破坏活动消除,局部区域植被可以逐渐得以恢复,生境变化对野生动物产生的异化效应得以缓解,同时,野生动物对新环境的适应性得以增强,在一定程度上可以缓解工程建设对其产生的影响;大部分小型动物,如啮齿类等均能够返回原有生境。

(3) 对动物行为的影响。

公路的线性结构,本身可能构成了动物迁移路径上巨大的物理和心理屏障,交通带来的人为干扰还可能加剧其隔离作用,直接影响线路两侧动物的家域或巢域、日常活动格局、觅食范围、迁移途径、繁殖甚至生理状态。

① 屏障作用。

路基对于一些动物是一道难以跨越的屏障,在道路对动物迁移的阻隔效应研究中发现:一些甲虫和狼蛛无法跨越宽度2.5m以上的公路;一些较宽的公路能够限制中小型哺乳动物的活动;一些小型啮齿动物在日常活动中规避穿越公路,而只沿着公路边缘活动觅食。

对于家域较大、种群密度低的物种,特别是中、大型哺乳动物(如食肉类动物),道路的阻隔对种群的影响较其他类群更为明显。资料显示,在美加边界,高速公路和其带来的人为活动导致英属哥伦比亚的棕熊种群与其他种群无法正常交流而发生了分化。公路和公路可以直接阻断动物的迁移路线,导致一些动物放弃迁移:加拿大的狼在从加拿大至美国蒙大拿州迁移途中因州际90公路的阻隔而终止了迁移;蒙古国的蒙古原羚因受中亚公路阻隔而放弃了季节性迁移等。

② 趋避作用。

不同类群的动物对道路、车辆和相关的人为活动反应不同,但大多数动物在行为上有不同程度的回避倾向:例如,在荷兰,对公路两侧鸟类密度的调查中发现,公路两侧60%的鸟类种群密度小于远离公路的区域,受公路影响地带的鸟类种群密度比不受影响的区域低1/3。例如,在美国俄勒冈州,白肩海雕选择距离公路较远的区域筑巢,且在公路两侧的繁殖力比其以外的地区低。绝大多数哺乳动物也同样选择在远离公路的区域活动,在公路两侧100~200m范围内的大型哺乳动物密度显著低于其以外的区域。例如,在美国科罗拉多州,黑尾鹿、灰熊等都趋向于选择远离公路的区域活动;公路车辆运行的噪声、灯光和相关的人为活动是造成动物回避公路的主要原因。鹅喉羚、蒙古野驴等有蹄类动物主要分布于卡拉麦里保护区,除了在食物比较缺乏的季节时而到其他沙地觅食外,一般均在山地区域活动。金雕、大鸨、猎隼、红隼、秃鹫等鸟类,虽然在保护区内均有分布,但其具有较强的飞行能力,生活空间大,可以通过迁移和飞行来避开工程施工对其栖息和觅食的影响。这些保护鸟类的飞行高度远高于路基和车辆高度,飞行距离远大于公路宽度,运营期对这些鸟类的阻隔效应也较小。

(4)对野生动物阻隔影响。

根据现场调查结果、调查资料及历史文献记录,项目调查范围内啮齿动物种类和数量最为丰富,其中沙鼠科和跳鼠科等荒漠鼠类占优势。猬目的大耳猬和兔形目的蒙古兔也较为常见。在啮齿动物数量丰富的区域,以其为食的狼、沙狐和虎鼬等一些小型食肉动物活动痕迹频繁。项目K113～K290段两侧可见国家二级保护动物鹅喉羚活动,并记录到大型猫科动物猞猁的足迹。项目K113～K160戈壁段和K160～K290沙漠段虽然植被和地形地貌存在差异,但兽类种类组成差异却不大,大多数沿线分布的物种在准噶尔盆地乃至更大的范围内广泛分布。

工程运营期对野生动物的影响主要是阻隔作用。对于公路两侧分布的鸟类、爬行类和小型哺乳类野生动物基本都是新疆荒漠区的广布种类,适应性和抗干扰性较强,而且公路两侧地域广阔,动物的活动空间很大,公路修建后这些动物可以就近迁入邻近区域生存;同时由于公路全线设置有大量的桥涵,这些桥涵可作为这一类野生动物通道,因此,道路不会明显阻隔野生动物迁移。

但在高速公路运营期,因带状建筑横亘南北将对周期性东西向迁徙觅食的鹅喉羚等草食动物形成跨越障碍,如果不能有效地解决动物通道并有效地诱导其适应通过,将对该类生物形成巨大的生存空间的压缩影响,此外根据本区域的野生动物考察研究,在项目经过的吉拉沟不排除将来有蒙古野驴活动,蒙古野驴体型较大,生性警觉,公路建设将对蒙古野驴活动造成明显的阻隔影响。由于本区域目前不是蒙古野驴主要分布区,蒙古野驴在准噶尔盆地的主要分布位于项目线路东侧约80km的卡拉麦里山有蹄类自然保护区,但随着准东开发区生产规模扩大,以及216国道车流量增加,蒙古野驴的活动和迁移路线已经发生了一定的变化,逐渐远离国道和开发区干扰范围。

根据生态现状分析公路沿线的常见的具有迁徙性的保护动物主要为鹅喉羚及可能出现的蒙古野驴,鹅喉羚初冬(10月、11月)从多雪而寒冷的北部向较温暖的南部迁移,项目公路K113～K160段为戈壁荒漠区,此段与南干渠伴行。此段南干渠上设置有动物通道1处(通道上跨干渠,宽50m),工程在K158+122的吉拉沟设置有大桥一座(桥长107m),可用作鹅喉羚和蒙古野驴等大型野生动物的通道。此外,本工程此段有10处通道可用作野生动物通道,多为4～8m的兼用通道,南干渠动物通道对应项目公路桩号为K134,此处公路距离干渠约2km,此处需为鹅喉羚和可能出现的蒙古野驴增设单独的专用通道,以需满足鹅喉羚和蒙古野驴等体型较大的野生动物通行。当鹅喉羚适应周围环境变化后,公路建设不会对鹅喉羚的迁移完全阻隔。

项目K160～K290段大部分位于沙漠区,距离南干渠较远。南干渠在此段设置有两处大型野生动物通道,对应的公路桩号分别为K200和K240,本项目在K250+765.00处设置3孔82m大型专用动物1处,4～8m小型通道19处,可用作鹅喉羚和蒙古野驴等大型野生动物的通道，动物通道详见表 7-52。此外，本项目在 K113～K290 段设置有涵洞 105 处，这些通道和涵洞可以满足野生动物的通过需求，公路建设不会对野生动物的迁移完全阻隔。

现有桥梁及通道可兼做动物通道一览表　　　　　　表 7-52

序号	中心桩号	工程名称	孔数及跨径（孔-m）	净高（m）	桥长（m）	备注
1	K116+848.000	油田作业通道	1-8	3.5	12.0	兼野生动物通道
2	K122+503.13	动物通道兼过水涵	1-4	3.0	16.0	专用生动物通道
3	K128+523.06	动物通道兼过水涵	1-4	3.0	16.0	专用生动物通道
4	K131+543.06	动物通道兼过水涵	1-4	3.0	16.0	专用生动物通道
5	K138+220.00	动物通道兼过水涵	1-4	3.0	16.0	专用生动物通道
6	K141+582.89	动物通道兼过水涵	1-4	3.0	16.0	专用生动物通道
7	K143+269.33	动物通道兼过水涵	1-4	3.0	16.0	专用生动物通道
8	K147+414.28	动物通道兼过水涵	1-4	3.0	16.0	专用生动物通道
9	K152+869.54	巡检通道涵	1-4	3.0	16.0	兼野生动物通道
10	K158+122.451	吉拉沟大桥	4-25	5.0	107	兼野生动物通道
11	K159+310.00	动物通道兼过水涵	1-4	3.0	16.0	专用生动物通道
12	K167+600.00	动物通道兼过水涵	1-4	3.0	16.0	专用生动物通道
13	K172+027.678	油田作业通道	1-8	3.5	16.0	兼野生动物通道
14	K177+769.507	油田作业通道	1-8	3.5	12	兼野生动物通道
15	K179+700.81	动物通道兼过水涵	1-4	3.0	16.0	专用生动物通道
16	K182+400.00	动物通道兼过水涵	1-4	3.0	16.0	专用生动物通道
17	K186+380.00	动物通道兼过水涵	1-4	3.0	16.0	专用生动物通道
18	K192+060.00	动物通道兼过水涵	1-4	3.0	16.0	专用生动物通道
19	K199+940.00	动物通道兼过水涵	1-4	3.0	16.0	专用生动物通道
20	K209+000.000	服务区通道	1-8	3.5	16.0	兼野生动物通道
21	K213+520.00	动物通道兼过水涵	1-4	3.0	16.0	专用生动物通道
22	K222+380.00	动物通道兼牧业通道	1-8.0	4.0	17.54	专用生动物通道
23	K232+240.00	动物通道兼牧业通道	1-8.0	4.0	17.54	专用生动物通道
24	K244+500.00	动物通道兼牧业通道	1-8.0	4.0	16.54	专用生动物通道
25	K250+765.00	动物通道兼牧业通道	3-25.0	4.0	82.00	专用生动物通道
26	K262+810.00	动物通道兼牧业通道	1-8.m	4.0	16.54	专用生动物通道
27	K272+495.00	动物通道兼牧业通道	1-8.0	4.0	16.54	专用生动物通道
28	K274+300.00	汽车通道	1-8.0	4.5	15.54	兼野生动物通道
29	K275+940.00	汽车通道	1-8.0	4.5	15.54	兼野生动物通道
30	K279+283.00	机耕通道	1-8.0	4.5	16.54	兼野生动物通道

根据野生动物现状调查,项目区受影响的野生动物包括鹅喉羚、兔狲、猞猁、沙狐、赤狐、虎鼬等,根据北京至乌鲁木齐国家高速公路明水(甘新界)至哈密段工程竣工环境保护验收调查结果,运营期委托交通运输部公路科学研究所以动物通道有效性为主要内容的科研生态监测,监测结果表明净高大于2m,宽度大于4m的通道在建设期和运营初期均有鹅喉羚、沙狐、猞猁、狼、蒙古兔等野生动物穿越动物通道,其中鹅喉羚利用通道频次最高为54次,说明本项目设计桥梁和通道兼作动物通道是可行的和有效的。

4)对生态系统动态变化及演替趋势的影响

从建设公路沿线现状调查结果来看,其生态类型主要有草原、绿洲农田、河流等生态类型。建设项目长度229.192km。本次公路建设为改建工程,工程对沿线生态环境进行了分割,但由于区域的大面积单一性的生态格局,公路的阻隔也不会影响区域的水汽循环与土壤类型、分布等,公路两侧的生态类型仍保持原有的生态类型,因此公路建设对沿线生态格局影响不明显。同时,从本区域其他公路多年的营运情况看,公路工程并没有对区域生态系统的总体演替趋势造成影响。由于项目沿线景观异质化程度低,生态系统较稳定,项目建设对现有生态系统并没有太大的分割,通过对主要生态因子土壤类型、土地利用类型、植被类型影响评价,可知项目建设对这些生态因子并没有太大的影响。因此,本工程不会造成区域生态系统的演替。

根据生态环境现状分析,项目区的主要生态环境问题是土地荒漠化。项目建设如果不注意生态环境保护,会加剧区域的土地荒漠化。在农田绿洲区,公路建设可能引起地下水位的变化,从而导致绿洲区次生盐渍化的发生。

7.5.1.4 对重要生态敏感区的环境影响分析

1)对兵团青格达湖湿地自然保护区的环境影响分析

兵团青格达湖湿地自然保护区属于湿地类自然保护区,主要保护目标为湿地及动植物。项目公路不占用湿地保护区用地,因此不占用保护区湿地资源,工程建设对保护区的影响主要为施工、公路运营噪声等影响动物栖息的环境。

陆生动物、水禽和水生动物群落是湿地动物多样性的主要组成部分,噪声等环境污染以及小生境或地形地貌的改变可引起鸟类的迁徙。两栖爬行动物或水生生物栖息地的变化造成局部动物多样性减少。噪声对鸟类繁殖的影响:鸟类对噪声比较敏感,实践证明,在鸟类繁殖期,过大或长时间噪声会导致亲鸟弃巢,对区域留鸟和夏候鸟繁殖率有一定影响。噪声对夏候鸟迁徙的影响:4—9月(春季或夏季)在湿地处繁殖,10—11月(秋季)飞到较暖的地区去过冬,第二年春季再飞回原地区。施工期尚未安排具体作业工期,本专题建议采取秋冬季进行桩基础施工,尽量较少对区域内大多分布的鸟类影响。施工灯光对鸟类睡眠有一定影响,使夜间栖息的鸟类惊恐或不安。

运营期噪声对鸟类的影响是长期的,随着运营期车流量的增多,其影响时间逐年增长。有关专家认为,小于45~50dB(A)的噪声对鸟类的正常活动无明显影响。相关研究成果表明:对湿地鸟类最大噪声不能超过87dB(最大声级),平均24h噪声不能超过65dB(平均声级),超过这个阈值将会对保护区范围内的鸟类有明显影响。运营期对动物种类影响的可能性很小,但在运营初期对动物种群的规模可能有暂时性的影响,但随着适应性的提高,其种群规模恢复到项目建设以前的可能性较大。

同时,有关研究认为运营初期对部分保护鸟类有一定影响,但随着鸟类的适应,这种影响会逐年减低,甚至适应这种间歇性噪声的影响,说明项目对鸟类影响较小。夜间车辆行驶的强光对鸟类睡眠有一定影响,强光的刺激将影响这些鸟类的视觉,从而影响它们的夜间捕食。

2) 对重点公益林的环境影响分析

本工程福海县和昌吉州占用部分重点公益林。工程对重点公益林的影响主要为公路占用公益林地,导致公益林面积减小和对植被的破坏。本工程共穿越公益林17km,占地造成的林木损失约64.6hm^2,造成10000~20000株梭梭损失,造成的生物损失约64.6t。

3) 工程建设对基本农田的影响分析

项目沿线基本农田主要由水浇地组成,从沿线地区土地利用现状可知,沿线地区仍有部分宜农、宜林荒地,土地开发利用尚有一定潜力,且制约沿线耕地数量的主要因素为灌溉用水。因此,当地有关政府应及时对土地利用方式进行规划和调整,加大对荒地等后备土地资源的开发,并通过调整农业结构、改进灌溉设施、提高机械化水平、发展林牧渔业等方式提高土地的产出,以保证农业和林业生产的可持续发展。

由于本工程为重点建设工程,对地方及区域经济有着极大地带动作用,地方土地管理部门和各级政府均将大力支持,自然资源部已以《自然资源办公厅关于S21阿勒泰至乌鲁木齐公路建设一期工程(黄花沟至乌鲁木齐段)建设用地预审意见的复函》(自然资办函〔2019〕1829号)批复了本项目的用地预审。建设单位可根据可研设计文件将本工程建设用地报主管审批部门,规划部门改变主体工程占用的基本农田功能,并补偿性从其他用地中划入相同数量的基本农田。

工程在线路选线、工程占地上已尽量避免占用基本农田。项目投资中依据基本农田规定给予补偿,由当地政府另行开发。同时,目前本线的修建不仅可以进一步带动当地工矿业、旅游业等行业的发展,还能大大改善农资的输入和农产品的输出,可极大地促进当地农业的发展。因而本工程虽占用少量的基本农田,但在采取土地复垦措施后,工程对当地交通运输条件的改善还将促进当地农业的发展。

7.5.1.5 水土流失影响分析

本工程占地成线状分布,在施工阶段,对施工范围内以及取料场地的地表砾幕进行铲除或掩埋,破坏了地表土壤的保护层,同时在开挖处或填方处又改变了原地面的坡度与坡长等。这些工程行为与区域内不易改变的气候因素、土壤因素等的综合影响,是导致公路建设期间征地范围内水土流失加剧的主要原因。工程建设对当地水土流失影响分析汇总见表7-53。在运营期,这种影响将随着路基、边坡的防护工程实施与植被恢复工程的落实而逐步得到控制。所造成的水土流失因素如下:

(1) 施工作业。

机械碾压、人员践踏、路基开挖等,均会造成地表扰动,导致结皮丧失,壤土裸露,土质疏松,在风力和水力的作用下会诱发水土流失。

(2) 取、弃土场。

由于取土和弃渣比较疏松,受到风力和水力的侵蚀会发生水土流失。

水土流失影响分析汇总　　　　　　　　　表 7-53

序号	项目		施工基本情况	自然条件	可能产生的水土流失因素
1	线路工程	路基工程	路基施工扰动原地貌;填方路基要分层填土,分层压实,最后进行边坡整修;挖方路基要分层挖土,开挖将产生弃渣	地表有砾幕覆盖,大风天气	破坏地表土壤、扬尘,土壤侵蚀主要发生在填挖坡面,侵蚀类型水—风复合侵蚀
		桥涵工程	桥涵工程基础开挖将产生部分弃渣,桥梁施工点水流集中	季节性洪水冲沟	侵蚀将产生一定量的水蚀和风蚀
2	取料场		料场中的取土场表土剥离、筛分弃料,破坏土体,并堆积在料场未利用区域;取土场有坡度;取土将形成深浅不一的坑	戈壁荒漠、大风天气	料场开挖形成的料坑在侵蚀外营力作用下将产生一定量的水蚀和风蚀
3	弃渣场		随意堆放;弃土松散,抗蚀力弱	季节性洪水、大风天气	堆渣场坡面存在细沟侵蚀,顶面存在风蚀
4	施工便道		碾压频繁	大风天气	扬尘、风蚀
5	施工营地		施工前常去进行场地平整;施工完毕后施工迹地为裸露的地面	戈壁荒漠、大风天气	临建拆除后,大面积裸露地面在侵蚀外营力作用下将产生一定量的水土流失

(3)路基边坡。

路基填方形成坡面,在未采取防护措施之前,遇到大风天或暴雨易产生水土流失。

(4)施工便道。

施工便道多为砂砾石便道,车辆运送材料时,会带起大量扬尘。

7.5.1.6 荒漠化影响分析

(1)公路施工期间,路基填筑、取土、设置施工便道、营地等工程活动将不可避免地扰动原地貌、破坏地表植被,改变土体结构,使土壤抗蚀性降低,为风力侵蚀提供丰富的沙源,加剧局部地段土地荒漠化发展。

(2)公路工程建设中,受扰动地表土壤侵蚀强度普遍增强。项目公路沿线分布有大面积的沙丘、沙地,植被生态系统脆弱,土壤稳定性差,存在不同程度的沙害,该段是受施工影响最为严重的地段。

(3)在沿线的固定、半固定沙丘、沙地地段,工程施工时可能破坏沙结皮、损坏植被,造成沙地面积扩大,对农业、交通运输业产生不利影响。

(4)公路沿线的戈壁地区,地势起伏平缓,终年少雨或无雨,地表干燥、裸露,植被覆盖度低于5%。风沙活动频繁,戈壁地面因细砂已被风刮走,地面覆盖大片砾石,砾石之下仍然具有沙物质,公路施工过程中破坏地表砾石层,使戈壁下层沙砾裸露,易被吹扬,加剧周边地区荒漠化。

施工期及工程竣工后若不采取有效的保护措施,不仅会引起施工区土地荒沙漠化程度的加剧,而且流沙会侵袭施工区以外的地区,造成荒漠化土地的扩大与蔓延。

本项目地处温带大陆性干旱气候区,气候干燥少雨,地表植被稀疏,土地沙漠化现象明显,沿线沙地、戈壁广布,局部地带风力强劲,对公路施工和运营均会造成不利影响。公路工程建设过程中不可避免地扰动地表,破坏植被,新增沙物质来源,加重土地荒漠化程度,施工过程中通过结合水保采取风沙防护工程、坡面防护措施,施工便道及营地场地及时清理平整,合理设置取弃土场并采取固沙措施,严格限定施工活动范围等,可将工程活动对沿线荒漠化的影响降低到最小限度,减缓和控制土地荒漠化范围的扩大和程度的加重。

7.5.1.7 公路建设对景观环境的影响分析

工程建设将形成包括路基、桥梁、收费站建筑物、绿化植物等在内的公路景观。新景观的形成可能会与周围原有的自然景观产生冲突,表现为在公路用地的影响范围内,路基边坡、桥梁和收费站的设计、取土场和施工便道等临时工程的设置和防护,不考虑与周围景观的相互协调性和相容性时,引起原有地形坡度、植被的变化以及这些变化对周围景观产生的负面影响。

(1)路基工程。

路基对景观的影响主要集中在线路工程在自然景观背景上修筑了一道线型工程。由于在路堑挖方、路堤填筑段原生地表地貌、破坏植被,造成局部地表及岩石裸露;本线路基工程填方远大于挖方,路基挖方地段地表开挖后,将破坏原生地貌及地表植被,而填筑段在地表填筑形成一条土质裸露的线型路基。植被的破坏,以及原生地貌的破坏和路基的填筑,将影响沿线视觉效果。不过,沿线地表植被覆盖率较低,与堆砌的路基本体色彩相近,形成反差不明显,对沿线地区的整体风貌的损害减弱。

(2)桥涵工程。

公路桥梁的建造分割了河沟两侧景观的整体性,将两岸连续的风景一分为二。跨河桥梁会对河沟景观产生一定的切割影响,公路桥梁一般设计新颖、造型现代,在为周围景观增加了浓郁的现代气息的同时又与周围的自然景观形成了反差,造成一定程度的不和谐。

(3)临时工程。

临时工程主要包括施工场地、营地、施工便道及取弃土场等,在沿线地表植被覆盖率较低的戈壁及固定、半固定沙丘地带设置,虽然色彩相近,形成反差不明显,景观对比度低,对沿线地区的整体风貌的损害减弱。但施工营地和场地在使用过后,若不进行及时清理、整治,则可能出现油污满地、垃圾遍布、植被枯死、一片狼藉的景象,使景观的自然性与和谐性大打折扣。施工便道的设置如果只考虑施工方便,则可能分割自然景观,造成断景等;施工机械等为便利而偏离既定便道随意行驶,将导致地表植被退化、留下车辙痕迹等,造成视觉污染。施工人员环保意识有高有低,某些人员及机械可能在既定场地周围相当范围内随意乱行,生活废水、垃圾随意乱倒、乱丢,甚至直接破坏植被等,这些不良的生活方式和习惯可直接造成人们活动范围内植被退化、死亡,导致视觉污染。

若工程施工过程中路基、桥梁、临时工程等措施不当,将会对自然景观产生不利影响,因切割、扰动等使其破碎化,降低其自然景观的美学价值。因此,工程设计应尽量减少挖深和路基填高,路基边坡进行平整清理,路基、站场填筑完毕后,清除填筑工程周边施工痕迹;并结合水源情况进行绿化美化,桥梁设计应考虑景观设计,临时工程施工完毕后及时清理平整,严格控制施工扰动面积,减小扰动区域,结束时应马上进行清理平整,并根据周边环境采取土地整治等措施,尽量清除施工痕迹,减小景观反差。

7.5.1.8 永久占地的合理性分析

1）总体指标

根据设计文件，项目在设计过程中，严格按照《公路建设项目用地指标》进行设计，最大限度减少占地。经计算，建设项目平均每千米占地 $6.598hm^2$，低于《公路建设项目用地指标》中对高速公路占地指标的低值（$7.1376hm^2/km$）。

本项目的永久占地以未利用地和草地为主，其中未利用地 $703.2hm^2$，占总占地面积的 46.50%；草地面积约 $329.55hm^2$，占总面积的 21.79%。由于工程沿线受地形条件限制，同时为了保证线形顺捷，工程建设不可避免地占用沿线部分耕地（$158.34hm^2$，含基本农田 $4.05hm^2$），但主体工程路线布设时已考虑尽可能避让植被良好区域，最大限度地减少对生态的破坏，但是项目所经过第六师、米东区线路沿线主要的用地类型为耕地，根据现场调查发现，耕地又主要以棉花地、水浇地为主，同时占用的基本农田区域，正在办理相关手续。根据相关法律法规要求，占用耕地区域要进行同等质量土地的占补平衡，因此占用耕地不会对项目沿线居民生活、农业造成影响，也满足水土保持相关要求。施工过程中要做好表土剥离并进行防护，以在后续综合利用。本项目占用林地 $298.1hm^2$，建议建设单位、设计单位后续与林业部门复核用地占用情况，及时办理相关手续。同时，本方案已设计了林地区域表层土的剥离和存放工作，后续在本项目区域内进行综合利用。因此，从水土保持的角度分析评价认为本项目的永久占地类型、面积基本合理。

2）互通立交占地合理性分析

项目沿线设 5 处互通立交，互通立交占地约为 $41.25hm^2$，平均单个互通占地 $8.25hm^2$，为单喇叭互通，根据《公路工程项目建设用地指标》，平原微丘区单喇叭型互通占地指标值为 $14.3333hm^2$，因此，本工程互通立交占地是合理的。

3）收费站

项目沿线设 2 处匝道收费站，1 处主线收费站，匝道收费站均设在相应互通处，占地面积 $0.42hm^2/$处，满足《公路工程项目建设用地指标》$0.6000hm^2/$处的要求，主线收费站占地面积 $1.53hm^2$，满足《公路工程项目建设用地指标》$4.0hm^2/$处的要求，由于采用了匝道收费方式，收费站人员规模与主线收费方式相比都大大减小，占地数量也大大减小，所以项目收费站选址是合理的。

4）服务区

根据《公路工程项目建设用地指标》，四车道高速公路服务区用地指标基准值为 $4.2667hm^2/$处，本工程服务区 3 处，每处服务区占地为 $0.8hm^2$，满足《公路工程项目建设用地指标》的要求。服务区占地类型均为荒地，不占用农田，周围无环境敏感因素，服务区选址是合理的。

7.5.1.9 临时占地的和理性分析

公路施工临时占地包括施工便道、取弃土场、料场等。临时占地面积约为 $1694.21hm^2$。

1）料场、取弃土场合理性分析

本工程取、弃土场合理性分析详细见表 7-54、表 7-55。

第7章 穿越沙漠核心区高速公路环境保护技术

取土场合理性分析汇总表

表7.54

序号	桩号	位置（km）	占地面积（hm²）	开挖深度（m）	合理性分析	遥感影像	现场照片
1	K113+314～K148+000	右侧0.6	5.33	—	该天然砂砾料场占地类型为未利用地，植被敏感覆盖度5%左右，周围无敏感目标；距离城镇较远，采取山丘取土，施工结束后采取恢复措施。设置位置基本合理。兼乔土场		
2	K113+314～K148+000	左侧89.5	140	0.2	该天然砂砾料场占地类型为未利用地，植被敏感覆盖度5%～10%，周围无敏感目标；在山前缓坡取土，施工前将占地范围内表土剥离采取防护措施，施工结束后采取回覆表土，场地平整的措施。设置位置基本合理。兼乔土场	—	
3	K113+314～K148+000	左侧98.5	126.67	0.6	该天然砂砾料场占地类型为未利用地，植被敏感覆盖度10%左右，周围无敏感目标；在山前缓坡取土，施工前将占地范围内表土剥离采取防护措施，施工结束后采取回覆表土，场地平整的措施。设置位置基本合理		

285

续上表

序号	桩号	位置（km）	占地面积（hm²）	开挖深度（m）	合理性分析	遥感影像	现场照片
4	K113+314~K148+000	左侧89.5	233.33	0.1	该天然砂砾料场占地类型为未利用地，周围无敏感目标；在山前缓坡取土，周围无敏感目标；施工前将占地范围内表土剥离并采取防护措施，施工结束后采取回覆表土、场地平整的措施。设置位置基本合理。兼乔土场		
5	K162+750	左侧0.6	61.55	4.1	该取土（料）场占地类型为未利用地，植被覆盖度5%左右，周围无敏感目标；为风积沙料场，低矮沙丘取料，取料后多形成平地，可少量取、弃相结合，施工结束后采取恢复措施。设置位置基本合理。兼乔土场		
6	K172+025	左侧1.3	23.47	8.5	该取土（料）场占地类型为未利用地，植被覆盖度5%左右，周围无敏感目标；为风积沙料场，低矮沙丘取料，取料后多平地，可少量取、弃相结合，施工结束后采取恢复措施。设置位置基本合理。兼乔土场		

续上表

序号	桩号	位置（km）	占地面积（hm²）	开挖深度（m）	合理性分析	遥感影像	现场照片
7	K177+777	左侧1.2	4.88	8.2	该取土(料)场占地类型为未利用地，植被覆盖度5%左右，周围无敏感目标；为风积沙料场，施工结束后采取恢复措施，设置位置基本合理		
8	K204+000	左侧0.62	15.03	2.4	该取土(料)场占地类型为未利用地，植被覆盖度5%左右，周围无敏感目标；为风积沙料场取料，施工结束后采取恢复措施，设置位置基本合理		
9	K208+800	左侧0.5	6.11	7.5	该取土(料)场占地类型为未利用地，植被覆盖度5%~10%，周围无敏感目标；为风积沙料场取料，施工结束后采取恢复措施，设置位置基本合理		

续上表

序号	桩号	位置（km）	占地面积（hm²）	开挖深度（m）	合理性分析	遥感影像	现场照片
10	K272+200	左侧0.45	25	13.8	该取土（料）场占地类型为未利用地，植被覆盖度5%左右，周围无敏感目标；为风积沙料场取料，施工结束后采取恢复措施。设置位置基本合理	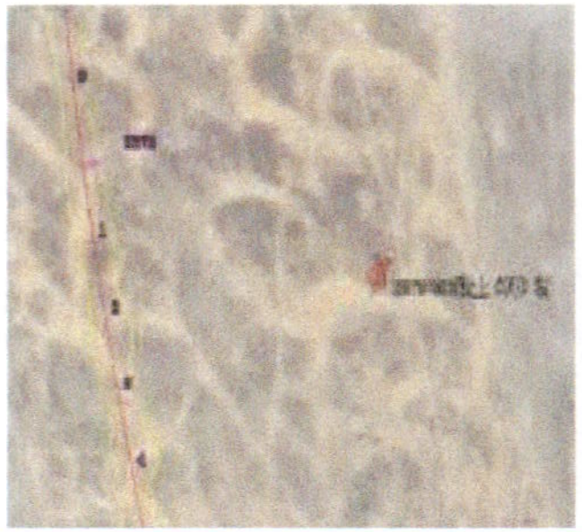	

表7-55 弃土场合理性分析

序号	桩号	位置（km）	占地面积（hm²）	平均堆高（m）	合理性分析	遥感影像	现场照片
1	K131+100	左侧89.5	233.33	4.0	该弃土（渣）场所处地为未利用地；植被覆盖度5%左右，周围无敏感目标，属于荒漠凹地弃渣，设置位置基本合理		
2	K163+000	左侧0.3	3.92	4.3	该弃土（渣）场所处地为未利用地；植被覆盖度5%~10%，周围无敏感目标，属于风积沙凹地，该段落风积沙料场已少量取弃相结合，剩余弃土结合该处沙丘凹地弃渣，设置位置基本合理	—	—

续上表

序号	桩号	位置(km)	占地面积(hm²)	平均堆高(m)	合理性分析	遥感影像	现场照片
3	K175+500	左侧0.35	2.27	3.6	该乔土(渣)场所处地为未利用地；植被覆盖度5%左右，周围无敏感目标，属干风积沙回地乔渣，该段落风积沙料场已少量取乔相结合，剩余乔土结合该处沙丘凹地乔渣，设置位置基本合理		
4	K185+700	左侧0.3	2.75	5.6	该乔土(渣)场所处地为未利用地；植被覆盖度5%左右，周围无敏感目标，属干荒漠回地乔渣，设置位置基本合理		
5	K189+900	左侧0.35	4.34	2.8	该乔土(渣)场所处地为未利用地；植被覆盖度5%左右，周围无敏感目标，属干风积沙回地，该段落风积沙料场已少量取乔相结合，剩余乔土结合该处沙丘凹地乔渣，设置位置基本合理		

续上表

序号	桩号	位置（km）	占地面积（hm²）	平均堆高（m）	合理性分析	遥感影像	现场照片
6	K192+200	右侧0.4	4.86	2.5	该弃土（渣）场所处地为未利用地；植被覆盖度5%左右，周围无敏感目标，属于风积沙回地，该段落风积沙料场已少量取弃料相结合，剩余弃土结合该处沙丘凹地弃渣，设置位置基本合理		
7	K194+800	左侧0.2	3.06	2.6	该弃土（渣）场所处地为未利用地；植被覆盖度5%左右，周围无敏感目标，属于风积沙回地，该段落风积沙料场已少量取弃料相结合，剩余弃土结合该处沙丘凹地弃渣，设置位置基本合理		
8	K196+600	右侧0.2	4.05	2.6	该弃土（渣）场所处地为未利用地；植被覆盖度5%左右，周围无敏感目标，属于风积沙回地，该段落风积沙料场已少量取弃料相结合，剩余弃土结合该处沙丘凹地弃渣，设置位置基本合理		

续上表

序号	桩号	位置（km）	占地面积（hm²）	平均堆高（m）	合理性分析	遥感影像	现场照片
9	K202+500	左侧0.15	2.52	4.3	该乔土（渣）场所处地为未利用地；植被覆盖度5%左右，周围无敏感目标，属干风积沙回地，该段落感风积场料已少取相结合，剩余乔土结合该处沙丘回地乔渣，设置位置基本合理		
10	K217+500	右侧0.3	3.6	6.2	该乔土（渣）场所处地为未利用地；植被覆盖度5%~10%，周围无敏感目标，属干风积沙回地，该段落感风积沙料场已少量取乔相结合，剩余乔土结合该处沙丘回地乔渣，设置位置基本合理		
11	K223+000	右侧0.45	3.2	7.5	该乔土（渣）场所处地为未利用地；植被覆盖度5%~10%，周围无敏感目标，属干风积沙回地，该段落感风积沙料场已少量取乔相结合，剩余乔土结合该处沙丘回地乔渣，设置位置基本合理		

续上表

序号	桩号	位置（km）	占地面积（hm²）	平均堆高（m）	合理性分析	遥感影像	现场照片
12	K226+560	左侧 0.25	4.8	4.2	该乔土（渣）场所处地为未利用地；植被覆盖度5%，周围无敏感目标，属于风积沙料场凹地，该段落风积沙料场已少量取弃相结合，剩余乔土结合该处弃填凹地弃渣，设置位置基本合理		
13	K236+000	右侧 0.35	1.8	6.9	该乔土（渣）场所处地为未利用地；植被覆盖度5%，周围无敏感目标，属于风积沙料场凹地，该段落风积沙料场已少量取弃相结合，剩余乔土结合该处弃填凹地弃渣，设置位置基本合理		
14	K239+680	右侧 0.1	2.7	6.9	该乔土（渣）场所处地为未利用地；植被覆盖度5%，周围无敏感目标，属于风积沙料场凹地，该段落风积沙料场已少量取弃相结合，剩余乔土结合该处弃填凹地弃渣，设置位置基本合理		

续上表

序号	桩号	位置（km）	占地面积（hm²）	平均堆高（m）	合理性分析	遥感影像	现场照片
15	K243+300	右侧0.15	1.5	6.9	该乔土(渣)场所处地为未利用地；植被覆盖度5%~10%，周围无敏感目标，属于风积沙回地，该段落风积沙料场已少量取弃相结合，剩余乔土结合该处沙丘凹地弃渣，设置位置基本合理		
16	K252+800	右侧0.1	0.54	4.3	该乔土(渣)场所处地为未利用地；植被覆盖度10%左右，周围无敏感目标，属于风积沙回地，该段落风积沙料场已少量取弃相结合，剩余乔土结合该处沙丘凹地弃渣，设置位置基本合理		
17	K255+800	左侧0.15	0.75	5.4	该乔土(渣)场所处地为未利用地；植被覆盖度5%~10%，周围无敏感目标，属于风积沙回地，该段落风积沙料场已少量取弃相结合，剩余乔土结合该处沙丘凹地弃渣，设置位置基本合理		

续上表

序号	桩号	位置（km）	占地面积（hm²）	平均堆高（m）	合理性分析	遥感影像	现场照片
18	K259+200	左侧0.1	0.72	5.3	该弃土(渣)场所处地为未利用地；植被覆盖度5%~10%，周围无敏感目标，属于风积沙凹地，该段落风积沙料场已少量取沙相结合，剩余弃土结合该处沙丘凹地弃渣，设置位置基本合理		
19	K261+800	左侧0.2	0.9	5.0	该弃土(渣)场所处地为未利用地；植被覆盖度5%~10%，周围无敏感目标，属于风积沙凹地，该段落风积沙料场已少量取沙相结合，剩余弃土结合该处沙丘凹地弃渣，设置位置基本合理		

(1)取土场合理性分析。

推荐方案全线共设置自采取土(料)场 10 处、外购料场 2 处,取土场总占地面积约为 641.37hm²,全部为未利用地,此范围内的土料能够满足路基填筑的要求。施工完毕后对取土(料)场进行土地平整后不会影响区域安全稳定。本次取土场的设置均距离道路 300m 以上,所占地均为未利用地,植被覆盖度较低。

本项目所选取土(料)场遵循分段集中取土的原则,取土运距较短,做到经济合理。根据土石方平衡计算、调运情况,同时做到运距经济合理,本项目利用 1、2、4、5、6 共 5 处风积沙料场,取、弃结合,综合利用,因风积沙料场多为低矮沙丘取料,取料后多形成平地,可少量取、弃相结合,弃土量基本满足项目新增设弃土场弃土后剩余的弃土需要,且弃土主要以主体工程清楚的表层土覆盖层和挖余的风积沙为主,可使取土(料)场与原地表顺接,不会对沿线景观造成影响。这 5 处风积沙料场距离主线基本为 450～1300m,运距较短,调运便利,同时有效控制了新增临时占地。因此本项目认为取、弃结合料场设置较为合理。

(2)弃土场合理性分析。

根据土石方平衡计算结果,本项目建设共产生弃方 579.69 万 m^3。沿线弃土主要为路基工程开挖土弃方、特殊路基处理挖方、清表土等,除利用设计的 5 处取土(料)场弃渣 216.82 万 m^3;沿线新设置弃土(渣)场 19 处,弃渣量 362.86 万 m^3。本项目新设置弃土(渣)场均为凹地形弃渣场,且均位于荒漠区、风沙区,弃土(渣)场大部分距主线直线距离为 0.1～0.5km。弃渣时直接将弃方拉运至就近弃土(渣)场并采取相应平整措施等,同时需对每处弃土(渣)场的容量进行核定,确定合理的调运方案。

本次弃土场占地均为未利用地,植被覆盖度较低,同时不涉及河道等敏感目标,新增设的弃土(渣)场均位于荒漠区和风沙区且均选择在荒沟、凹地等区域进行设置,弃渣场所在区域现阶段均为无人区。根据土石方调运平衡情况,每个弃土(渣)场的堆渣平均高度均大于 2.5m,工程设计根据弃土(渣)场设置位置、地形地貌等情况对弃土(渣)场进行了逐个设计,拟采取土地平整、机械拍实及草方格等措施,此外根据弃渣集中段落及运距等因素,充分利用了 5 处取土(料)场作为弃土(渣)场弃渣(取土坑容量基本能够满足),同时取弃相结合形式减少了新增占地,因此本次评价认为本项目弃土(渣)场设置基本合理,建议下阶段主体设计优化本项目开挖及填筑土石方数量,并尽可能综合利用开挖土石方量,以减少本项目产生的弃方总量,同时尽可能优化弃土(渣)场设置及土石方调运等,以减少扰动地表面积,减少相应水土流失。施工过程中如弃土(渣)场的位置和规模发生变化时,仍需向相关主管部门提出申请,并办理相关文件,发生重大变化时还需根据变更管理办法相关要求进行弃土(渣)场变更管理。

2)预制厂、拌和场、施工营地、施工便道合理性分析

工程施工场地主要包括预制场、水稳拌和场、水泥混凝土拌和场、沥青混合料拌和场等,根据设计,预制场、拌和站、施工营地合建,项目每处合建施工场地占地 3～4hm²,场地均位于线路两侧地势平坦的空地上,均不占用农田,工程设置联合施工场地 7 处(其中福海县 3 处、昌吉 2 处、第六师 2 处),乌鲁木齐市不设置联合施工场地,均采用利用现有商品拌和站的方式。本次临时占地面积合计 28hm²,土地利用类型为戈壁和沙地,地势平坦,选址合理。(表 7-56)

预制场、拌和场和施工营地工程量 表7-56

序号	桩号	隶属	占地面积(hm²)	占地类型	备注
1	K130+500	福海县	4.0	戈壁	沥青拌和站、水稳拌和站、预制场、水泥拌和站
2	K165+000	福海县	4.0	戈壁	
3	K198+750	福海县	4.0	沙地	
4	K252+000	昌吉州	4.0	沙地	
5	K275+000	昌吉州	4.0	沙地	
6	K311+650	第六师103团	4.0	戈壁	
7	K323+160	第六师102团	4.0	戈壁	

3) 临时占地对土地沙漠化影响分析

项目临时占地主要包括施工便道、拌和站、预制场、施工营地、料场和取弃土场,临时占地对生态环境的影响主要来自施工期,由于施工作业对地表土壤和植被的扰动和破坏,可能导致临时占地区域的土地沙漠化。

根据生态环境现状分析,本工程位于古尔班通古特沙漠,土地沙漠化为项目区的主要生态环境问题。本工程的临时占地均位于线路两侧的戈壁,而在荒漠区,施工场地和营地的平整、施工便道的修建及取弃土场开挖,导致戈壁砾石表层的破坏,使戈壁长期风化形成的固定保护层遭到破坏,加速局部风蚀、沙化。另外,戈壁上集中取土,有可能破坏地下水径流平衡,使荒漠地区宝贵的水资源不均衡分配,导致局部戈壁植物多样性减少,土地沙漠化加剧。

7.5.1.10 生态环境影响小结

本工程路线全长为229.192km,建设项目重点为线路、桥梁等工程的占地及各类临时占地影响。根据现场调查及资料收集,本工程评价区域内无自然保护区、风景名胜、等生态敏感区,无法律障碍和环境重大制约因素。主要的生态敏感保护为湿地公园、耕地和草场。

本工程永久占地总面积约1512.3hm²,其中农田158.34hm²、果园8.06hm²、林地298.1hm²、草地329.55hm²、公路用地6.39hm²、建设用地5.37hm²、未利用地703.2hm²、其他2.77hm²。砍伐一般树木51890棵,主要树种为杨树、柳树、沙枣树、榆树,占地造成生物量损失为5689.928t,其中草地生物量损失最多,约占生物量损失总量的54.45%,需要采取一定的生态补偿措施。工程对生态格局、生态演替趋势、景观生态环境等基本没有影响。

本工程的主要生态敏感区为青格达湖省级(兵团)自然保护区和重点公益林。项目K338+188～K342+600段临近自然保护区试验区,最近距离450m。对保护区影响主要是施工期和运营期噪声对湿地公园内的野生动物特别是鸟类产生一定影响。

工程对生态环境的影响主要是永久占地及各类临时占地。本工程公路建设将占用土地、造成植被破坏,引发水土流失。需要采取一定的生态补偿和恢复措施。工程对生态格局、生态演替趋势、景观生态环境等有一定影响。

7.5.2 环境空气影响分析

7.5.2.1 施工期环境影响分析

1) 扬尘污染

扬尘污染主要发生在施工前期路基填筑过程中,以施工道路车辆运输引起的扬尘和桥梁、互通立交施工区扬尘为主,据对公路施工现场的调查,汽车行驶引起的路面扬尘和施工区扬尘对周围环境的影响最突出。本工程扬尘污染对象主要为沿线的 7 处敏感目标(K312+000~K312+600 的 102 团良种场、K334+350~K334+450 亚欧华庭、K335~K335+340 青湖尚城、K335+700~K336+100 青湖铭城、K340+700~K340+900 协标工村、K341+560~K342+390 红雁湖村、K342~K342+600 牛庄子村)及公路沿线涉及的农田段(K310~K352+264,位于准噶尔盆地南缘老龙河冲积平原)。

(1)道路扬尘。

道路扬尘主要是由于施工车辆在运输施工材料而引起,引起道路扬尘的因素较多,主要跟车辆行驶速度、风速、路面积尘量和路面积尘湿度有关,其中风速还直接影响到扬尘的传输距离。本工程施工过程中,上、下行道路可以互为利用,可以有效减少因为汽车行驶带来道路扬尘。施工便道和未完工路段的路面积尘数量与湿度、施工机械和运输车辆速度、风速等有关,此外风速和风向还直接影响道路扬尘的污染范围。另外,筑路材料,尤其是粉状材料若遮盖不严,在运输过程中也会随风起尘,对运输道路两侧的居民产生影响,特别是大风天气,影响将更为严重。

(2)堆场扬尘。

公路施工一般在预制场、拌和站和施工场地内设置物料堆场,堆场物料的种类、性质及风速对起尘量有很大影响,密度小的物料容易受扰动而起尘,物料中小颗粒比例大时起尘量相应也大。堆场的扬尘包括料堆的风吹扬尘、装卸扬尘和过往车辆引起路面积尘二次扬尘等,如果堆场位于敏感目标的上风向且距离较近,将对敏感点产生较大的扬尘污染。根据经验,通过适时洒水可有效抑制扬尘,可使扬尘量减少 70%;对一些粉状材料采取一些防风措施也可有效减少扬尘污染;同时,建议预制场、堆场应尽量远离环境空气敏感点下风向 200m 以上,并采取全封闭作业;采取上述措施后,可有效减缓堆场扬尘对周围敏感点的影响。

(3)物料拌和扬尘。

三渣、灰土、混凝土等物料在拌和过程中会产生许多粉尘,是主要大气污染源。本工程采用站拌方式施工,由于有固定的位置所以较易采取密闭措施,工可拟定的施工场地距最近的敏感点均在下风向 300m 以外。另外,可通过加强密闭措施,对材料运输车辆遮盖严密,可使 TSP 污染在此过程中减至最小。

(4)施工扬尘。

在修筑路面时,未完成路面也有可能产生一定的扬尘影响,主要是由于路面的初期开挖及填方过程中由于路面土壤的暴露,在有风天气产生的扬尘影响,随着施工进程的不同,其对环境空气的影响程度也不同。由于扬尘影响情况的不确定性,本次评价采用新疆维吾尔自治区环境监测中心站在新疆"吐—乌—大"高速公路施工过程中,对施工期的施工扬尘现场监测结果进行类比分析本次工程公路施工现场的扬尘污染情况。"吐—乌—大"高速公路施工现场监测的施工扬尘浓度结果表明：

①在公路施工中产生的扬尘对周围环境会产生一定影响，并可导致周围空气中降尘的浓度超标。施工场地周围的监测结果 TSP 超标率为 72.5%，最大监测值为 4.78mg/m³；降尘超标率为 52.5%，最大值为 247t/(月·km²)。

②在公路施工中，不同的作业过程产生的扬尘影响程度差别很大，影响最大的施工过程是路基挖填和通过便道拉、运、卸、平土石方，TSP 监测结果平均值为 0.768mg/m³，降尘平均值为 67.9t/(月·km²)；影响较小的施工过程是路面铺设和桥涵施工，TSP 监测结果平均值为 0.376mg/m³，降尘平均值为 13.26t/(月·km²)，而区域 TSP 监测背景平均值为 0.260mg/m³。

③在施工过程中，作业人员对环保措施的落实情况，对环境影响程度的差别很大。监测到的高浓度值均是由于施工人员不认真执行环保措施、野蛮作业所造成的，而认真执行环保措施的施工合同段，其监测结果就相对较低。

对"吐—乌—大"高速公路施工现场监测结果进行类比分析可知，本项目施工阶段施工扬尘对施工场界下风向有一定的影响，且路基施工阶段的影响程度大于施工后期路面工程阶段。必须落实环评报告提出的施工抑尘措施，规范施工人员作业，以有效减少起尘量，从而减小施工扬尘对周围农作物及居民点的影响。

2）沥青烟气

公路路面基层施工过程中需要设立沥青混凝土拌和站，根据有关测试结果，在拌和站下风向 50m 处大气中 TSP 浓度 8.849mg/m³，下风向 100m 处为 1.703mg/m³，下风向 150m 处为 0.483mg/m³，在 200m 外基本上能达到国家环境空气质量二级标准的要求。按上述监测数据和环境空气质量标准要求，应将上述拌和站设在村庄敏感点下风向 300m 之外。

本项目路面工程施工期间的沥青熬制、搅拌和摊铺等作业过程中将会有沥青烟和 α-苯并芘的排出。根据相关监测资料，如采用先进的沥青混凝土拌和设备（意大利 MV2A），在设备正常运行时，沥青烟排放浓度为 22.7mg/m³，符合《大气污染物综合排放标准》（GB 16297—1996）中的沥青烟排放限值（80~150mg/m³）。与上述同期进行的沥青搅拌机周围环境空气质量监测结果表明，在其下风向 100m 处，α-苯并芘浓度为 0.00936mg/m³，超过《环境空气质量标准》（GB 3095—2012）中 0.0025μg/m³ 的限值，建议施工过程中将拌和站布设在距离敏感点主导风向下风向 300m 以外的地方。

本工程沿线涉及敏感点 7 处，为 K312+000~K312+600 的 102 团良种场、K334+350~K334+450 亚欧华庭、K335~K335+340 青湖尚城、K335+700~K336+100 青湖铭城、K340+700~K340+900 协标工村、K341+560~K342+390 红雁湖村、K342~K342+600 牛庄子村。本次施工场地 300m 范围内均无居民区、学校、医院等环境敏感点，因此，沥青烟对周围环境影响较小。

7.5.2.2 运营期环境空气影响简析

1）汽车尾气影响分析

营运车辆排放主要是汽车尾气排放对沿线大气环境的影响。汽车尾气中主要污染物是一氧化碳、二氧化氮、烟尘、碳氢化合物等。其污染源类型属分散、流动的线源，排放源高度低，污染物扩散范围小。因昼夜车流量的变化,一般白天的污染重于夜间,下风向一侧污染重于上风向一侧,静风天气重于有风天气。污染物排放量随燃油类型、车型、耗油量而变化,一般重型车多于中、轻型车。汽油车一氧化碳、碳氢化合物排放量大,而柴油车二氧化硫、颗粒物、甲醛污染重于汽油车。

根据对源强的预测可知本工程运营期各期的污染物排放较少,结合近几年已建成公路的竣工环境保护验收调查报告的综合结果,汽车尾气对环境的影响范围和程度十分有限,其中TSP扬尘主要源于环境本底,路面起尘贡献值极小。日交通量达到3万辆时,NO_2和TSP均不超标。随着我国执行单车排放标准的不断提高,单车尾气的排放量将会不断降低,运输车种构成比例将更为优化,逐步减少高能耗、高排污的车种比例,汽车尾气排放将大大降低,因此,公路汽车尾气对沿线两侧环境空气的影响范围将会缩小,公路对沿线空气质量带来的影响轻微。

2)沿线设施环境空气影响分析

项目沿线设施对环境空气的污染主要来自设置1处主线收费站,2处匝道收费站,3处服务区。沿线设施拟采用清洁能源进行供暖,饮水、洗澡等生活用水采用电热水器,对沿线大气环境基本无影响。在工程竣工后运营期间,服务区提供餐饮服务后,餐饮设施将排放油烟废气,餐饮设施需安装油烟净化装置,并确保达到《饮食业油烟排放标准》(GB 18483—2001)规定的最高允许排放浓度为 $2.0mg/m^3$、净化设施最低去除效率为75%的基本要求后,对沿线环境空气质量影响轻微。

7.5.3 声环境影响预测与评价

7.5.3.1 施工期噪声影响分析

根据工程可行性研究,本工程总工期为3年,施工时间较长,施工强度较大,若施工管理不善,施工噪声影响将会很突出,本次环评对于施工噪声影响仅简单分析预测。

1)施工期不同阶段噪声源分析

公路建设施工阶段的主要噪声源来自施工机械的施工噪声和运输车辆的辐射噪声,这部分噪声是暂时的。根据本工程施工特点,施工过程主要分为三个阶段,即基础施工、路面施工、交通工程施工,以下分别介绍这三个阶段主要的施工工艺和施工机械。

(1)基础施工:这一阶段是公路耗时最长、所用施工机械最多、噪声最强的阶段,该阶段主要包括处理地基、路基平整、挖填土方、逐层压实路面、桥梁施工等施工工艺,这一过程还伴随着大量运输物料车辆进出施工现场。该阶段需用的施工机械包括装载机、振动式压路机、推土机、平地机、挖掘机等。

(2)路面施工:这一阶段继路基施工结束后开展,主要是对全线摊铺沥青,用到的施工机械主要是大型沥青摊铺机,根据国内对公路施工期进行的一些噪声监测,该阶段公路施工噪声相对路基施工段甚小,距路边50m外的敏感点受到的影响甚小。

(3)交通工程施工:这一阶段主要是对公路的交通通信设施进行安装、标志标线进行完善,该工序基本不用大型施工机械,因此噪声的影响更小。

上述施工过程中,都伴有建筑材料的运输车辆所带来的辐射噪声,建材运输时,运输道路会不可避免的选择一些敏感点附近的现有道路,这些运输车辆发出的辐射噪声会对沿线的声环境敏感点产生一定影响。

2)施工期噪声影响分析

(1)噪声源分布。

根据公路工程的施工特点,对噪声源分布的描述如下:

①压路机、推土机、平地机等筑路机械主要分布在公路主线用地范围内。

②装载机等主要集中在取土场、土石方量大的路段。

③搅拌机主要集中搅拌站。

④挖掘机和装载机主要集中在取土场。

⑤自卸式运输车主要行走于取土场和主线之间的施工便道、搅拌站和桥梁、互通立交之间、沿主线布设的施工便道以及联系主线的周边现有道路。

(2)施工噪声影响预测。

施工机械的噪声可近似视为点声源处理,根据点声源噪声衰减模式,估算距离声源不同距离处的噪声值,预测模式如下:

$$L_p = L_{p0} - 20\lg(r/r_0) \tag{7-4}$$

式中:L_p——距声源 r m 处的施工噪声预测值,dB(A);

L_{p0}——距声源 r_0 m 处的噪声参考值,dB(A)。

(3)施工噪声影响简析。

根据上述点声源预测模式,本工程主要施工机械不同距离处的噪声源强见表 7-57。

本工程主要施工机械不同距离处的噪声源强[单位:dB(A)]　　表 7-57

施工阶段	机械名称	距离								
		5m	10m	50m	80m	100m	150m	200m	250m	300m
基础施工阶段	装载机	90	84.0	70.0	65.9	64.0	60.5	58.0	56.0	54.4
	推土机	86	80.0	66.0	61.9	60.0	56.5	54.0	52.0	50.4
	挖掘机	84	78.0	64.0	59.9	58.0	54.5	52.0	50.0	48.4
路面施工阶段	振动式压路机	86	80.0	66.0	61.9	60.0	56.5	54.0	52.0	50.4
	平地机	90	84.0	70.0	65.9	64.0	60.5	58.0	56.0	54.4
	摊铺机	87	81.0	67.0	62.9	61.0	57.5	55.0	53.0	51.4
	拌和机	87	81.0	67.0	62.9	61.0	57.5	55.0	53.0	51.4

表 7-75 结果表明,昼间单台施工机械的辐射噪声在距施工场地 50m 外可达到《建筑施工场界环境噪声排放标准》(GB 12523—2011)中的相应标准限值,夜间 300m 外可达到标准限值。但在施工现场,往往是多种施工机械共同作业,因此施工现场噪声是各种不同施工机械辐射噪声以及进出施工现场的各种车辆辐射噪声共同作用的结果,其噪声达标距离要远远超过昼间 50m、夜间 300m 的范围。本次 7 处敏感点,距新建道路最近距离为 K340+700~K340+900 的协标工村(15m),其次为 K335+700~K336+100 的青湖铭城(80m),其余均在 100m 外,最远的为 190m。因此施工中会对沿线的敏感点造成一定的影响,应采取严格的措施降低噪声对敏感点的影响。

7.5.3.2 运营期交通噪声预测与评价

运营期对声环境的影响主要来自交通噪声。根据《环境影响评价技术导则声环境》(HJ 2.4—2009)，对运营期为近期、中期、远期的噪声总体水平及敏感点的噪声影响作出预测和评价，以便根据噪声影响的实际情况因地制宜地制订合理的降噪措施，并给今后在项目沿线的相关规划提供科学依据。

1) 工程交通量预测值

工程交通量预测值参见本报告前序。

2) 环评交通量预测值、车型比及昼夜比

(1) 环评交通量预测值。

根据《公路建设项目环境影响评价规范》，运营期公路交通噪声预测年为公路运营后第1年、第7年、第15年，故本次噪声预测年为2023年(近期)、2029年(中期)和2037年(远期)。

(2) 车型比。

根据工可OD调查观测数据，估算本工程车型比见表7-58。

本工程车型比(单位:%)　　　　表7-58

小客	小货	中货	大客	大货	拖挂
66.300	9.60	6.20	7.00	3.90	6.00

(3) 日昼比。

根据工可OD调查，预测年各车型的日昼比见表7-59。

各车型日昼比　　　　表7-59

小客	小货	中货	大客	大货	拖挂
1.27	1.82	1.34	1.42	1.75	2.06

(4) 小时车流量。

根据交通量预测及表7-58所列的车型比例和表7-59的日昼比，换算得到建设公路各路段、各特征年昼间和夜间平均小时交通量，列于表7-60。

建设项目各特征年小时车流量(单位:辆/h)　　　　表7-60

路段	时段（年）	昼间			夜间		
		小车	中车	大车	小车	中车	大车
黄花沟互通—103团互通	近期2023	44	11	34	24	4	30
	中期2029	88	21	68	48	8	61
	远期2037	144	35	112	78	13	100
103团互通—102团北互通	近期2023	45	11	34	24	4	31
	中期2029	89	22	70	49	8	63
	远期2037	147	36	114	80	14	103
102团北互通—工业园互通	近期2023	45	11	34	24	4	30
	中期2029	90	23	72	50	8	65
	远期2037	149	37	115	82	15	105

续上表

路段	时段（年）	昼间			夜间		
		小车	中车	大车	小车	中车	大车
工业园互通—五家渠北互通	近期2023	46	11	36	25	4	32
	中期2029	92	24	74	52	9	66
	远期2037	152	38	118	83	16	107
五家渠北互通—五家渠互通	近期2023	48	12	38	26	5	34
	中期2029	95	25	76	55	11	70
	远期2037	160	40	122	88	18	110
五家渠互通—终点	近期2023	52	16	41	33	8	38
	中期2029	101	30	81	59	15	75
	远期2037	164	44	124	91	21	114

3) 预测模式

本次声环境影响评价选用《环境影响评价技术导则声环境》(HJ 2.4—2009)中推荐的公路噪声预测模式进行预测。

(1) 基本预测模式。

①第 i 类车等效声级的预测模式。

$$L_{eqi} = L_{0i} + 10\lg\frac{N_i}{Tv_i} + 10\lg\left(\frac{r_0}{r}\right)^{1+\alpha} + 10\lg\left[\frac{\Psi_a(\Phi_1,\Phi_2)}{\pi}\right] + \Delta L - 16 \tag{7-5}$$

式中：L_{eqi}——第 i 类车的小时等效声级，dB(A)；

L_{0i}——第 i 类车速度为 v_i，km/h；水平距离为 7.5m 处的能量平均 A 声级，dB(A)；

N_i——昼间、夜间通过某个预测点的第 i 类车平均小时车流量，辆/h；

r——从车道中心线到预测点的距离，m；(A12) 适用于 $r>7.5$m 预测点的噪声预测；

v_i——第 i 类车的平均车速，km/h；

T——计算等效声级的时间，1h；

Φ_1,Φ_2——预测点到有限长路段两端的张角，弧度；

ΔL——由其他因素引起的修正量，dB(A)，可按下式计算：

$$\Delta L = \Delta L_1 - \Delta L_2 + \Delta L_3$$

$$\Delta L_1 = \Delta L_{坡度} + \Delta L_{路面}$$

$$\Delta L_2 = \Delta L_{atm} + \Delta L_{gr} + \Delta L_{bar} + \Delta L_{misc}$$

式中：ΔL_1——线路因素引起的修正量，dB(A)；

$\Delta L_{坡度}$——公路纵坡修正量，dB(A)；

$\Delta L_{路面}$——公路路面材料引起的修正量，dB(A)；

ΔL_2——声波传播途径中引起的衰减量，dB(A)；

ΔL_3——由反射引起的修正量，dB(A)。

②总车流等效声级为：

$$Leq(T) = 10\lg\left[10^{0.1Leq(h)大} + 10^{0.1Leq(h)中} + 10^{0.1Leq(h)小}\right] \tag{7-6}$$

式中:Leq(h)大——大型车的预测噪声值,dB(A);
　　Leq(h)中——中型车的预测噪声值,dB(A);
　　Leq(h)小——小型车的预测噪声值,dB(A)。
(2)参数选择。
①车速。
根据工可,车速按照100km/h和80km/h计算。
②车型。
车型分为小、中、大三种,车型分类标准见表7-61。

车型分类标准　　表7-61

车型	汽车总质量
小型车(s)	≤3.5t
中型车(m)	3.5~12t
大型车(L)	>12t

注:小型车一般包括小货、轿车、7座(含7座)以下旅行车等;
　大型车一般包括集装箱车、拖挂车、工程车、大客车(40座以上)、大货车等;
　中型车一般包括中货、中客(7~40座)、农用三轮、四轮等。大型车和小型车以外的车辆,可按相近归类。

③单车行驶辐射噪声级 L_{0i}。
各类型车在离行车线7.5m处参照点的平均辐射噪声级 L_{0i} 按下式计算:

$$小型车:L_{0s} = 12.6 + 34.73\lg V_s \tag{7-7}$$

$$中型车:L_{0m} = 8.8 + 40.48\lg V_m \tag{7-8}$$

$$大型车:L_{0L} = 22 + 36.32\lg V_L \tag{7-9}$$

④线路因素引起的修正量(ΔL_1)。
a.纵坡修正量($\Delta L_{坡度}$)。
公路纵坡修正量 $\Delta L_{坡度}$ 可按下式计算:

$$大型车:\Delta L_{坡度} = 98 \times \beta \text{dB(A)} \tag{7-10}$$

$$中型车:\Delta L_{坡度} = 73 \times \beta \text{dB(A)} \tag{7-11}$$

$$小型车:\Delta L_{坡度} = 50 \times \beta \text{dB(A)} \tag{7-12}$$

式中:β——公路纵坡坡度,%。
b.路面修正量($\Delta L_{路面}$)。
不同路面的噪声修正量见表7-62。

不同路面的噪声修正量　　表7-62

路面类型	不同行驶速度修正量[dB(A)]		
	30km/h	40km/h	≥50km/h
沥青混凝土	0	0	0
水泥混凝土	1.0	1.5	2.0

⑤声波传播途径中引起的衰减量(ΔL_2)。

a. 高路堤或低路堑两侧声影区衰减量计算。

高路堤或低路堑两侧声影区衰减量 A_{bar} 为预测点在高路堤或低路堑两侧声影区内引起的附件衰减量。

当预测点处于声照区时，$A_{bar}=0$；

当预测点处于声影区时，A_{bar} 决定于声程差 δ。

由图 7-7 计算 δ，$\delta = a + b + c$。再由导则附图查出 A_{bar}。

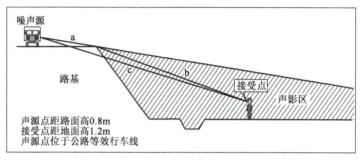

图 7-7 声程差 δ 计算示意图

b. 农村房屋附加衰减量估算值。

农村房屋衰减量可参照《声学 户外声传播的衰减 第 2 部分：一般计算方法》（GB/T 17247.2—1998）附录 A 进行计算，在沿公路第一排房屋声影区范围内，近似计算可按图 7-8 和表 7-63 取值。（S 为第一排房屋面积和；S_0 为阴影部分面积，包括房屋面积）

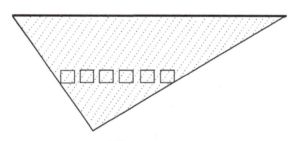

图 7-8 农村房屋降噪量估算示意图

农村房屋噪声附加衰减量估算量　　　　表 7-63

S/S_0	A_{bar}
40% ~60%	3dB
70% ~90%	5dB
以后每增加一排房屋	1.5dB,最大衰减量≤10dB

(3) 环境噪声计算模式。

$$L_{Aeq} = 10\lg\left[10^{0.1L_{Aeq交}} + 10^{0.1L_{Aeq背}}\right] \quad (7\text{-}13)$$

式中：L_{Aeq}——预测点的环境噪声值，dB；

$L_{Aeq交}$——预测点的公路交通噪声值，dB；

$L_{Aeq背}$——预测点的背景噪声值，dB。

4）交通噪声预测结果

根据预测模式，结合公路工程确定的各种参数，计算出断面交通噪声和沿线敏感点评价特征年度的交通噪声预测值。本评价对公路两侧边界外 20～200m 范围作出预测。由于公路纵面线型不断变化，与地面的高差不断变化，因此分别预测各路段各特征年在平路基情况下的交通噪声，预测特征年为 2023 年、2029 年和 2037 年，具体到敏感点噪声预测时，再考虑不同路基形式和路基高度。建设项目断面交通噪声预测结果见表 7-64。

建设项目断面交通噪声预测结果　　　　　　　表 7-64

路段	年份	时段	计算点距路边距离（m）									
			20	40	60	80	100	120	140	160	180	200
黄花沟互通—103团互通	2023	昼间	68.2	64.5	62.5	61.0	59.8	58.8	57.9	57.1	56.3	55.7
		夜间	65.2	61.5	59.5	58.0	56.8	55.8	54.9	54.1	53.3	52.6
	2029	昼间	69.9	66.3	64.2	62.7	61.5	60.5	59.6	58.8	58.1	57.4
		夜间	66.9	63.3	61.2	59.7	58.5	57.5	56.6	55.8	55.0	54.4
	2035	昼间	71.3	67.6	65.6	64.1	62.9	61.9	61.0	60.2	59.4	58.7
		夜间	68.3	64.6	62.6	61.1	59.9	58.9	58.0	57.2	56.4	55.7
103团互通—102团北互通	2023	昼间	68.5	64.8	62.8	61.3	60.1	59.1	58.2	57.4	56.6	55.9
		夜间	65.5	61.8	59.8	58.3	57.1	56.1	55.2	54.4	53.6	52.9
	2029	昼间	70.2	66.6	64.5	63.0	61.8	60.8	59.9	59.1	58.4	57.7
		夜间	67.2	63.5	61.5	60.0	58.8	57.8	56.9	56.1	55.3	54.6
	2035	昼间	71.6	67.9	65.9	64.4	63.2	62.2	61.3	60.5	59.7	59.0
		夜间	68.3	64.9	62.9	61.4	60.2	59.2	58.3	57.5	56.7	56.0
102团北互通—工业园互通	2023	昼间	68.7	65.0	63.0	61.5	60.3	59.3	58.4	57.6	56.8	56.1
		夜间	65.7	62.0	60.0	58.5	57.3	56.2	55.3	54.6	53.8	53.1
	2029	昼间	70.4	66.7	64.7	63.2	62.0	61.0	60.1	59.3	58.5	57.8
		夜间	67.4	63.7	61.7	60.2	59.0	58.0	57.1	56.3	55.5	54.8
	2035	昼间	71.8	68.1	66.1	64.6	63.4	62.3	61.4	60.6	59.9	59.2
		夜间	68.8	65.1	63.0	61.6	60.4	59.3	58.4	57.6	56.9	56.2
工业园互通—五家渠北互通	2023	昼间	69.0	65.3	63.3	61.8	60.6	59.6	58.7	57.9	57.1	56.4
		夜间	66.0	62.3	60.3	58.8	57.6	56.5	55.6	54.9	54.1	53.4
	2029	昼间	70.7	67.0	65.0	63.5	62.3	61.3	60.4	59.6	58.8	58.1
		夜间	67.7	64.0	62.0	60.5	59.3	58.3	57.4	56.6	55.8	55.1
	2035	昼间	72.1	68.4	66.4	64.9	63.7	62.7	61.7	60.9	60.1	59.5
		夜间	69.1	65.4	63.3	61.9	60.7	59.6	58.7	57.9	57.2	56.5
五家渠北互通—五家渠互通	2023	昼间	69.0	65.3	63.3	61.8	60.6	59.6	58.7	57.9	57.1	56.4
		夜间	66.0	62.3	60.3	58.8	57.6	56.5	55.6	54.9	54.1	53.4
	2029	昼间	70.7	67.0	65.0	63.5	62.3	61.3	60.4	59.6	58.8	58.1
		夜间	67.7	64.0	62.0	60.5	59.3	58.3	57.4	56.6	55.8	55.1

续上表

路段	年份	时段	计算点距路边距离(m)									
			20	40	60	80	100	120	140	160	180	200
五家渠北互通—五家渠互通	2035	昼间	72.1	68.4	66.4	64.9	63.7	62.6	61.7	60.9	60.2	59.5
		夜间	69.1	65.4	63.3	61.9	60.7	59.6	58.7	57.9	57.2	56.5
五家渠互通—终点	2023	昼间	69.0	65.3	63.3	61.8	60.6	59.6	58.7	57.9	57.1	56.4
		夜间	66.0	62.3	60.3	58.8	57.6	56.5	55.0	54.1	53.9	53.0
	2029	昼间	70.7	67.0	65.0	63.5	62.3	61.3	60.4	59.6	58.8	58.1
		夜间	67.7	64.0	62.0	60.5	59.3	58.3	55.9	55.0	54.8	54.1
	2035	昼间	72.1	68.4	66.4	64.9	63.7	62.6	61.7	60.9	60.2	59.5
		夜间	69.1	65.4	63.3	61.9	60.7	59.6	56.1	55.9	54.9	53.5

5）预测交通噪声影响评价

(1)公路沿线交通噪声分布影响评价。

根据表 7-82 的计算结果,可以看出,本项目断面交通噪声情况。

①花沟互通—103 团互通。

营运近期:昼间路边 20m 外区域可满足 4a 类标准,100m 外区域满足 2 类标准,夜间路边 40m 范围外满足 4a 类标准,220m 外区域满足 2 类标准。

营运中期:昼间路边 20m 外区域可满足 4a 类标准,120m 外区域满足 2 类标准;夜间路边 80m 范围外满足 4a 类标准,250m 外区域满足 2 类标准。

营运远期:昼间路边 40m 外区域可满足 4a 类标准,200m 外区域满足 2 类标准,夜间路边 100m 范围外满足 4a 类标准,270m 外区域满足 2 类标准。

②103 团互通—102 团北互通。

营运近期:昼间路边 20m 外区域可满足 4a 类标准,200m 外区域满足 2 类标准;夜间路边 60m 范围外满足 4a 类标准,220m 外区域满足 2 类标准。

营运中期:昼间路边 40m 外区域可满足 4a 类标准,200m 外区域满足 2 类标准;夜间路边 80m 范围外满足 4a 类标准,260m 外区域满足 2 类标准。

营运远期:昼间路边 40m 外区域可满足 4a 类标准,200m 外区域满足 2 类标准,夜间路边 120m 范围外满足 4a 类标准,320m 外区域满足 2 类标准。

③102 团北互通—工业园互通。

营运近期:昼间路边 20m 外区域可满足 4a 类标准,200m 外区域满足 2 类标准;夜间路边 60m 范围外满足 4a 类标准,220m 外区域满足 2 类标准。

营运中期:昼间路边 40m 外区域可满足 4a 类标准,200m 外区域满足 2 类标准;夜间路边 100m 范围外满足 4a 类标准,270m 外区域满足 2 类标准。

营运远期:昼间路边 40m 外区域可满足 4a 类标准,200m 外区域满足 2 类标准,夜间路边 120m 范围外满足 4a 类标准,320m 外区域满足 2 类标准。

④业园互通—五家渠北互通。

营运近期：昼间路边 20m 外区域可满足 4a 类标准，200m 外区域满足 2 类标准，夜间路边 60m 范围外满足 4a 类标准，220m 外区域满足 2 类标准。

营运中期：昼间路边 40m 外区域可满足 4a 类标准，200m 外区域满足 2 类标准，夜间路边 100m 范围外满足 4a 类标准，270m 外区域满足 2 类标准。

营运远期：昼间路边 40m 外区域可满足 4a 类标准，200m 外区域满足 2 类标准，夜间路边 120m 范围外满足 4a 类标准，320m 外区域满足 2 类标准。

⑤家渠北互通—五家渠互通。

营运近期：昼间路边 20m 外区域可满足 4a 类标准，200m 外区域满足 2 类标准，夜间路边 60m 范围外满足 4a 类标准，220m 外区域满足 2 类标准。

营运中期：昼间路边 40m 外区域可满足 4a 类标准，200m 外区域满足 2 类标准，夜间路边 100m 范围外满足 4a 类标准，270m 外区域满足 2 类标准。

营运远期：昼间路边 40m 外区域可满足 4a 类标准，200m 外区域满足 2 类标准，夜间路边 120m 范围外满足 4a 类标准，320m 外区域满足 2 类标准。

⑥家渠互通—终点。

营运近期：昼间路边 20m 外区域可满足 4a 类标准，100m 外区域满足 2 类标准，夜间路边 140m 范围内满足 4a 类标准，220m 外区域满足 2 类标准。

营运中期：昼间路边 40m 外区域可满足 4a 类标准，160m 外区域满足 2 类标准，夜间路边 160m 范围外满足 4a 类标准，270m 外区域满足 2 类标准。

营运远期：昼间路边 40m 外区域可满足 4a 类标准，200m 外区域满足 2 类标准，夜间路边 180m 范围外满足 4a 类标准，320m 外区域满足 2 类标准。

(2)公路沿线敏感点交通噪声影响评价。

运营期敏感点声环境影响见表 7-65。预测结果显示：

102 团良种场：昼间近、中、远期均可满足 2 类标准，夜间近、中、远期分别超 2 类标准：0.6dB(A)、2.3dB(A)、3.5dB(A)；

亚欧华庭：昼间近、中、远期均可满足 2 类标准，夜间近期可满足 2 类标准，中期及远期分别超 2 类标准：2.6dB(A)、3.1dB(A)；

青湖尚城：昼间近、中、远期均可满足 2 类标准，夜间近期满足 2 类标准，中期及远期分别超 2 类标准：2.6dB(A)、3.1dB(A)；

青湖铭城：昼间近、中、远期均可满足 2 类标准，夜间近、中、远期分别超 2 类标准：0.9dB(A)、3.0dB(A)、4.0dB(A)；

协标工村：昼间近期可满足 2 类标准，中期及远期分别超 2 类标准 0.5dB(A)、2.2dB(A)，夜间近、中、远期分别超 2 类标准：3.1dB(A)、4.2dB(A)、5.9dB(A)；

红雁湖村：昼间近、中、远期均可满足 2 类标准，夜间近、中、远期分别超 2 类标准：0.2dB(A)、1.7dB(A)、2.8dB(A)；

牛庄子村：昼间近、中、远期均可满足 2 类标准；夜间近、中、远期分别超 2 类标准：0.9dB(A)、3.0dB(A)、4.0dB(A)。

表 7-65　运营期建设公路沿线敏感点噪声预测 [单位：dB(A)]

序号	敏感点名称	起讫桩号	距路中线/红线距离(m)	近期 2019 年 昼间	近期 2019 年 夜间	中期 2020 年 昼间	中期 2020 年 夜间	远期 2028 年 昼间	远期 2028 年 夜间	预测结果分析（按中期统计）
1	102 团良种场	K340+420～K340+900	119/106	53.9	50.6	56.6	52.3	59.3	53.5	昼间达标；夜间近期超标 0.6dB(A)，中期超标 2.3dB(A) 远期超标 3.5dB(A)
2	亚欧华庭	K334+350～K334+450	西侧 206/190	53.3	49.6	56.1	52.6	58.7	53.1	昼间达标；夜间近期达标，中期超标 2.6dB(A)，远期超标 3.1dB(A)
3	青湖尚城	K335～K335+340	西侧 206/190	53.3	49.6	56.1	52.6	58.7	53.1	昼间达标；夜间近期达标，中期超标 2.6dB(A)，远期超标 3.1dB(A)
4	青湖铭城	K335+700～K336+100	西侧 96/80	54.4	50.9	57.2	53.0	59.9	54.1	昼间达标；夜间近期超标 0.9dB(A)，中期超标 3.0dB(A) 远期超标 4.0dB(A)
5	协标工村	K340+700	两侧 31/15	56.9	53.1	60.5	54.2	62.2	55.9	昼间达标，中期超标 0.5dB(A) 夜间近期超标 3.1dB(A)，中期超标 4.2dB(A)，远期超标 5.9dB(A)
6	红曙湖村	K341+560～K342+390	西侧 136/120	53.2	50.2	55.9	51.7	58.1	52.8	昼间达标；夜间近期超标 0.2dB(A)，中期超标 1.7dB(A) 远期超标 2.8dB(A)
7	牛圈子村	K342～K342+600	东侧 186/170	53.7	50.6	56.5	52.8	58.7	54.1	昼间达标；夜间近期超标 0.9dB(A)，中期超标 3.0dB(A) 远期超标 4.0dB(A)

7.5.3.3 小结

公路建设施工阶段的主要噪声源来自施工机械的施工噪声和运输车辆的辐射噪声,这部分噪声是暂时的。施工过程中,都伴有建筑材料的运输车辆所带来的辐射噪声,建材运输时,运输道路会不可避免地选择一些敏感点附近的现有道路,这些运输车辆发出的辐射噪声会对沿线的声环境敏感点产生一定影响。

预测结果表明,运营近期:昼间路中心线30m外区域可满足4a类标准,40m外区域可满足2类标准,夜间路中心线50m范围外满足4a类标准,120m外区域可满足2类标准。运营中期:昼间路中心线30m外区域可满足4a类标准,50m外区域可满足2类标准;夜间路中心线70m范围外满足4a类标准,200m外区域可满足2类标准。运营远期:昼间路中心线30m外区域可满足4a类标准,80m外区域可满足2类标准;夜间路中心线100m外区域可满足4a类标准,200m范围内均不满足2类标准。

敏感点预测结果显示:昼间全线评价昼间除协标工村中远期有超标外,其余敏感点昼间均达到2类标准;夜间均超过相应标准要求,最大超标倍数为5.9dB(A)。

7.5.4 地表水环境影响分析

7.5.4.1 施工期水环境影响分析

施工期对地表水的影响主要来自跨河桥梁施工、施工场地和施工营地三个方面。其中跨河桥梁施工是本工程对地表水产生影响的主要环节。

1)跨河桥梁施工对水体的影响

本工程设置大桥1座,中桥2座,小桥12座。本次桥梁不涉及涉水桥墩。桥梁施工对水体的影响主要表现为桥梁施工时需要的物料、油料、化学品等若堆放在岸边,管理不严,遮盖不密,则可能受雨水冲刷进入水体;若物料堆放的地点高度低于丰水期水位,则遇到暴雨或洪水,物料可能被水淹没,污染河流水环境。

综上所述,桥梁施工对地表水体的影响主要来自基础施工扰动的泥沙影响及废渣、废油、废水和物料等进入水体而产生的不利影响。如在施工过程中对施工机械和施工材料加强现场管理,规范废渣、废水排放,可减缓和避免桥梁施工对沿线地表水体的污染。

2)施工营地对水环境的影响分析

本工程计划建设施工期36个月,所需施工人员较多。施工营地生活污水主要为少量的SS、动植物油、COD等,主要污染物及浓度为COD:500mg/L,SS:250mg/L,动植物油:30mg/L。施工人员每人每天生活用水量按80L/(人·d)计,产污系数按90%计,则施工活动每人每天产生的生活污水量约为0.072m^3/d。施工营地生活污水主要为餐饮、粪便、洗漱等污水,污水成分较简单,主要为少量的SS、动植物油、COD等,污染物浓度较低;但若这些施工营地生活污水直接排入附近水体仍将导致有机物和氨氮等指标超标,造成水质污染,因此施工营地生活污水必须处理后进行综合利用,其中部分回用于施工用水,部分利用洒水车清运回,用于施工便道及施工场地洒水降尘,不外排。

3）施工场地对水环境的影响分析

施工场地对水环境的影响主要是降雨冲刷建材的地表径流流入地表水系、生产废水的排放等的影响。

（1）桥梁施工时需要的物料、油料、化学品等如果堆放在河流两岸，若管理不严，遮盖不密，则可能在雨季或暴雨期受雨水冲刷进入水体；粉状物料的堆场若没有严格的遮挡、掩盖等措施将会起尘从而污染水体；若物料堆放的地点高度低于河流丰水期的水位，则遇到暴雨季节，物料可能被河水淹没或由于保管不善或受暴雨冲刷等原因进入水体，从而引起水污染。废弃的建材堆场的残留物质随地表径流进入水体也会造成水污染。

（2）在施工现场还将产生一定数量的生产废水，主要包括砂石材料的冲洗废水和机械设备的淋洗废水，这些废水中的主要污染物是悬浮物和少量的石油类，这些废水一旦直接排入附近的河流，将影响水体水质，并可能破坏水体功能。

（3）经过农田区，农灌期通常在4—11月。若不考虑与当地农灌，则会因修路切断水渠或涵洞造成对农业生产的影响。

（4）施工用水应在指定地点取水，保持车辆清洁，不能将油污或沙石带入河流中，保证施工期不对河水造成污染。

综上所述，由于工程沿线水环境现状良好，工程施工会对沿线水资源产生一定的影响，施工期主要可通过加强管理来减缓公路建设对地表水环境影响，尤其是桥梁建设点、施工营地、施工场地和筑路材料运输的管理。在采取合理有效的各项措施后，项目施工对地表水环境的影响较小。

7.5.4.2 运营期水环境影响评价

1）公路辅助设施污水的影响分析

本工程共设置服务区1处、养护工区2处，管理中心1处，主线收费站1处、匝道收费站2处。按照《公路建设项目环境影响评价规范》给出的生活污水量定额分别估算本工程各辅助设施运营期间的污水产生量和主要污染物排放量，计算出本工程服务设施的废水污染源，见表7-66。

各服务设施主要污染物排放量 表7-66

	名称	桩号	人数	污水量（m^3/d）	污水处理设施	利用排放情况
收费站	103团匝道收费站	K290+772	20人	1.8	玻璃钢整体型集成式生物化粪池	清运至102团北匝道收费站处理
	102团北匝道收费站（102团养护工区合建）	K311+307	80人	7.2	设$15m^3/d$二级生物接触氧化污水处理装置	处理后达标的污水设蓄水池冬储夏灌用于站区的绿化、场地浇洒，不外排
	102团主线收费站	K318+860	40人	3.6	玻璃钢整体型集成式生物化粪池	清运至102团北匝道收费站处理

续上表

名称		桩号	人数	污水量（m³/d）	污水处理设施	利用排放情况
服务区、养护工区	克拉美丽服务区（养护工区合建）	K208+950	40（工作人员）+300（过往人员折合常驻人员）	7.2	各服务区分别设15m³/d二级生物接触氧化污水处理装置	处理后达标的污水设蓄水池冬储夏灌用于站区的绿化、场地浇洒，不外排
	103团服务区	K274+300	40人	3.6	玻璃钢整体型集成式生物化粪池	清运至102团北匝道收费站处理
	五家渠服务区	K328+480	40人	3.6	玻璃钢整体型集成式生物化粪池	清运至102团北匝道收费站处理

服务区及收费站废水主要来自服务人员办公期间的生活污水和服务区的洗车含油废水，其污染物主要为COD、BOD5、SS、石油类等。

服务区设置二级生化污水处理设施，处理后的污水能够满足新疆《农村生活污水处理排放标准》（DB65 4275—2019）表2中A级标准限值，处理后达标的污水设蓄水池冬储夏灌，用于站区的绿化、场地浇洒，不外排。冬季蓄水池容积约为200m³。小型收费站设有玻璃钢整体型集成式生物化粪池，定期清运至就近的服务区处理，由于池底已做防渗，污染物不会渗漏进入地下水中。运营期各部分的生活污水均得到合理有效的处理，并做好相应的防渗措施，不会对地下水水质造成污染。

2）路面径流水污染分析

公路建成投入运行后，各种类型车辆排放尾气中所携带的污染物在路面沉积、汽车轮胎磨损的微粒、车架上粘带的泥土、车辆制动时散落的污染物及车辆运行工况不佳时泄漏的油料等，都会随降雨产生的路面径流进入道路的排水系统并最终进入地表水体，其主要的污染物有石油类、有机物和悬浮物等。这些污染物进入水体后，将对沿线水体产生一定的污染。

（1）路面径流的影响分析。

影响路面径流污染的因素众多，包括降雨量、降雨历时、与车流量有关的路面及大气污染程度、两场降雨之间的间隔时间、路面宽度、灰尘沉降量和前期干旱时间、纳污路段长度等。因此，影响路面径流污染物浓度的因素较多，由于其影响因素变化性大、各种因素随机性强，偶然性大，至今尚无一套普遍适用的方法可供采用。

本工程考虑到路面径流对沿线水体的影响，需设置公路路面排水系统。本工程的路面排水系统排水沟、导流坝及护坡组成，路面径流通过排水系统汇集后通过边沟、排水沟等排放，最终流入天然沟渠，再加之新疆特殊的气候条件，降雨量相对较小，因此将对周围水环境影响较小。

（2）桥面径流对渠道水质的影响分析 桥面径流进入水中将对水质造成污染，尤其是对于运输危险品的车辆在K340+660~K342+480跨越老龙河，在K331+600跨越八一引水渠时发生泄漏等事故情况下，液态危险品流入河中将对水体造成严重污染，因此应对桥面径流污染予以重视。

项目沿线涉及水体为老龙河、八一引水渠及青格达湖（猛进水库）。根据《新疆水环境功能区划》和《乌鲁木齐市环境功能区划》沿线河流按照其使用功能，执行《地表水环境质量标准》（GB 3838—2012）中Ⅴ类水体。

7.5.5 固体废物影响预测与分析

7.5.5.1 施工期固体废物对环境影响分析

建设公路施工过程中的固体废物主要产生于施工人员生活驻地、建筑材料的临时堆放用地及施工作业的场地等。

1）施工垃圾估算

公路施工场地垃圾主要是指剩余的筑路材料，包括石料、砂、石灰、水泥、钢材、木料、预制构件等。上述筑路材料均是按施工进度有计划购置的，但公路工程规模、工程量大，难免有少量的筑路材料剩余，放置在工棚里或露天堆放、杂乱无序，从宏观上与周围环境很不协调，造成视觉污染。若石灰或水泥随水渗入地下，将使土壤板结、pH值升高，还会污染地下水，使该块土地失去生产能力，浪费了珍贵的土地资源。

为降低和消除上述固体废物对环境的影响，首先是按计划和施工的操作规程，严格控制，尽量减少余下的物料。一旦有余下的材料，将其有序地存放好，妥善保管，可供周边地区修补乡村道路或建筑使用，这样可减轻建筑垃圾对环境的影响。

2）生活垃圾

本工程每个施工营地工作人员按100人计，按每人垃圾产生量0.5kg/d计，施工期为36个月，则每个施工营地排放生活垃圾总量为54t。

由此看出，如果在施工期间不注意对生活垃圾的管理，很容易引发蚊蝇滋生，对环境产生不利影响，所以应在施工营地应设置临时的垃圾桶，并将收集的垃圾定期清运。

严格按照本报告书中所提要求，对施工人员生活垃圾及工程建筑垃圾拉运至就近的城镇建筑垃圾填埋场和生活垃圾填埋场处置，本工程施工期所产生的固体废物不会对环境产生明显不利影响。

7.5.5.2 运营期固体废物对环境影响分析

运营期固体废弃物主要为服务区、收费站所产生的生活垃圾。根据运营期主要站点的布设情况，运营期的生活垃圾在各服务设施点集中收集后由垃圾车定期运至城镇生活垃圾处理场处理。

7.5.6 危险化学品运输事故环境风险分析

由于公路运输危险品种类较多，其危险程度不一，因而交通事故的严重性及危险程度也相差很大，故应对可能发生的危险品运输交通事故要进行具体分析。虽然运送危险品的车辆所占比例不大，一旦运输危险品的车辆发生交通事故，所运输的危险品流入河流、渠系，将引起其水质严重污染。本节主要分析在建设公路跨越河流出现交通事故的影响、发生概率及其危险性。

7.5.6.1 危险品运输事故风险识别

结合工程设计线路方案和公路沿线环境特征,确定建设公路危险品运输环境敏感路段为:跨越水体路段。项目区危险品货种分析:根据对项目区主要危险化学品调查,公路营运后,可能运输的危险化学品包括汽油、液化气、农药、烟花爆竹、炸药、火柴和化工原料等。

根据国内公路工程的营运经验,公路营运过程中潜在的环境风险事故主要来源于运输危险品的车辆在水域路段发生事故时危险品直接泻入水体或者车辆直接掉进水体,此外在有航运功能的河道上还有可能发生危险品运输船只碰撞桥墩导致污染物泄露引起水污染。本项目潜在的环境污染风险主要源自运输危险品的车辆在跨越老龙河、八一引水渠的桥梁时发生交通事故,导致危险品泄漏入水,从而对老龙河、八一引水渠造成污染。但根据现场调查,本次K340+660 及 K342+480 跨越 2 次老龙河均为季节性河流,为Ⅴ类水体且无饮用功能,最终也不汇入青格达湖。本项目与青格达湖最近距离 450m,青格达湖Ⅴ类水体现状为绿化灌溉用水,无饮用功能,道路沿线无汇水区域,同时青格达湖有湖堤,因此地表径流对青格达湖造成影响的可能性很小。但仍需对本项目跨越老龙河、八一引水渠的桥梁,强化跨河桥梁两侧防撞护栏设计。

7.5.6.2 危险品运输事故风险评价

本次评价拟采用概率计算法预测本项目运营期在重要水域路段发生危险品运输事故的概率,具体计算方法如下。

$$P = Q_0 \times Q_1 \times Q_2 \times Q_3 \tag{7-14}$$

式中:P——重要水域地段出现污染风险概率;

Q_0——该地区公路车辆相撞翻车等重大交通事故概率,次/(百万辆×km);

Q_1——预测年的年绝对交通量,百万辆/年;

Q_2——装载有毒、有害危险品货车占总交通量的比例,%;

Q_3——重要水域路段的长度,km。

危险品运输风险概率计算结果表明,公路运营期运输化学危险品车辆在水域路段发生引起水体化学污染的事故风险概率较小,即使在 2037 年风险概率最大的只有 0.022187 次/年。但由概率理论,这种小概率事件的发生是随机的,且一旦发生,就会对地表水环境将造成严重的影响。

7.5.6.3 风险防范措施

为降低事故风险概率,减轻环境影响,环评要求在工程设计方面,对跨越水体河的桥梁采取强化加固防撞护栏和防侧翻措施。在运输管理方面,制订相关应急预案。在采取上述措施后,危险品运输事故的概率将大大降低,万一发生也可避免造成严重不良影响。

(1)加强车辆管理,加强车检工作,保证上路车辆车况良好;依据国务院发布的《化学危险物品安全管理条例》的有关要求,运输危险品须持有公安部门颁发的三张证书,即运输许可证、驾驶员执照及保安员证书。所有从事化学危险货物运输的车辆,必须在车前醒目位置悬挂黄底黑字"危险品"字样的三角旗;严格禁止车辆超载。

(2)危险品车辆上路必须事先通知道路管理处,接受上路安全检查,同时车辆上必须有醒目的装有危险品的标记,以便对其加强管理和监控。

(3)建立道路运输在线监控系统,直接与新疆维吾尔自治区高等级公路管理局相连,并与项目沿线地方环保部门相连,危险品车辆一旦发生事故,第一时间启动应急预案。

(4)使用可变情报板,随时警示容易诱发交通事故的恶劣天气或危险路况,提前采取限制行车速度或封闭局部路段等积极、主动的风险防范措施。

(5)对本项目 K340+660~K342+480 跨越老龙河和 K331+600 跨越八一引水渠桥梁设置桥面径流收集系统,同时加装桥梁防撞栏加固,防落网设计 62m。

7.6 环境保护措施

7.6.1 生态保护措施

7.6.1.1 生态敏感目标保护方案

1)基本农田保护措施

本项目属于线性工程,由于线路方案无法完全绕避基本农田,项目所占农田 5hm^2(其中基本农田 4.05hm^2),建设项目占农田分别属于五家渠市和乌鲁木齐市,其中基本农田主要涉及 K308~K322 五家渠段及 K338~K342 米东区。需要占用基本农田,涉及农用地转用或者征用土地,根据《中华人民共和国基本农田保护条例》及新疆维吾尔自治区的实施办法,对占用的基本农田建设单位应报经国务院批准,当地人民政府已按照国务院的批准文件修改土地利用总体规划,并补充划入数量和质量相当的基本农田。占用单位应当按照占多少、垦多少的原则,负责开垦与所占基本农田的数量和质量相当的耕地;没有条件开垦或者开垦的耕地不符合要求的,应当按照政府规定缴纳耕地开垦费,专款用于开垦新的耕地。在项目建设中应该合理利用土地资源,提高土地利用率,尽量减少对基本农田的占用,并在下阶段设计中注意:

(1)加强对基本农田的保护,进行基本农田占补平衡。选线尽量绕避基本少占耕地;合理进行土地开发整理复垦工作,确保耕地总量动态平衡。

(2)对于永久征用的基本农田,除按照《中华人民共和国基本农田保护条例》的有关规定履行办理农用地转用审批手续外,还应执行以下规定:

①基本农田耕作层进行处理。

根据《中华人民共和国基本农田保护条例》,对于占用基本农田耕作层的土壤,应用于当地新开垦耕地、劣质地或者其他耕地的土壤改良,工程施工时将基本农田表层 0.3~0.5m 的耕作层土壤剥离堆放,通过当地政府调整土地规划,开垦、改良相同面积的基本农田,使区域内的基本农田总面积不因项目建设而减少。

②建设单位将按《中华人民共和国土地管理法》《中华人民共和国土地管理法实施条例》等法律法规,支付征用土地的征地补偿费、附着物和青苗补偿费及安置补助费,因征地造成的多余劳动力,由地方政府通过发展农副业生产和兴办乡镇企业加以安置。通过各级政府按规定的政策进行协调,可以部分降低征用耕地对农业生产的影响。

③凡是非农业建设经批准占用基本农田,都必须补划数量、质量相当的耕地为基本农田。根据沿线土地利用总体规划,建议将部分水利设施条件好的一般耕地补划为基本农田,以确保沿线市县基本农田保护面积不减少、质量不降低、保护率不下降。

因此,建议当地有关政府部门应及时对土地利用方式进行规划和调整,加大对荒地等后备土地资源的开发,通过调整土地规划和农业结构,充分发挥农业机械化水平,以提高土地的产出,并保证农业生产的可持续发展。

2) 临近自然保护区保护措施

本工程 K338+188~K342+600 段,共计 4.6km 临近自然保护区试验区,最近距离 450m。项目建设可能会对保护区产生一定影响,因此需要采取措施减轻项目建设可能对湿地公园产生的影响。

(1) 合理安排施工作业时间,减少在湿地鸟类繁殖(5月)、迁徙(3—5月和10—11月)期的作业内容,减缓对鸟类活动的影响。鉴于鸟类对噪声、振动和光线的特殊要求,施工尽可能在白天进行,晚上做到少施工或不施工;严禁高噪声设备在夜间施工,施工车辆在保护区内尽量减少鸣笛,保护区范围内不得设置料场、取弃土场和拌和站等临时站场。

(2) 在施工期严格控制施工作业的范围,在湿地公园内不得设置施工营地等临时工程。

(3) 在距离保护区边界约 1000m 处设置明确标志,如"保护区 1km""禁鸣""严禁抛撒固体废物"等,通过保护区的路段设立相关警示牌,降低车辆速度,减少交通噪声对保护区对鸟类的影响。在此段设置吸声式声屏障,避免噪声和灯光对鸟类栖息和停歇环境的影响。

3) 重点公益林保护措施

项目在福海县和昌吉州穿越国家级重点公益林,K153+500~K156+500 穿越福海县国家级重点公益林 3km,K254~K260、K263~K271 穿越昌吉州国家级重点公益林共计 14km,均为国家二级公益林,共占用公益林面积 64.6hm^2,公益林树种为梭梭。项目需采取的保护措施包括:

(1) 在下一阶段的设计建设单位应委托有资质的单位编制占用林地的可行性研究报告,根据国家和自治区相关法律法规要求,进行补偿和恢复。

(2) 合理设置临时用地(施工场地、施工营地、取土场、施工便道等)和公路附属设施占地,不得占用重点公益林。如临时占地需征用公益林,开工前要编制林业勘察报告,上报林业主管部门审批;按照规定交纳林地补偿费用,由各级林业行政主管部门依据国家、自治区有关林地补偿费使用办法,保证补偿费用的定额发放和使用,使林地补偿费用真正用于林地的恢复和发展。

(3) 严格控制施工范围。教育施工人员保护植被,注意施工及生活用火安全,防止林草火灾的发生。

(4) 工程征占地范围内的保护植物(梭梭等)要征得林业部门的同意,办理相关手续,进行补偿和恢复。

(5) 严禁砍伐施工区外围的梭梭等被做燃料,尽量减少对作业区周围植被的影响。

(6) 工程完工后,要对公路占压林地面积进行调查,尽量恢复,优化原有的自然环境和绿地占有水平。

(7) 运营期主要是对施工期砍伐的公益林进行异地恢复,对移植的林木进行管护,提高所移植的成活率,公路沿线可设置一些警示牌,提高公众保护公益林的意识。

(8)对建设中永久占用林地部分的表层土予以收集保存,在其他土壤贫瘠处铺设以种植物树木,为植被恢复提供良好的土壤。临时占地在施工前也应保存好熟化土,施工结束后及时清理、覆盖熟化土,复种或选择当地适宜植物及时恢复绿化。

4)野生动物保护措施

(1)设置野生动物通道。

由于项目设置的通道和桥涵较多,大多能满足兼作动物通道的要求,据资料调查,国内外目前建立的人工野生动物通道因地形地貌不同,要帮助跨越交通线障碍的动物对象不同,大体可归纳为:高架路下穿通道、桥洞式通道、涵洞式通道、上跨式通道、悬索通道、平路基式通道。

不同的通道比较特征见表7-67。

不同的跨越道路的人工野生动物通道特征分析比较表　　表7-67

比较项	连续高架路下穿式	桥洞下穿式 宽>8m	涵洞下穿式 宽≤8m	上跨式	悬索式	平路基式	备注
适应地形	平坦	槽谷	槽谷	丘陵山地	丘陵山地	平坦	
通道视线	通透	较通透	较通透	无障碍	无障碍	通透	
群居动物	较适应	可适应		适应		适应	集体行动
独居动物	适应		适应			适应	
攀援动物					适应		
大型动物	适应	适应		适应		适应	
小型动物			适应	适应			
例证	青藏铁路	云南思小高速路净高8~25m	京新高速公路明水(甘新界)至哈密段	加拿大班夫国家公园高速路		新疆G216	
动物例证	藏羚羊	亚洲象	鹅喉羚、沙狐、猞猁、狼、蒙古兔等兽类	狍子、猞猁等多种大型哺乳动物	猕猴	蒙古野驴、鹅喉羚	
造价	较高	较高	较低	较高	低	低	
本工程实施可行性		可行	可行	可行		可行	

本项目大部分位于准噶尔盆地腹地,地形较平坦,区域活动的大型野生动物属于大型食草类群居动物(鹅喉羚)和小型的兽类独居动物(兔狲、猞猁、沙狐、赤狐),其迁徙特征是沿着戈壁荒漠平坦低地或宽阔沟槽边水草相对丰富的路线,而不是走水草相对缺乏的山脊山坡,所以,综上所述,项目的动物通道最佳选择是连续高架路下穿通道,其次是桥洞式通道,在地形条件合适的小山丘间构建上跨式通道,从安全角度考虑开网建立平路基式通道安全隐患较大。在预计可行的连续高架路下穿通道和桥洞式下穿通道间比较,连续高架路下穿通道更好但造价会极高,桥洞式通道做好各种人工诱导设施,预计也能满足设计要求,且建设方经济能承受,

所以,比选推荐桥涵式下穿通道方案。

根据生态现状分析公路沿线常见的具有迁徙性的保护动物主要为鹅喉羚及可能出现的蒙古野驴,鹅喉羚初冬(10月、11月)从多雪而寒冷的北部向较温暖的南部迁移,项目公路K113~K160段为戈壁荒漠区,此段与南干渠伴行,此段南干渠上设置有动物通道1处(通道上跨干渠,宽50m),工程在K158+122的吉拉沟设置有大桥一座(桥长107m),可用作鹅喉羚和蒙古野驴等大型野生动物的通道;此外,本工程此段有10处通道可用作野生动物通道,通道多为4~8m的兼用通道,南干渠动物通道对应项目公路桩号为K134,此处公路距离干渠约2km,此处需为鹅喉羚和可能出现的蒙古野驴增设单独的专用通道,以需满足鹅喉羚和蒙古野驴等体型较大的野生动物通行。项目新增野生动物通道情况见表7-68。

项目新增专用野生动物通道设置情况 表7-68

中心桩号	通道形式	孔数及孔径(孔-m)	全长(m)	净高(m)
K134	桥涵式动物通道	2×25	50	>3.5

项目K160~K290段大部分位于沙漠区,此段距离南干渠较远,南干渠在此段设置有两处大型野生动物通道,对应的公路桩号分别为K200和K240,本项目在K250+765.00处设置3孔82m大型动物专用通道1处,4~8m小型通道19处可用作鹅喉羚和蒙古野驴等大型野生动物的通道,动物通道详见表7-69。此外公路在K113~K290段设置有涵洞105道,这些通道和涵洞可以满足野生动物的通过需求,公路建设不会对野生动物的迁移完全阻隔。

现有桥梁及通道可兼做动物通道一览表 表7-69

序号	中心桩号	工程名称	孔数及跨径(孔-m)	净高(m)	桥长(m)	备注
1	K116+848.000	油田作业通道	1-8	3.5	12.0	兼野生动物通道
2	K122+503.13	动物通道兼过水涵	1-4	3.0	16.0	专用生动物通道
3	K128+523.06	动物通道兼过水涵	1-4	3.0	16.0	专用生动物通道
4	K131+543.06	动物通道兼过水涵	1-4	3.0	16.0	专用生动物通道
5	K138+220.00	动物通道兼过水涵	1-4	3.0	16.0	专用生动物通道
6	K141+582.89	动物通道兼过水涵	1-4	3.0	16.0	专用生动物通道
7	K143+269.33	动物通道兼过水涵	1-4	3.0	16.0	专用生动物通道
8	K147+414.28	动物通道兼过水涵	1-4	3.0	16.0	专用生动物通道
9	K152+869.54	巡检通道涵	1-4	3.0	16.0	兼野生动物通道
10	K158+122.451	吉拉沟大桥	4-25	5.0	107	兼野生动物通道
11	K159+310.00	动物通道兼过水涵	1-4	3.0	16.0	专用生动物通道
12	K167+600.00	动物通道兼过水涵	1-4	3.0	16.0	专用生动物通道
13	K172+027.678	油田作业通道	1-8	3.5	16.0	兼野生动物通道
14	K177+769.507	油田作业通道	1-8	3.5	12	兼野生动物通道
15	K179+700.81	动物通道兼过水涵	1-4	3.0	16.0	专用生动物通道
16	K182+400.00	动物通道兼过水涵	1-4	3.0	16.0	专用生动物通道

续上表

序号	中心桩号	工程名称	孔数及跨径（孔-m）	净高（m）	桥长（m）	备注
17	K186+380.00	动物通道兼过水涵	1-4	3.0	16.0	专用生动物通道
18	K192+060.00	动物通道兼过水涵	1-4	3.0	16.0	专用生动物通道
19	K199+940.00	动物通道兼过水涵	1-4	3.0	16.0	专用生动物通道
20	K209+000.000	服务区通道	1-8	3.5	16.0	兼野生动物通道
21	K213+520.00	动物通道兼过水涵	1-4	3.0	16.0	专用生动物通道
22	K222+380.00	动物通道兼牧业通道	1-8.0	4.0	17.54	专用生动物通道
23	K232+240.00	动物通道兼牧业通道	1-8.0	4.0	17.54	专用生动物通道
24	K244+500.00	动物通道兼牧业通道	1-8.0	4.0	16.54	专用生动物通道
25	K250+765.00	动物通道兼牧业通道	3-25.0	4.0	82.00	专用生动物通道
26	K262+810.00	动物通道兼牧业通道	1-8.0	4.0	16.54	专用生动物通道
27	K272+495.00	动物通道兼牧业通道	1-8.0	4.0	16.54	专用生动物通道
28	K274+300.00	汽车通道	1-8.0	4.5	15.54	兼野生动物通道
29	K275+940.00	汽车通道	1-8.0	4.5	15.54	兼野生动物通道
30	K279+283.00	机耕通道	1-8.0	4.5	16.54	兼野生动物通道

根据野生动物现状调查,项目区受影响的野生动物包括鹅喉羚、兔狲、猞猁、沙狐、赤狐等,根据北京至乌鲁木齐国家高速公路明水(甘新界)至哈密段工程竣工环境保护验收调查,运营期委托交通运输部公路科学研究所以动物通道有效性为主要内容的科研生态监测,监测结果表明净高大于2m、宽度大于4m的通道在建设期和运营初期均有鹅喉羚、沙狐、猞猁、狼、蒙古兔等野生动物穿越动物通道,其中鹅喉羚利用通道频次最高为54次,说明本项目利用设计桥梁和通道兼做动物通道是可行的和有效的。

(2)施工期环保措施。

对施工人员进行施工期环保措施的宣传教育,对每一位上岗人员进行培训,使他们充分认识每一项环保措施及落实的重要性,真正使环保措施起到应有的作用。要求做到不打猎、不捕杀(包括昆虫),严格的要求不动保护区一草一木一物。

施工期临时用地伴随着临时用地上的工程行为和人类活动,对动物栖息地造成极大的影响,因此对临时用地的严格管理措施十分重要。减少施工期临时用地对动物栖息地影响的主要方法有：

严格控制工程取土范围,虽然项目规划中作出取土范围的明确规定,但实际操作中往往可能因为实际取土范围内土质不符合路基建设工程要求而需要进行变动而扩大取土范围,施工管理部门应严格监督实施工程取土规定,同时控制取土作业和运输车辆运行轨迹,避免扩大取土行为实际影响范围。

对施工便道实施严格管理,在施工期间控制工程车辆运行速度,禁止社会其他车辆进入,并在施工结束后及时封闭施工便道,以利于植被恢复。

严格控制施工期间工程建设和施工人员生活污染物排放。

撤离施工现场后及时清理建筑垃圾和一切非原始栖息地所属物品。

施工人员进行环境和野生动物保护意识教育,宣传野生动物保护法规,严禁捕猎野生动物的行为。

(3)运营期环保措施。

①禁止鸣笛、设置标志牌、降低车速以减少噪声和震动对动物活动的影响。

②通道建成后即时清理通道下及附近500m范围内地表、进行平整、移除施工材料和一切非自然物。

③通道下不保留施工便道,以利于自然恢复植被和维持;限制通道下人为活动。

④运营期间对通道下进行清理与维持,防止通道堵塞。

⑤取弃土场不能填埋的要求做到边坡至少达到1:1.2的缓坡处理,四周要求用铁栅栏围护。

(4)环境监控措施。

为减小对野生动物的影响,坚持"预防为主"的原则,在施工期和运行5年内应积极开展生态环境、生物多样性以及重点保护对象全方位监测,运营期应继续加强和完善对野生动物活动及其生境影响的调查与监测,根据监测情况完善运营期的保护措施。

5)植被保护措施

(1)为有效保护植被,在工程设计中严格控制工程占地,尽量减少工程砍伐林木和占用草地,建设单位应按照相关规定进行砍伐树木及占用草地的损失补偿。

(2)采取围栏、彩带围护等措施限定工程占用与扰动范围,做好施工组织,尽量使用既有场地;施工便道选址宜充分利用戈壁内已有的道路,平原区路段尽量布设在永久用地范围内,以减少新建施工便道占地面积;其他临时用地范围在工程结束后采取平整、撒草籽等恢复措施,减少施工期对植被的影响。

(3)对建设中永久占用林地部分的表层土予以收集保存,在其他土壤贫瘠处铺设以种植物树木,为植被恢复提供良好的土壤。临时占地在施工前也应保存好熟化土,施工结束后及时清理、覆盖熟化土,复种或选择当地适宜植物及时恢复绿化。

(4)在公路施工过程中,要加大宣传的力度,通过宣传植物的显著特征,使施工人员能够识别本区域分布的国家和自治区级重点保护植物,严禁乱砍滥挖。

(5)施工期需加强管理,不在工程附近的梭梭生长较好的地段设置临时施工场地,严禁施工人员随意破坏梭梭。下阶段勘察设计及施工过程中应采取有力措施,尽量减少对梭梭林的占用,并征求当地林业主管部门的意见,对于工程破坏的梭梭,施工中应及时在有条件地段采取补栽措施加以缓解。

(6)取土场、沙石料场等临时工程设施位置尽量选择在无植被覆盖的裸露地表,严禁将临时工程布设在植被覆盖度较高的地段以及重点保护野生植物集中分布地段。

(7)对于本线跨越的水流漫滩,本次设计设置桥涵,并在桥涵上游设封闭式"∧"形导流堤,保证漫流区的上下游沟通,消除路基阻隔汇水对下游植物生长产生的影响。

(8)本工程对损失的梭梭等植被进行了青苗补偿和资源补偿,工程生物量损失的影响尽量减小到最低水平。在对公路沿线立地条件调查的基础上,根据本项目工程、环境的特点,在站区新增用地中采用乔、灌木结合的布设原则进行绿化设计。绿化面积高于工程砍伐的林地面积,林草植被覆盖度有所增加,且对梭梭等植被的恢复补偿量大于其工程占用损失量,工程竣工2~3年后植物措施将充分发挥其水土保持效益,可有效恢复因工程造成的植被生物量损失,以改善本项目对生态环境的影响。

6)荒漠化防治措施

严禁在戈壁滩和荒漠结皮、荒漠植被分布地段随意行车,破坏地表植被和稳定的结皮层,结合水保设置环保限行桩。施工结束后,对新建和整修道路以及施工场地营地及时进行清理、平整,减少沙物质来源。

严格限定施工活动范围,取弃土场施工结束后进行清理、平整并采取高方格固沙等。

工程沿线风沙路基两侧采取了风沙防护工程,设置草方格沙障及风沙防护灌木林。

上述措施结合水保措施统筹考虑;同时,对风沙区,应在充分利用既有防沙治沙措施的基础上,进一步采取机械治沙和生物治沙等综合整治措施,有效缓解风沙对公路行车安全的危害,控制土地沙漠化的扩展。

7)景观破坏缓解措施

公路对景观的影响是不可避免的,因此必须考虑减缓措施,包括景观的恢复措施。针对不同工程类型的特点和当地自然景观提出以下关于景观方案设计的要求和建议:

(1)路基、站场工程。

优化线路纵断面设计,尽量避免深路堑开挖,减少挖深和路基填高,路基边坡采取必要的护坡措施并进行平整清理,形成整齐划一的、与周边反差相对较小的路基、站场坡面。重视绿化美化设计,在有条件的站区,根据灌溉条件采取绿化美化措施,使之成为灰黄色彩的原野中的一个个绿色的节点。路基、站场填筑完毕后,清理填筑坡面及坡脚外侧区域,清除施工痕迹,使填筑工程与原生地表较好地融合。

(2)桥梁工程。

桥梁对景观的切割影响是无法避免的,但可以在桥梁设计方面进一步注重对景观的设计,增加桥梁自身的景观效应,减小与周围的景观产生强烈的对比冲突,弱化阻隔效应。建议对位于景观敏感地段的桥梁工程应结合区域性特点及与周围环境景观的和谐进行专门的景观设计,梁部采用外形简洁、底面平整光洁、线条流畅的截面,桥梁墩形的选择遵从结构受力合理、外形美观、梁墩协调配合、与周围环境相和谐的原则,从而设计出简洁、明快、通透而富有美感的桥梁结构,为桥体自然地融入周围环境设置空间过渡带。

(3)临时工程。

取土场、施工便道、施工营地和场地等设计应合理、有序,不应面积过大,以减少影响范围。施工场地及施工便道应统一规划,各种机械设备和车辆固定行车路线,不能随意下道行驶或另行开辟便道,以保证周围地貌和植被不受破坏。取土场、施工便道、施工营地和场地等的恢复原则以达到和周边自然环境的协调、和谐为基本,以减小或消除对景观的视觉污染为依据。取土场、砂石料场在使用结束时应马上进行平整,并根据周边环境决定采取土地整治或自然恢复为主的防治措施,以补平"疮疤"。在施工期结束后,除了公路维护必需的施工便道,应对那些造成断景或废弃的便道采取清理平整等恢复措施,尽量清除施工痕迹,以减小对景观的影响。施工营地和场地使用结束后,应对场地进行及时清理,清除油渍和垃圾,平整地面,尽量恢复原有地貌及地表形态。

7.6.1.2 施工期的生态环境影响减缓措施

1)绿洲区生态环境影响减缓措施

(1)绿洲农田区,在路基施工期一定要文明施工,按时每日洒水两次,在干旱季节每日需洒水多次,必要时还需进行维修,以防对沿线农业生产造成影响,引起不必要的纠纷。此段施工还应搞好农业交通和农灌及洪水的分流疏导,尽可能减少道路施工对沿线农业生产的影响。

(2)本次公路占用涉及耕地时,应采取补偿措施保证被征地农户的生活水平不下降,需要特别注意的是不要破坏水利灌溉渠系,本着先修缮水利设施、后公路施工的原则进行作业,在施工期间和运营期都要维护好水利设施。

(3)严格按照设计施工,禁止在此段增设施工营地、施工便道、预制厂、取弃土场等临时占地,规定运输车辆行驶路线,不得随意碾压该段的农作物及植被。

(4)严格限定施工的工作范围,严禁自行扩大施工用地范围。合理规划使用永久占地范围内的土地,减少临时占地对生态环境的影响,临时征用土地,必须补报。

(5)对占用的农田的耕植表土进行单独收集,用于附属设施区绿化覆土或用于复垦和新垦农田的土壤改造。

(6)严禁乱砍滥伐该段林木,爱护一草一木。

(7)加强对施工人员的教育、监督和管理,积极倡导文明施工。

(8)施工期间,应加强对施工人员的宣传、教育,严禁施工人员捕杀野生保护动物。

2)荒漠区生态环境影响减缓措施

(1)施工中要加倍爱惜草原区的植被,一是取弃土场、料场、施工便道等一定要避开植被生长较好的区域,二是施工人员不得破坏任何植被。

(2)对占用草地和林地表层土进行单独收集,用于附属设施区绿化覆土或用于复垦。

(3)完善路基边坡和护坡道的防护设计,减少水土流失对路基的影响。

(4)加强施工人员的管理,要求施工单位和人员严格遵守国家法令、坚决禁止捕猎任何野生动物,爱护施工活动附近所有的动植物。

(5)线路K160~K310段连续分布风沙土,需采取防风固沙措施。防沙措施主要是工程防砂,治理方案是栽植半隐蔽式芦苇草方格。

3)临时用地的恢复和减缓措施

项目临时占地主要包括施工便道、拌和站、预制场、施工营地、料场和取弃土场,各类临时占地在施工过程中应遵守以下措施:

(1)各类临时用地,禁止设置在基本农田和湿地范围内。

(2)各类施工应严格控制在设计范围内,不可随意乱开便道,料场便道控制在4.5m之内,在施工时要严格控制施工范围。

(3)本沿线取土坑、弃土场部分选择坡地挖平或凹地填平,但对于坡度无法满足视觉景观协调的取、弃土场均应设在离路300m外,并要限制取土深度<4m,控制土坑边坡坡度在45°以内,不影响工程沿线视觉景观,沿线取土场、弃土场的陡坡一律进行缓坡处理,以利于汇水,促进植被恢复,余料要在施工完后填于取土坑中,取土坑恢复后深度应小于2m。

(4)建议弃土(渣)场施工过程中分层碾压,弃渣边坡放缓,按照1:3堆放,同时,方案结合主体工程设计根据弃土(渣)场设置位置、地形地貌等情况对弃土(渣)场进行了逐个设计,拟采取土地平整、机械拍实及草方格等措施。

(5)建议下阶段主体设计优化本项目开挖及填筑土石方数量,并尽可能综合利用开挖土石方量,以减少本项目产生的弃方总量,同时尽可能优化弃土(渣)场设置及土石方调运等,以减少扰动地表面积,减少相应水土流失。施工过程中,如弃土(渣)场的位置和规模发生变化,仍需向相关主管部门提出申请并办理相关文件,发生重大变化时还需根据变更管理办法相关要求进行弃土(渣)场变更管理。

(6)对于砂砾石、取土料场不符合开采要求的部分弃土由于施工时序的要求,应在料场未开采的区域合理堆放,采取临时压盖的合理措施。

(7)公路部分地质不良区段需换填土,将清除的表土运至附近的弃渣场,弃渣堆高不能超过原始地面高度。

(8)路基清表和桥梁钻渣用于回填砂砾料场料坑。

(9)严格按设计要求,在指定地点堆放工程弃渣,严禁随意弃土。

(10)施工结束后,施工营地、拌和场、预制厂、料场等,一律平整土地,清除用地范围内的一切固体废弃物;恢复地貌原状,不得随意倾倒沥青废料,特别注意拌和站和路基两侧。

(11)弃土场应与原地形地势尽可能基本一致,不影响原区域整体景观,工程结束后,取弃土场外围不得堆存未利用的土石方、砂石料。

7.6.1.3 运营期的生态环境影响减缓措施

1)林地恢复计划

项目建设砍伐树木,对树木的有一定的影响,需采取严格的造林绿化措施来补偿。本工程在农田绿洲段应加大绿化力度,应按"伐一补一"的原则进行植树绿化。主要树种考虑杨树、沙枣树等。绿化工程的实施,可由项目业主与沿线地方政府共同协作完成。具体可由项目业主补偿绿化资金,地方政府组织实施绿化。

2)施工迹地的恢复和平整

对于路基边施工迹地要适当平整。对于施工营地、便道、预制厂、拌和场等施工迹地,需挖除所铺设的硬质地面后会引起新的水土流失,由于特殊的地理环境建议保留施工迹地的硬质地面。

对于取土坑,要用工程弃方予以填埋,并保证其安全。农区和近城区便道应予保留,可用作区间公路。

在取料坑的迎水面边坡修平,可以进入部分洪水,使得植被自然恢复。

3)服务区、收费站绿化

服务区、收费站等依靠就近水源进行绿化,绿化要求以保持水土、美化环境为原则,乔、灌、草共植。

7.6.2 水环境影响减缓措施

7.6.2.1 施工期水环境减缓措施

1)施工废水污染防治措施

(1)工程承包合同中应明确筑路材料(如沥青、油料、化学品、粉煤灰、水泥、砂、石料等)的运输过程中防止洒(撒)漏条款,堆放场地不得设在水体岸边,以免随雨水冲入水体造成污染。

(2)施工材料如沥青、油料、化学品等有害物质堆放场地应设篷盖,以减少雨水冲刷造成污染。沿线距河流100m范围内严禁设立料场、废弃物堆放场、施工营地等。

(3)K340+660~K342+480跨越老龙河和K331+600跨越八一引水渠桥梁施工时,施工废水不能直接排入水体。施工废水应循环回用,以有效控制施工废水超标排放造成当地的水质污染问题。

(4)砂砾料冲洗废水应经临时沉淀池沉淀后回用于场地洒水降尘。距沿线河流100m范围内不得设置预制场与拌和站。

2)含油污水控制措施

采用施工过程控制、清洁生产的方案进行含油污水的控制。

(1)尽量选用先进的设备、机械,以有效地减少跑、冒、滴、漏的数量及机械维修次数,从而减少含油污水的产生量。

(2)在不可避免冒、滴、漏油的施工过程中尽量采用固体吸油材料(如棉纱、木屑等)将废油收集转化到固体物质中,避免产生过多的含油污水。对渗漏到土场的油污应及时利用刮削装置收集封存,运至垃圾场集中处理。

(3)机械设备及运输车辆的维修保养,尽量集中于各路段处的维修点进行,以方便含油污水的收集;在不能集中进行的情况下,由于含油污水的产生量一般小于$0.5m^3/d$,可全部用固体吸油材料吸收,交由有资质的危险固体废弃物处置单位统一处置。

3)生活污水控制措施

(1)施工人员的就餐和洗涤采用集中统一形式进行管理,如集中就餐、洗涤等,尽量减少生活污水量。洗涤过程中控制洗涤剂的用量,采用热水或其他方法替代,以减少污水中洗涤剂的含量。

(2)在施工营地设置冲水式卫生厕所+临时防渗化粪池,将处理过的污水运至沿线的阿勒泰市城市污水处理厂、昌吉州城北污水处理厂及乌鲁木齐市河东污水处理厂,禁止将生活污水直接排入附近河渠。

4)桥梁施工的防护工程措施

(1)在K340+660~K342+480跨越老龙河和K331+600跨越八一引水渠桥梁设置桥面径流收集系统,同时加装桥梁防撞栏加固,防落网设计62m。

(2)桥梁钻孔施工时应设置钢围堰,钻出泥渣应遵循交通运输部有关规范的要求,采取相应的保护措施,防止弃渣落入渠中,并将弃渣及时运出,回填至邻近取土场。

(3)桥梁施工过程中,应加强现场管理,禁止将施工固体废物、废油、废水等弃入水体。同时,桥梁施工作业完毕后,要清理好施工现场,以防止施工废料等垃圾随雨水进入水体。

7.6.2.2 运营期水环境减缓措施

(1)建议在沿线服务区设置二级生化污水处理设施,收费站采用玻璃钢整体型集成式生物化粪池,处理后的污水能够满足《农村生活污水处理排放标准》(DB65 4275—2019)表2中A级标准限值,处理后达标的污水设蓄水池冬储夏灌,用于站区的绿化、场地浇洒,不外排。冬季蓄水池容积约为200m³。

(2)在K340+660~K342+480跨越老龙河和K331+600跨越八一引水渠桥梁设置桥面径流收集系统,同时加装桥梁防撞栏加固,防落网设计62m。

(3)严禁各种泄漏、散装超载的车辆上路行驶,以防止公路散失货物造成沿线水体污染。

(4)加强危险品运输管理登记制度,运输有毒有害物质的车辆经过跨河路段前,必须向相关管理部门通报,经批准后方可驶入。加强运输危险品车辆的质量及运行状态检查,特别是对安全防范措施的检查,消灭事故隐患。夜间及暴雪等恶劣天气条件下,严禁运输危险品车辆通过桥梁路段。

(5)执行运营期水质监测计划,并根据水质监测结果确定需要补充采取的地表水环境保护措施。

(6)冬季禁止洒融雪剂,避免融雪剂随地表径流进入河流和灌渠,对沿线水体水质产生不良影响。

7.6.3 环境空气影响减缓措施

7.6.3.1 设计期环境空气影响减缓措施

(1)本工程沿线涉及敏感点7处,分别为K312+000~K312+600的102团良种场、K334+350~K334+450亚欧华庭、K335~K335+340青湖尚城、K335+700~K336+100青湖铭城、K340+700~K340+900协标工村、K341+560~K342+390红雁湖村、K342~K342+600牛庄子村。结合建设项目沿线地形地貌、植被分布等情况,预制厂、拌和站等选址设置在远离居民区并距其下风向300m以外。

(2)公路建设期间,合理设计材料运输路线,尽量远离居民区,对于无法避绕远离的村镇,施工过程中要进行定时洒水,以避免扬尘影响居民生产生活。

(3)服务区、养护工区供暖设施采用太阳能等清洁能源。

7.6.3.2 施工期环境空气影响减缓措施

(1)施工期对7处敏感目标进行围挡(K312+000~K312+600的102团良种场、K334+350~K334+450亚欧华庭、K335~K335+340青湖尚城、K335+700~K336+100青湖铭城、K340+700~K340+900协标工村、K341+560~K342+390红雁湖村、K342~K342+600牛庄子村)。

(2)路基施工中配备洒水车,每天对施工路段和施工便道洒水不少于2次。

(3)易散失的筑路材料运输应采用湿法,并加盖篷布,防止扬灰对大气的污染。

(4)沥青拌和站和施工料场应布设敏感点下风向300m以外,沥青拌和站应采用先进的沥青拌和设备,不得使用敞开式简易方法熬制沥青。沥青烟排放应达到《大气污染物综合排放标准》(GB 16297—1996)中的允许排放限值。

(5)荒漠区的施工便道表面覆盖砾石,防治扬尘和风蚀。

7.6.3.3 运营期环境空气影响减缓措施

(1)加强道路管理及路面养护,保持道路良好运营状态。

(2)加强运输散装物资如煤、水泥、砂石材料及简易包装的化肥、农药等车辆的管理,在公路入口处进行检查,运送上述物品需加盖篷布。

(3)服务区、收费站供暖设施采用清洁能源。

7.6.4 声环境影响减缓措施

7.6.4.1 设计期声环境减缓措施

为了减缓环境噪声对环境敏感点的影响,要优化调整局部路线设计方案,控制路线与声环境敏感点的距离。具体措施为路线在施工图设计阶段,尽量避绕房屋密集区域,选择房屋分散地区布线。合理控制路线与敏感点距离,根据噪声预测的达标距离,尽量减少达标距离内的房屋数量,以减少交通噪声影响的人口数量。根据本工程绿洲区自然环境的特点,严格控制施工红线区域,减少对现有农田防护林的砍伐,发挥植物的降噪作用。

7.6.4.2 施工期声环境减缓措施

(1)施工期的噪声主要来自施工机械和运输车辆。施工过程中,施工单位必须选用符合国家有关标准的施工机具和运输车辆,尽量选用低噪声的施工机械和工艺。振动较大的固定机械设备应加装减振机座,同时加强各类施工设备的维护和保养,使其更好地运转,以便从根本上降低噪声源强。根据建设公路沿线敏感点分布情况,施工噪声对K312+000~K312+600的102团良种场、K334+350~K334+450亚欧华庭、K335~K335+340青湖尚城、K335+700~K336+100青湖铭城、K340+700~K340+900协标工村、K341+560~K342+390红雁湖村、K342~K342+600牛庄子村存在影响,对以上敏感点在夯土机、打桩机施工时设置临时声屏障进行遮挡,既可以避免沿线居民进入施工场地,也可降低施工噪声的影响。

(2)强烈的施工噪声长期作用于人体,会诱发多种疾病并引发噪声性耳聋。为了保护施工人员的健康,施工单位要合理安排工作人员轮流操作辐射高、强噪声的施工机械,减少工人接触高噪声的时间,同时注意保养机械,使筑路机械维持最低声级水平。对在辐射高强声源附近的施工人员,除采取发放防声耳塞的劳保措施外,还应适当缩短劳动时间。

(3)筑路机械施工的噪声具有突发、无规则、不连续、高强度等特点。据调查,施工现场噪声有时超出施工场界标准,一般可采取变动施工方法措施缓解。噪声源强大的作业时间可放在昼间(08:00—24:00)进行或对各种施工机械操作时间做适当调整。为减少施工期间的材料运输、敲击、人的喊叫等施工活动声源,要求承包商通过文明施工、加强有效管理进行缓解。

(4)在村庄敏感点附近禁止夜间(0:00—08:00)施工作业。应在昼间施工,同时加强管理,避免突发性的噪声影响周边居民的正常生产生活。

7.6.4.3 运营期声环境减缓措施

1)对沿线城镇规划建设的控制要求

做好和严格执行好公路两侧土地使用规划,严格控制公路两侧新建各种民用建筑物;地方政府在新批民用建筑时,可根据公路交通噪声预测值,规划土地使用权限。在临路无其他建筑物遮挡、无绿化林带的条件下,建议规划部门不要批准在本次线路福海县两侧270m内、昌吉、五家渠及乌鲁木齐320m内修建居民区、学校、医院等对声环境质量要求高的建筑物,如果一定要建,则其声环境保护措施应由建设单位自行解决。对于靠近市区段,可以规划临路首排为商业金融、物流仓储等用地,产生建筑物隔声作用,控制建设对声环境质量要求高的建筑物的距离可以大大缩减。

2) 工程措施

对于公路交通噪声超标问题,可采取的防治对策和措施有声屏障、建筑物设置吸隔声设施(隔声窗)、调整建筑物使用功能、环保搬迁、栽植绿化林带等。这些措施的利弊、防治效果及其实施费用,见表7-70。根据本项目特点,本项目拟采取加固围墙、上隔声墙及上声屏障三种措施。

公路交通噪声防治对策及措施 表7-70

防治措施	优点	缺点	防治效果	实施费用
声屏障	节约土地、简单、实用可行、有效、一次性投资小,易在高速公路建设中实施	距离公路中心线60m以内的敏感点防噪效果好,造价较高;影响行车安全	声屏障设计应由专业环保设计和结构设计单位承担,且首先应做好声屏障声学设计,即合理设计声屏障位置、高度、长度、插入损失值、声学材料等。一般可降低噪声5~15dB	1400~3500元/延米(根据声学材料区别)
建筑物隔声	可用于公共建筑物,或者噪声污染特别严重、建筑结构较好的建筑物	需解决通风问题	根据实际采用经验,在窗户全关闭的情况下,室内噪声可降低11~15dB,双层玻璃窗比单层玻璃窗降低10dB左右,可大大减轻交通噪声对村庄和学校的干扰	250~500元/m²
调整公路线位	可有效解决交通噪声污染问题	受工程因素限制	好	增加或减少约370万元/km
低噪声路面	经济合理、保持环境原有风貌、行车安全、行车舒适	耐久性差、空隙易堵塞造成减噪效果降低	可降低噪声2~5dB	约300万元/km(与非减噪路面造价基本相同)
调整建筑物使用功能	可在一定程度上缓解噪声问题	实用性差,而且很难实施	难以估量	难以估算
搬迁	具有可永久性"解决"噪声污染问题的优点,环境效益和社会效益显著	考虑重新征用土地进行开发建设,综合投资巨大,同时实施搬迁也会产生新的环境问题	可彻底解决噪声扰民问题	3万~5万元/户(不含征地费)
栽植绿化林带	防噪、防尘、水土保持改善生态环境和美化环境等综合功能对人的心理作用良好	占地较多,公路建设部门要面临购买土地及解决林带结构和宽度问题,一般对绿化林带的降噪功能不可估计过高	与林带的宽度、高度、位置、配置方式以及植物种类有密切关系	150元/m(只包括苗木购置费和养护费用)

3）敏感点噪声控制措施

为使高速公路沿线两侧居民和学校有一个安静的工作、学习、生活的环境,应根据敏感点噪声预测超标情况、位置、规模、当地条件以及工程特点采取相应的噪声防治措施。一般来说,可供选择的声环境保护措施有:调整公路线位、建声屏障、居民住宅环保搬迁、隔声窗等。

本项目沿线声环境敏营运中期噪声预测值均超过标准要求,本次涉及的敏感点均较为集中,超标分贝为0.2dB(A)~5.9dB(A),因此采用加装声屏障的方式降噪,另外运营期应加强对沿线敏感点的跟踪监测,根据监测结果及时增补、完善本项目敏感点降噪措施。敏感点噪声控制具体措施详见表7-71。

敏感点噪声控制具体措施［单位:dB(A)］ 表7-71

序号	敏感点名称	桩号范围	距路中线/红线距离(m)	近期2019年 昼间	近期2019年 夜间	中期2020年 昼间	中期2020年 夜间	远期2028年 昼间	远期2028年 夜间	噪声防治措施
1	102团良种场	K340+420~K340+900	119/106	53.9	50.6	56.6	52.3	59.3	53.5	道路单侧加装声屏障580m,高2.5m
				—	0.6	—	2.3	—	3.5	
2	亚欧华庭	K334+350~K334+450	西侧 206/190	53.3	49.6	56.1	52.6	58.7	53.1	道路单侧前加装声屏障200m,高2.5m
				—	—	—	2.6	—	3.1	
3	青湖尚城	K335~K335+340	西侧 206/190	53.3	49.6	56.1	52.6	58.7	53.1	道路单侧前加装声屏障440m,高2.5m
				—	—	—	2.6	—	3.1	
4	青湖铭城	K335+700~K336+100	西侧 96/80	54.4	50.9	57.2	53.0	59.9	54.1	道路单侧前加装声屏障200m,高2.5m
				—	0.9	—	3.0	—	4.0	
5	协标工村	K340+700~340+900	两侧 31/15	56.9	53.1	60.5	54.2	62.2	55.9	道路两侧加装声屏障300m,高2.5m
				—	3.1	0.5	4.2	2.2	5.9	
6	红雁湖村	K341+560~K342+390	西侧 136/120	53.2	50.2	55.9	51.7	58.1	52.8	道路两侧加装声屏障930m,高2.5m
				—	0.2	—	1.7	—	2.8	
7	牛庄子村	K342~K342+600	东侧 186/170	53.7	50.6	56.5	52.8	58.7	54.1	道路两侧加装声屏障700m,高2.5m
				—	—	—	2.8	—	4.1	

根据预测,本次对超标的7处敏感点均分别设置了声屏障,共计3350m。声屏障设计应由专业环保设计结构设计单位承担,且首先应做好声屏障声学设计,即合理设计声屏障位置、高度、长度、插入损失值、声学材料等。其一般可降低噪声6~15dB,因此本次采取的措施可满足降噪的要求。

7.6.5 固体废物环境保护措施

7.6.5.1 设计期固体废物环境保护措施

根据交通量的大小,服务区的垃圾收集系统进行设计,实施分类收集。

7.6.5.2 施工期固体废物环境保护措施

(1)不得在运输过程中沿途丢弃、遗撒固体废物。

(2)施工机械的机修油污集中处理,揩擦有油污的固体废弃物等不得随地乱扔,应集中处理。

(3)在施工营地设置化粪池和垃圾箱,由承包商按时清除垃圾、清理化粪池。

(4)按计划和施工的操作规程,严格控制并尽量减少剩余物料。一旦有剩余物料,将其有序地存放好,妥善保管,可供周边地区修补乡村道路或建筑使用。

(5)对收集、储存、运输、处置固体废物的设施、设备和场所,应当加强管理和维护,保证其正常运行和使用。

(6)弃土、弃渣应全部清运至取土场,禁止随处堆放。

7.6.5.3 运营期固体废物环境保护措施

(1)通过制定和宣传法规,禁止乘客在公路上乱丢饮料袋、易拉罐等垃圾,以保证行车安全和公路两侧的清洁卫生。

(2)服务区、养护工区、收费站生活区等每处服务设施应根据需要,配备相应数量的垃圾桶,对各类生活垃圾分类集中存放,定期运至各服务区收费站临近的福海县城市垃圾填埋场、昌吉州生活垃圾城北填埋场及米东固体废料综合处理厂及配套生活垃圾填埋场进行集中处理。

7.7 高速服务区环保卫生系统应用

7.7.1 环保卫生系统介绍

(1)真空集便系统是一套集节水减排,污、灰分离收集为一体的节能环保产品。

真空卫生系统(图7-9)由真空单元、真空便器、真空排污阀、真空管路及灰水收集单元等部件组成。

系统通过真空单元建立真空,当按下冲洗按钮时,真空便器后端的真空排污阀打开,便器内的污物瞬间通过真空管路进入真空单元后,排入远处的市政管网或污水收集箱,其耗水量和排污量约为传统便器的1/10。

(2)污水处理系统。

①与真空集便系统配套,适用于市政、景区、大型集会的公共卫生间、船舶等领域。

②系统采用模块化设计,可以满足整个服务区内厕所、餐厅、加油站等混合污水的处理需求,出水满足《城镇污水处理厂》及《城市污水再生利用—城市杂用水水质》(GB/T 18920—

2020）的相关要求。

③采用 A^2/O 处理工艺将厌氧、缺氧、好氧三种不同环境条件和不同种类微生物菌群的有机配合，能同时具有去除有机物、脱氮除磷功能。

④污水处理系统后端配有污泥干化处理模块，可以定期将剩余污泥脱水至半干垃圾，打包带走。

集成化高浓度生活污水处理系统如图 7-10 所示。

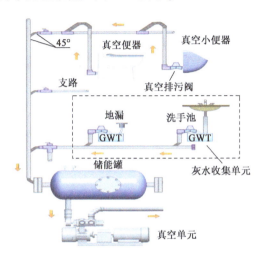

图 7-9　真空卫生系统

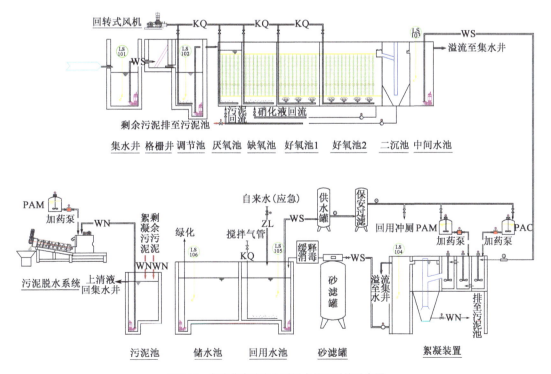

图 7-10　集成化高浓度生活污水处理系统示意图

(3)物联网智慧管理云平台(图 7-11)。

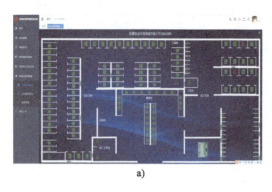
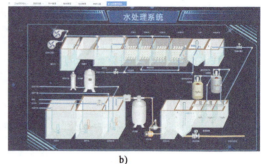

图 7-11　物联网智慧管理云平台示意图

环保卫生系统配套物联网智慧管理云平台,可远程监控系统的运行状态,实现系统的远程维护,具体功能如下:

①设备的运行状态与管理。
②数据信息的监测、查询与分析。
③参数设置,实时数据和历史数据报表查询。
④信息发布和环境卫生监测。
⑤手机客户端的运维管理,设备保修,物料管理及查询。
⑥通用数据端口,可与服务区管理系统配合使用。

(4)智能化显示系统(图 7-12)。

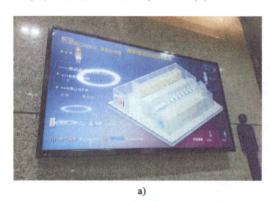
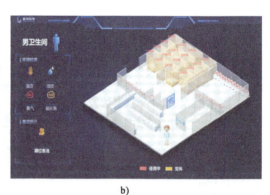

图 7-12　智能化显示系统示意图

智能化显示系统安装于环保卫生间大厅,包括 2 个 50 寸液晶显示屏及智能管理模块,实时显示卫生间的使用情况,具体包括:

①卫生间整体布局及厕位数量,可实时显示厕位的有无人状态。
②实时显示服务区的客流量、环境温度及空气质量状况。
③显示卫生间环保卫生系统信息,环保真空便器、中水回用等。

7.7.2 卫生系统特点

(1)环保卫生系统是以高铁、动车组真空卫生系统为技术平台,推广至民用、船舶、军工等领域。该系统主要包含真空集便系统、污水处理系统,可以实现卫生间污物的收集、污物的处理回收利用,是一套集节水、减排、节能、环保、回收、再利用于一体的污水收集、处理系统。系统包括:

①真空集便系统[图7-13a)]。

真空集便系统是一套集节水减排,污、灰分离收集为一体的节能环保系统。产品具有明显的节水、节能、占地小、干净卫生等优势,性能稳定,安全可靠。

②污水处理系统[图7-13b)]。

先进的生物法处理技术,与MBR膜等技术相结合,更好的发挥处理性能,提高杀菌效率,减少技术设备体积,出水水质可满足直排或回用冲厕的相关要求。

a)真空集便系统　　　b)污水处理系统

图7-13　真空集便及污水处理系统

(2)环保卫生系统优势(图7-14)。

图7-14　真空卫生系统优势

①节水减排:系统采用高铁卫生间相关专利技术,其耗水量仅为传统便器的1/10,是一套集节水、减排、环保于一体的新型设备。

②出水稳定:系统的污水处理设备含除磷和消毒单元,使出水满足排放和中水回用的要求,同时采用水量、气量智能补偿控制系统,地埋深度较深,有效解决了传统设备出水不稳定的问题。

③零污染排放:系统配有中水回用冲厕及绿化灌溉的相关功能,卫生间除洗手外,其他用水均采用处理后的中水,剩余中水存储后用于洗车、绿化灌溉等;污水处理设备的剩余污泥,经干化处理后打包带走,真正实现了服务区零污染排放要求。

④环境友好:系统采用真空负压来输送便器中的污物,不产生马桶羽流现象,杜绝了气溶胶体的生产,可有效防止各类利用空气传播的病毒;同时可在输送污物的同时将卫生间的废气

排出,有利于卫生间空气流通。

⑤无化粪池:系统可将收集的污物直接输送至远处的污水处理设备,无须设置化粪池,减少建设投资。

⑥智能控制及显示功能:系统配套物联网智慧管理云平台和智能化显示功能。

7.7.3 可行性分析

环保卫生系统在新疆服务区应用的主要技术难点在于系统的低温使用和水质波动的问题,针对以上问题,我们根据新疆服务区的环境,结合公司高铁真空卫生产品的防寒技术,对环保卫生系统的应用进行了系统化设计,以满足产品使用的技术要求,主要包括如下内容。

7.7.3.1 新疆高速服务区低温环境使用的可行性分析

新疆地区冬季寒冷,平均温度在-30℃左右,极端温度可达-40℃;冻土开始时间一般在11月,解冻开始日期一般在3月,冻土深度为97.0~123.7cm,极端冻土深度为140.0~164.0cm。

针对以上特点,一体化处理设备采用地埋式安装方式,并在原设计基础上增加了地埋深度(埋深2m);暖气管道沿阀门井接入,同时对阀门井、泵阀、管路等部件采用了高寒车防冻材料,以保证系统在低温环境下各功能部件的正常运行和生化处理系统中生物菌种的活性,以保证系统的处理效果。

7.7.3.2 服务区高低峰客流量差异大导致的水质水量波动可行性分析

针对服务区水量水质不稳定的特点,本次设计加大了调节池,使其水量水质有充分混合时间;同时,从工艺控制上,通过监测服务区污水量数据,调整系统运行参数(物联网监控)。

其一,当水量特别小时,切换内外回流管路,以降低池体生化池反应池容。

其二,调整水泵和风机运行启停时间,调节系统的进水量和曝气量等方式来调整相应工况,使系统适应来水的间断性和波动性,保证系统正常运行。同时,控制系统对每个设备进行监控,一旦损坏会自动检测并自动切换备用设备,同时报警(系统所有功能部件均采用一备一用)。

其三,系统配有物联网远程监控及控制系统,可远程进行水量及故障监控,根据系统的实际情况调试系统的运行参数。

7.7.3.3 环保卫生系统的可靠性分析

(1)环保卫生系统是以高铁、动车组真空卫生系统为技术平台,推广至民用、军工、船舶等领域,其系统及零部件可靠性指标等均满足铁路产品的相关要求。

(2)公司执行ISO9001:2015质量体系和ISO/TS22163:2017国际铁路行业质量管理体系标准,对产品进行全寿命周期的保障及管理。

(3)系统主要功能部件选用,均采用应用成熟的产品,新零部件的应用均需进行老化、高低温等指标的测试及30万次耐久性的功能验证,以保证产品质量的稳定性。

7.7.4 现场应用

在服务区、停车区应用环保卫生系统(图7-15),该系统主要包含真空集便系统、污水处理系统。其耗水量仅为传统便器的1/10,处理后的中水可用于冲厕、灌溉和景观用水。其具有出水稳定、中水回用、智能监控、远程控制和维护,实现环境友好、无化粪池、大大降低项目后期运营成本等优点。

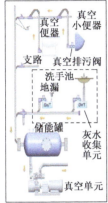

a)

b)

图7-15　环保卫生系统现场安装示意图

7.8　水土保持

7.8.1　设计水平年

根据《生产建设项目水土保持技术标准》(GB 50433—2018),水土保持设计水平年一般确定为工程完工后的当年或后一年,结合本项目实际情况确定设计水平年为2023年。

7.8.2　水土流失防治责任范围

根据初步设计资料,本项目水土流失防治责任范围为2459.96hm^2,包括项目建设区面积为 2459.96hm²。根据《生产建设项目水土保持技术标准》(GB 50433—2018)中的相关规定,生产建设项目水土流失防治责任范围应包括项目永久占地、临时占地(含租赁土地)以及其他使用与管辖范围。根据项目建设资料以及现场核查,确定本项目防治责任范围面积为 2459.96hm²,包括永久占地 1558.15hm²(其中福海县 879.95hm²、乌鲁木齐米东区 124.50hm²、昌吉州 239.66hm²、第六师 314.40hm²),临时占地 901.81hm²(其中福海县 818.50hm²、乌鲁木齐米东区 4.37hm²、昌吉州 65.32hm²、第六师 13.62hm²)。

7.8.3 水土流失防治目标

7.8.3.1 执行标准等级

根据《全国水土保持规划国家级水土流失重点预防区和重点治理区复核划分成果》,项目区昌吉州属于天山北坡国家级水土流失重点预防区;根据最新印发的《新疆维吾尔自治区级水土流失重点预防区和重点治理区复核划分成果》,项目建设所在福海县属新疆维吾尔自治区级额尔齐斯河流域重点治理区,昌吉州、乌鲁木齐米东区属于天山北坡诸小河流域重点治理区。根据《生产建设项目水土流失防治标准》(GB/T 50434—2018)的规定,本项目现阶段全线执行北方风沙区一级标准。

7.8.3.2 防治目标

根据本项目的特点和项目区的地形地貌、水文气象、土壤植被等自然环境状况,提出水土保持方案实施六项防治标准的具体指标,用以指导水土保持措施布局,作为水土流失防治目标的定量要求,同时作为设计水平年水土保持设施验收的重要指标。

根据《生产建设项目水土流失防治标准》(GB/T 50434—2018)的规定,本项目设计水平年的水土流失防治指标值应满足北方风沙区水土流失防治指标一级标准。根据生产建设项目水土流失防治标准要求,本方案确定的各项防治目标为:水土流失治理度 82%、土壤流失控制比 0.9,渣土防护率 88%,表土保护率农田区 90%(其余区域不做要求),林草植被恢复率农田区 93%(其余区域不做要求),林草覆盖率农田区 22%(其余区域不做要求)。水土流失防治标准详见表 7-72。

水土流失防治标准　　　　表 7-72

时段	分区	防治标准等级	防治指标	标准规定	干旱程度	侵蚀强度	地形地貌	环境敏感等	采用标准
设计水平年	荒漠区	北方风沙区一级标准	水土流失治理度(%)	85	−3				82
			土壤流失控制比	0.8		0.2			1.0
			渣土防护率(%)	87					87
			表土保护率(%)	—					—
			林草植被恢复率(%)	93					—
			林草覆盖率(%)	20					—

续上表

时段	分区	防治标准等级	防治指标	标准规定	干旱程度	侵蚀强度	地形地貌	环境敏感等	采用标准
设计水平年	风沙区	北方风沙区一级标准	水土流失治理度(%)	85	−5				80
			土壤流失控制比	0.8					0.8
			渣土防护率(%)	87					87
			表土保护率(%)	—					—
			林草植被恢复率(%)	93					—
			林草覆盖率(%)	20					—
设计水平年	农田区	北方风沙区一级标准	水土流失治理度(%)	85				3	88
			土壤流失控制比	0.8		0.2			1.0
			渣土防护率(%)	87				2	89
			表土保护率(%)	—				90	90
			林草植被恢复率(%)	93					93
			林草覆盖率(%)	20				2	22

注：根据《中国气候区划名称与代码气候带和气候大区》(GB/T 17297—1998)，本项目大部分处在中温带干旱型气候大区，因此荒漠区、风沙区水土流失治理度分别降低3%、5%，农田区不调整，加权平均后水土流失治理度综合值取82%；项目区荒漠区、农田区侵蚀强度以微度、轻度为主，因此荒漠区、农田区土壤流失控制比均增加0.2，风沙区侵蚀强度以中度~强度为主，土壤流失控制比不调整，各防治分区加权平均后土壤流失控制比综合值取0.9；本项目农田区距离城市区较近，渣土防护率增加2%，加权平均后渣土防护率综合值取88%；农田区占用耕地、园地、林地，施工过程中对部分土壤养分条件较好，腐殖质含量高，因此本方案对农田区表土保护率作要求，农田区表土保护率取90%；由于项目区荒漠区、风沙区土壤养分含量及水分含量较低，且项目区干旱少雨，不加以灌溉植物难以成活且荒漠区、风沙区地处沙漠腹地，水源较为稀缺，引接困难，因此仅对农田区林草植被恢复率及林草覆盖率作要求，本项目农田区距离城市区较近，林草覆盖率增加2%。

7.8.4　水土流失预测结果

本项目共计扰动地表面积共计2459.96hm²，其中，永久占地面积1558.15hm²，临时占地面积901.81hm²，损坏植被面积约为392.24hm²。项目建设自开工至5年自然恢复期结束后可能造成的土壤侵蚀总量为503334t，按不同预测时段分：施工期为485482t，自然恢复期为272078t。造成新增土壤侵蚀量为254226t，其中施工期新增量为193672t，自然恢复期新增量为60554t。本项目施工期为水土流失重点时段，路基工程防治区、取土(料)场防治区、弃土(渣)场防治区为建设期水土流失重点部位。本项目施工过程中实施了适当的防护措施，不会引发泥石流、崩塌、滑坡等水土流失危害。

7.8.5　水土保持措施布设成果

7.8.5.1　水土流失防治分区

本方案按照项目区自然条件(地形地貌、植被状况等)，将本项目的水土流失防治责任范围划分为荒漠区、风沙区、农田区三个一级分区。按照占地性质、工程布局及功能，将二级分区分为路基工程防治区、桥梁工程防治区、互通工程防治区、附属工程防治区、取土(料)场防治区、弃土(渣)场防治区、施工生产生活防治区以及施工便道防治区等8类。

7.8.5.2 水土流失措施总体布局

(1)路基工程防治区。

路基施工过程中对剥离出的表土进行防尘网苫盖,路基边坡防护形式主要有方格网防护、混凝土护坡、草方格防护等,路基两侧设置排水沟。施工结束后,路基两侧进行土地平整。防治措施工程数量如下:

①荒漠区。

工程措施:排水沟13377.6m,预制方格网护坡625.55m³,混凝土护坡9871.84m³,草方格防护32.04hm²,土地平整197.79hm²。

临时措施:防尘网苫盖3.90hm²。

②风沙区。

工程措施:预制方格网护坡1118.35m³,草方格防护439.83hm²,土地平整98.11hm²。

临时措施:防尘网苫盖4.5hm²。

③农田区。

工程措施:边沟923m、排水沟51368m,预制方格网护坡5459.82m³,表土剥离45.17hm²,回覆表土17.63万m³,土地平整56.85hm²。

植物措施:撒播草籽56.85hm²。

临时措施:防尘网苫盖9.17hm²。

(2)桥梁工程防治区。

施工过程中桩基础施工时设置沉淀池沉淀泥浆。施工结束后对施工迹地进行土地平整。防治措施工程数量如下:

①荒漠区。

工程措施:土地平整0.20hm²。

临时措施:沉淀池7个,洒水降尘0.01万m³,防尘网苫盖0.10hm²。

②农田区。

工程措施:土地平整0.03hm²。

临时措施:沉淀池2个,洒水降尘0.02万m³。

(3)互通工程防治区。

①荒漠区。

工程措施:排水沟4003m,预制方格网护坡3969.81m³,土地平整6.98hm²。

临时措施:防尘网苫盖0.20hm²。

②农田区。

工程措施:排水沟6590m,预制方格网护坡27019.42m³,表土剥离33.73hm²,回覆表土7.94万m³,土地平整24.81hm²。

植物措施:撒播草籽11.08hm²。

临时措施:防尘网苫盖7.11hm²。

(4)附属工程防治区。

①荒漠区。

工程措施:排水沟923m,土地平整0.35hm²,回覆表土0.11万m³,灌溉设施2处。植物措施:栽植乔灌木共计1264株,撒播草籽0.35hm²。

临时措施:防尘网苫盖0.23hm²,洒水降尘0.19万m³。

②风沙区。

工程措施:草方格防护13.44hm²,土地平整0.42hm²。

临时措施:防尘网苫盖0.62hm²,洒水降尘0.31万m³。

③农田区。

工程措施:排水沟384m,预制方格网护坡1135.69m³,表土剥离13.72hm²,土地平整2.06hm²,回覆表土0.66万m³,灌溉设施3处。

植物措施:栽植乔灌木7440株,撒播草籽2.06hm²。

临时措施:防尘网苫盖0.53hm²,洒水降尘0.43万m³。

(5)取土(料)场防治区。

①荒漠区。

工程措施:表土剥离90.93hm²,土地平整505.33hm²,回覆表土18.19万m³。

临时措施:防尘网苫盖48.91hm²。

②风沙区。

工程措施:草方格防护136.04hm²,弃渣回填43.36万m³,土地平整136.04hm²。

临时措施:机械拍实2.47万m³。

(6)弃土(渣)场防治区。

①荒漠区。

工程措施:土地平整36.55hm²,土埂围挡2420m,草方格36.55hm²。

临时措施:机械拍实3.66万m³。

②风沙区。

工程措施:草方格防护48.28hm²,土地平整48.28hm²。

临时措施:机械拍实8.48万m³。

(7)施工生产生活防治区。

①荒漠区。

工程措施:土地平整4.00hm²,洒水固结地表0.02万m³。

临时措施:临时拦挡800m,洒水降尘0.24万m³。

②风沙区。

工程措施:土地平整16.00hm²,草方格16.0hm²。

临时措施:临时拦挡3200m,洒水降尘0.96万m³。

③农田区。

工程措施:表土剥离8.0hm²,土地平整8.00hm²,回覆表土2.40万m³,复耕8.0hm²。

临时措施:临时拦挡1600m,防尘网苫盖1.56hm²,洒水降尘0.48万m³。

(8)施工便道防治区。
①荒漠区。
工程措施:土地平整 39.72hm^2。
临时措施:限行桩限界 118.316km,洒水降尘 0.71 万 m^3。
②风沙区。
工程措施:土地平整 107.74hm^2。
临时措施:限行桩限界 300.27km。
③农田区。
工程措施:土地平整 0.14hm^2。
临时措施:限行桩限界 0.374km,洒水降尘 0.01 万 m^3。

7.8.6　水土保持监测方案

本项目水土保持监测分区与水土流失防治分区保持一致。针对工程建设特点,水土流失主要发生在项目施工期和设计水平年。水土保持监测时段从施工准备期开始,至设计水平年结束,即从 2019 年 12 月开始至 2023 年 12 月结束。监测内容包括水土流失影响因子、水土流失状态、水土流失量及变化情况、水土流失危害、水土流失防治措施实施效果等。监测方法有调查监测、定位观测、巡查等。本项目水土保持监测重点区域为路基工程区、取土(料)场区、弃土(渣)场区,结合入场调查情况,计划布设监测点 27 个,其中观测样点 14 个,调查样点 13 个。

7.8.7　水土保持效益分析成果

通过实施各项水土保持措施后,治理水土流失达标面积 1680.89hm^2,植被建设面积 78.34hm^2。施工期和植被恢复期水土流失将得到有效控制,项目建设区水土流失治理度达到 95.4%,渣土防护率达到 90.6%,各分区土壤流失控制比达到 0.9,林草植被恢复率(农田区)达到 99.0%,表土保护率(农田区)达到 99.0%,林草覆盖率(农田区)达到 31.1%。水土流失防治各项效果均达到了水土流失防治目标值,有效地遏制了区域内生态环境的恶化,生态效益显著。

参 考 文 献

[1] 聂如松,钱冲,刘婷,等.风积沙路基填料累积塑性应变及预测模型[J].铁道科学与工程学报,2022,19(9):2609-2619.
[2] 赵秀豪.榆林地区风积沙加固及路基水毁防护研究[D].西安:长安大学,2022.
[3] 彭文顺.京新高速公路内蒙古沙漠段综合防沙体系设计[J].公路,2021,66(3):314-318.
[4] 张锐,刘海洋,张宏.风积沙填筑路基土基质吸力影响因子分析[J].公路,2021,66(3):47-53.
[5] 郑典明.川藏铁路拉林段风积沙防治工程设计参数研究[J].铁道工程学报,2020,37(11):15-18+62.
[6] 屈丹娜.榆林风积沙地区沥青路面典型结构研究及数值分析[D].西安:长安大学,2020.
[7] 巩桢翰.风积沙及物理改良风积沙填筑重载铁路路基的工程特性研究[D].兰州:兰州交通大学,2020.
[8] 闫晓辉.荒漠区风积沙路基盐渍化积聚机理[D].呼和浩特:内蒙古大学,2019.
[9] 魏建慧.风积沙路基压实控制及边坡稳定性研究[D].天津:河北工业大学,2019.
[10] 韩风雷,张学富,喻文兵,等.风积沙环境下高等级公路冻土块石路基降温性能分析[J].冰川冻土,2018,40(3):528-538.
[11] 宋俊芳.G314线新疆奥布段盐渍土地基风积沙换填技术与应用研究[D].长沙:长沙理工大学,2017.
[12] 胡建荣,张宏,张海龙,等.沙漠区风积沙路基水盐迁移规律[J].交通运输工程学报,2017,17(3):36-45.
[13] 马源.临—哈高速河套盐渍土区风积沙换填路基工艺研究[D].呼和浩特:内蒙古农业大学,2017.
[14] 邱天.风积沙在新疆高速公路建设中的应用及路用性能评价[D].乌鲁木齐:新疆农业大学,2017.
[15] 魏杰.水泥改良风积沙强度及重载铁路路基风积沙填料变形特性研究[D].兰州:兰州交通大学,2017.
[16] 梁孝忠.苏里格气田专用道路风积沙加固与路面结构研究[D].西安:长安大学,2016.
[17] 张浩,胡江洋,折学森,等.沙漠地区某高速公路风积沙压实特性与压实工艺研究[J].铁道科学与工程学报,2015,12(4):806-811.
[18] 马山松.新疆农村公路路基断面形式及典型路面结构研究[D].西安:长安大学,2015.
[19] 漠河.特哈马不同含泥量风积沙路基填料特性试验研究[D].兰州:兰州交通大学,2015.
[20] 刘子初.风积沙的工程性质及应用[D].天津:天津大学,2012.
[21] 张俊.临河过境高速公路利用风积沙处理不良路基技术研究[D].西安:长安大学,2012.
[22] 陈黎.营双高速公路风积沙最大干密度及压实标准确定方法的研究[D].西安:长安大学,2012.
[23] 马涛.风积沙路基施工工艺和交通荷载作用下路基动力响应分析[D].西安:西南交通大学,2011.

[24] 严少发,高东.浅谈沙漠地区风积沙路基干压法施工技术[J].铁道工程学报,2010,27(7):11-14.

[25] 贾聿卿,李志农,金昌宁,等.风积沙路基回弹模量与压实度、含水率的关系研究[J].新疆农业大学学报,2010,33(1):88-94.

[26] 杨熙.旱漠区硫酸盐渍土路基水盐迁移规律与换填处置方法研究[D].兰州:兰州理工大学,2022.

[27] 赵勇.风积沙在处治湿软地基中的应用研究[D].西安:长安大学,2021.

[28] 刘超,林鑫,朱超,等.风积沙应用于混凝土的研究进展[J].材料科学与工程学报,2022,40(4):695-705.

[29] 王尧鸿,曹建勋,姜丽云,等.矿渣风积沙混凝土力学性能试验研究[J].工业建筑,2022,52(3):177-182.

[30] 王尧鸿,晁磊,杨晓明,等.橡胶集料风积沙混凝土力学性能试验与微观分析[J].科学技术与工程,2021,21(36):15591-15596.

[31] 尹文华,王旭,张继周,等.沙漠腹地高速公路风积沙填料压实特性及填筑方法试验研究[J].铁道科学与工程学报,2021,18(5):1177-1187.

[32] 张洋,张艳召,吴广陵,等.风积沙压实特性及填筑重载铁路路基压实工艺[J].铁道建筑,2017(3):77-80.

[33] 张浩,胡江洋,折学森,等.沙漠地区某高速公路风积沙压实特性与压实工艺研究[J].铁道科学与工程学报,2015,12(4):806-811.

[34] DU C Y,MA Z,LI X. True Triaxial Study on Aeolian Sand Subgrade[J]. Journal of Physics:Conference Series,2021,1972(1):012110.

[35] YUAN Y Q,WANG X C,SHAN H J. Study on Impact Compaction of Aeolian Sand Subgrade and its Effect Evaluation[J]. Advanced Materials Research,2011:378-379.

[36] GAO B,LIU X,LIU J,et al. Field Characterization of Dynamic Response of Geocell-Reinforced Aeolian Sand Subgrade under Live Traffic[J]. Applied Sciences,2023,13(2):864.

[37] 杨玉泉,赵立东.基于回弹弯沉值的风积沙路基性能研究[J].公路工程,2019,44(5):247-251.

[38] 王家主,沈逸伦,钟培鑫.常温洒(撒)布型极薄磨耗层在水泥混凝土路面的直铺应用效果[J].公路,2023,68(3):8-12.

[39] 成高立,潘梦,唐礼泉,等.沥青路面养护中连续级配超薄磨耗层技术的应用[J].筑路机械与施工机械化,2017,34(2):96-100.

[40] 鲁湑湑,葛倩倩,陈健,等.超疏水涂层在沥青路面上的抗凝冰性能分析[J].表面技术,2022,51(7):324-333,352.

[41] 张争奇,强亚奎,张世豪,等.沥青路面超疏水抗凝冰涂层设计及性能[J].材料导报,2021,35(10):10073-10079.

[42] 赵毅,秦旻,文凯琪,等.沥青路面超疏水抗凝冰材料研究进展[J].材料导报,2021,35(1):1141-1153.

[43] 郑木莲,王倩倩,陈旺,等.不同地区风积沙材料特性与剪切强度[J].中国科技论文,

2021,16(4):415-421.

[44] 冉武平,赵杰,黄文薏,等.无机处治风积沙强度特性及工程应用研究[J].大连理工大学学报,2018,58(2):141-146.

[45] 张宏,刘海洋.含硫酸钠风积沙路基土土-水特征曲线试验研究与模型修正[J].中国公路学报,2020,33(9):85-93.

[46] 张丙武.多年冻土区拓宽路基热融稳定性离心模型试验研究[D].西安:长安大学,2020.

[47] 鞠兴华.高速公路泥质软岩路堤沉降特性研究[D].西安:长安大学,2019.

[48] 侯小龙,袁胜强.浅谈市政道路风积砂路基施工技术[J].施工技术,2017,46(S2):989-991.

[49] 张冰冰,刘杰,阿肯江·托呼提,等.土工格室加固风积沙路基不同深度动力响应试验研究[J].地质科技通报,2022,41(6):308-315.

[50] 张冰冰,刘杰,阿肯江·托呼提,等.土工格室加固风积沙路基动应力响应现场试验研究[J].公路交通科技,2021,38(12):37-46.

[51] 张宏,刘海洋,李聪.风积沙路基土土-水特征曲线温度效应研究[J].中国公路学报,2020,33(7):42-49.

[52] 赵秀豪.榆林地区风积沙加固及路基水毁防护研究[D].西安:长安大学,2022.

[53] 李徐珍.蒙华重载铁路风积沙及加筋风积沙路基变形特性研究[D].兰州:兰州交通大学,2019.

[54] 聂如松,谭永长,郭一鹏,等.风积沙-土工格栅界面摩擦特性拉拔试验研究[J].铁道科学与工程学报,2022,19(11):3235-3245.

[55] BAI L K,YANG Z J,WU Y,et al. Stabilization of Aeolian Sand for Pavement Subbase Applications Using Alkali-Activated Fly Ash and Slag[J]. Minerals,2023,13(3):453.

[56] 陈潇,卢亚磊,王稷良,等.基于风积沙特性的固化剂组成设计及其固化机理研究[J].材料导报,2022,36(16):87-94.

[57] 郭晓松,邹春霞,薛慧君,等.碱激发风积沙混凝土力学性能与孔隙结构特征[J].工业建筑,2022,52(11):162-168.

[58] 李越,孙德安.炉渣改良淤泥质粉质黏土力学性质试验研究[J].矿冶,2017,26(6):85-88.

[59] 覃小纲,杜延军,刘松玉,等.电石渣改良过湿黏土的物理力学试验研究[J].岩土工程学报,2013,35(S1):175-180.

[60] 杜延军,刘松玉,魏明俐,等.电石渣改良路基过湿土的微观机制研究[J].岩石力学与工程学报,2014,33(6):1278-1285.

[61] 李丰收.黄泛区工业废渣改良粉土路基模量与厚度关系研究[D].济南:山东建筑大学,2021.

[62] 彭宁.新疆地区利用粉煤灰等固废改良盐渍土试验研究[D].乌鲁木齐:新疆农业大学,2021.

[63] 张莹莹,王其标.工业废料电石渣在路基及其他方面综合利用途径综述[J].公路交通科技(应用技术版),2011,7(1):34-37.

[64] 杨家顺,柴志军.工业废渣改良盐渍土性能试验研究[J].山东交通学院学报,2012,20(2):67-70,74.

[65] 郑木莲,荆海洋,陈旺,等.天然风积沙基本特性及火山灰活性研究[J].硅酸盐通报,2021,40(1):163-171.

[66] 王彦涛,林敬辉.GET-10型高性能超薄磨耗层力学性能试验研究[J/OL].公路,2023(4):98-103.

[67] 李亚龙,成志强.超薄磨耗层SAC-5沥青混合料设计及性能[J].科学技术与工程,2022,22(8):3309-3314.

[68] 虞将苗,杨倪坤,于华洋.道路高性能沥青超薄磨耗层技术研究与应用现状[J].中南大学学报(自然科学版),2021,52(7):2287-2298.

[69] 黄哲.抗凝冰型透水沥青路面设计与性能评价[D].西安:长安大学,2021.

[70] 赵苏,赵佩,高丽丽,等.改性明胶包膜制备抗凝冰复合材料的试验研究[J].沈阳建筑大学学报(自然科学版),2022,38(2):331-338.

[71] 文武松,毛伟琦,陶世峰.新时代桥梁智能建造及智慧服务体系研究[J].世界桥梁,2022,50(6):122-127.

[72] 任文辉,寇越,马彦阳,等.水苏沟特大桥钢桁架组合结构桥梁快速建造技术[J].中国公路,2022,(9):102-103.

[73] 周志祥,钟世祥,张江涛,等.桥梁装配式技术发展与工业化制造探讨[J].重庆交通大学学报(自然科学版),2021,40(10):29-40+72.

[74] 王志刚,孙贵清,余顺新,等.公路桥梁装配式桥墩工业化快速建造技术[J].公路,2021,66(06):145-150.

[75] 李润成.新型剪叉式应急桥梁的设计与分析[J].中外公路,2017,37(5):108-111.

[76] 来猛刚,杨敏,翟敏刚,等.桥梁工业化智能建造[J].公路,2021,66(7):195-202.

[77] 张帆博.暗挖分离式地铁车站建造对邻近特殊结构桥梁及挡墙影响研究[D].北京:北京交通大学,2021.

[78] 孙策.城市桥梁预制装配化绿色建造技术应用与发展[J].世界桥梁,2021,49(1):39-44.

[79] 张凯.中小跨径钢板组合梁桥快速建造技术与应用研究[D].西安:长安大学,2016.

[80] SWEENEY M A. Bridge Building: A Review of Rethinking Reading in College: An Across-the-Curriculum Approach[J]. Journal of Adolescent & Adult Literacy,2021,65(1):179-182.

[81] 陈汉宇.基于精益建造理论的桥梁预制构件生产质量评价研究[D].徐州:中国矿业大学,2021.

[82] 高丽璇.桥梁快速建造的墩柱承台连接方式力学性能研究[D].武汉:华中科技大学,2021.

[83] 张鸿,张永涛,王敏,等.全过程自适应桥梁智能建造体系研究与应用[J].公路,2021,66(4):124-136.

[84] 张立青.节段预制拼装法建造桥梁技术综述[J].铁道标准设计,2014,58(12):63-66,75.

[85] 蔺伟.桥梁水平转体建造关键技术及应用研究[D].西安:长安大学,2021.

[86] SCHAUB E,SOUCEK M. Comparing and contrasting science and engineering through epoxy bridge building[J]. ABSTRACTS OF PAPERS OF THE AMERICAN CHEMICAL SOCIETY,2018,255.

[87] 毛伟琦,胡雄伟.中国大跨度桥梁最新进展与展望[J].桥梁建设,2020,50(1):13-19.

[88] 任鹏.公路桥梁施工的质量监督及其控制[J].中国公路,2019(1):117.

[89] 赵栩.桥梁建造信息管理系统[D].兰州:兰州交通大学,2009.

[90] 王晓娜.高速桥梁工程建设风险管理研究[D].马鞍山:安徽工业大学,2017.

[91] 张玉民.大吨位移动模架整体提升技术[J].铁道建筑,2008(5):13-15.

[92] 眭文飞.翔安大桥平安百年品质工程建设管理与实践[J].公路,2022,67(11):283-286.

[93] 石云飞,邵慧楠,苑新颖,等.唐山养护品质工程的实践经验[J].中国公路,2022(18):85-87.

[94] 张国强,许圣祥,兰富安,等.乐西高速公路隧道品质工程建设初探[J].中国公路,2022(18):114-115.

[95] 胡平,曹支才,鹿新平,等.陕西省公路隧道"百年品质工程"建设的经验[J].公路,2020,65(9):314-323.

[96] HOERL R W,SNEE R D. Introduction to special edition of Quality Engineering[J]. Quality Engineering,2022,34(4):423-425.

[97] 戴程琳.祁婺高速微创新 江西品质经验谈[J].中国公路,2022(1):42-45.

[98] 郭赵元,江臣,李文胜,等.江苏公路品质工程建设的高质量发展实践[J].中国公路,2021(23):118-120.

[99] 白建文,杨锐,韩毅,等.矩形高墩悬臂挂模施工工法[J].工业建筑,2021,51(10):245.

[100] 邱颖颖,周呈翔.集约化施工高效养出品质工程[J].中国公路,2021(20):72-73.

[101] 吴旭彪,肖鹏超,李翔.河惠莞高速品质工程中的技术创新[J].中国公路,2021(7):76-77.

[102] 潘永辉,陈露.百年大道,质在人心[J].中国公路,2020(22):22-23.

[103] 侯福金,杨耀辉,韦金城,等.改扩建与百年平安品质工程[J].中国公路,2020(17):46-53.

[104] 张季男,陈飞.大庆至广州高速公路南康至龙南段扩容工程品质工程设计创新实践[J].公路,2022,67(7):339-342.

[105] 黄方成.公共管理视角下瑞苍高速公路建设项目环保监管研究[D].乌鲁木齐:新疆农业大学,2022.

[106] 冯心宜.河惠莞高速公路绿色公路技术管理实践[J].公路,2021,66(11):78-81.

[107] 王晓路.基于层次分析及多维度评价法的高速公路建管养运一体化对策决策[J].公路,2021,66(9):358-364.

[108] 张前进,陈兵,张晓峰,等.新时期公路全过程环保咨询创新模式应用案例研究[J].公路交通科技,2020,37(S2):25-29,61.

[109] 韩富庆,娄健,曾思清,等.基于绿色设计新理念的山区高速公路设计实践[J].公路交

通科技,2020,37(S2):46-50.

[110] 李长杰,徐亮,宋明星,等.基于AIoT的智能环保监控管理系统开发及其在高速公路网中的应用[J].安全与环境工程,2020,27(5):85-91.

[111] 王会芳,张丽娟,任万鹏.新常态环保政策下材料调差体系的问题及对策研究[J].公路,2020,65(9):388-392.

[112] 孙春虎,谢展,袁福银.探究绿色环保技术在高速公路施工中的应用[J].公路,2020,65(6):252-254.

[113] 刘化图,韩亚明.巴尔干地区环保型排水设计理念在高速公路中的应用[J].公路,2019,64(7):82-86.

[114] 李熠玮.环境敏感区高速公路建设环保问题及环保工程设计[D].西安:西北大学,2017.

[115] 王博,原子峰,刘冰.高速公路生态环保技术在生态敏感地区的应用研究[J].公路,2016,61(6):253-256.

[116] 龚睿.高速公路施工期环保效果评价研究[D].长沙:长沙理工大学,2015.

[117] 李群善.寒冷地区高速公路边坡生态防护与服务区节能环保技术[D].西安:长安大学,2014.

[118] 吴婧.大悟至随州高速公路环境影响评价与保护研究[D].重庆:重庆交通大学,2012.